MALEN MIT DEM KÖRPER

SCHRIFTEN DER FORSCHUNGSSTELLE INFORMELLE KUNST

Herausgegeben von
Anne-Kathrin Hinz und Christoph Zuschlag

Band 5

Dominik Eckel

MALEN MIT DEM KÖRPER

Konzeptionen des gestischen Farbauftrags 1952–1959

Deutscher Kunstverlag

Förderer der Forschungsstelle Informelle Kunst: Galerie Maulberger, K. O. Götz und Rissa-Stiftung, MKM Stiftung, Privatsammlung Meerbusch, Reinhard & Sonja Ernst-Stiftung, Stiftung Informelle Kunst, Stiftung Stark für Gegenwartskunst, VAN HAM Art Estate

Die Publikation wurde ermöglicht mit Förderungen durch die Kunststiftung Hann Trier.

KUNST STIFTUNG HANN TRIER

Bei der vorliegenden Publikation handelt es sich um eine an der Philosophischen Fakultät der Universität zu Köln angenommene Dissertation.

ISBN 978-3-422-80400-5
ISBN (PDF) 978-3-422-80401-2
ISSN 2751-7624

Library of Congress Control Number: 2026937849

Bibliografische Information der Deutschen Nationalbibliothek
Die Deutsche Nationalbibliothek verzeichnet diese Publikation in der Deutschen Nationalbibliografie; detaillierte bibliografische Daten sind im Internet über http://dnb.dnb.de abrufbar.

Ein Verlag der Walter de Gruyter GmbH, Genthiner Straße 13, 10785 Berlin.

Einbandabbildung: Die Füße von La Chunga (Micaela Flores Amaya) bei einer von Salvador Dalí organisierten Performance in Port Lligat (Spanien), November 1957. Fotografie von Adalberto Guarnerio, 1957. Copyright: @Archivi Farabola.
Einbandgestaltung: Ben Wozniak
Layout: Ben Wozniak
Satz und Repro: LVD GmbH, Berlin
Druck und Bindung: Beltz Grafische Betriebe GmbH, Bad Langensalza

www.deutscherkunstverlag.de
www.degruyterbrill.com

Fragen zur allgemeinen Produktsicherheit:
productsafety@degruyterbrill.com

forschungsstelle informelle kunst
KHI
UNIVERSITÄT BONN

Inhalt

»Dans les films montrant Mathieu à l'œuvre, on le découvre exécutant un ballet félin qui évoque certaines chorégraphies de la danse hip-hop.«[1]

Dominique Stella zu Georges Mathieu, 2011

»Malen heißt in zusammenhängendem Ablauf auf überschaubarer Fläche tanzen: Im Fließen, im Staccato, im Anhalten, in der Wiederkehr der Pinselschläge tanzt der Rhythmus. Ich springe in ihn hinein, indem ich mit den Pinseln so tanze, daß Tanz sichtbar wird.«[2]

Hann Trier zu seiner eigenen Malerei, 1963

»I do not see Pollock's poured abstract art as an instance of high negativity or simply as base materialism; rather, I believe that it seeks to wed materiality and freedom, joining gravity and levity, in a dance of poured paint. The metaphor of the dance is appropriate, touching, as it does, on the spiritual dimension of his poured paintings.«[3]

Elizabeth Langhorne zu Jackson Pollock, 2012

Einleitung: Malerei und Choreografie im Dialog

Auffallend häufig wurde und wird ein Vokabular des Tanzes oder der Choreografie genutzt, um gestische Malerei aus den 1950er-Jahren zu beschreiben und zu analysieren. Die obige Auswahl steht nur stellvertretend für eine Häufung von Begriffen aus dem übergeordneten Wortfeld von *Tanz* und *Choreografie* in der Auseinandersetzung mit abstrakt-expressiven, informellen, tachistischen oder lyrisch-abstrakten Gemälden, wie anhand einer Zitatsammlung zu dieser Arbeit nachvollzogen werden kann.[4] In der Leitthese dieser Arbeit gehe ich davon aus, dass diese Verbindung von Tanz und Choreografie mit einem spezifischen Konzept von Malerei nicht nur ein assoziativer oder metaphorischer Zusammenhang ist, sondern ebenso ein kausaler. Die Arbeit verfolgt deshalb insgesamt die These, dass es über die sprachliche Beschreibung von gestischer Malerei mit Topoi des Tanzes und der Choreografie hinaus auch eine mediale, körperliche und damit produktionsästhetische Wechselbeziehung gibt.

Aus dem Ensemble der Malereien mit körperlich-gestischem Farbauftrag wählt sich die vorliegende Arbeit eine Stichprobe, deren Zusammensetzung sensibel für die Tatsache ist, dass diese Art der Malerei in den Jahren nach dem Zweiten Weltkrieg in unterschiedlichen Ländern, Regionen und Städten verbreitet war. Der Fokus liegt auf der malerischen Produktion von Georges Mathieu, Karl Otto Götz, Jackson Pollock und Kazuo Shiraga.[5] Wie weiter unten ausgeführt wird, ist diese Auswahl durch Ansätze der transkulturellen Kunstgeschichte motiviert, die sowohl der erstaunlichen Gleichzeitigkeit und Ähnlichförmigkeit gestisch-abstrakter Malerei als auch den unterschiedlichen kulturellen und internationalen Kontexten sowie der Spezifität der jeweiligen Fallstudien gerecht zu werden versucht.

In diesem vergleichenden Rahmen gehe ich zwei Fragen nach: Einerseits geht es darum, wie sich körperliche Bewegungen in den malerischen Prozessen über eine notationelle und choreografische Theorie beschreiben lassen. Andererseits untersuche ich, inwiefern diese körperlichen Aspekte der Malerei bei den untersuchten Malern aus unterschiedlichen Wirkungsorten miteinander in Verbindung standen. Gestellt werden diese Fragen in dem zeitlichen Rahmen von 1952 bis 1959 an die Werke von Götz, Mathieu, Pollock und Shiraga. Die Wahl des Untersuchungszeitraums begründet sich durch die Entwicklungen der gestischen Malerei selbst, die im weiteren Verlauf der Arbeit betrachtet werden, aber sich bereits hier durch zwei Ereignisse umgrenzen lassen: Im Jahr 1952 erschienen mit Michel Tapiés *Un art autre* und Harold Rosenbergs *The American action painters*[6] zwei prominente Schriften, die den abstrakten Malereidiskurs stark prägten. Am Ende des Untersuchungszeitraums, im Jahr 1959, fand in Kassel die *II. documenta* statt, zudem entstanden Yves Kleins erste *Anthropométries* vor größerem Publikum, wodurch die Originalität der gestischen Malerei in Anfänge ihrer Kritik geriet. Alle vier Künstler nehmen durch Handlungen, Korrespondenzen, Ausstellungsbeteiligungen und Selbstaussagen in unterschiedlichem Maße Bezug zueinander sowie zu ihrem jeweiligen Verständnis von Malerei. So setzten sich Shiraga und die Künstler*innen von *Gutai* intensiv mit Pollock und Mathieu auseinander und nahmen Kontakt zu ihnen auf. Mathieu reiste daraufhin 1957 nach Japan, um seine Malereiperformances vor Publikum vorzuführen und die Künstler*innen von *Gutai* kennenzulernen. Durch seine Reisen und Ausstellungen war er bereits in den 1950er-Jahren in der New Yorker Kunstszene präsent. Götz befasste sich in schriftlichen Auseinandersetzungen mit Pollock und stand zumindest in kurzem Kontakt mit japanischen Akteur*innen wie beispielsweise Shiryū Morita oder war durch seine Beteiligung an der Ausstellung *Phases* in Tokio im Jahr 1958 mit ihnen verbunden. Zwar wurde Götz von Mathieu und Tapié weniger stark wahrgenommen, doch belegen Reisen nach Paris, dass er sich über die dortigen informellen Galerieausstellungen, insbesondere zu Mathieu, Tapié und Pollock, informierte. Pollock hingegen reiste selbst nicht nach Japan oder Europa – einige seiner Gemälde jedoch schon, was kunstkritische und -theoretische Diskursen über sie auslöste. Anhand dieser vier Künstler können archivarisch erhaltene Korrespondenzen, schriftliche Auseinandersetzungen und Reisetätigkeiten nachvollzogen werden, die einerseits auf der Ebene der vier Künstler selbst – mit Ausnahme Pollocks – eine Diskursgeschichte der nicht-figurativen, gestischen Malerei mitbestimmten und die anderseits auf der Ebene einer zeitnahen kunstkritischen und -theoretischen Auseinandersetzung diese Diskursgeschichte prägten. Die Auswahl der vier Künstler liegt ebenso in deren wechselseitigen Beschäftigung miteinander sowie den diesbezüglichen Überlieferungen begründet, wie auch in einer körperlichen und choreografischen Kohärenz. Andere Künstler*innen werden in dieser Arbeit nicht ausgeschlossen, sondern situativ in die Argumentation einbezogen.

Gestisch-abstrakte Malerei entwickelte sich in den 1950er-Jahren in unterschiedlichen Regionen nahezu synchron. Größere Ausstellungen der letzten Jahre haben sich zum Ziel gesetzt, deren Genese aufzuarbeiten, um darzustellen, dass eine malerisch-gestische Abstraktion nicht allein durch die Dominanz des Abstrakten Expressionismus und dessen scheinbare Vorherrschaft über andere Formen der malerischen Abstraktion zu erklären ist.[7] Informel, Tachismus, Lyrische Abstraktion, Séconde oder Nouvelle École de Paris, Abstrakter Expressionismus, New York School, Action-Painting und Art autre sind nicht nur kunsthistorische Kategorien – häufig verhindern sie, den Blick dafür zu schärfen, welche Unterschiede für die historischen Akteur*innen relevant waren.[8] In die Diskussion um Vergleichsparameter für gestische Abstraktionen müssen diese Unterschiede jedoch unbedingt mit einbezogen werden. Denn trotz unterschiedlicher Nomenklaturen und kultureller Kontexte kann eine Kohärenz in der gestischen Malerei benannt werden: Choreografische Prozesse (Choreografie) und körperliche Bewegung (Körperlichkeit) standen in Verbindung zur malerischen Produktion (Malerei). Für die gestische Malerei und besonders für die Fallstudien müssen die Bezugsebenen von Choreografie, Körper und Malerei daher ausdifferenziert werden.

Ein Zugang dieser Arbeit zu den Werken der gestischen Malerei wird durch die Frage gefunden, in welcher Art und Weise Künstler*innen ihren Körper zum Malen verwenden. Götz, Mathieu, Pollock und Shiraga inszenierten in ihrer Malerei und den dazu entstehenden Dokumentationen choreografische Prozesse sowie körperliche Bewegungsmuster. Die Dimension der Körperlichkeit dieser Malerei und die Reichweite der künstlerischen Reflexion auf die Struktur dieser Körperlichkeit sind für die Entwicklung der gestisch-abstrakten Malerei bislang nicht hinreichend gewürdigt worden. Deshalb soll das Œuvre der hier untersuchten Künstler aus einer choreografisch informierten Perspektive beleuchtet werden.

In der kunsthistorischen Forschung der letzten Jahrzehnte rückte zunehmend das Interesse an den Prozessen der Wahrnehmung und des Körpers in den Fokus. Mit dem Begriff des *embodiment* weisen

Forscher*innen darauf hin, dass intellektuelle Strukturen wie etwa Wissen stets in der einen oder anderen Weise in realen Körpern verankert sein müssen. Die Erkenntnis einer unmittelbar körperlichen Dimension des Malens war, wie die Arbeit darlegen wird, auch für die thematisierten Künstler ein zentraler Ausganspunkt, den sie in der Dimension ihrer körperlichen Bewegung im Herstellungsprozess von Malerei interpretiert haben. Aus dieser Erkenntnis heraus hinterfragten sie ein tradiertes und aus ihrer Sicht überkommenes malereispezifisches Wissen, indem sie sich von den traditionellen Auffassungen, Materialien, Instrumenten und Werkzeugen distanzierten: Götz begann, Kleisteremulsion und besenähnliche Rakeln mit langem Stil für seine Malerei zu verwenden, Pollock experimentierte mit Lackfarbe und vertrockneten, stockgleichen Pinseln, Mathieu drückte unter anderem die Farbe direkt aus der Tube auf die Leinwand (*tubisme*) und Shiraga malte ohne körperexterne Werkzeuge mit Händen und Füßen auf dem Bildgrund. Die malereigenerierende körperliche Bewegung ordnete sich nicht länger dem Ziel unter, eine Darstellung oder Figuration entstehen zu lassen.

Die vorliegende Arbeit möchte insgesamt zeigen, dass, um diese Art der Malerei und des Malens zu beschreiben, Kategorien entwickelt werden müssen, die dem prozessualen Ereignis und nicht unbedingt dem Ergebnis des Malens gerecht werden können. Daher liegt es nahe, Begriffe des Performativen zu verwenden und einer Ästhetik der Performanz zu folgen, in der das Performative stärker im Vordergrund steht als das Semiotische beziehungsweise das mit der Performanz Gemeinte.[9] Hierbei können die Begriffe der Choreografie und insbesondere der Notation aufschlussreich sein. Während Tanz ein sehr weites Spektrum an geformter, körperlicher Bewegung darstellt und oft in einem Zusammenhang mit Musik steht, beschreibt Choreografie einen Ansatz, mit dem sich diese körperlichen Bewegungen in einem Raum und teilweise mit Objekten bestimmen lassen. Ursprünglich umfasste der Begriff auch die grafische Dokumentation dieser Bewegungen. Notationen spezifizieren zudem diese grafischen Übersetzungen und entwickeln Zeichensystematiken, die körperliche Bewegung nachvollziehbar verschriftlichen und damit erlernbar, wiederholbar und identifizierbar machen, also überliefern.[10] Vor ihrer begrifflichen Entgrenzung wurde die Choreografie zuerst in ihrer notatorischen Eigenschaft verstanden, nämlich in der Art und Weise, wie ein agierender Körper einen Raum, den *chorós*, erschließt und dies grafisch vermittelt.

Als performatives, choreografisches und notatorisches Ereignis entziehen sich bestimmte Dimensionen gestischer Malerei einem Malereiverständnis, das sich allein auf die Analyse der Werke beschränkt. Die unterschiedlichen zeitgenössischen Dokumentationen und Diskursivierungen der Werkprozesse der Künstler werden deshalb anhand von Fotografien und Filmen, theoretischen und kunstkritischen Texten, Äußerungen der Künstler selbst und Ausstellungen, an denen diese beteiligt waren, untersucht. Diese Annäherungen werden vor der Folie der jeweiligen Wirkungsorte vorgenommen, um gestisch-abstrakte Malerei nicht als entnationalisiertes und damit implizit globales Phänomen der 1950er-Jahre darzustellen. Die Arbeit wird zeigen, dass sich gestisch-abstrakte Malerei zum einen in einem dezidiert überregionalen und internationalen Kontext der 1950er-Jahre entwickelte, zum anderen jedoch auch signifikant in ihre jeweiligen regionalen Kontexte eingriff. Vor diesem Hintergrund verfolgt die Arbeit eine Reihe von Fragestellungen, die diesen spezifischen künstlerischen und theoretischen Milieus nachspüren: Wie formulierten Mathieu und der ihm nahestehende Kunsttheoretiker und Kritiker Tapié ihr Verständnis von der Lyrischen Abstraktion und der Art autre? Welche Kontexte und Räume hatte Rosenberg der Aktion des Action-Paintings ursprünglich zugedacht? Lässt sich nachweisen, dass Götz, Mathieu und Shiraga das Konzept des Action-Paintings kannten? Wie äußerten sich die vier Künstler selbst dazu? In welchen Bezug setzten sich die Künstler*innen von *Gutai*, zu denen Shiraga gehörte, zu einem westlichen[11] und japanischen Malereiverständnis der 1950er-Jahre? Wer und wie hat das gestische Malereikonzept im Nachkriegsdeutschland theoretisch erfasst und durch welche Ausstellungen wurde es exemplifiziert?

Ziel der Darstellung ist eine Perspektive, die einerseits den Vergleich der Beispiele erlaubt und andererseits ihre irreduzible Einzigartigkeit bestehen lässt. Die jeweiligen Analysen werden in den Kapiteln in einer vergleichbaren Beschreibungssprache formuliert. Hierdurch kann ein differenziertes Bild von vier Beispielen der unterschiedlichen, gestischen Malereiverständnisse erarbeitet werden, bei dem jedoch nicht alle Ausführungen notwendigerweise unter einem Schlagwort – wie Action-Painting oder Abstrakter Expressionismus – stehen müssen. Stattdessen ist für die Arbeit bewusst ein Zugang zur Malerei gewählt, der die Gemeinsamkeit der Werke in einem ähnlichen Ablauf des Malprozesses, in einem choreografischen Ansatz, erkennt.

In den Werken und Werkprozessen wird Körperlichkeit rekonstruierbar. Nicht mehr über den Körper qua Darstellung, also Figuration, sondern produktions- und rezeptionsästhetisch über die Körper der Künstler*-innen und der Betrachtenden.[12] Die Bewegungen beim Malen hatten nicht mehr lediglich die Funktion, zu einer Darstellung zu führen. Vielmehr prägte das Bewegungsmaterial selbst sowie dessen malerische Notation prägte die Arbeiten. Die körperliche Bewegung berührt querschnittartig viele Ebenen und Fragestellungen der gestischen Malerei der Nachkriegszeit und ist das Leitmotiv dieser Arbeit, auch wenn daraus folgt, dass nicht unbedingt die so entstehenden Gemälde den Mittelpunkt einer solchen Auseinandersetzung bilden. Stattdessen liegt der Fokus auf den Werkprozessen und den choreografischen Räumen, in denen die körperlichen Bewegungen ausgeführt werden, und auf den Dokumentationen durch Fotografie und Film, die Körperbilder greifbar machen.

Der Zugang zu diesen Malprozessen erfolgt unter demjenigen der Praxeografie. Die Arbeit folgt hier der Unterscheidung zwischen Praxeografie und Praxeologie, wie sie Jens-Arne Dickmann vorschlägt. Während Praxeologien Dickmann zufolge gesellschaftliche Handlungen von Vielen theoretisieren, ist die Praxeografie »ein epistemisches Werkzeug […] mit dem regelmäßige Praktiken, aber auch singuläre oder individuelle Handlungen beschrieben werden, die Menschen an einem bestimmten Artefakt tatsächlich oder wahrscheinlich vollziehen.«[13] Praxeologien können, Dickmann folgend, kurz als regelmäßig und ritualisiert wiederholte beschriebene Praxisformen betrachtet werden, während eine Praxeografie hier als Beschreibung einer spezifischen Praxis betrachtet wird, die mehr oder weniger in gesellschaftlich verbreitete Regelsysteme eingeschrieben sein kann, aber nicht muss. Eine praxeografisch verstandene, handlungstheoretische Perspektive auf Götz, Mathieu, Pollock und Shiraga kann eingenommen werden, indem ihr Umgang mit dem Artefakt Gemälde/Malerei sowie der Umgang von Kritiker*innen, Theoretiker*innen und Galerist*innen mit diesen Gemälden analysiert wird. Diese Perspektive verlangt also auch, Individuen in den Fokus zu nehmen, um eine vergleichende Ebene der gestisch-abstrakten Malerei von Götz, Mathieu, Pollock und Shiraga zu zeichnen.

Da die vorliegende Arbeit eine Forschungsperspektive auf die von ihr untersuchten, künstlerischen Praktiken einnimmt, die deren Nähe zur Choreografie betont, werden hier vertieft Forschungsbeiträge berücksichtigt, die in der Kunst- oder Tanzgeschichte diese Dimension hervorgehoben haben. Das Verhältnis von Choreografie, Tanz und bildender Kunst im 19. und in der ersten Hälfte des 20. Jahrhunderts wurde bereits von mehreren Seiten beleuchtet, die der Verschränkung von Tanz und Malerei nachgehen. Viele Beiträge nutzen hauptsächlich einen motivischen beziehungsweise ikonografischen Zugang, der auch selbst eine der Ausgangsforderungen der Tanzwissenschaften war.[14] Dieser Ansatz,

Tanzdarstellungen in der bildenden Kunst zu untersuchen, wurde durch Netzwerkanalysen von kunsthistorischer wie von tanzhistorischer Seite ergänzt, indem Kollaborationen von Künstler*innen für Tanzproduktionen in den Modernen in den Blick genommen wurden. Die Beiträge zu den *Ballets Russes* und das *Ballets Suédois* können hier als die prominentesten Beispiele neben weiteren auch theoretisch orientierten Arbeiten aus der ersten Hälfte des 20. Jahrhunderts angeführt werden.[15] Im Kontext dieser Forschungsbeiträge wurde auch die Frage aufgeworfen, wie sich körperliche Bewegung in Bildern darstellen lässt.[16] Hierzu wurden verschiedene Modi der Bewegungsdarstellung analysiert, die sich im Laufe der Jahrhunderte verändert haben und zumeist gattungs- und/ oder epochenspezifisch sind.[17] Die Gesamtheit von Bewegungsdarstellungen und das Thema der Bewegung in Bildern ist jedoch so umfassend und vielfältig, dass Ernst Gombrich der Bewegung in Bildern ein ähnlich großes aber weniger erforschtes Erkenntnisvermögen zuspricht wie dem kunsthistorischen Musterbeispiel der Perspektive, die als genuines Forschungsfeld und wesentlicher Themenbereich der Kunstgeschichte gilt.[18] Die Tanzwissenschaftlerin Gabriele Brandstetter hat mehrfach darauf hingewiesen, dass sich Tanz, Choreografie, Bewegung und Kunst über das Momenthafte eines Bildes zusammenführen lassen, Gemeinsamkeiten in deren Visualitäten bestehen und sich Darstellungen aus der Kunst mit Theorien zum Tanz und weiteren Aspekten verdichten können.[19] Der nur aus transdisziplinärer Perspektive sichtbar werdende Zusammenhang solcher unterschiedlicher Dimensionen wurde anhand des *tableau vivant* und der Tanzfotografie verdeutlicht und wurde zu einem großen Themenbereich der Kunst- und Tanzforschung zum 19. und 20. Jahrhundert.[20] Wie aber choreografisch erfassbare, körperliche Bewegung im Prozess der Malerei und noch spezifischer, in der gestisch-abstrakten Kunst der 1950er-Jahre, realisiert wurden, ist bisher nur fragmentarisch diskutiert worden. Aufbauend auf den bisherigen Studien zum Tanz in den Klassischen Modernen[21] vor den 1950er-Jahren soll daher hier der Zusammenhang zwischen Choreografie und Malerei beleuchtet werden: Bildende Künstler*innen, Tänzer*innen und Choreograf*innen arbeiten nicht mehr nur für unterschiedliche Produktionen zusammen, sondern Aspekte dieser drei Gattungen und ihrer Medien finden auch in die jeweils anderen Eingang. In der vorliegenden Arbeit kann aufgrund ihrer fachlichen Ausrichtung nur eine dieser Seiten beleuchtet werden, nämlich die kunsthistorische und malereitheoretische.

Auch für die vergleichende Methodik können bereits bestehende Beiträge und Vorarbeiten genutzt werden: Monica Juneja und Michael

Falser haben für einen Ansatz mit transkultureller Ausrichtung darauf hingewiesen, dass eine »konzeptionelle Kohärenz«[22] zu definieren ist, die den Ausgangspunkt für das Erfassen eines kulturellen Phänomens in unterschiedlichen Orten und Räumen bildet. Die Genese und Übersetzung eines kulturellen Phänomens, eines Konzepts - oder in Falle dieser Arbeit von einer bestimmten Produktion von gestischer Malerei - in den unterschiedlichen Wirkungsräumen, ermöglichen es, lokale Interpretationen und Rezeptionen nachzuzeichnen. Juneja und Falser plädieren außerdem dafür, den Kulturbegriff Kultur dynamisch zu halten und nicht als ein statisches Faktum zu verstehen, das in unterschiedlichen Orten und Räumen einfließen kann. Untersuchungsgegenstand dieser Arbeit sind malerische Produktionen und transkulturell geteilte Praxeografien. Das bedeutet im Hinblick auf diese Methodik, dass die Bedeutungshierarchien und die Kontexte dieser malerisch-konzeptionellen Kohärenzen verstärkt beachtet werden müssen.[23]

Neben den Forschungen, die für die Entwicklung der Methodologie der vorliegenden Arbeit relevant waren, existieren zahlreiche Untersuchungen zu den hier betrachteten Künstlern und Kunstströmungen, die in der Annotation des betreffenden Kapitels gewürdigt werden. Die internationale Ausstellungsgeschichte und der Werkprozess von Jackson Pollock sowie die vielen Beiträge hierzu können als Beispiel dienen. Um aber keine allgemeine Einflussgeschichte von Pollock und dem Action-Painting auf andere Kunstszenen zu schreiben, gehe ich auf einen spezifischen Aspekt in Pollocks Œuvre und dem Action-Painting ein: Welche Eigenschaften liegen diesen beiden zugrunde, sodass sie eine Theorie und einen Wendepunkt im Malereidiskurs markieren, die eine Zirkulation eines bestimmten malerischen Konzepts bedingen? Hierzu muss die Rolle der fotografischen und filmischen Dokumentationen von Pollocks Werkprozess in den Blick genommen werden. Barbara Rose, Peter Weibel, Monika Wagner, Rachel Esner und Sandra Kisters haben in diesem Kontext bereits ausgeführt, dass Fotografie und Film eine mehr als tragende Rolle in der Verbreitung von Wissen zur gestischen Malerei zukommt. Rose hat die Entstehungsgeschichte von Hans Namuths Fotografien und Filmen aufgearbeitet, Weibel die Eigenschaften der Medien Fotografie, Film und Video als Dokumentationsmittel hinterfragt und Wagner, Esner und Kisters haben das Selbstverständnis von Künstler*innen in diesen Medien und ihre Inszenierungspraktiken, die durchaus auch in ihrer Vergeschlechtlichten und heteronormativen Prägnanz kritisch befragt werden, tiefgehender analysiert.[24] Pollocks Vordergründigkeit in der Forschungsliteratur zur gestisch-abstrakten Malerei wie auch in der damaligen Theoretisierung zum gestisch-abstrakten Farbauftrag kontrastiert mit dem Ansatz dieser Arbeit, indem Götz, Mathieu und Shiraga in diese Theoriebildung mit einbezogen werden. Der Frage, wie ein flüssiger, tachistischer Farbauftrag in Œuvres von Künstler*innen eine Eigenleistung und gleichzeitig eine Mitbestimmung, eine »cocréation«[25], des internationalen Phänomens der gestisch-abstrakten Malerei der 1950er-Jahre sein kann, wurde bisher nicht ausreichend nachgegangen.

Die Arbeit ist in vier Hauptkapitel gegliedert. Im ersten Kapitel »Choreografie« gehe ich der Frage nach, in welchem Verhältnis die beiden Denkfiguren Choreografie und Malerei historisch zueinanderstanden. Schon im 17. Jahrhundert wurden grafische und textuelle Medien als Aufzeichnungsmedien körperlicher und tänzerischer Bewegung genutzt. Die Choreografie zeichnet eine Raumerfahrung eines Körpers auf. Durch die konzeptionelle Öffnung des Begriffs der Choreografie ist ein Anschluss an andere Künste möglich geworden.[26] In welchem Verhältnis stehen dabei Choreografie und Notation zu Malerei und Zeichnung? Wie haben Choreograf*innen und Maler*innen sich zur Verschränkung der Kunstformen geäußert?

Wie malerische Prozesse aus dokumentierenden Medien ableitbar sind, erörtere ich im Anschluss am Beispiel von Jackson Pollock. Dabei rekonstruiere ich die Entstehungs- und Editionskontexte seiner Fotografien und Filme und stelle diese auf den Prüfstand: Können die Fotografien aus dem Werkprozess als Dokumentationen oder künstlerische Fotografien gelten? Dabei steht im Vordergrund, wie Fotografie und Film die körperliche Bewegung für die Wahrnehmung der Betrachtenden verfälschen können und welche ursprüngliche Bedeutung Rosenberg der Aktion zuschrieb, um die malereigenerative, körperliche Bewegung zu theoretisieren.

Im zweiten Kapitel »Körperlichkeit« greife ich den medientheoretischen Diskurs des ersten Kapitels auf. Während zuvor dargestellt wird, wie Zeichen und Zeichnungen für die Aufzeichnung körperlicher Bewegung entwickelt wurden, zeige ich hier auf, wie sich die räumlichen Bedingungen der gestisch-abstrakten Malerei verändern. Hierbei ist der handelnde Körper und seine Ausrichtung vor beziehungsweise über dem Bildgrund das Leitmotiv, das vor der Folie der Horizontalität und dem Grad der körperlichen Einbindung diskutiert wird. Im Unterkapitel zu Kazuo Shiraga führe ich dann aus, wie sich Shiraga und der Schriftführer und Kopf der Künstlergruppe *Gutai*, Jirō Yoshihara, zur US-amerikanisch vereinnahmten Horizontalität der Malerei positionieren. Zu Shiraga, Yoshihara und *Gutai* entwickele ich zwei unterschiedliche Standpunkte: Einerseits geht es um die Positionierung von *Gutai* zum Konzept des Action-Paintings (siehe »*Gutai* und westliche Malerei«), andererseits um die Beteiligung von *Gutai* am informellen, kunsttheoretischen Diskurs durch Tapié (siehe »Trajektorie von Art autre in Frankreich und den USA«).

In dritten Kapitel »Malerei« verfolge ich die Frage nach den Einbindungen des Körpers in den Malprozess zuerst bei Karl Otto Götz und anschließend bei Georges Mathieu. Götz war selbst bestens über die Kunst von Mathieu und Pollock informiert und entwickelte eine eigene Position in einem französisch und US-amerikanisch geprägten Diskurs. Der Farbauftrag mit flüssigen Malmitteln ist eine Voraussetzung, um Spuren körperlicher Bewegung auf dem Bildgrund einzuschreiben. Seine malerische Bewegungspraxis lässt aber einen anderen, weniger medial effektvoll inszenierten Umgang mit dem Artefakt Malerei erahnen als derjenige Mathieus. Mathieu hat eine Zirkulation von malereispezifischem Wissen bestärkt, indem er an unterschiedlichen Orten vor Publikum malte. Diese Malprozesse in Paris, Osaka und an weiteren Orten wurden durch unterschiedliche Medien wie Fotografien, Filme, Kritiken oder Artikel dokumentiert. Die fotografischen Zeugnisse werden darüber hinaus dahingehend analysiert, inwiefern sie auch ikonografisch eine athletische Bildproduktion des Kampfes und des Sprungs vermitteln und überlieferbar machen.

Im letzten Kapitel »Tradierung« werden die Verbindungen und Historisierungen durch Akteur*innen, Ausstellungen und Interpretationen der nicht-figurativen, gestischen Malweise untersucht und zudem die Zirkulationen von diesem Wissen rekonstruiert sowie befragt. Zum einen wird dies erreicht, indem der Fokus auf Tapié gelegt wird. Tapié hatte durch Mathieu ein Interesse an US-amerikanischer Malerei entwickelt, diese zusammen mit Mathieu in Paris ausgestellt und darüber hinaus internationale Kooperationen gebildet, in die viele Künstler*innen unterschiedlich stark einbezogen wurden. Theoretische und schon damals streitbare Vereinnahmungen von Künstler*innen ermöglichen eine Antwort auf die Frage, durch welche Pariser Ausstellungsstationen hindurch sich eine internationale Abstraktion gebildet hat, die zu einer Bedeutungsgewichtung zugunsten der USA führte.

Zum Anderen nehme ich im Anschluss die Praxeografie des Tropfens zum Anlass, deren Historiografie zu reflektieren. Die US-amerikanische Diskursvereinnahmung des getropften Farbauftrags bei Pollock wirft die Frage auf, inwieweit das Beflecken des Bildgrunds überhaupt als malerische Technik begriffen werden kann. Ein Anliegen besteht darin zu erörtern, wie die Tröpfeltechnik im Nachkriegsdeutschland von unterschiedlichen Akteur*innen diskutiert und bewertet wurde. Schließlich werde ich auch thematisieren, wie der flüssige Farbauftrag zum Gegenstand sexualisierter und vergeschlechtlichter Deutungen gemacht wurde und somit heteronorme und männliche Künstler*innen- und Kreativitätsvorstellungen glorifizierte, deren kritische Reflexion erst in den letzten Jahren begonnen hat.

1 Dominique Stella: Georges Mathieu. Ou l'indomptable insolence d'être, in: Monica Maroni/Domenico Pertocoli (Hrsg.): Georges Mathieu. 1948–1969, Ausstellungskatalog Mailand/Brescia, o.O. 2011, S. 15–31, hier S. 31.

2 Hann Trier: Wie ich ein Bild male, Berlin 1963, o.S.

3 Elizabeth Langhorne: »The effort of the dance«. Gravity and Levity in the Poured Paintings of Jackson Pollock, in: Mary D. Edwards/Elizabeth Bailey (Hrsg.): Gravity in Art. Essays on Weight and Weightlessness in Painting, Sculpture and Photography, Jefferson N.C. 2012, S. 265–276, hier S. 265.

4 Diese Sammlung ist und kann nicht vollständig sein. Sie besteht aus Aussagen, die mir im Laufe der Recherchen begegneten, und von unterschiedlichen Autor*innen aus Journalismus und Kunstkritik, von Künstler*innen selbst, hauptsächlich aber von Kunsthistoriker*innen und -wissenschaftler*innen stammen. Die Sammlung und weitere Materialien der Recherchen zu dieser Arbeit sind in einem Forschungsdatensatz publiziert: Appendix Forschungsdaten. Malen mit dem Körper. Konzeptionen des gestischen Farbauftrags 1952–1959, https://doi.org/10.11588/DATA/DULHAR.

5 Karl Otto Götz wird im Folgenden K.O. Götz, entsprechend seiner Selbstbezeichnung und Signatur, geschrieben. Shiragas vollständiger Name 白髪 一雄, wie die von anderen japanischen Maler*innen und Akteur*innen auch, wird im Laufe dieser Arbeit in der europäischen Transkription und in der nicht-japanischen Folge, also Vor- und dann Familienname, verwendet. Diese Schreibweise hat sich im internationalisierten Ausstellungsbetrieb verfestigt.

6 Den beiden Texten, die in der kunsthistorischen Auseinandersetzung mit abstrakter Nachkriegskunst vielfach angeführt werden, ist jeweils ein Kapitel gewidmet.

7 Zu nennen sind beispielsweise: *Postwar. Kunst zwischen Pazifik und Atlantik 1945–1965*, Haus der Kunst, München (14. 10. 2016–26. 3. 2017); *Elles font l'abstraction*, Centre Pompidou, Paris (19. 5.–23. 8. 2021); *Die Form der Freiheit. Internationale Abstraktion nach 1945*, Museum Barberini, Potsdam (4. 6.–25. 9. 2022); *Action – Gesture – Paint. Women Artists and Global Abstraction 1940–70*, Whitechapel Gallery, London (9. 2.–7. 5. 2023).

8 Christoph Zuschlag: Europa, Japan, USA. Facetten der abstrakten Malerei nach 1945, in: Reinhard & Sonja Ernst-Stiftung (Hrsg.): Faszination Farbe. Abstrakte Malerei. Die Sammlung Reinhard Ernst, München 2019, S. 10–27, hier S. 15.

9 Erika Fischer-Lichte: Ästhetische Erfahrung. Das Semiotische und das Performative, Tübingen/Basel 2001, S. 139–150. Auf S. 150 schreibt sie: »Nur wenn Theater-, Musik-, Literaturwissenschaft, Kunstgeschichte und philosophische Ästhetik eng zusammenarbeiten, wird es gelingen, eine Ästhetik des Performativen zu entwickeln […].«

10 Nelson Goodman: Sprachen der Kunst. Entwurf einer Symboltheorie, Frankfurt/M. 1997, S. 125.

11 In Japan wurde die Rolle von japanischer Malerei, *nihonga*, und westlicher Malerei, *yōga*, schon seit der Meiji-Zeit (1868–1912) diskutiert. Mit *westlicher* Malerei beziehe ich mich auf diesen Diskurs. Dabei meint *westlich* vor allem eine materielle Eigenschaft, nämlich Ölmalerei, die in Japan zuerst als fremdkulturell und westlich angesehen wurde. Für eine genauere Ausführung hierzu siehe das Kapitel »*Gutai* und westliche Malerei« in der vorliegenden Arbeit.

12 Dass Körper und Körperlichkeit auch nach dem Fokus der Kunstgeschichte auf gegenstandslose und nicht-figurative Kunst der Nachkriegszeit weiterhin Themen der bildenden Kunst seien, argumentiert auch Alexander Piecha: Bild.Körper. Ein Pladoyer für die Körperlichkeit der Kunst, in: Winfried Nöth/Anke Hertling (Hrsg.): Körper. Verkörperung. Entkörperung, Kassel 2005, S. 105–120, hier S. 110. Piecha stellt diese Argumente jedoch der These einer Entkörperlichung der digitalen Künste entgegen und nicht den nicht-figurativen Künsten.

13 Jens-Arne Dickmann u. a.: Praxeologie, in: Thomas Meier/Michael R. Ott/Rebecca Sauer (Hrsg.): Materiale Textkulturen. Konzepte – Materialien – Praktiken, Berlin 2015, S. 135–145, hier S. 135.

14 Dies schlägt zum Beispiel Viktor Junk in seinem Kapitel »Bildende Kunst und Tanz aus seiner Grundlegung der Tanzwissenschaft« vor. Den Text verfasste er in den 1940er-Jahren, konnte ihn jedoch vor seinem Tod 1948 nicht mehr publizieren, sodass die Erstpublikation erst 1990 erfolgte; siehe Victor Junk: Grundlegung der Tanzwissenschaft, Hildesheim/Zürich/New York 1990. Einen ersten umfassenden Einblick in motivische Analysen und die Frage, wie Tanz und Bewegung in der bildenden Kunst dargestellt werden, gab Elli Lohse-Claus: Tanz in der Kunst, 2. Aufl., Leipzig 1974. Diesem Ansatz schließt sich Helga Thalhofe: Anmut und Disziplin. Tanz in der bildenden Kunst, Köln 2010 an. Beide Autorinnen stellen den Tanz von der Antike bis zur Moderne vor. Die vielen Beiträge zu Tanz im Werk von einzelnen Künstler*innen – schlagwortartig seien Pierre-Auguste Rodin, Edgar Degas oder die deutschen Expressionisten genannt – können hier

aufgrund ihrer Vielzahl nicht aufgeführt werden. Ein Verweis auf die Bibliografie von Heekyeong Yun und das Überblickswerk von Christine Farese-Sperken sei stellvertretend gegeben: Heekyeong Yun: Tanz in der deutschen Kunst der Moderne. Wandlungen des bewegten Körperbilds zwischen 1890 und 1950, Taunusstein 2008; Christine Farese-Sperken: Der Tanz als Motiv in der bildenden Kunst des 20. Jahrhunderts (Stilkunst, Expressionismus, Fauvismus, Futurismus), München 1969. Heekyeong Yun konzentriert sich dabei auf den Tanz in der Malerei und Grafik im deutschsprachigen Raum, während Farese-Sperken ihren Korpus weiter fasst.

15 Für das frühe 20. Jahrhundert sei hier stellvertretend folgender Beitrag genannt: Anja Pawel: Abstraktion und Ausdruck. Bildende Kunst und Tanz im frühen 20. Jahrhundert, Berlin 2019. Siehe auch Sylvain Bellenger u.a. (Hrsg.): Picasso et les Ballets russes. Entre Italie et Espagne. Voyages imaginaires, Ausstellungskatalog Marseille, Arles 2018; Juliet Bellow: Modernism on Stage. The Ballets Russes and the Parisian Avant-Garde, London 2013; Carole Boulbès: Relâche. Dernier coup d'éclat des Ballets suédois, Dijon 2017. Für eine bild- und tanzwissenschaftliche Methodik zum 19. Jahrhundert, siehe: Nic Leonhardt: Sehnsucht und Dansomanie. Überlegungen zu einer Verknüpfung von Bildforschung und Tanzgeschichtsschreibung am Beispiel ikonografischer Quellen des 19. Jahrhunderts, in: Gabriele Klein/Christa Zipprich (Hrsg.): Tanz, Theorie, Text, Münster/Hamburg/London 2002, S. 257–272 sowie Monika Woitas: Im Zeichen des Tanzes. Zum ästhetischen Diskurs der darstellenden Künste zwischen 1760 und 1830, Herbolzheim 2004.

16 Zur Darstellung von Bewegung in Malerei, Skulptur und Fotografie sowie zu den theoretischen Auseinandersetzungen damit, siehe: Ernst Gombrich: Kunst und Illusion. Zur Psychologie der bildlichen Darstellung, Berlin 2002 (Erstausgabe 1959), S. 121, 192; Umberto Eco: Das offene Kunstwerk, Frankfurt/M. 1996, S. 155; Joachim Paech: Bilder von Bewegung – bewegte Bilder. Film, Fotografie und Malerei, in: Monika Wagner (Hrsg.): Moderne Kunst. Das Funkkolleg zum Verständnis der Gegenwartskunst, Bd. 2, Reinbek 2000, S. 237-264; Livio Dobrez: The Perception of Depicted Motion, in: Arts 2 (2013), S. 383-446; Solveig Aasen: Depicting Movement, in: Australasian Journal of Philosophy, o.w.A., 2020, S. 1–14; insbesondere zur Fotografie: Gunnar Schmidt: Visualisierungen des Ereignisses. Medienästhetische Betrachtungen zu Bewegung und Stillstand, Bielefeld 2015, S. 76, http://nbn-resolving.de/urn:nbn:de:0168-ssoar-70775-2 [18.7.2022].

17 Christina Clark u.a. (Hrsg.): Kinesis. The Ancient Depiction of Gesture, Motion, and Emotion, Ann Arbor 2015; Valérie I. Toillon: Corps et âme en mouvement. Expression et signification du mouvement dans la peinture de vases en Grèce ancienne (VIe-IVe s. av. J.-C.). Ivresse, possession divine et mort (zugl. Montréal/Université de Franche-Comté, Univ., Dissertation), Montréal 2014, http://hdl.handle.net/1866/11412 [21.6.2022].

18 Ernst Gombrich: Bild und Auge. Neue Studien zur Psychologie der bildlichen Darstellung, Stuttgart 1984, S. 40–62, hier S. 40. Siehe hierzu auch Norbert M. Schmitz: Bewegung als symbolische Form. Die Ikonologie und der Kunstbegriff der Medienwissenschaften, in: Heinz-Bernd Heller (Hrsg.): Über Bilder sprechen: Positionen und Perspektiven der Medienwissenschaft, Marburg 2000, S. 79–95.

19 Gabriele Brandstetter: The Code of Terpsichore. Carlo Blasis Tanztheorie zwischen Arabeske und Mechanik, in: dies./Gerhard Neumann (Hrsg): Romantische Wissenspoetik. Die Künste und die Wissenschaften um 1800, Würzburg 2004, S. 49–72 und Gabriele Brandstetter: Bild-Sprung: TanzTheaterBewegung im Wechsel der Medien, Berlin 2005.

20 Zum *tableau vivant*: Bettina Brandl-Risi: Das Leben des Bildes und die Dauer der Pose. Überlegungen zum Paradox des Tableau vivant, in: dies./Gabriele Brandstetter/Stefanie Diekmann (Hrsg.): Hold it! Zur Pose zwischen Bild und Performance, Berlin 2012, S. 52-67. Zur Tanzfotografie: Gabriele Brandstetter: Tanz und Fotografie. Ein Dialog der Künste. Vera Skoronel und Charlotte Rudolph, in: Brygida Ochaim (Hrsg.): Der absolute Tanz. Tänzerinnen der Weimarer Republik, Ausstellungskatalog Berlin, Berlin 2021, S. 158–167; Tessa Jahn/Eike Wittrock/Isa Wortelkamp (Hrsg.): Tanzfotografie. Historiografische Reflexionen der Moderne, Bielefeld 2015; Isa Wortelkamp: Transformationen. Der Serpentinentanz Loïe Fullers in Bewegung und als Bild, in: Frank Fehrenbach/Cornelia Zumbusch (Hrsg.): Form- und Bewegungskräfte in Kunst, Literatur und Wissenschaft, Berlin/Boston 2022, S. 215–229.

21 Ausgehend von einem transkulturellen Kunstverständnis entwickelte sich im 20. Jahrhundert nicht die eine *Klassische Moderne*, sondern durch dynamischen Austausch und zahlreiche Künstler*innen-Mobilitäten in unterschiedlichen Regionen und Ländern mehrere *Klassische Modernen*. Um diesen Umstand gerecht zu werden, wird im

Laufe dieser Arbeit der Plural, *Klassische Modernen*, verwendet. Vgl. Catherine Grenier: Modernités plurielles. Die Geschichte einer weltumspannenden Moderne, in: Okwui Enwezor/Katy Siegel/Ulrich Wilmes (Hrsg.): Postwar. Kunst zwischen Pazifik und Atlantik 1945–1965, Ausstellungskatalog München, München 2016, S. 566–569.

22 Michael Falser/Monica Juneja (Hrsg.): Kulturerbe und Denkmalpflege transkulturell: Grenzgänge zwischen Theorie und Praxis, Bielefeld 2013, S. 24.

23 Dieser Notwendigkeit ist Ming Tiampo mit ihrem Beitrag zur *Gutai Art Association* und deren globalen Verstrickung bereits nachgekommen. Ming Tiampo: Gutai. Decentering modernism, Chicago/London 2011; Ming Tiampo/Alexandra Munroe (Hrsg.): *Gutai: Splendid Playground, Ausstellungskatalog* New York, New York 2013; Ming Tiampo u. a. (Hrsg.): »Under each other's spell«. Gutai and New York, Ausstellungskatalog Springs, New York 2009. Tiampo hat einen Teil der Quellenlage zu *Gutai*-Künstler*innen überhaupt erst für ein englischsprachiges Forschungspublikum umfassend zugänglich gemacht, da zuvor nur einzelne Beiträge durch übersetzte Katalogbeiträge verfügbar waren: Aya Kunii/Takashi Fukumato (Hrsg.): すべて未知の世界へ-GUTAI 分化と統合：大阪中之島美術館 国立国際美術館 共同企画. In the Unknown World. GUTAI: Differentiation and Integration, Ausstellungskatalog Osaka, Osaka 2022; Shoichi Hirai u. a. (Hrsg.): 「具体」：ニッポンの前衛18年の軌跡. *Gutai. The Spirit of an Era*, Ausstellungskatalog Tokio, Tokio 2012; Atsuo Yamamoto (Hrsg.): *Gutai I, II, III*, Ausstellungskatalog Ashiya, Ashiya 1994.

24 Barbara Rose (Hrsg.): Pollock painting. Photographs by Hans Namuth, New York 1980; Peter Weibel: Foto-Fake. Die unnachahmliche Treue der Nachahmung? [1980], in: ders. (Hrsg.): Kunst und Medien. Die Transformationen des Bildes in der Ära der Apparate, Berlin 2019, S. 101–115; Peter Weibel: Die Frage der Fotografie im Wiener Aktionismus als Frage nach Autor und Autonomie, Autor und Urheber der Fotografie, in: Weibel 2019, S. 165–183; Monika Wagner: Der kreative Akt als öffentliches Ereignis, in: dies./Michael Diers (Hrsg): Topos Atelier. Werkstatt und Wissensform, Berlin 2010, S. 45–58; Rachel Esner/Sandra Kisters (Hrsg.): The Mediatization of the Artist, Cham 2018.

25 Griselda Pollock: Abstraction? Cocréation?, in: Christine Macel/Karolina Ziębińska-Lewandowska (Hrsg.): Elles font l'abstraction, Ausstellungskatalog Paris, Paris 2020, S. 25-30. Siehe auch Griselda Pollock: Between a Rock and Hard Place. Strategies for Histories of Abstraction with Women on Your Mind, in: Laura Smith (Hrsg.): Action – Gesture – Paint. Women Artists and Global Abstraction 1940-70, London 2023, S. 13-21.

26 Vgl. Sabine Huschka/Hartmut Böhme: Prolog, in: dies. (Hrsg.): Wissenskultur Tanz. Historische und zeitgenössische Vermittlungsakte zwischen Praktiken und Diskursen, Bielefeld 2009, S. 7–22, hier S. 12.

Choreografie

Raum und Expression von Choreografie und Malerei

Papier und Bildgrund als Aktionsraum

Die Transkription von körperlichen Bewegungen in Schrift hat eine jahrhundertelange Tradition. Einer der ersten Texte, der einen Tanz in eine Schriftform brachte, sind die *Bassas Dansas* (1538) von Antoine Arène.[1] Seine Notationen hielten Tänze durch Abfolgen von Buchstaben fest, die nicht mehr ihre übliche Bedeutung im Gefüge des Wortes übernehmen, sondern aus diesem Signifikatskontext der Sprache enthoben waren und eine rhythmische Bedeutung erhielten. Die Leserichtung dieser Buchstaben folgte den Zeilen des Blattes, von links nach rechts, und charakterisierte Arenès Form der Notation somit mit den typografischen Mitteln als konventionellen Text. Mit den beigefügten schriftlichen Erklärungen konnten diese Anleitungen dechiffriert werden. Im Jahr 1589 wurde mit der *Orchésographie* von Thoinot Arbeau ein weiteres Tanztraktat veröffentlicht, das nach erweiterten Mitteln suchte, um Tänze zu verschriftlichen.[2] Jedoch wurde hier ein anderes Verfahren als bei Arène herangezogen. Arbeau inszenierte mit einem fiktiven Dialog zwischen dem Autor selbst und seinem Studenten Capriol. Capriol fragte nach den Möglichkeiten des Tanzes, um in Gesellschaften gefallen zu können, worauf sich das Zwiegespräch auf Überlegungen zu unterschiedlichen Tänzen und Verhaltenscodices konzentriert. Dabei wurde der schriftliche Dialog von Zeichen unterbrochen, die nicht dem lateinischen Alphabet angehören – Notenlinien und Zeichnungen fügten sich auf bemerkenswerte Weise in den Text ein. Für die Beschreibung einiger Tanzabläufe wählte Arbeau eine von oben nach unten gerichtete Notenzeile (Abb. 1), was es ihm ermöglichte, an die jeweiligen *battements*, die Taktschläge, die verbale Beschreibung der Bewegung zu setzen, die genau zu diesem Zeitpunkt ausgeführt werden sollte. Zusätzlich wurden Figuren in bestimmten Haltungen abgebildet. In beiden Traktaten fanden sich erste Strategien und Bewegungsabläufe, um das höfische Zeremoniell

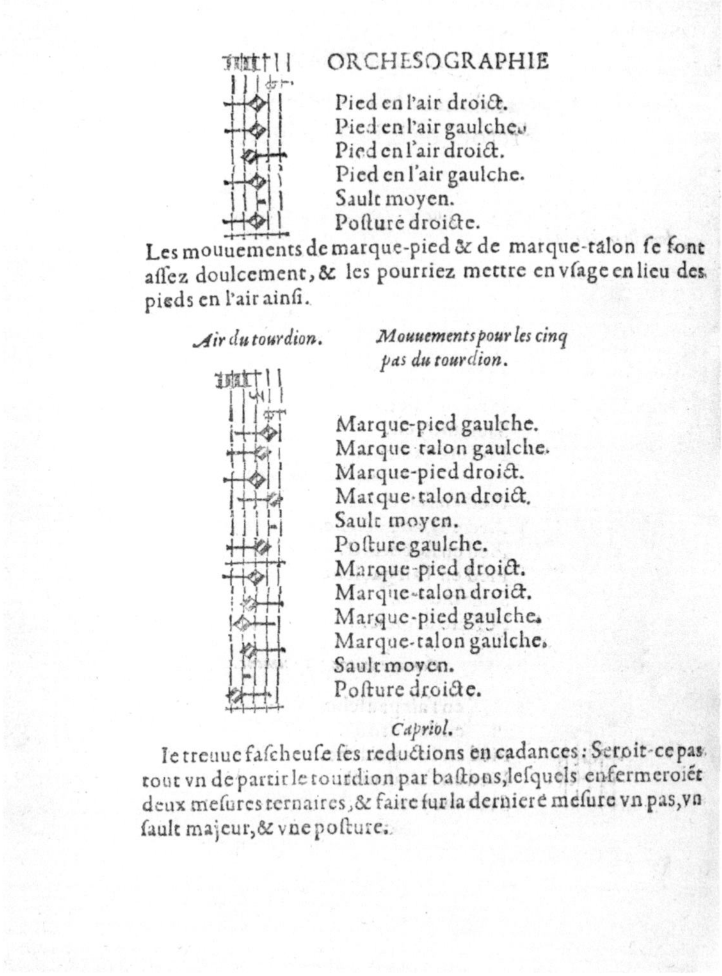
ORCHESOGRAPHIE

Pied en l'air droict.
Pied en l'air gaulche.
Pied en l'air droict.
Pied en l'air gaulche.
Sault moyen.
Poſturé droicte.

Les mouuements de marque-pied & de marque-talon ſe font aſſez doulcement, & les pourriez mettre en vſage en lieu des pieds en l'air ainſi.

Air du tourdion. *Mouuements pour les cinq pas du tourdion.*

Marque-pied gaulche.
Marque talon gaulche.
Marque-pied droict.
Marque-talon droict.
Sault moyen.
Poſture gaulche.
Marque-pied droict.
Marque-talon droict.
Marque-pied gaulche.
Marque-talon gaulche.
Sault moyen.
Poſture droicte.

Capriol.

Ie treuue faſcheuſe ſes reductions en cadances: Seroit-ce pas tout vn de partir le tourdion par baſtons, leſquels enfermeroiét deux meſures ternaires, & faire ſur la derniere meſure vn pas, vn ſault majeur, & vne poſture.

Abb. 1 | Seite 51 aus Thoinot Arbeau: *Orchesographie. Et traicte en forme de dialogue, par lequel toutes personnes peuvent facilement apprendre & practiquer l'honneste exercice des dances. Par Thoinot Arbeau demeurant a Lengres*, Lengres 1589, Bibliothèque nationale de France

auf Papier zu vermitteln. Zusammen mit einigen vorherigen Tanzmanuskripten begründen diese beiden Abhandlungen den Typus der sogenannten Notationsschriften, die in den darauffolgenden Jahrhunderten systematisiert wurden und die in kulturellen und ideologischen Kontexten differieren.[3]

Im 18. Jahrhundert entstand in Paris für diesen Zusammenhang eine weitere Notation, die komplexe Zeichen in Matrizen für eine Übersetzung von Bewegung auf das Blatt Papier entwarf. Raoul Auger Feuillet war einer der ersten Autor*innen, der abstrakte Zeichen, die den Tanz denotieren, nutzte. Diese Zeichen wurden wörtlich erklärt und der hierdurch entstehende Tanztext konnte gänzlich ohne Buchstabenzeichen auskommen. Feuillets *Chorégraphie, ou l'art de décrire la danse par caractères, figures et signes démonstratifs*[4] (1700) war im eigentlichen Sinne keine Notation, sondern Handbuch und Anleitung zur Verschriftlichung von Tanz. Solcherart notierte Tänze wurden von ihm nach dem Erscheinen der *Chorégraphie* in gesonderten *Recueils de dances* herausgegeben. Für seine Notationen griff Feuillet auf Vorarbeiten unterschiedlicher Zeitgenossen zurück.[5] Quellen schriftlicher und pikturaler Darstellungen von Tanz gab es zwar bereits in früheren Zeiten, jedoch weisen diese frühen Beispiele nicht den systematischen und zeichenhaften Charakter der *Chorégraphie* aus (Abb. 2).[6] Anhand seines Zeichensystems entstand so eine Schrift, die eine bestimmte Bewegungsform – die des vornehmlich höfischen, barocken Tanzes – im Medium von Schrift und Papier festhalten konnte. Während Feuillet eine taxonomische Struktur schuf, die darauf angelegt war, Bewegungsstrukturen des Barocktanzes als System darzustellen und nicht als kategorisierbare Bewegung zu verstehen, verfasste Arbeau eher einen Katalog an verschiedenen Bewegungstypen.[7] Um diese Positionen wie auch komplexere Bewegungsabläufe zu beschreiben, nutzte Feuillet in seiner *Chorégraphie* Tabellen, in denen er die entsprechenden Zeichenkürzel eintrug und diese wörtlich beschrieb. Zur Entschlüsselung dieser Tanzschrift gab er exakte Handlungsanweisungen, wie mit dem Buch umzugehen sei, sofern man nicht die Orientierung im Leseprozess und der Tanzaneignung verlieren möchte:

> Il faut sçavoir que chaque fueillet sur lequel la Dance est écrite represente la Salle où on dance, dont les quatre côtez du fuiellet en representent les quatre côtez, sçavoir le haut du Feuillet represente le haut de la Salle, les bas du Feuillet represente le bas de la Salle, le côté droit du Feuillet represente le côté droit de la Salle, & le côté gauche du Feuillet represente le côté gauche de la Salle [...]. On doit remarquer qu'il faut tenir toujours le haut du Livre justement droit vis-à-vis le haut de la Salle, & prendre soigneusement garde à mesure que l'on dance soit en tournant ou sans tourner qu'il ne remuë point de sa scituation, tel qu'il est démontré par la figure cy-dessus.[8] (Abb. 3)

Zwei Aspekte sind hieran für eine choreografiehistorisch geprägte Perspektive auf die nicht-figurative, gestische Malerei konstruktiv. Erstens zeigt dieses Zitat, dass die körperliche Bewegung in Schriftform nur

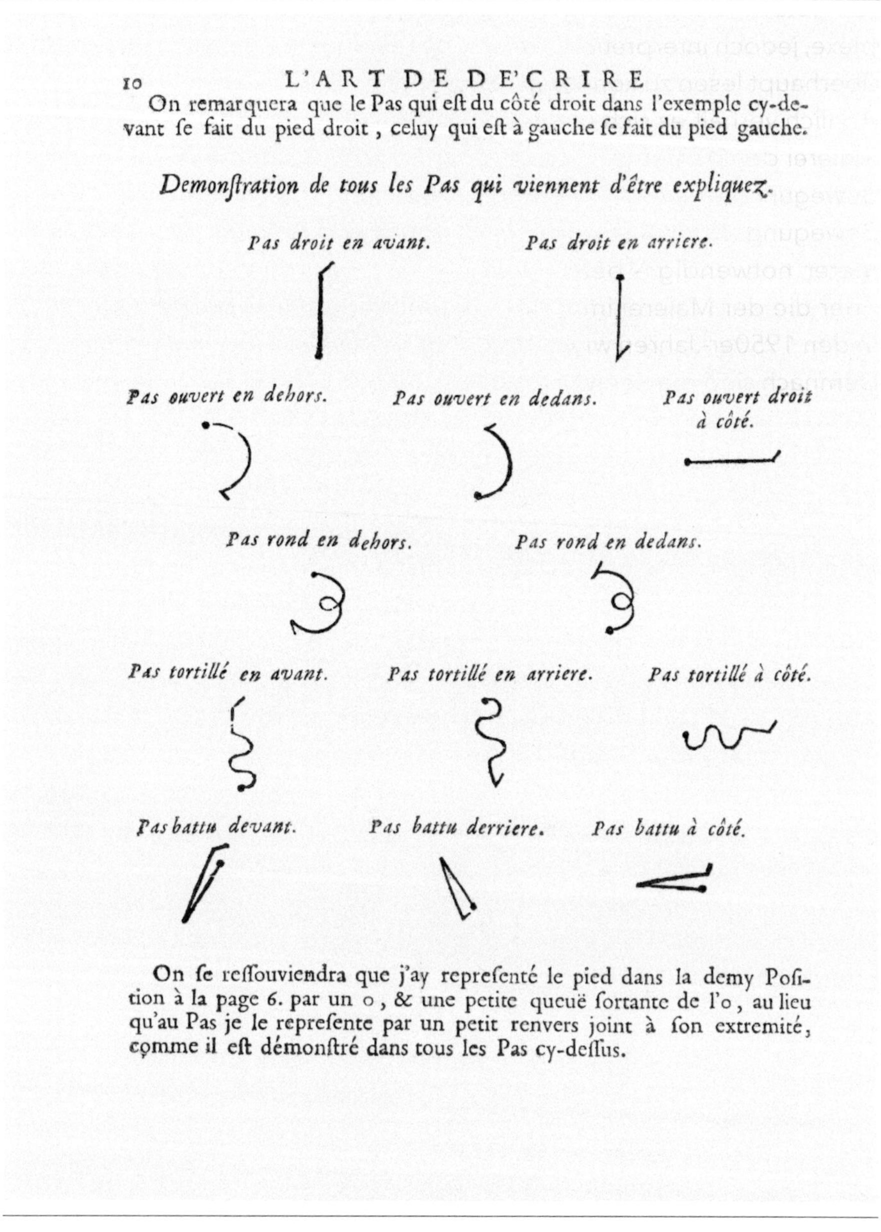

10 L'ART DE DE'CRIRE

On remarquera que le Pas qui eſt du côté droit dans l'exemple cy-devant ſe fait du pied droit, celuy qui eſt à gauche ſe fait du pied gauche.

Demonſtration de tous les Pas qui viennent d'être expliquez.

On ſe reſſouviendra que j'ay repreſenté le pied dans la demy Poſition à la page 6. par un o, & une petite queuë ſortante de l'o, au lieu qu'au Pas je le repreſente par un petit renvers joint à ſon extremité, comme il eſt démonſtré dans tous les Pas cy-deſſus.

Abb. 2 | Seite 10 aus Raoul Auger Feuillet: *Chorégraphie, ou l'art de décrire la danse par caractères, figures et signes démonstratifs*, Paris 1700, Bibliothèque nationale de France

unzulänglich festgehalten werden kann. Um die kurze Bewegung des Drehens eines Körpers auf einem Blatt Papier zu beschreiben, war eine lange, detailreiche, verbale Beschreibung notwendig. Daher entwickelten Notationen, die Bewegungen effizienter transkribieren können, komplexe, jedoch interpretierbare und denotierte Zeichen. Um eine Notation überhaupt lesen zu können, ist ein erweitertes Zeichenverständnis nötig. Ähnlich verhält es sich mit den Gesten der nicht-figurativen, gestischen Malerei der 1950er-Jahre. Die auf die Bildfläche gebrachte, körperliche Bewegung kann visuell rekonstruiert werden. Um darin aber körperliche Bewegungen von Künstler*innen zu lesen, ist die Kenntnis weitere Parameter notwendig - beispielsweise das benutzte Bewegungsmaterial oder die der Malerei immanenten und tradierten Raumkonstruktionen. In den 1950er-Jahren wurden Choreografie und Malerei neu verhandelt. Demnach sind die Kenntnis medienspezifischer Aspekte der materiellen

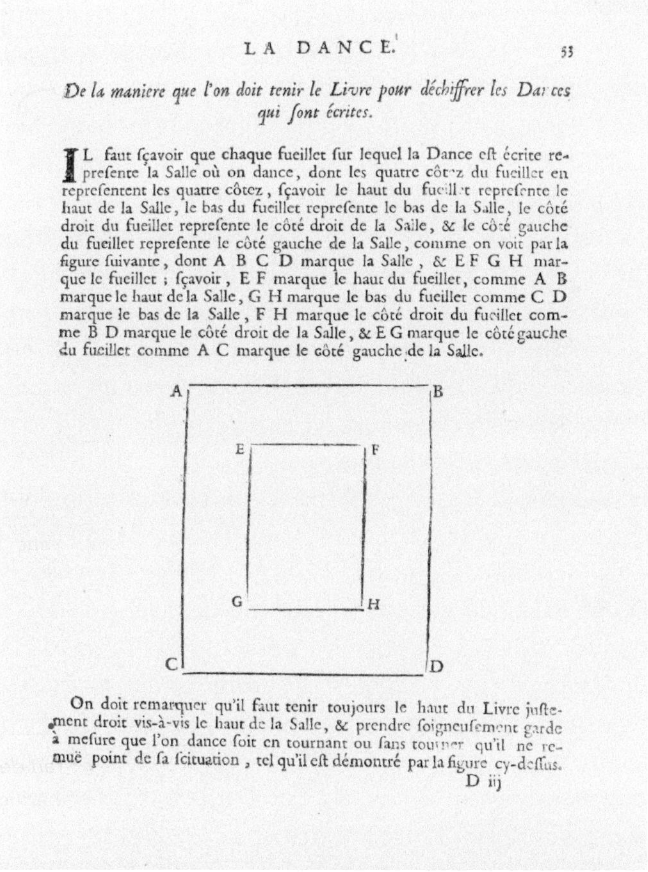
LA DANCE. 33

De la maniere que l'on doit tenir le Livre pour déchiffrer les Dances qui ſont écrites.

IL faut ſçavoir que chaque fueillet ſur lequel la Dance eſt écrite repreſente la Salle où on dance, dont les quatre côtez du fueillet en repreſentent les quatre côtez, ſçavoir le haut du fueillet repreſente le haut de la Salle, le bas du fueillet repreſente le bas de la Salle, le côté droit du fueillet repreſente le côté droit de la Salle, & le côté gauche du fueillet repreſente le côté gauche de la Salle, comme on voit par la figure ſuivante, dont A B C D marque la Salle, & E F G H marque le fueillet ; ſçavoir, E F marque le haut du fueillet, comme A B marque le haut de la Salle, G H marque le bas du fueillet comme C D marque le bas de la Salle, F H marque le côté droit du fueillet comme B D marque le côté droit de la Salle, & E G marque le côté gauche du fueillet comme A C marque le côté gauche de la Salle.

On doit remarquer qu'il faut tenir toujours le haut du Livre juſtement droit vis-à-vis le haut de la Salle, & prendre ſoigneuſement garde à meſure que l'on dance ſoit en tournant ou ſans tourner qu'il ne remuë point de ſa ſcituation, tel qu'il eſt démontré par la figure cy-deſſus.

D iij

Abb. 3 | Seite 33 aus Raoul Auger Feuillet: *Chorégraphie, ou l'art de décrire la danse par caractères, figures et signes démonstratifs*, Paris 1700, Bibliothèque nationale de France

Bannung von Bewegung in Farben und Pigmenten sowie die Entstehungskontexte erforderlich, um die mediatisierte, körperliche Bewegung aufzuschlüsseln. Diese Parameter, die *agentialen Kontexte der gestischen Malerei*[9], bilden ein Leitmotiv der Auseinandersetzung mit der körperlichen Aktion der Malerei in dieser Arbeit.

Der zweite Aspekt, der bereits bei Feuillet thematisiert wurde, war die Orientierung vor einer rechteckigen Bildfläche. Für Feuillet ähnelte die flache Seite, die parallel zum Boden gehalten werden musste, nicht einem illusionistischen Raum oder einem guckkastenartigen Fenster. Vielmehr wurde das rechteckige Blatt mit dem wirklichen, physischen Raum des Tanzes gleichgesetzt und damit eine bestimmte, räumliche Disposition von malerischen und grafischen Medien erläutert, um Bewegung durch den Raum zu notieren. Diese mediale Disposition ist auf das Malen auf einer Bodenfläche übertragbar. Der Ort des Papiers oder des Aktionsfelds und das vom sich bewegenden Körper eingenommene Verhältnis dazu definieren diese mediale Disposition der Feuillet'schen Notation. Für Choreograf*innen, Zeichner*innen oder Maler*innen besteht ein wesentlicher Unterschied darin, ob Bewegung auf dem Boden, auf einem Tisch oder an der Staffelei notiert wird, da diese Anordnungen bereits vorgeben, welche Praxeografien des Körpers überhaupt möglich sind.[10] Stefan Apostolou-Hölscher erläutert, dass bei Feuillet »das Papier als Ganzes jedoch den Raum nicht in eine andere Form übersetzt, sondern umgekehrt als dessen Modell gedacht wird«.[11] Diese von Feuillet für die Verständlichkeit seiner Tanzschrift verwendete Parallelität war zuallererst eine physische Übereinkunft zwischen Medium und Bezugspunkt, bevor Körperbewegungen medial vermittelt und damit abstrahiert wurden. Das Papier ist der Experimentations- und Erkundungsraum von tänzerischen Gesten und unterliegt einer spezifischen Raumkonstruktion durch die in diesem Raum agierenden Körper. In dieser Besonderheit ähneln sich die Feuillet'sche Tanznotation und die gestische Malerei. Beide sind Erkundungen des Raumes qua körperlicher Aktionen, die auf der Papier- oder der Leinwandoberfläche stattfinden.[12]

Im Jahr 1760 formulierte Georges Noverre mit den *Lettres sur la danse, et sur les ballets*[13] eine Kritik an der den Körper stark geometrisierenden, schriftlichen Fixierung Feuillets. Der geometrischen und höfischen Auffassung des Tanzes setzte er das *ballet en action*[14] gegenüber, das den Tanz aus diesem höfischen Zeremoniell und aus dem Entreakt lösen sollte. In den Briefen sei eine eindeutige Kritik an Feuillets Systematisierung zu lesen, indem er sich gegen die Kreationen von Tanz am Schreibtisch stellte und seine Realisierung in und während der Probe forderte.[15]

Die Tanzwissenschaftlerin Claudia Jeschke schließt aus der Vergleichsanalyse der Briefe von Noverre mit der Position von einem seiner Gegenspieler, Gasparo Angiolini, dass sich das Verhältnis von Körper und Geist neu ordnete. Diese standen sich nun nicht mehr gegenüber, sondern begegnen sich als

> zwei gleichwertige Faktoren des Mediums Bewegung, die sich endlich auf der Ebene des intendierten Ausdrucks, der Aussage treffen. Wie die Auseinandersetzung mit der Choreographie, dem Schreiben von Tanz, exemplifiziert, diskutieren die Tanztheorien ein produktives, agentiales Verhältnis von abstrakter Kodifizierung und innerem Erleben.[16]

Hierin kann eine Vorwegnahme gesehen werden, die beschreibt, wie der innere Ausdruck in eine zeichnerische Form nur ungenügend übersetzbar zu sein scheint - ein Problem das für die nicht-figurative, gestische Malerei konstruktiv und produktiv war. Diesem Verhältnis von Ausdruck und notierbarer (Körper-)Mechanik widmeten sich auch Maler*innen des frühen 20. Jahrhunderts. Jedoch haben die Künstler*innen der expressiven Malerei ihre individuellen Programme mit kosmogonischen, theosophischen oder harmonischen Argumenten fundiert, um den eigenen Ausdruck zu rahmen.[17] So bedingen ästhetische Kriterien, die dem eigenen Schaffen übergeordnet sind, die Aushandlungen des inneren Bedürfnisses sich auszudrücken. Noverres Kriterium war, ganz im Sinne einer Ästhetik des 19. Jahrhunderts, die Natürlichkeit, eine »copie fidelle de la belle nature«[18]. Geometrisierende, zeichnerische Mittel wie die *Chorégraphie* Feuillets konnten nach diesem ästhetischen Programm der Natürlichkeit nicht die Veräußerlichung der inneren Welt fassen. Diese innere Welt konnte nur durch Aktionen, einem agentialen Modus, mitgeteilt werden. Damit wird in der Noverre'schen Ästhetik des Tanzes eine Parallele zur abstrakt-expressiven Malerei deutlich. Viele Maler*innen der Lyrischen Abstraktion der 1950er-Jahre hatten sich ebenfalls gegen die geometrische Abstraktion positioniert und favorisierten einen individualistisch gefärbten Ausdruck, der als ästhetisches Rahmenprogramm begriffen werden kann.[19] Darüber hinaus verhandelte Noverre auch konkret einen Bezug zwischen Tanz und Malerei. Er schrieb zu Beginn des ersten Briefes über die Ballette:

> Un ballet est tun tableau, la Scene est la toile, les mouvements méchaniques des figurants sont les couleurs, leur phisionomie est, si j'ose m'exprimer ainsi, le pinceau, l'ensemble & la vivacité des Scenes, le choix de la Musique, la décoration & le costume en sont le coloris; enfin, le Compositeur est le peintre.[20]

An späterer Stelle sprach er davon, wie man von der Malerei lernen könne, einfältige, geometrische Personenanordnungen auf der Bühne in natürlich wirkende Gruppen zu verbessern. Die Art und Weise, wie das Verhältnis von Tanz und Malerei konzipiert wurde, war laut Sibylle Dahms jedoch nicht produktionsästhetisch, also nicht mit getanzten Pinseln auf der Bühne, gemeint.[21]

In der Nachkriegszeit wurde dieser Gedanke Noverres aber mehrfach exemplifiziert. Der Tanztheoretiker und Autor Pierre Tugal hatte diesen in seiner Publikation zur Malerei aus dem Jahr 1959 weitergesponnen und betonte, dass es Noverre hauptsächlich darum gehe, Eintönigkeit zu vermeiden. Hierzu zog er ein Experiment hinzu: Man solle die Darstellungen von Schlachten in Historienbildern, auf denen ein Held abgebildet ist, im Gesamtausdruck untersuchen. Decke man alles bis auf den Helden ab, sei kein Schlachtenbild vorhanden, sondern ein Porträt. Decke man hingegen nur den Helden ab, trete das hervor, worum es Noverre gehe. Die Figuren seien im Handlungsgeschehen der Schlacht nicht in geometrisch angeordneten Gruppen aufgeteilt gewesen, sondern hätten sich in individuellen Einzelgruppen ausgebildet, in denen unterschiedlich agiert wurde. Nur durch diese Eigenschaft könne die Figurenkonstellation eine mehrere Momente währende Handlung verdichten. In einer geometrischen Anordnung sei dies nicht möglich.[22]

Als Beispiele führte der Tanztheoretiker Maler aus dem späten 17. und 18. Jahrhundert an. Georges Mathieu performte zur Zeit von Tugals Veröffentlichung den Malprozess seiner Schlachtenbilder, den *Batailles*, auf Theaterbühnen und vor Publikum. Entsprechend der Gedanken Tugals und Noverres hob Mathieu in den Performances zu den *Batailles* eine geometrisch-ordnende Grundstruktur auf, indem er Kämpfe nachempfand, sich kostümierte, mit Pinseln ausstattete und die kämpferischen Handlungen in einer Performance mit historisierenden Kontexten zelebrierte. Vermutlich ohne gegenseitiges Wissen führten Tugal und Mathieu die Frage der Kompositionsanordnungen von Malerei im Motiv der Schlacht eng.[23]

Tugal betonte Noverres Anschauung, dass die Komposition des Tanzes dieselbe Aufmerksamkeit verdiene wie die Komposition der Figuren in der Malerei. Für ihn war das *ballet en action* von Noverre vor allem eine Konzeption von Tanz, die über visuelle Codes eine Handlung verständlich machen musste. Diese visuelle Verständlichkeit war nach der Vorstellung Noverres nur in der Orientierung an einem natürlichen Vorbild möglich, das in der Malerei bereits bestand. Noverre schrieb:

> Il faudroit que les Maîtres de Ballets consultassent les Tableaux des grands Peintres; cet examen les rapprocheroit sans doute de la nature; ils éviteroient alors, le plus souvent qu'il leur seroit possible, cette symmétrie dans les figures qui, faisant répétition d'objet, offre sur la même toile deux Tableaux semblables.[24]

Die Verschränkung von Tanz und Malerei belief sich folglich nur auf eine Vorbildrolle. Wie Nele Lipp zum Verhältnis dieser beiden Disziplinen bemerkt, werde sie von Noverre zusammengedacht und der Tanz könnte auf der Bühne als Bild gesehen werden, womit die Gattungen zumindest in ein theoretisches Verhältnis zueinander gesetzt wurden.[25] Tanz und Malerei jedoch in einem praxeografischen Zusammenhang zu denken, ist eine andere Exemplifikation von Noverres Topos des *Tanzes der lebenden Pinsel*.

Eine der direktesten praxeografischen Umsetzungen dieser Metapher boten die *Anthropométries* von Yves Klein. Diese entstanden zu einer Zeit, in der sich die nicht-figurative, gestische Malerei unterschiedlicher Künstler*innen von kleineren Galerieausstellungen zu den großen Kunstausstellungen wie der Biennale von Venedig 1956 oder der *II. documenta* 1959 etabliert hatten. Zusätzlich waren Klein die Malaktionen, mit denen das Verhältnis vom malenden Künstler*innen-Körper zur Bildfläche auf teils athletische, teils tänzerische Weise überwunden wurde, bekannt. Die Performances von Mathieu und Pollocks Malerei haben im Kenntnisbereich von Klein gelegen.[26] Im Juni 1958 experimentierte Klein zum ersten Mal mit *pinceaux vivants*[27], den lebenden Pinseln. Während die Künstler*innen in der vorherigen, gestischen Malerei ihr Malmaterial noch selbst behandelten, wurde bei Klein das Werkzeug zum Malen durch andere menschliche Frauenkörper ersetzt. Er nahm in diesen Werken die Rolle des Choreografen nach einem modernen Verständnis ein: So transkribierte er nicht selbst die Tänze/Bewegungen in malerische/grafische Medien, sondern inszenierte sich als Urheber der Performances, die die *Anthropométries* entstehen ließen. Dabei lud er Fotografen ein, bemalte für den ersten Durchgang selbst die Modelle und führte sie in den Kontakt mit dem Papier über (Abb. 4). Dann diente ein zweiter Durchgang der tatsächlichen Aufführung, bei der Klein sich »einem Magier« gleich Handschuhe anzog und die Modelle »wie von Geisterhand geführt«[28] die zuvor erprobten Bewegungen noch einmal vollziehen ließ. Der Künstler studierte die Performance mit den Beteiligten ein, bevor es zur tatsächlichen Aufführung und fotografischen Dokumentation kam. Hier wird das Verhältnis des Malers und der Malmitteln komplex: Die Beteiligten als Modelle zu bezeichnen, trägt dem choreo-

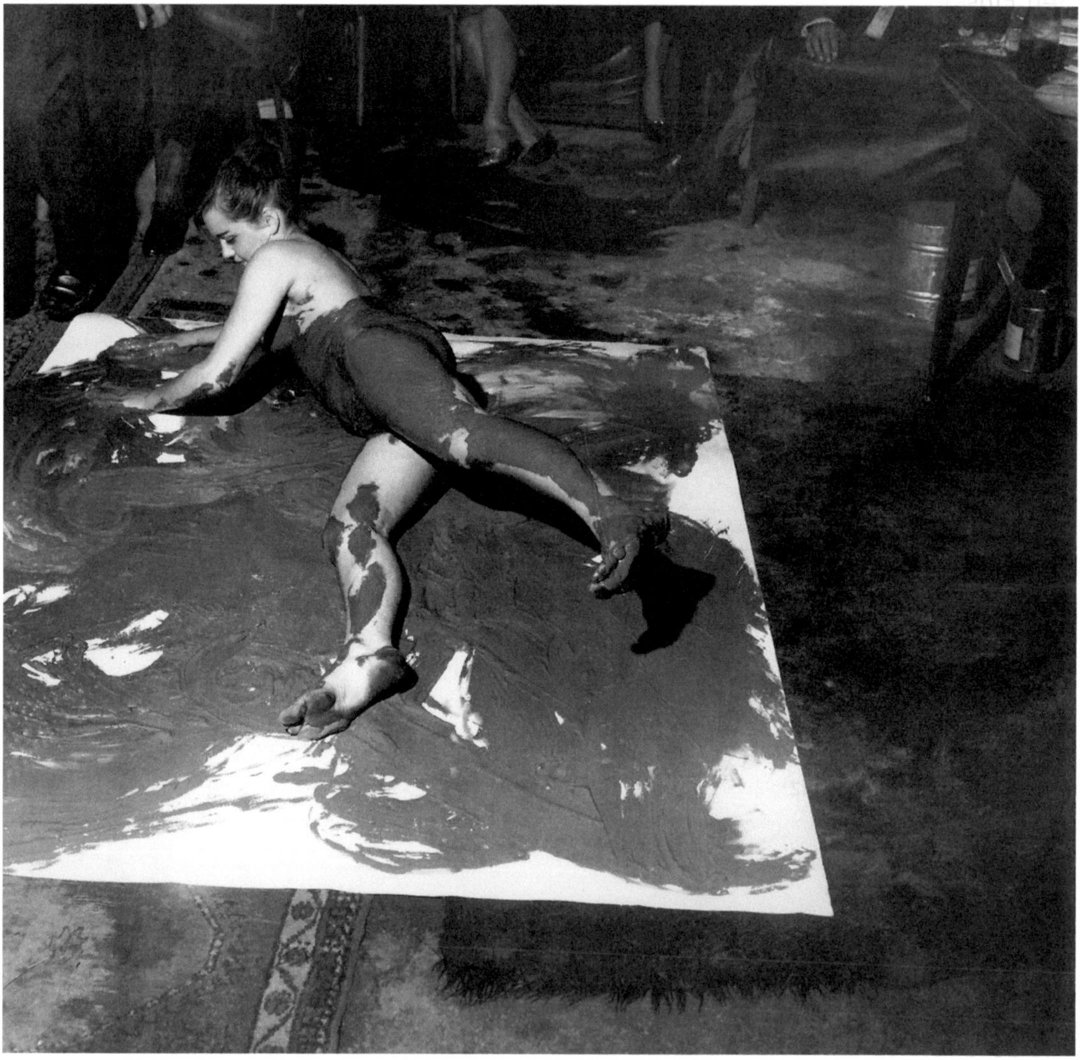

Abb. 4 | *Première expérience des »Pinceaux Vivants« dans l'appartement de Robert Godet*, 1958, Fotografie, keine Maßangaben, Paris, Yves Klein Archives

grafischen Prozess nicht Rechnung, denn sie nehmen die Rolle von Interpretinnen und Choreografinnen ein und sind damit, was die tatsächliche Handlungsausführung betrifft, aktiver als Klein. Dass in der Inszenierung der *Antropométries* die nackten, weiblichen Körper mit verkrusteten Farbresten fotografiert wurden, die sich nach dem Dirigat von Klein über den Boden bewegten, lässt den agentialen Kontext als einer starke Männlichkeitshierarchie in Erscheinung treten. Interpretinnen zu lebenden Pinseln zu erklären, bedeutet auch, diese Interpretinnen als Malwerkzeuge zu objektifizieren.

Choreografische Prozesse der gestischen, nicht-figurativen Malerei verweisen teilweise auf sehr spezifische, tanz- und notationshistorische Diskurse und geben Hinweise darauf, welche Rolle dem Körper in der Ausführung der Malerei zukam. In den 1950er-Jahren waren es nicht die Ballettmeister*innen beziehungsweise Choreograf*innen, die sich an der Malerei orientierten – wofür Noverre im 18. Jahrhundert plädiert hatte –, sondern Maler*innen, deren Körpereinbindungen in ihre Werkprozesse auf mediale Dispositionen der Tanznotation zurückgreifen. So verändert sich das Verständnis von Malerei als Vorbildfunktion für Choreografie hin zu Malerei als Choreografie. Eine Unterscheidung der Künstler*innen in Maler*innen oder Tänzer*innen wird durch eine solche transdisziplinäre Verschränkung hinfällig. Allan Kaprow bringt dies bereits 1958 auf den Punkt: »Young artists of today need no longer say, ›I am a painter‹ or 'a poet' or 'a dancer'. They are simply ›artists‹.«[29]

Expressionsverhandlungen von Tanz und Malerei

Zu Beginn des 20. Jahrhunderts spitzte sich in Frankreich und in Deutschland sowohl in der Tanz- als auch Kunstvermittlung und Ausbildung eine Kritik an akademischen Traditionen zu: In der Kunst galt die offizielle, institutionelle und vom Staat mitgeförderte Lehrmeinung aus Sicht der Anti-Akademiker*innen als rückständig oder nicht zeitgemäß, sodass sich bereits im Laufe des 19. Jahrhunderts neue und private Vermittlungsräume für die Ausbildung entwickelten.[30] Folgen dieser Entwicklung zeigten sich vor allem in Paris, wo 1868 die Académie Julian, 1888 die Académie de la Palette, 1904 die Académie de la Grande Chaumière und 1908 die Académie Ranson aus Privatinitiativen heraus gegründet wurden, die losgelöst vom traditionellen Lehrplan neue künstlerische Ausdrucksmittel zu unterrichten suchten. In Deutschland entstanden Künstler*innen-Vereinigungen und Gruppen, denen Autodidakt*innen wie auch akademisch ausgebildete Künstler*innen angehörten: Die *Brücke* wurde 1905 gegründet, die *N. K. V. M.* (Neue Künstlervereinigung München) 1909 und der *Blaue Reiter* 1912. Außerdem reisten viele Künstler*innen aus unterschiedlichen Nationen nach Paris, um sich mit Kursen der Pariser Privatakademien ihrem Anspruch nach zeitgemäßer ausbilden zu lassen. Damit ist das akademische Curriculum der Kunstausbildung infrage gestellt, aber keinesfalls gebrochen.

Ähnliches vollzog sich nach der Jahrhundertwende im Tanz. Auch hier entstanden neue Ausbildungsansätze mit Bezug zur anthropologischen Reformbewegung, zu denen auch die Tätigkeiten von Rudolf von Laban zählten. Eine Abkehr von traditionellen Werten und der Ruf nach einer neuen Ästhetik wurden somit in der bildenden Kunst wie auch im Tanz greifbar. Dore Hoyer, Isadora Duncan und Mary Wigman, gleichermaßen als Tänzerinnen wie pädagogisch aktiv, tourten durch Europa und die Vereinigten Staaten mit regelmäßigen Aufenthalten in New York, wo Wigman auch einen Zweig ihrer Tanzschule einrichtete.[31] In diesem Zuge entstanden ebenso zunehmend private Vermittlungsräume, ähnlich der Pariser Kunstakademien, in westeuropäischen Städten.[32]

Viele Tanzende teilten eine Kritik an der überladenen Formvorstellung des akademischen Tanzes. Das feste, schematische Bewegungsvokabular der institutionalisierten Ballettregeln wurde durch unterschiedliche Mittel aufgebrochen. Claudia Jeschke fasst die Situation für die erste Jahrhunderthälfte wie folgt zusammen:

> Tänzer und Choreografen suchten, im Ballett wie im modernen Tanz, nach außergewöhnlichen Potenzialen von Bewegungsäußerungen – auf mehr oder weniger traditionsverhaftete, mystische, psychologische, realistische Weise. Als allgemein bestimmend für diese Suche erwiesen sich die Kategorien des Elementaren und Typischen, was bedeutete, dass sich auch das jetzt eher individualistische, häufig ekstatische Gebaren an einem nach wie vor überindividuellen, kosmologischen, vielfach mechanisch funktionierenden Welt(erklärungs)system orientierte.[33]

Die fünf Positionen der Füße oder die geometrischen Bodenwege Feuillets sowie Carlo Blasis Verdichtung der Arabeske zu einer Tanzfigur aus einer körpermechanischen Perspektive[34] – mit anderen Worten, die tradierte Geometrisierung des Körpers für den Tanz – wurden zugunsten einer freieren Körperlichkeit hinterfragt. Zusätzlich erhielt das tanzende Individuum mehr Aufmerksamkeit in der Aufführungspraxis, da ein Interesse an Expressionsverhandlungen aus individueller Perspektive und im Zusammenhang mit einer psychischen Natur- und zu kollektiven, ursprünglich verstandenen Tanzerfahrung entstehe, sodass der Tanz keine Handlung oder narrative Elemente mehr zeigen musste.[35] Zudem scheinen sich Choreograf*innen, Tänzer*innen und Künstler*innen das Interesse an kosmologischen, theosophischen und mystischen Harmonievorstellungen zu teilen, die oft als Paradigma der Künste der expressionistischen Modernen gelten können.

Auch wenn sich die Kritik an den tradierten akademischen Werten für Kunst und Tanz verschärfte, wurden diese fallweise gänzlich oder nur in Teilen abgelehnt. Mit Blick auf die Gattungen des Tanzes wurde das klassische Ballett mit seiner strengen Form durch die *Ballets Russes* und das *Ballet Suédois* modifiziert.[36] Diese Ensembles integrierten folkloristische Elemente in den Bühnentanz und weichten enge Gattungsbegriffe auf, indem sie kürzere Stücke zeigten und eine Anschaulichkeit der Aufführung vor einer nachvollziehbaren Handlung bevorzugten.[37] Sie geben Aufführungen in Westeuropa und den USA und sind für ihre Kollaborationen mit bildenden Künstler*innen, die Kostüme oder Bühnenbilder schufen, bekannt.[38] Die immer wichtiger werdende Visualität des Tanzes stellte den bisherigen Erzählauftrag fortlaufend in den Hintergrund. Auch Laban lehnte das Regelsystem des klassischen Balletts nicht ab, sondern sah in dessen Theorie bereits formulierte Ideen und Argumente, die er für die Entwicklung seines eigenen Tanzstils als nützlich erachtete.[39] Isadora Duncan wiederum argumentierte eifrig gegen das Ballett und sah darin einen »Ausdruck der Degeneration, des lebendigen Todes«[40]. Bestehende traditionelle, konventionale und institutionalisierte Ansätze der Tanzgeschichte wurden im Einzelnen unterschiedlich hinterfragt.

Zusätzlich war diese Zeit, aus westeuropäischer, historischer Perspektive, auch geprägt von Interesse am Tanz außereuropäischer Kulturen. Rolf de Maré, der das *Ballet Suédois* 1924 gründete, besuchte die Tanzethnologin Claire Holt, die in den 1930er-Jahren auf Bali forschte. Aus dieser Zusammenarbeit ergab sich 1939 eine Ausstellung zu fernöstlichem Tanz in den Archives Internationales de la Danse (A. I. D.).[41] Die A. I.D hatte de Maré 1931 in Paris mit dem Ziel gegründet, dem Tanz über die unzulängliche Schriftformen hinaus ein Archiv zu widmen.[42] De Maré hatte bereits mehrere solcher Ausstellungen organisiert, unter anderem auch zum traditionellen, japanischen Tanz, die mit einer Konferenzreihe abgehalten wurden.[43] Dass diese tanzkulturellen Erschließungen über einen kolonialen Zugang stattfanden, wurde aus postkolonialer Perspektive aufgearbeitet.[44] In den damaligen Erschließungen wurde auch der außereuropäische Tanz innerhalb eurozentrischer, ethnografischer Forschungen in eine niedere Stufe eingeordnet und evolutionstheoretisch für primitiv und unterentwickelt gehalten.[45] Die Möglichkeit, außereuropäischen Tanz in europäischen Ausstellungen zu sehen, diente einigen westeuropäischen Künstler*innen bis zur ersten Hälfte des 20. Jahrhunderts als Inspiration für Reisen und Werke.[46] Einerseits verreisten Künstler*innen selbst, um verschiedene Tänze zu beobachten und daraus Inspiration zu

Bildthemen zu finden, andererseits machten Ausstellungen wie die der A.I.D. Wissen zu außereuropäischen Tänzen verfügbar. In der Revue der A.I.D. widmeten Rolf de Maré und Pierre Tugal 1933 dem Thema *Danse dans la peinture* eine Sondernummer.[47] Dieser kolonial geprägte und von westlichen Tanz- und Kunstschaffenden geteilte Wissenshorizont zeigt sich auch in den dafür gefundenen Begriffen: Während sich im deutschen Sprachgebrauch *Ausdruckstanz, freier Tanz, neuer Tanz* oder *expressiver Tanz* etabliert haben, werden im Französischen und Englischen diese Tänze enger an die Kunstrichtung des Expressionismus gebunden und als *expressionist dance* oder *danse expressionniste* bezeichnet, und nicht etwa als *expressive dance* oder *danse expressive*. Das zugrunde liegende Bewegungsmaterial für den Ausdruckstanz war ebenso vielfältig wie die Stile und Ismen, die sich in der Kunst entwickelten. Einerseits wurde auf griechische, antike Schönheitsideale zurückgegriffen (Isadora Duncan), andererseits Orientalismen in den Tanz integriert (Ruth St. Denis) und geometrische Bewegungsideale im *Triadischen Ballett* (Oskar Schlemmer) dargestellt. Diese Orientierungen beschreibt Gabriele Brandstetter auch als eine historische und museale, durch Ausstellungstücke inspirierte Auffassung des modernen Tanzes durch die verfügbaren Bildarchive mit europäischen, aber auch asiatischen Exponaten.[48] In diesem Rahmen lässt sich der Ausdruckstanz nur schwer als feste Gattungsbeschreibung verstehen. Daher ist es hier ebenfalls exakter, nicht von einer *tänzerischen Moderne*, sondern von *mehreren Modernen* zu sprechen, um den transregionalen Verbindungen im Gerüst einer westlich hierarchisierten Ordnung gerecht zu werden.[49]

Der abstrakte Begriff der Expression und seine Aushandlungen in Tanz und Malerei wurden durch diese institutionellen und anti-institutionellen Wissensordnungen gelenkt. Die Entwicklung einer verschränkten Tanz- und Malereigeschichte begründete sich zu Beginn des 20. Jahrhunderts auf einem geteilten und kolonial geprägten Erbe. Während und nach dem Zweiten Weltkrieg gestalteten sich globale Ordnungen neu, in denen kulturelle Bezüge der Nachkriegszeit ausgehandelt wurden. Es scheint zunächst so, als sei die Malerei aus privaten Studioräumen entstanden und erst durch Fotografien an die Öffentlichkeit gelangt, und als habe sich die nicht-figurative, gestische Malerei dabei aus sich selbst heraus und aus der Auseinandersetzung der Künstler*innen mit ihrem Malmaterial entwickelt. Eine psychologische Introspektion, die eine Voraussetzung für individuelle Abstraktion und Expression ist, verband laut Stephen Polcari zumindest den Tanz von Martha Graham und den Abstrakten Expressionismus.[50] Choreografie, Tanz und Malerei wurden jedoch schon vor dem Zweiten Weltkrieg in den westlichen Modernen verhandelt und bildeten Bezugspunkte für die Praxeografien der nichtfigurativen, gestischen Malerei.

Raum und Bewegung, Choreografie und Malerei

Rudolf von Labans Notationsschrift, *Labanotation* oder auch *Kinetografie Laban*[51] genannt, kann körperliche Bewegungen bewegungsanalytisch verschriftlichen und zählt zu den bekanntesten Notationen, nicht zuletzt, weil sie auch heute noch verwendet wird.[52] Zuerst gründete Laban eine Sommerschule, in der der Ausdruckstanz als eine Bewegungsform verstanden wurde, die sich an inneren Energiequellen bediente.[53] Aus diesen Quellen, die von Physiologie, Psychologie, Geometrie, Kristallkunde und Hieroglyphen inspiriert waren, habe er seine Publikation *Die Welt des Tänzers* (1920) gespeist.[54] Damit fällt Labans Annäherung an den Tanz unter eine Orientierung an einem »überindividuellen, kosmologischen, vielfach mechanisch funktionierenden Welt(erklärungs)system«[55]. Die Ansätze und Zugänge zu seinem Forschungsmaterial der Bewegungsnotation und des Tanzes wurden im Fortlauf der Jahre analytischer. Eine erste Publikation zu seiner Notation mit dem Titel *Schrifttanz* erschien 1928 in Wien. Seine umfassende, darauf aufbauende Schrift zur Labanotation mit dem Titel *Laban's Principles of Dance and Movement Notation* wurde erstmals 1956 auf Englisch veröffentlicht, da er 1937 über Paris nach England vor den Nationalsozialisten geflohen war.[56] Laban verstarb 1958, seine *Choreutics* erschienen 1966 in England, die erste Übersetzung 1991 auf Deutsch.[57] Die Flucht, der Krieg und die Zensur durch die Nationalsozialist*innen bedingten eine verspätete Rezeption seiner Theorien in Deutschland bis in die 1980er-Jahre. Darüber hinaus rief er mehrere choreografische Institute ins Leben, unter anderem in London, Manchester und Berlin, und gründete ein Netz aus Tanzschulen in Westeuropa.

Seine überarbeitete Version der *Labanotation* publizierte er in einem Nachkriegsjahrzehnt, in dem mehrere Tanzschriften die körperliche Bewegung aus verschiedenen Blickwinkeln befragten.[58] Einerseits entstanden in dieser Zeit Ansätze, die eine körperliche Bewegung im Hinblick auf musikalische Noten verorten, um Tänze und Tanzbewegung im Fortlauf der Musik ähnlich einer Partitur festhalten zu können. Hierzu zählen Alwin Nikolais unveröffentlichtes *Choroscript* (geschrieben 1945) oder Eugene Loring und D.J. Canna *Kinesography* (1955). Die Publikation

Danscore (1946) von Richard Drake Saunders nutzte dahingegen Worte und Wortabkürzungen zur Beschreibungen von Bewegung.[59] Die Methode von Noa Eshkol und Abraham Wachmann, 1958 unter dem Titel *Movement Notation* publiziert, wie auch die *Labanotation* verfolgten einen breiteren Ansatz: Mit diesen beiden sollte nicht nur körperliche Bewegung allgemein notierbar sein – beide Methoden legten damit weniger Fokus auf tänzerische und musikalische Verortung von Bewegung –, sie erkundeten auch die Verschriftlichung der gesamten anatomischen Bewegungsmöglichkeiten des menschlichen Körpers und seines Bewegungsumfelds. Durch diese Eigenschaft wurden beide Schriften auch zu therapeutischen oder medizinischen Zwecken angewandt und funktionieren damit nicht nur tanztheoretisch, sondern auch bewegungsanalytisch. Bisherige Notationsschriften hatten meist ein Bild vom Körper und Raum partiell oder reduziert in Zeichen übersetzt, um spezifische Tanzaspekte akzentuieren zu können. Dessen war sich Laban bewusst, denn er habe versucht mit seiner Kinetografie diese Aussparungen in den bisherigen Tanznotationen zu überwinden.[60] Das Interesse an körperlicher Bewegung hatte er folglich aus einer ganzheitlichen Perspektive betrachtet: Welche Bewegungen sind durch die Anatomie des menschlichen Körpers möglich, wie können diese aufgezeichnet werden?

Eine statische Auffassung des Raumes, in dem sich der Körper bewegen kann, versuchte Laban zu überwinden. In *Choreutik. Grundlagen der Raum-Harmonielehre des Tanzes* schrieb er: »Bewegung ist ein kontinuierlicher Strom innerhalb der Örtlichkeit selbst, und dies ist der fundamentale Aspekt des Raumes. Raum ist ein verborgener Grundzug der Bewegung, und Bewegung ist ein sichtbarer Aspekt des Raumes.«[61] Dieser Raum sei zwar auch mit unbewegten Gegenständen gefüllt, jedoch scheinen diese nur unbewegt, da jede Materie schwinge.[62] Damit grenzte Laban seinen Bewegungsbegriff durch seinen komplexen Raumbegriff von einem vereinfachten Verständnis von *Bewegung als Abfolge* und *Raum als Ort* ab. Nicht die Bewegung an sich schaffe den Raum, sondern die Möglichkeiten, Bewegungen auszuführen bedinge diesen. Zusätzlich werde dieser Raum durch individuelle Bewegungspräferenzen gefüllt. Damit konzentrierte Laban seine Raumtheorie auf die Anatomie des Körpers und die Wahrnehmung seiner Bewegungsmöglichkeiten, was ihn auch an die phänomenologische Philosophie seiner Zeit rückte. Sein Ansatz, den Raum aus seiner Aktivierung durch Aktion heraus zu untersuchen, reflektiere die Argumente von Edmund Husserl und Maurice Merleau-Ponty. Vera Maletic, Labans Schülerin und Labanotatorin, erkennt diese phänomenologische Prägung als tief verwurzeltes

Paradigma seines Ansatzes. Die Körper-Geist-Dichotomie habe lange Zeit eine mechanische Sicht auf den Körper bedingt.

> A radical change in these concepts [of body-mind dichotomy] can be seen in the efforts of some individuals in the 20's and 30's, such as Husserl and Merleau-Ponty. In that pursuit space and time are transformed from the status of physical properties to world dimension which are created through the intent of human action, through movement.[63]

Diese Neudefinition eines agentialen Raumverständnisses hatte den agierenden Menschen zum Zentrum. Die körperliche Wahrnehmung wurde in ihrer Komplexität entdeckt und der handelnde Mensch in Körper und Leib unterschieden. Körper meinte nicht mehr nur das anatomische Konstrukt oder den Gegenpart zum Geist, womit sich Laban in einer postdescart'schen Argumentationslinie eingereiht habe.[64] Stattdessen bezieht sein Körperverständnis auch idealisierte Vorstellungen des Körpers und wie er in diversen kulturellen Praktiken handelt, mit ein und Laban konzentrierte den Leibbegriff auf die Anwesenheit dieser Körper und reflektierte diese in seiner Wahrnehmung. Diese anthropologische Komponente, die Aufteilung von Körper in einen abstrakten Körperbegriff und in den physischen Leib, wurde zum Paradigma mehrerer anthropologischer Studien, die auch für den Tanz nutzbar gemacht wurden.[65] Diese Sicht auf den Körper und den Raum spiegelte sich nicht nur in westeuropäischen Schriften und Philosophien wider, sondern wirkt sich auch auf künstlerische Ansätze aus. Wie bereits angedeutet, transportierte der moderne Tanz nach dem Zweiten Weltkrieg komplexe und unterschiedliche Körperverständnisse in die USA, und wird dort unter anderem von Mary Wigman und Hanya Holm aufgeführt und vermittelt.

Ein tanztheoretisch und anthropologisch geprägtes Körper- und Leibverständnis manifestiert sich auch im Werk von Hann Trier. Ohne dass Trier eine direkte Auseinandersetzung mit solchen Theorien nachgewiesen werden kann, lässt sich ein Interesse am Tanz in seinem Œuvre belegen. Einerseits äußerte sich Trier, der 1952 bis 1955 in Medellín, Kolumbien lebte, nach seinem dortigen Aufenthalt über einen anderen Umgang mit Tanz, Rhythmus und Musik im dortigen öffentlichen Leben.[66] Andererseits verweisen viele Titel von Werken und Werkserien wie *Mambo, Cumbia* oder *Pirouette* auch ganz konkret auf musikalische und tänzerische Themen.[67] In dem Gemälde *Peau de Chagrin* (1958) füllt Trier einen choreografischen Raum, indem er mit beiden Händen, in einem atmenden Rhythmus, synchron Liniengewebe auf den Bildgrund malte (Abb. 5).

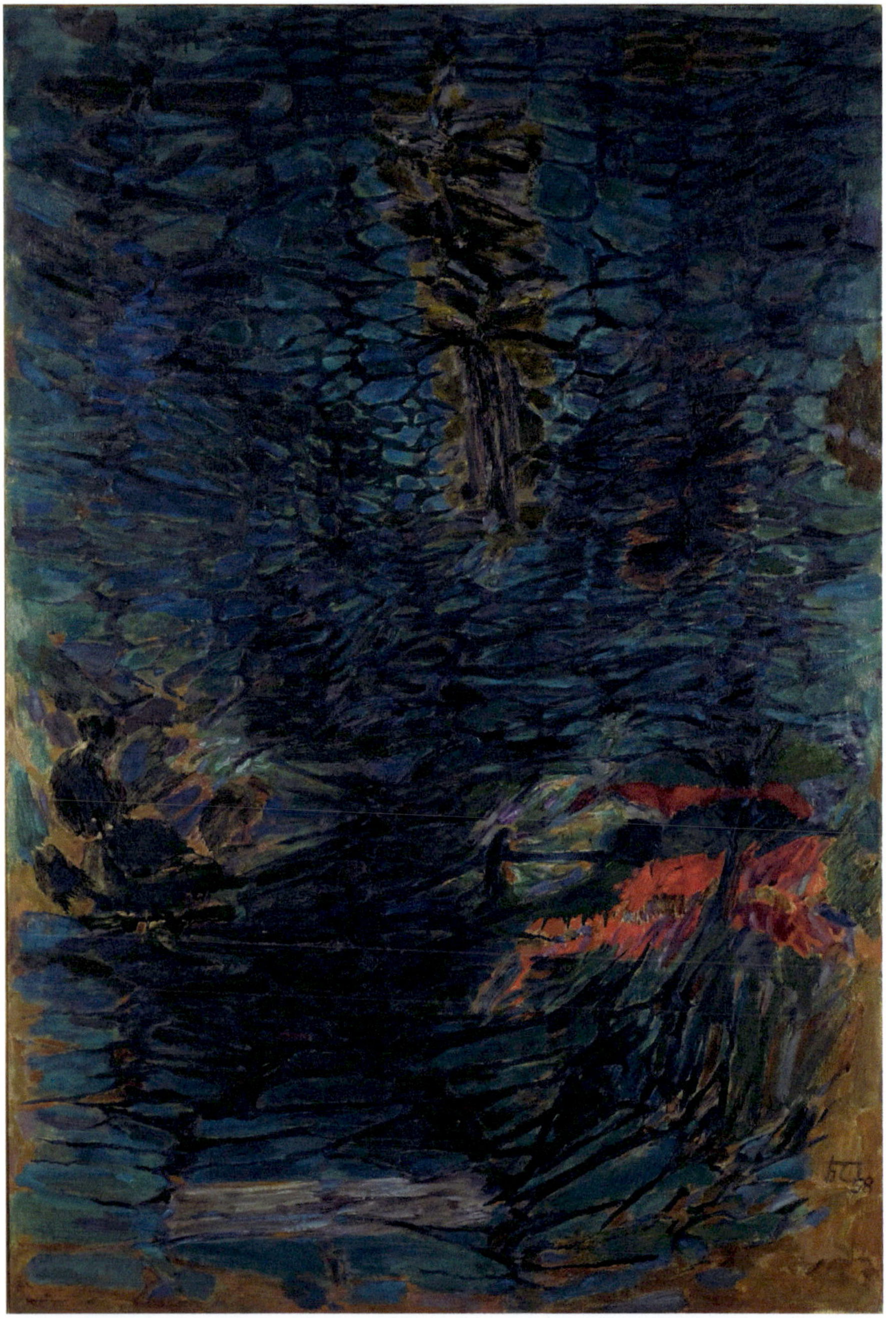

Abb. 5 | Hann Trier: *Peau de Chagrin I*, 1958, Öl auf Leinwand, 146 × 97 cm, Recklinghausen, Kunsthalle Recklinghausen

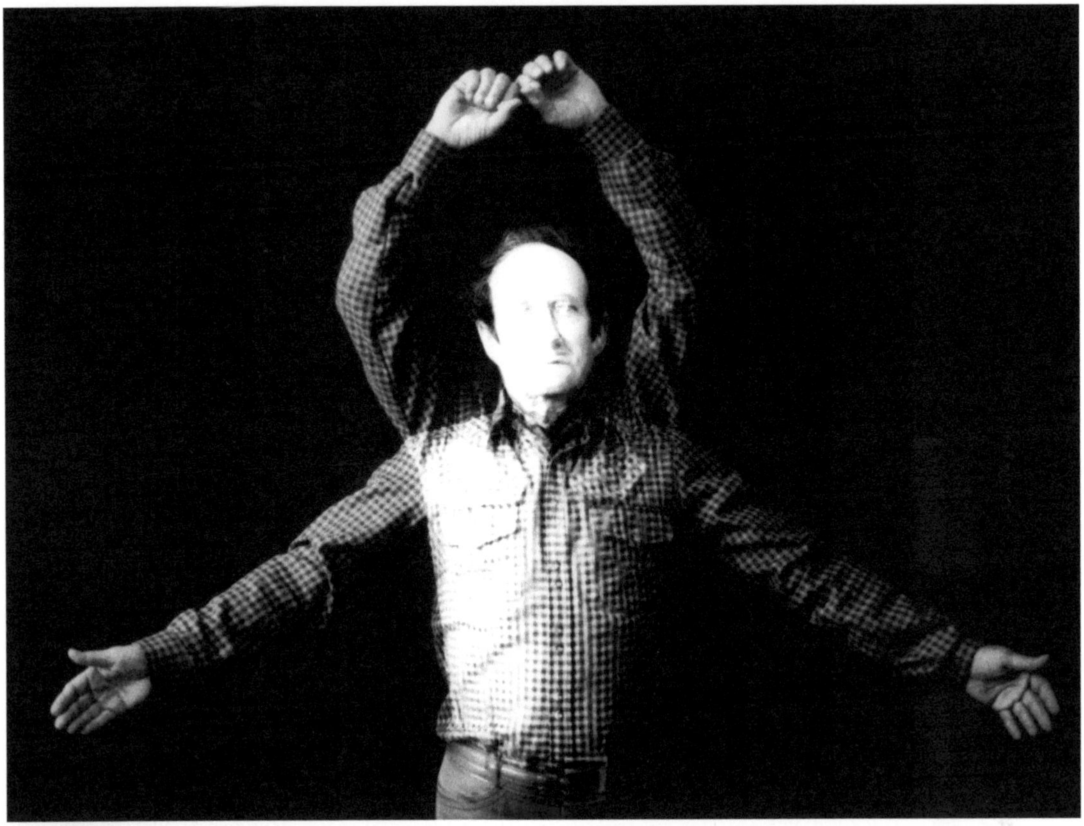

Abb. 6 | Fotografie aus dem Nachlass Hann Trier, keine weiteren Angaben, Kunststiftung Hann Trier, Rheinisches Landesmuseum Bonn

Dass die Forderung, beide Körperhälften ausgeglichen zu bewegen, ein ästhetisches Prinzip seit dem Tanz der Renaissance war und immer noch eine Grundlage in der Tanzausbildung ist, wurde von Trier unbewusst in die Malerei übernommen.[68] Ursprünglich als Linkshänder aufgewachsen, sah sich Trier von körperlichen Normierungen gezwungen, die rechte Hand als aktives Instrument zu trainieren. Einige Fotografien im Nachlass des Künstlers zeigen die Reflexion seiner Beidhändigkeit und nehmen darüber hinaus auch Anleihen an die bewegungsanalytische Chrono- und Tanzfotografie (Abb. 6).[69] Die Chronofotografie eröffnete die Möglichkeit, die körperliche Bewegung nicht nur im Ausschnitt zu analysieren, sondern auch in ihrem Ablauf zu repräsentieren. Diese fotografischen Methoden wurden auch genutzt, um Bewegungs- und Tanzabläufe jenseits der Wahrnehmungsmöglichkeiten des Auges zu erforschen. Triers

Fotografie reiht sich stilistisch in diese Tradition ein, fokussiert darüber hinaus zusätzlich seine Beidhändigkeit als Maler.

In der Einbindung beider Hände zeigte sich auch eine Reflexion über die Struktur und Konstitution des menschlichen Körpers. Das beidhändige Malen und Zeichnen habe Trier schon in Kolumbien angefangen.[70] Das Raum- und Flächenverständnis seiner Malerei knüpfte an Labans Raumtheorie an. Darin wird der Raum, den der Körper um sich herum allein durch Bewegung konstruiert, sowie die potenziellen Bewegungsrichtungen des Körpers als »Kinesphäre«[71] bezeichnet. In dieser Kinesphäre erfahre sich der Mensch in seiner eigenen Wahrnehmung und Achsialität grundsätzlich zweidimensional.[72] Von den Füßen, die mit der Tiefe verbunden werden, zum Kopf, der die Höhe bildet, entstehe die erste räumliche Ausdehnung des Körpers. »Die zweite Ausdehnung, die wir fühlen, entspringt der bilateralen Anordnung unseres Körpers, die sich in der spiegelartigen Struktur der rechten und der linken Seite offenbart. Die vertikale und die bilaterale Ausdehnung ergeben zusammen das Gefühl der Zweidimensionalität.«[73] Die dritte Ausdehnung und Dimension nehme der Körper erst in der Bewegung wahr. Triers schwarze, gemalten Liniengebilde in *Peau de Chagrin I* lassen sich in der Betrachtung mit der ersten und zweiten Ausdehnung von Laban kurzschließen. Diese beiden Ausdehnungen können rezeptionsästhetisch begriffen werden. Beim Malen, also in einer produktionsästhetischen Perspektive, schreibt sich der Maler jedoch in alle drei Dimensionen ein, indem er seine Kinesphäre auf den Bildgrund ausrichtet und mit Bewegungen den Malvorgang ausführt.

Die Liniengebilde erzeugen in ihrer Anschauung weniger eine Tiefenwirkung, als dass sie entlang ihrer komplex ineinander verwobenen Spiegelachsen die erste Ausdehnung, und in den waben- und zickzackförmigen Linien zur Seite die zweite, bilaterale Ausdehnung inszenieren, die von der »spiegelartigen Struktur der rechten und linken Seite«[74] zeugt.[75] Über diese raumtheoretische Auffassung aus der Tanztheorie Labans hinaus kann die malerische Praxis von Trier auch kulturgeschichtlich konturiert werden. In der bildenden Kunst wurden moralisch verwerfliche Aktivitäten oft mit der linken Hand gezeigt. Die Zuspitzung der linken als schlechte Hand hat sich so bis in die zweite Hälfte des 20. Jahrhunderts in Darstellungen der Kunst fortgeschrieben und noch bis in die 1970er-Jahre wurden Linkshänder umerzogen.[76] Trier befreite sich mit seinen Werken, seiner Synchronizität und Beidhändigkeit sowie mit einer tänzerischen Körper- und Malereivorstellung von diesen Wertungen, indem er seine Linke egalitär in den Werkprozess integrierte. In seinen Werken,

Aquarellen wie Gemälden, verdichtet sich so eine körperliche Biografik mit tanztheoretischen und kulturhistorischen Ansätzen zu einer eigenen, malerischen Konzeption. Die körperliche Bewegung mit dem individuellen Künstlerkörper wird zu einer malereigenerierenden Praxeografie und zum Leitmotiv seiner Malerei. Angesichts des Werkes *Peau de Chagrin I* reflektierte auch Trier selbst die Rolle von Choreografie und Tanz für seine Werke:

> Ich zeichne mit beiden Händen gleichzeitig. Selten fange ich ein Bild an, ohne von meinen *Fahrplänen* auszugehen. Doch möchte ich nicht, daß das Bild die vergrößert ausgeführte Darstellung der Skizze wird: die Skizze soll die Choreographie, das Bild der Tanz sein.[77]

Eine Auftrennung in grafisches und malerisches Werk nimmt Trier selbst vor. Das Papier der Aquarellarbeiten funktioniert nach choreografischen Maßstäben. Gabriele Uelsberg benennt diesen Zusammenhang ebenfalls in der malerischen Produktion des Künstlers, während Hans M. Schmidt eine »Transkription« von Tanz in den Bildern Triers erkennt und Hans-Jürgen Schwalm in den Linien eine »für das Auge nachvollziehende Aktionsspur« und eine »[f]ixierte Geste« liest.[78] Das Papier beziehungsweise der Bildgrund der Zeichnungen wird, wie in den Notationen von Raoul Auger Feuillet, zum Aktionsfeld, das mit den Gesten des Körpers erkundet wird und in dem sich durch diese Erkundung auch orientiert wird. Der sprachliche Wechsel von *Bildgrund* zu *Aktionsfeld* kennzeichnet dabei, das die Bildzone nicht mehr durch eine Tiefe des Grundes, sondern durch eine Weite des Feldes, als räumliche Ausdehnung, verständlich ist.[79] Ein in der Malerei zu bewältigender, choreografischer Prozess wird als Bewegung und Fortbewegung in einem Bildfeld verstanden, der bei Trier mithilfe eines *Fahrplans* vorgenommen wird. So verschmelzen Choreografie und Zeichnung und Tanz und Malerei. Wie bei Trier aufgezeigt, können die Körper von Künstler*innen und ihr Bewegungsvokabular das zentrale Instrument von gestisch-abstrakter Malerei werden.

Dokumentationen choreografierter Malerei? Jackson Pollock

Medialisierung und Mediatisierung des flüssigen Farbauftrags

Welche Vorstellungen von Künstler*innen durch Fotografien und Filme geschaffen wurden, hing nicht nur davon ab, wie diese sich vor dem Blick der Kamera verhielten, sondern auch davon, wer mit welchen Absichten Bilder von Künstler*innen produzierte und für welches Medium diese geschaffen wurden. Jackson Pollock *mediatisierte*[80] sich nicht nur selbst, indem er sich ablichten ließ – seine Medialisierung wird, wie die Kunsthistorikerinnen Rachel Esner und Sandra Kisters beschreiben, von weiteren Akteur*innen und Aspekten wie den Fotograf*innen, der Publikationsstrategie von Redaktionen und der Art und Weise der Adressierung der Leser*innen oder einer Zielgruppenspezifik der Edition mitgeformt.[81] Esner und Kisters fordern daher, dass bei der Untersuchung von Bildmaterialien von und mit Künstler*innen immer auch deren Kontext einbezogen werden müsse. Mediatisierungen folgen einer Strategie der Selbstdarstellung, aber auch der Inanspruchnahme von Bildproduzent*innen solcher Mediatisierungen (die nicht die Künstler*innen selbst sein müssen). Daher müsse untersucht werden, wer Fotografien für welche Medien zu welchem Zweck beauftragte, wer die Fotograf*innen waren, die diese Ikonologie des Malers mitbestimmten, und vor welchem editionsideologischen Hintergrund diese gezeigt werden sollten.[82]

Die Kunsthistorikerin Barbara Rose wies bei den Fotografien Hans Namuths auf viele dieser Aspekte hin und bestimmte deren Rolle, die durch ihre Ikonologie Pollock zu einem »culture hero«[83] werden ließen, als eine für den Mythos Pollock konstituierende. Eine solche Zuschreibung war für Rose durch die Popularisierung gegeben. Die Lichtbilder von Pollock haben gegenüber seinen Malereien ein deutlich größeres Publikum erreicht, das über die Kunstszene von New York weit hinausgereicht habe.[84] Dies war vor allem der Zirkulation geschuldet, durch die kleinformatige Fotografien in Magazinen verbreitet werden konnten.[85] Namuths Fotografien von Pollock wurden zuerst unter der Herausgabe von Alexey Brodovitch, bei dem Namuth eine Fotoklasse besuchte, in *Portfolio* publiziert.[86] Dann wurden sie für Robert Goodnoughs Artikel *Pollock paints a picture* in *ARTnews* verwendet.[87] Zudem hätten laut Rose die von den Massenmedien in Auftrag gegebenen Fotografien von Pollock auf ein kollektives Bedürfnis reagiert, das von der Nachkriegszeit gefärbt gewesen sei. Einerseits rekurrierte Rose dafür auf Harold Rosenbergs Emphase der Aktion als wesentlich neue Kategorie von Malerei.[88] Diese sei in der US-amerikanischen Gesellschaft – politisch bedingt – auf eine Nostalgie der Aktion getroffen, mit der auch Pollock verklärt wurde: »Both the emphasis of post-War existentialism on the act as the measure of man, as well as the end of radical rhetoric calling for political action in the climate of Cold War, created a nostalgia for the Man of Action.«[89] Andererseits fügte sich laut Rose zu dieser nostalgischen Verklärung von Pollock als *man of action* auch ein Unverständnis hinzu, wie Pollocks Malerei als innovative Kunst verstanden werden könne:

> Pollock's image became larger than life, and his myth began to dominate his art because of the interaction of many factors, including the public's fascination with the millions paid for art that did not, like Rembrandt's or even Monet's work, look like art to them at all. [...] Through Namuth's unique documentary record of the artist in action, the public was to fabricate a new conception of the artist that fulfilled the need for a culture hero.[90]

Diese Konzeption eines Künstlers als *culture hero* wurde nicht nur vom Publikum produziert, sondern auch durch das Bildmaterial und deren Publikation in massenmedialen Zeitschriften mitverfasst. Das Verlangen nach einem unkonventionellen, volksnahen und anti-intellektuellen Helden zeigte sich schon in den Inszenierungsstrategien Pollocks und der Fotograf*innen, die ihn noch vor Namuth für einen Artikel im Magazin *Life* abgelichtet hatten. In diesen wurde der Maler bereits so gezeigt, dass er auf das Bedürfnis eines proletarischen Antihelden im Vergleich zu den »pedestrian businessman«[91] antworten konnte. Pollocks Körper und seine Inszenierung in Fotografie und Film wurden der Ort von malereitheoretischen und körperpolitischen Aushandlungen in den USA der 1950er-Jahre. Zuschreibungen an diesen Körper sind in den Popularisierungen in Printmedien greifbar und folglich gesellschaftlich und kulturell mitbestimmt.

Namuths Fotografien dominierten und dominieren noch heute die Pollock-Rezeption. Sie unterscheiden sich von anderen Pollock-Reportagefotografien darin, dass diese im Auftrag von Magazinen hergestellt wurden, was ihre Zielfunktion mitbestimmte.[92] Nach eigenen Angaben hatte Namuth den Künstler aus Eigeninitiative fotografiert und sich daher weniger für eine breite, gesellschaftsfähige Lesbarkeit seiner Lichtbilder interessiert.[93] So gelang es ihm, Pollock während seines Schaffensprozesses zu fotografieren und damit Authentizität zu evozieren. Diese

Eigenschaft verhalf Namuths Fotografien in unterschiedlichen Printmedien gedruckt zu werden, auch wenn eine solche Publikationsabsicht nicht ein prädefiniertes Ziel war. Die Redaktionen vermuteten ein Bedürfnis nach diesen Bildern und dieser editorische Überbau ließ Pollock zum *culture hero* werden. Seine Künstlerpersönlichkeit wurde durch die Erhöhung seiner Person in den Massenmedien mit neuen Referenzen versehen, die ihm seine Relevanz gaben: Mit den Fotografien wurde Rodins *Denker*, James Deans Rolle in *Rebel without a cause*, Marlon Brandos Kowalski im Tennessee-Williams-Drama *Endstation Sehnsucht* wie auch ein scheues Motiv einer Wildtierfotografie oder ein *working class man*, in Denim und mit dreckiger Kleidung, assoziiert.[94] Jede dieser Vereinnahmungen war der Popularität und dem Mythos seiner Person zuträglich, verstellte aber auch den Blick auf seine Kunst, indem eine mediatisierte Persönlichkeit mit dieser verknüpft wurde. Hierdurch konnte Pollock als volksnaher Antiheld gelten, obwohl seine Kunst gleichzeitig auf viel Unverständnis traf. Laut des Kunsthistorikers Bradford Collins wurde innerhalb der Kunstwelt dieser Widerspruch zwar kritisch gesehen, dennoch sei auch erkannt worden, dass diese Medienpräsenz Verkäufe steigerte und sich hierdurch auch reiche Sammler für den Künstler interessierten. Dieser Widerspruch sei daher gebilligt worden.[95]

Der erste Artikel, der Pollocks Kunst einem breiten Publikum vermitteln wollte, erschien im August 1949 im Magazin *Life* unter dem Titel *Jackson Pollock. Is he the greatest living painter in the United States?*[96] Die zuständige Redakteurin Dorothy Seiberling wurde mit der Reportage zu Pollock beauftragt, nachdem die Redaktion von *Life* schon seit 1947 überlegt hatte, den Maler zu thematisieren. Außerdem hatte *Life* seit seiner Gründung 1936 regelmäßig über die Künste in den USA berichtet und somit Einfluss auf die amerikanische Kanonbildung von moderner Kunst genommen.[97] Ein Jahr zuvor hatte das Magazin verschiedene Kritiker*innen und Museumsprofessionelle zu einem Round Table geladen, in dem die Frage beantwortet werden sollte, ob moderne Kunst in ihrer Gesamtheit als eine gute oder schlechte Entwicklung eingestuft werden könne und ob diese unterstützenswert sei oder nicht.[98]

Collins hat nachgewiesen, dass die Berichterstattung von *Life* stark davon geprägt war, sich nicht auf eine Seite im Streit um die Frage zur Ablehnung oder Anerkennung der modernen Kunst zu stellen, sondern die komplexe Situation auch denjenigen verständlich zu machen, deren Leben weniger in Berührung mit diesen Debatten kam. Dennoch seien in der kunsthistorischen Forschung fälschlicherweise die Beiträge in *Life* eher als Absage an die moderne Kunst betrachtet worden.[99] Auch

Seiberling habe den Titel zum Pollock-Artikel bewusst ambivalent formuliert und keine ironische Antwort auf die Frage, ob Pollock der wichtigste lebende Künstler der USA sei, implizieren wollen. Schließlich stellt Collins fest, dass der Pollock-Artikel zwar eine zugespitzte Frage im Titel formulierte, der Text aber eine wohlwollende Perspektive entwickelte.[100] In der Folge der beiden Beiträge sei schließlich eine verfälschte Historiografie entstanden, deren Grund Collins darin sieht, dass die Beteiligten an diesen Beiträgen durch persönliche Bekanntschaften und ihre Verstrickung in der professionellen Kunstszene dazu geführt haben, Pollocks Rezeption zu verklären. Collins erkennt darin einen »will to see and make events conform according to the bohemian legend [...]. At stake for these scholars, as it was for the artists and their critical supporters, was the course of a certain narrative – the story of noble, inspirational men at the edge of an ignoble society.«[101] Collins zufolge sei der ideologische Hintergrund von *Life* zur Berichterstattung von Pollock also objektiver, als es durch die verfälschte Historiografie bisher den Anschein hatte.

Dennoch waren Fotografien des Künstlers in *Life* auch ihrem Kontext unterworfen. So beschrieb Melissa Renn, dass die Themen von anderen Fotografien in *Life* auch Assoziationen erweckten, die auf ihn projiziert wurden. Zur Illustration des besagten Artikels schrieb sie: »With his crossed arms and cigarette dangling from his mouth he recalled the three major iconic images of heroic males from the period: the American GI; the cowboy; and the rebel. Indeed, images of all three had circulated widely in Life around that time.«[102] Während die Texte der Berichte in *Life* einen eher neutralen Ton anschlagen konnten, war diese Neutralität bei den Fotografien durch den Editionskontext nicht möglich. Weitere in *Life* abgebildete Aufnahmen prägten den Deutungshorizont regelmäßiger Leser*innen. Themata und Kontexte weiterer Berichte unterwarfen die Fotografien des Malers einer Rahmung, die den Zugang zu Pollock verengte, während eine Isolation der Fotografien aus diesem editorischen Kontext das abgebildete Aktionspotenzial seiner Malerei verdeutlichte.

Rückschlüsse auf Bewegungsmuster in Pollocks Werkprozess schließen zu wollen, setzt voraus, die attributiven Zuschreibungen, die Heroisierung und den Mythos Pollock historisch-kritisch zu reflektieren und die formalen Gestaltungen von Namuths Fotografien und Filmen zu befragen. Bewegungen, die Pollock ausführte, können in der Fotografie ihre Isolation auf einen Moment hin erfahren oder einen Ausschnitt eines Bewegungsablaufes darstellen. Das Foto- und Filmmaterial zeigt schließlich medial abstrahierte, körperliche Bewegungen. Die fotografischen und filmischen Dokumentationen können nicht vollkommen glaubwürdige

Dokumentationen sein, weil ihnen Aspekte künstlerischer Fotografie und damit zu einem gewissen Teil ein »Fake-Charakter«[103], wie Peter Weibel argumentiert, zu eigen sind. Namuths Lichtbilder sind stilistisch geformt, verweisen auf formale Entwicklungen der Fotogeschichte und erzeugen ein Simulacrum, das eine dokumentarische »Bildglaubwürdigkeit«[104] nur vortäuscht.

Weibel erklärte den »Fake-Charakter« der Fotografie zu einen ihrer generellen Wesenszüge. Er fragte sich in *Foto-Fake. Die unnachahmliche Treue der Nachahmung?* (1980), wie der kulturelle Code entstand, mit dem Fotografie und Wirklichkeit gleichgesetzt wurden und der sich hartnäckig in der Wahrnehmung von Fotografie als Zeugenschaft hält. Den Beginn ihrer Glaubwürdigkeit sah er in ihrer Entstehungsgeschichte in der Mitte des 19. Jahrhunderts. Hierzu führte Weibel mehrere Autoren und Wissenschaftler aus dieser Zeit an, die in der Fotografie einen direkten Abdruck der Natur sahen.[105] Dieser Abdruck hatte jedoch nur das technische Verfahren im Blick, worauf die unhinterfragte Glaubwürdigkeit der Fotografie fuße:

> Eben weil die Fotografie auf der historischen Grundlage diverser kultureller und epistemischer Codes wie z.B. dem mechanischen, selbsttätigen Naturselbstdruck so ausgezeichnet imstande ist, zu täuschen, vorzutäuschen, konnte sie uns sogar Wirklichkeit vortäuschen. Nicht das falsche historische Bewusstsein des bürgerlichen oder sozialkritischen Fotografen, nicht das falsche Bewusstsein einer sozialen Klasse schuf die falschen Bilder der Wirklichkeit. Sondern die ›falsche Fotografie‹.[106]

So kommt Weibel zu dem Schluss: »Fotografie täuscht Echtheit vor, täuschend echt.«[107] Da Codes, die Echtheit vortäuschen, lange unreflektiert gelesen wurden, habe sich eine »Bilderglaubwürdigkeit«[108] etabliert, die erst dann infrage gestellt wurde, als die formalen Gestaltungen der Fotografie offensichtlicher wurden. Fotografische Montagen, die »Rodtschenko-Perspektive«[109] oder Techniken wie die Solarisation (eine starke Überbelichtung in der Analogfotografie, die die maximale Schwärze des Negativs und Fotopapiers verfremdet) sind für Weibel fotografische Mittel, mit denen diese anzweifelbare Glaubwürdigkeit thematisiert wurde.[110] Diese formalen Gestaltungen offenbarten den Unterschied zwischen der Wahrnehmung des menschlichen Auges und des Kamerabilds.

Trotz dieser spezifisch fotografischen Gestaltungen wurde die wahrnehmungstheoretische Gemeinsamkeit von Auge und Kamera noch bis in die 1950er-Jahre größtenteils als gegeben hingenommen und Unterschiede wurden übergangen.[111] Auch der amerikanische Kritiker Clement Greenberg, der später Pollocks Malerei verteidigen würde, setzte die Wahrnehmung der Welt durch das Auge und durch die Kamera noch gleich. Im Jahr 1946 publizierte er *The Camera's Glass Eye: Review of an Exhibition of Edward Weston*[112], eine Ausstellungsrezension für die Wochenzeitschrift *The Nation*, und sah in der Fotografie eine Transparenz, die sie nicht nur gezwungenermaßen im gegenständlichen, sondern auch im realistischen Feld der Kunst verorte. Transparent hieß, wie aus seinen Ausführungen hervorgeht, dass die Fotografie fast deckungsgleich mit dem sei, was durch das menschliche Auge wahrgenommen werden kann – so kann ein Objektiv das *gläserne Auge* der Kamera werden und quasi ungefilterte Bildwerke produzieren. Darüber hinaus sei die Fotografie ab Beginn des 20. Jahrhunderts technisch reif und unkompliziert.[113] Mit dieser Argumentation schmähte Greenberg die Fotografie als anspruchslose Kunst im Vergleich zur Malerei und erkannte ihr die künstlerische Relevanz ab. Dieser Kritik standen im zweiten Viertel des 20. Jahrhunderts jedoch Positionen gegenüber, mit denen die formalen und eigenen Gestaltungsmöglichkeiten der Fotografie ausgelotet wurden. Viele Fotograf*innen arbeiteten schon seit den 1920er-Jahren mit extremen Ober-, Unterperspektiven oder Mehrfachbelichtungen und verschiedenen Techniken, die unter anderem nur das der Fotografie eigene Material, nämlich lichtsensibles Fotopapier, ermöglichten.

Solche fotografiespezifischen Gestaltungsmerkmale sind auch in den Pollock-Fotografien von Namuth nachweisbar, der den Künstler im Sommer und Herbst 1950 fotografiert hatte. Neben den Fotografien drehte Namuth auch einen Schwarz-Weiß-Film, der aufgrund seines Mangels an Kameraerfahrung teils unbedarft wirkt.[114] Wegen der unzureichenden Qualität des Filmes entschloss sich Namuth zu einem zweiten Film, dieses Mal in Farbe, und sicherte sich für dieses Vorhaben Unterstützung von Paul Falkenberg, der ihm beim Schnitt und der Edition half. Für diesen zweiten Film malte Pollock im Freien, außerhalb seines Studios, ein Bild auf roter Leinwand, das als verloren beziehungsweise vom Künstler zerstört gilt, und *Number 29, 1950* auf Glas, mit der berühmten Perspektive von unten.[115] Die Fotografien zeigen vor allem die Arbeit an *Autumn Rhythm: Number 30, 1950* und *One: Number 31, 1950*.[116] Können die Fotografien und Filme von Pollock und diesen Werken als kunsthistorische Dokumentationen aus dem Schaffensakt des Malers gelten? Zum einen sind sie in hohem Maße gestaltet, teils auch amateurhaft gemacht, und entstanden durch eine apparative Technik. Namuth benutzte Filmkameras, Objektive, Blickwinkel und Belichtungszeiten, die in den Filmen und Fotografien etwas sichtbar machen, was das menschliche Auge nicht erfassen könnte. Unter anderem funktionieren diese Bilder über tradierte Bewegungsdarstellungen. Zum anderen gebe es aber auch, laut Weibel, dokumentarische Fotografie. Dazu bemerkte er, dass diese Funktion in hohem Maße von ihrem Gebrauch abhänge. Nur durch den Verwendungszusammenhang der Fotografie lasse sich herausfinden, ob sie *Fake* oder *Dokument* sei.[117] Dieser ambivalente Status muss daher für die Fotografien und Filme von Namuth ausdifferenziert werden, da diese Bildzeugnisse den Zugang zu Pollocks Œuvre wirksam rahmen oder auch teilweise sogar erst eröffnen.

In der kunsthistorischen Forschung hat Francis V. O'Connor Namuths Fotografien und Filme in *Hans Namuth's Photographs of Jackson Pollock as Art Historical Documentation* (1979) zu Dokumentationen erklärt.[118] O'Connor glaubte diesen vermeintlichen Dokumentationen scheinbar bedingungslos. Sie offenbarten Informationen, die den Betrachtenden von Pollocks Gemälden verwehrt wurden. Beispielsweise den Begriff der *drip*-Technik hielt O'Connor in Anbetracht der Fotografien und Filme für ungenau und schlug vor, die Art und Weise des Farbauftrags als Pour-Technik umzubenennen – *to pour* (gießen/schütten) gebe den physikalischen Prozess, wie Pollock die Farbe auf die Leinwand auftrug, exakter wieder als *to drip* (tröpfeln).[119] Er führte auch Gedanken zu unterschiedlichen Arbeitsgeschwindigkeiten in Pollocks Werkprozess aus. Im Schwarz-Weiß-Film Namuths beschrieb er, dass man hier die Art und Weise, wie der Maler ein Bild anfange, gut sehen könne. Die Farbe forme sich in der Luft selbst und *speed* und *rhythm* seien für das Werk maßgeblicher als für das Werk im Farbfilm auf der Glasplatte, an dem langsamere und uneigentliche Werkprozesse Pollocks zum Vorschein kämen.

> [...] he picks up speed, entering into the momentum of the process until he is working furiously around the four sides of the painting. Thus, by speeding up or slowing down the pouring process, and by employing different kinesthetic gestures – a thrust of the arm, a flick of the wrist – varied effects are obtained: elegant delicacy, complex linearity, feathery calligraphy, intricate density.[120]

Die Parameter, um unterschiedliche Geschwindigkeiten festzustellen – »he picks up speed« –, beruhen ausschließlich auf O'Connors Interpretation von Pollocks Werkprozess anhand der Medien Fotografie und Film. Durch eine fotografisch-visuell vermittelte Beschleunigung konnte er zu dem Schluss kommen, dass Pollock mit erhöhten Geschwindigkeiten der Bewegung spiele. Einem visuellen Indiz folgend charakterisierte er die Geschwindigkeit im Werkprozess als wesentliches Merkmal. Wenn

Bilder mit statischen Körperpositionen Bewegung visuell vermitteln, so fehlen hierbei jedoch Parameter, die diese Bewegung quantifizierbar machen.[121] Ohne Skalierung oder ein angegebenes Zeitmaß beruht die Wahrnehmung von Bewegung und unterschiedlichen Geschwindigkeiten vor allem auf einem subjektiven Empfinden. Die von O'Connor angeführten, unterschiedlichen Geschwindigkeiten sind nachvollziehbar, aber durch die fehlende Quantifizierung kritisierbar. Zudem spielte Namuth im zweiten Film mit der technischen Möglichkeit der nachträglichen Beschleunigung durch die Erhöhung der Bildrate pro Sekunde. Diese beschleunigten Bewegungen erschienen ihm jedoch im Nachhinein zu künstlich und sind nur noch in den Outtakes enthalten.[122] Nichtsdestotrotz boten die Fotografien und Filme von Namuth ein Wahrnehmungsdispositiv an, mit dem die Bildmotive als beschleunigte Bewegungen wahrgenommen werden können. Hierdurch bescheinigten die Fotografien und Filme Pollock, wenn man diese Dokumente nach Weibels Definition als bildglaubwürdig bewertet, einen aktionsreichen, körperlich bewegten, schnellen Werkprozess.

O'Connor erkannte jedoch auch Potential zur tatsächlichen Auseinandersetzung mit Pollock in den Fotografien und Filme: »[...] above all else, Namuth's photographs and films make explicit Pollock's famous and seriously misunderstood painting technique.«[123] In anderen Aspekten konnte er daher wiederum anhand der fotografischen und filmischen Dokumentation Schlüsse ziehen, die tatsächliche Missverständnisse auflösen. O'Connor fährt fort:

> First of all, they reveal that when a very large painting was in process, its area reduced Pollock's work space to just a few feet around its edge. The flat plane of the canvas [...] had to be reached without entering. The painting process therefore became an ongoing tension between the edges and the center of the canvas and Pollock's gestures of bending, kneeling, stretching, and straddling corners constituted an intense and awkward struggle against relentless, self-imposed limits. After the very early stages of laying in the initial design, he could not step into the canvas; he was remanded to the periphery of the four sides of the canvas, painting toward the center in an intense, mandalic dance which is most dramatically revealed in the films.[124]

Die Fotografien zeigen, wie sich die räumliche Disposition von der Leinwand auf dem Boden in Pollocks Atelier auswirkt. Bei diesem Teilaspekt können die Lichtbilder als tatsächliche Dokumentationen des Werkprozesses dienen. Somit ist es O'Connors Gebrauch, der die Lichtbilder zu Dokumenten macht. Dennoch inszeniert Namuth Pollocks Technik durch formale Gestaltungen mithilfe von extremen Ober- und Untersichten und Bewegungsunschärfen.

Zuerst fällt auf, dass viele Fotografien von Namuth, und auch einer der Filme, ihre Motive aus einer starken Ober- und Untersicht zeigen. Damit reihen sich diese zumindest formal in die Fotografie der Neuen Sachlichkeit der 1920er- und 1930er-Jahre ein. Theoretisch wird dieses Vorgehen von Alexander Rodtschenko in *Wege der zeitgenössischen Fotografie* (1928) reflektiert. Dieser forderte Perspektivvariationen: »Fotografiert von allen Positionen aus, nur nicht *vom Nabel,* bis all diese Positionen anerkannt sind.«[125] Diese Forderung sei Ende der 1920er-Jahre, obwohl die Fotografie schon fast hundert Jahre alt war, neu gewesen.[126] Namuths Pollock-Aufnahmen sind also keineswegs aus einer vermeintlich neutralen Nabelperspektive oder aus Augenhöhe aufgenommen worden, sondern zeigen mit den Mitteln damals zeitgemäßer fotografischer Gestaltungsweisen die Horizontalität von Pollocks Malprozess. Diese Variationen der Perspektive werden im Farbfilm auf die Spitze getrieben (Abb. 7). Namuth beschreibt:

> It wasn't enough to show the painter painting. I wanted more; somehow a main ingredient was missing. I realized that I wanted to show the artist at work with his face in full view, becoming part of the canvas, inside the canvas, so to speak – coming at the viewer – through the painting itself. How could it be done? One evening it came to me: the painting would have to be on *glass* and I would film from underneath. When I broached the idea he liked it and replied yes, he had often thought about working on glass […] After many unsuccessful attempts, I finally figured out how to lie on my back with the camera on my chest and photograph him from below.[127]

Der Foto- und Filmemacher markierte in seinem Text *Photographing Pollock* deutlich, dass es ihm nicht ausreiche, den Maler lediglich beim Malen zu zeigen. Er trat in Interaktion mit Pollock und durch diese Interaktion ließ der Maler Änderungen seines Werkprozesses zu. Mit einem ersten Bild, das Pollock auf einer aufgebockten Glasplatte gestaltete, verlor er den Kontakt, sodass er es wegwischte und neu anfing.[128] Für den zweiten Versuch ordnete Pollock verschiedene Materialien auf der Glasplatte an, die dann mit gegossener Farbe fixiert wurden. Zusätzlich lag die Platte nicht, wie sonst zu dieser Zeit bei Pollock üblich, auf dem Boden, sondern war ungefähr auf Tischhöhe installiert, sodass Pollock sich, wie im Laufe des Films zu sehen ist, kaum weit über die Glasplatte beugen muss, um sie zu bearbeiten. Aus diesen Gründen kann dieser Film, auch wenn es einen Werkprozess zeigt, nicht als belastbares

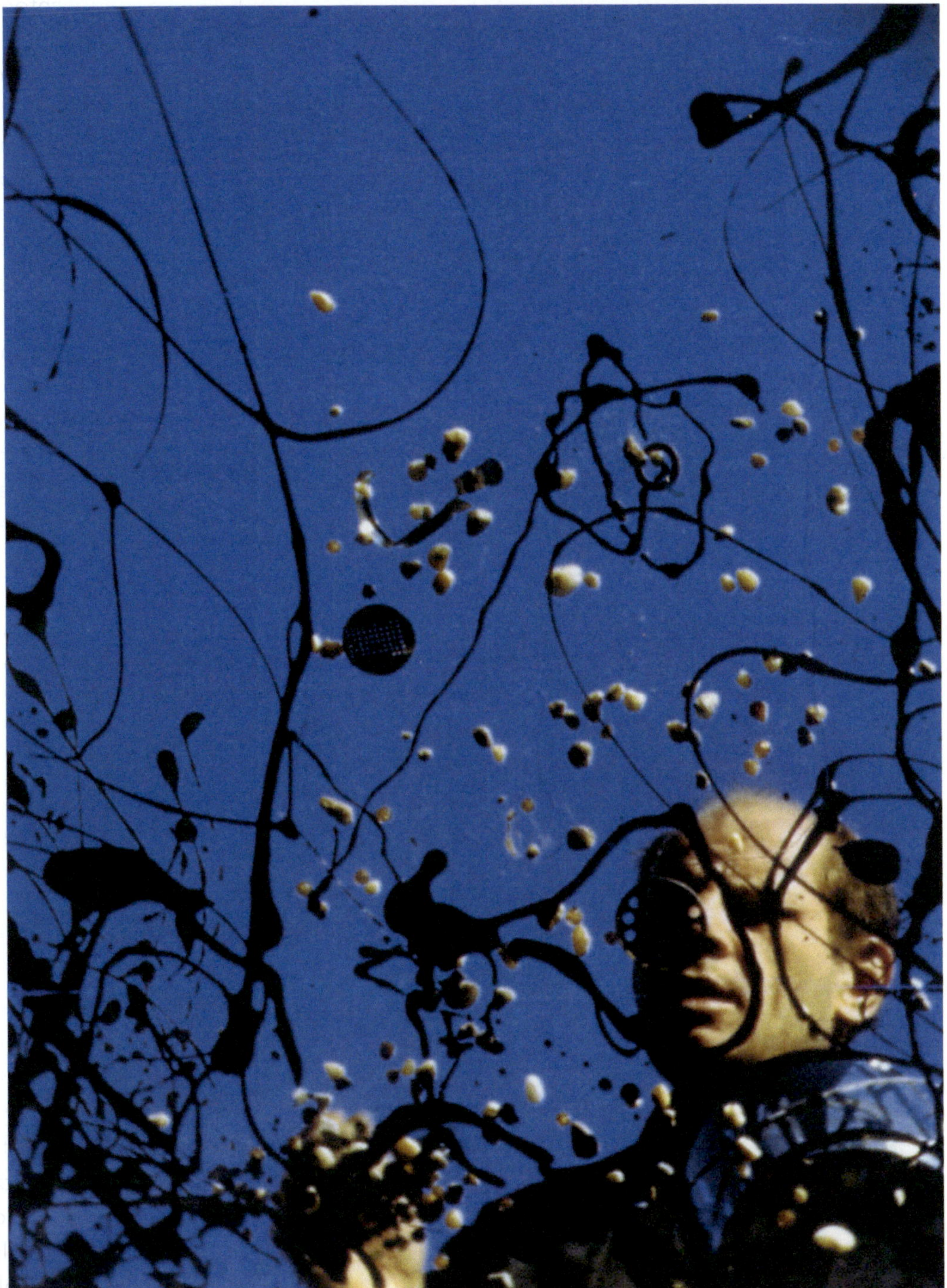

Abb. 7 | Hans Namuth: *Pollock painting on glass*, 1950, Filmstill vom zweiten Film Hans Namuths, 1950

Zeugnis für seinen Malprozess gelten, denn so, wie Pollock im Farbfilm malte, malte er sonst nicht. Das so entstehende Werk *Number 29, 1950* bleibt ein Einzelwerk in seinem Œuvre, auch wenn das Material Glas keine unwahrscheinliche Wahl für den Künstler und den Abstrakten Expressionismus gewesen wäre.[129]

Aus fotografischen und filmischen Gestaltungswillen, also in seiner Rolle als Künstler und nicht als Dokumentarist, erprobte Namuth diese neuen Perspektiven und Ansichten. Solche Brüche aus der sonst aufrechten, horizontalen Blickrichtung im Farbfilm können durchaus einen unangenehmen Effekt haben, da sie eine starke Verdichtung von mehreren Ebenen aufweisen: »Glasplatte, Kamera und Betrachterauge schnurren gewissermaßen zu einer Ebene zusammen, so dass die Farbe von oben direkt auf den Betrachter zu fallen scheint – eine nicht immer komfortable Situation«[130], beschreibt Monika Wagner diese Anordnung. Zugunsten eines zu erzielenden Effekts, der Pollocks Bodenmalerei als Inspiration, nicht jedoch als dokumentierten Vorgang funktionalisierte, werden die Blickachsen in Namuths Fotografien und Videos variiert. Pollocks Körper und sein Gesicht wurden mit den abstrakten Linienschwüngen verbunden, sodass Person und Werk auf der Bildfläche der Fotografie eins werden konnten. Eine Verdichtung von Künstlerkörper, Bildfläche und dem nicht visualisierten, aber durch die Kamerastandpunkte markierten Betrachtendenkörper, wurde in Namuths Film veranschaulicht. Namuth orientierte sich bei seinem Vorhaben an einer vorgefundenen Situation. In Pollocks Atelier stand eine Leiter mit einer kleinen Plattform, die in mehreren Lichtbildern sichtbar ist und die von Namuth für die Fotografien genutzt wurde.[131] Nur damit konnte er Ansichten erzeugen, die die Flächigkeit des Bodens hervorheben, die für Pollocks Malerei grundlegend war. In einigen Aufnahmen taucht Pollocks Körper entsprechend verkürzt auf und selten war sein Gesicht in der Kamera zu sehen, weil der Künstler für seinen Malprozess seinen Blick auf den Boden richten musste, was Namuth unter anderem dazu bewogen haben soll, noch weiter mit den Perspektiven zu experimentieren.[132]

Eine starke Obersicht als Voraussetzung zur Dokumentation und Notation von Tänzen, entsprach auch der Darstellungsstrategie von Körper und Bewegung in der Feuillet-Beauchamp-Notation, um die Bodenwege notieren zu können. Hier wurde der Körper in einer Obersicht schematisiert, sodass ein Strich die Schulterachse von oben denotiert und ein Halbkreis die Rückenseite. Namuths Fotografien von oben greifen diese Raumkonstruktion von der Feuillet-Beauchamp-Notation auf. Zusätzlich zeugen die Lichtbilder davon, dass die Raumaufteilung in Pollocks Atelier mit derjenigen des Papierblattes und des erdachten Tanzbodens der Notation übereinstimmten (Abb. 3). Um einen Tanz in der Feuillet-Beauchamp-Notation zu transkribieren, müsste das Blatt, auf dem die Bewegungsfolgen aufgezeichnet werden sollen, parallel zum Boden gehalten werden. Die Orientierung der vier Seiten des Blattes im Raum dürfte dabei nicht aufgegeben werden. So könne das Blatt mit dem echten Tanzraum übereinstimmen.[133] Die Dreidimensionalität des Raumes wurde durch eine lotrechte Obersicht auf die Zweidimensionalität des Blattes übertragen. Genau dies geschah auch in den Fotografien von Namuth mit Obersicht – nur waren diese nicht lotrecht und bildeten somit den Raum des Tanzes und der Leinwand nicht rechtwinklig beziehungsweise mit einer orthogonalen Blickachse ab. Die barocke Geometrisierung des Körpers und des Tanzraums kippte bei Namuths Fotografien aus dem rechten Winkel in multiperspektivische Ansichten von oben und unten. In dieser räumlichen Disposition verhielt sich Pollocks bewegter Körper anders als die Tänzer bei der Feuillet-Beauchamp-Notation. Er schritt zum Teil über die Kanten seines Malgrunds, stand mit einem Fuß auf der zum Tanzboden gewordenen Leinwand, beugte sich mit seinem Oberkörper über die Kante, vollzog seine Handlungen vor allem in dem Raum, der um die am Boden liegende Leinwand herum entstanden war und führte so, mit den Worten O'Connors, seinen »mandalic dance« in der »periphery of the four sides of the canvas«[134] aus. Er tanzte also nicht in dem Raum, der nach der Beauchamp-Feuillet-Notation für den Tanz vorgesehen war, sondern hauptsächlich darum herum.

Nach dem Bericht in *Life* im August 1949 bereiteten die *ARTnews* einen Artikel für ihre Serie *[...] paints a picture* zu Pollock vor.[135] Der Verfasser Robert Goodnough reiste zusammen mit dem Fotografen Rudy Burckhardt nach Springs, um Pollock beim Malen zu fotografieren und zu interviewen. Möglicherweise war Pollock durch den eher hämischen *Life*-Berichts von Seiberling und die Kunstwelt affektiert und daher nicht dazu bereit gewesen, sich von Burckhardt während des Malens fotografieren zu lassen, sodass gestellte Künstlerporträts entstehen konnten.[136] Auch in diesen Pollock-Fotografien wurde die räumliche Disposition mit einer Obersicht abgebildet (Abb. 8). Da Pollock jedoch nicht bereit war, sich direkt beim Malen fotografieren zu lassen, ahmte er seine Gesten für Burckhardt nur nach. Schon hier zeigte sich, wie komplex der Status von Fotografie als authentisches Dokument sein kann. Mit Ausnahme eines Fotos, das ein Gemälde Pollocks im Vollformat zeigt, wurden Burckhardts Aufnahmen nicht für den Artikel in *ARTnews* benutzt, da sie kein Werk im Entstehen dokumentierten und somit nicht der redaktionellen Leitlinie

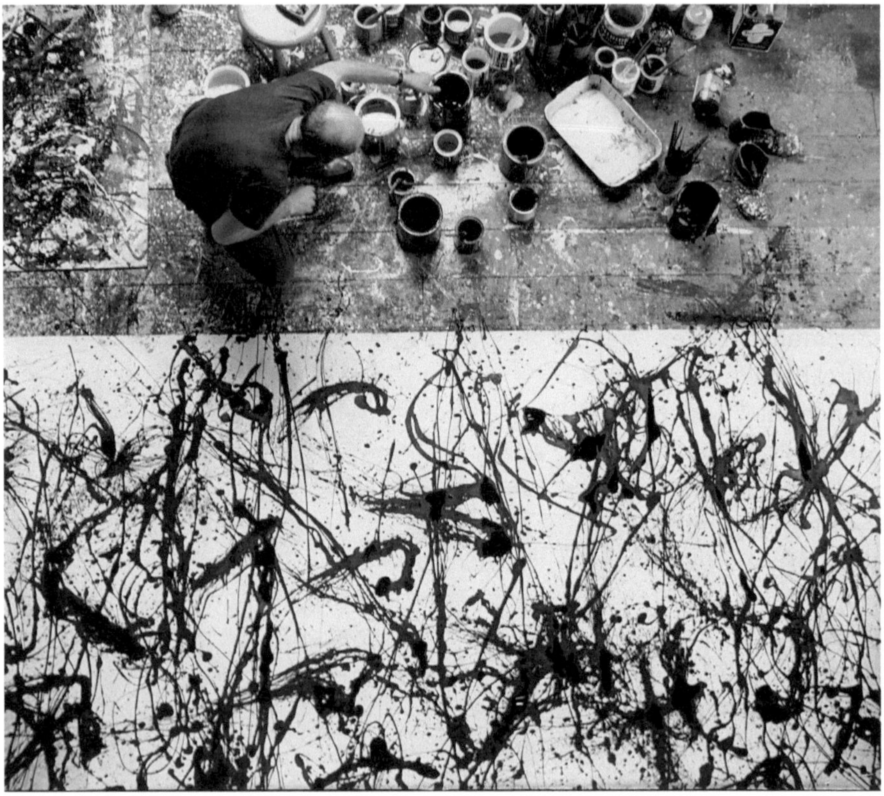

Abb. 8 | Rudy Burckhardt: *Jackson Pollock painting*, 1950, Silbergelatineabzug, 19 × 19 cm, New York, Museum of Modern Art

genügten Stattdessen wurden in Goodnoughs Artikel hauptsächlich Namuths Fotografien abgedruckt.

Burckhardt fertigte auch Fotografien mit einer starken Obersicht an, die im Vergleich zu Namuth nahezu lotrecht orientiert waren und die abgebildete Leinwand orthogonal zur Sichtachse ausrichteten. Auf diesen Bildern markierte der Rand der hellen Leinwand eine Grenze zum dunklen Holzboden, die die Fotografien mit einem starken Hell-Dunkel-Kontrast zeigten. Die Grenze wurde zum Gestaltungsmittel. Der Ausschnitt war meist so gewählt, dass Pollock auf dem Holzboden bei den Farbtöpfen steht. Die Leinwand konnte nur im Ausschnitt gezeigt werden und Burckhardts Fotografie veranschaulichte keine direkten malerischen Handlungen, die diese Grenze durch Aktion auflösen. Aber beide Fotografen erfassten die horizontale Gerichtetheit von Pollocks Malprozess und visualisierten in den Fotografien implizite Betrachtende ähnlich wie die impliziten Lesenden der Beauchamp-Feuillet-Notation. Dabei kamen sie zu unterschiedlichen Ergebnissen, die aber beide verdeutlichten, dass die Horizontalität ein abbildbares und für Pollocks Kunst essenzielles Element war, das sich in die Fotografie transponieren lässt. Dass das Spiel mit der Horizontalität ein Gestaltungsmerkmal war, das bereits in der Fotografie der Neuen Sachlichkeit genutzt wurde und damit als fotoformaler Bezugspunkt der Dokumentationen von Namuth und Burckhardt dienen konnte, steht einer dokumentarisch neutralen Gestaltung – aus Augenhöhe, Nabelhöhe beziehungsweise nach Kriterien der menschlichen Wahrnehmung – den Fotografien von Namuth und Burckhardt entgegen.

Nicht nur das Spiel mit Horizontalität und Vertikalität der Bildflächen von Pollocks Gemälden und der Betrachtendenperspektive zeichnen den Umgang Namuths mit der Fotografie und Pollocks Malerei aus. Pepe Karmel hat in den Bewegungseffekten dieser Fotografien auch einen Einfluss von Alexey Brodovitch, bei dem Namuth Ende der 1940er-Jahre Unterricht nahm, gelesen. Brodovitch arbeitete für *Harper's Bazaar* und lehrte eine Fotografieklasse an der New York School for Social Research, die Namuth, Richard Avedon und Irving Penn besuchten. 1945 gab er einen Bildband mit Tanzfotografie unter dem Titel *Ballet* zusammen mit dem Tanzkritiker und Schriftsteller Edwin Denby heraus, in dem in zahlreichen Fotografien die Bewegungszeiträume kondensiert wurden. Laut Karmel sei Namuth hierbei dem *blur*-Effekt zusammen mit einer dynamischen Kameraführung als fotografische Reaktion auf eine sich bewegende Tanzgruppe begegnet.[137]

Der *blur*, das Verschwimmen oder Verwaschen einzelner Zonen im Bild, entsteht, wenn die Belichtungszeit lang genug ist, sodass sich innerhalb dieser eine Deplatzierung von Körpern oder Körperteilen vollziehen kann. Momentaufnahmen, bei denen der Verschluss nur einen Bruchteil einer Sekunde geöffnet ist, frieren im Gegenteil ihr Motiv in einer Bildschärfe ein, während der *blur* die Dauer einer Bewegung im fotografischen Bild verdichten kann.

In Pollocks Atelier traf Namuth auf komplexe Bedingungen, um sein Motiv zu fotografieren. Durch die Architektur des Ateliers mit wenigen Fenstern und einer Holzverkleidung, welche punktuell Licht durchscheinendem ließ, war der Fotograf zu langen Belichtungszeiten und zu wenig Spiel mit der Blende gezwungen. Es entstanden Bilder, die nicht die größtmögliche Tiefenschärfe besitzen und auf denen Pollocks Bewegungen unscharf wurden (Abb. 9). Außerdem sei bei der ersten Zusammenkunft Namuths Kamera fehlerhaft gewesen, weshalb er nicht

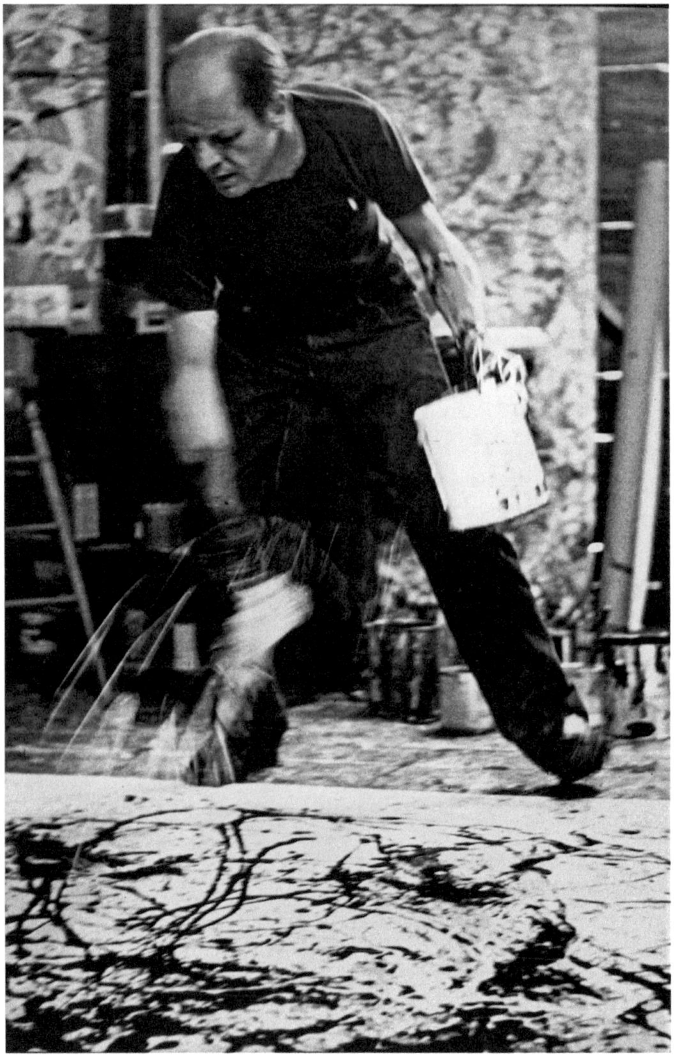

Abb. 9 | Detail aus Hans Namuth: *Jackson Pollock in his studio*, 1950, Fotografie, 37,6 × 35,1 cm, Washington D. C., Archives of American Art, Smithsonian Institution

zufriedenstellende Ergebnisse erzielte.[138] So seien die Unschärfen, an denen sich Namuth zuerst störte, unabsichtlich entstanden. Erst einige Monate später habe er die Lichtbilder vom Künstler in Aktion selbst als valide Fotografien anerkannt.[139]

Das Motiv des sich bewegenden Körpers ist in der Fotografie seit dem späten 19. Jahrhundert eingehend in einem wissenschaftlichen, fotohistorischen Kontext thematisiert worden und wurde durch die fotografischen Studien von Étienne-Jules Marey und Eadweard Muybridge erprobt.[140] Beide hatten sich der körperlichen Bewegung und den fototechnischen Möglichkeiten ihrer Analyse gewidmet. Während Muybridge in der Chronofotografie die Bewegung von Menschen und Tieren sequenzierte – also in einer Folge von hintereinander zu lesenden Bildtafeln, die jeweils einen Moment der Bewegung abbildeten –, konnte Marey dieses Prinzip der sequenzierten Bewegungsdarstellung auf ein Lichtbild, mithilfe von Mehrfachbelichtungen derselben Fotoplatte, kondensieren. Mit diesen beiden technischen Möglichkeiten hatte die Fotografie eine intuitiv verständliche Darstellungssystematik von körperlichen Bewegungen gewonnen, die sich fortan als Vorlagen in die fotografischen Formalisierungen von Bewegung und in nachfolgender Tanz- und Bewegungsfotografie einschrieben.

In dem analytisch-wissenschaftlichen Verständnis von Muybridge und Marey hatte die fotografische Unschärfe nach ihrem eigenen Verständnis von einer exakten Wissenschaft nichts verloren.[141] Diesem

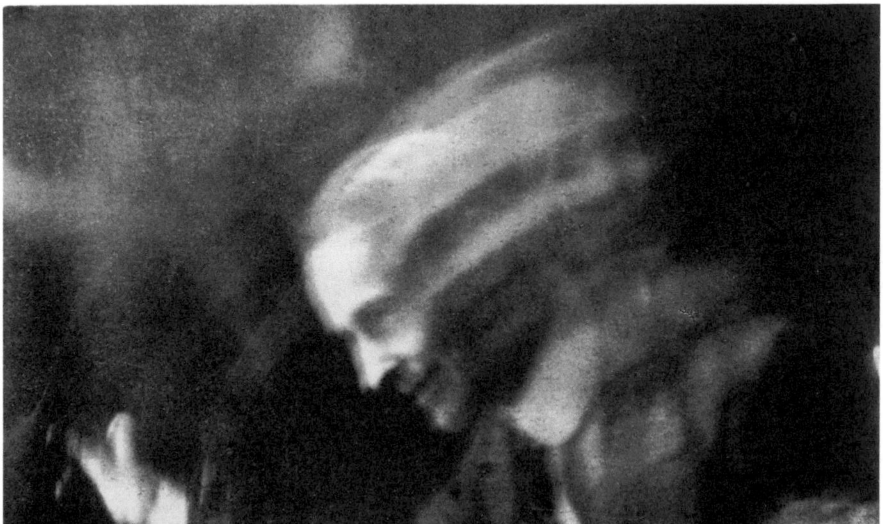

Abb. 10 | Antonio Giulio Bragaglia: *Salutando*, 1911, späterer, fotografischer Abzug, Collezione Galleria civica di Modena

Schärfeparadigma stellte sich der *Fotodynamismo* von Anton Giulio Bragaglia entgegen, der zwischen 1911 bis 1913 kurze, unabhängige Alltagsbewegungen fotografierte und dabei eine Belichtungszeit nutzte, die diese Bewegungen im Ganzen aufweisen sollte. Der dabei entstehende Effekt der sich auflösenden Körpergrenzen der Fotografierten, ihre unregelmäßigen Verdichtungen und die damit einhergehende Bewegungsunschärfe, wie in Bragaglias *Salutando* (Abb. 10) zu sehen, wurden als ästhetische Mittel genutzt, um aus der statischen Momentaufnahme und mit dem Leitmotiv des Futurismus – körperliche Bewegung – ein dynamisches Bild zu erzeugen.[142] Pollocks Körper in Bewegung und damit seinen Malprozess festzuhalten, war eine Strategie, derer sich Namuth zuerst unsicher war[143], obwohl Bewegungsverläufe und -unschärfe in der Fotografie bereits genutzt worden waren.

In diesem Kontext können auch die Fotografien von Namuth im fotoästhetischen Diskurs der Unschärfe positioniert werden. Namuths Fotos nicht ausschließlich als Dokumentationen von Pollock zu bewerten, forderte auch die Kunsthistorikerin Barbara Rose. Ebenso verwies Peter Kalb auf die künstlerischen Ansätze bei Namuth, bei seinen Studienkollegen Avedon und Penn sowie seinen Vorbildern Paul Strand und Edward Weston und argumentierte gegen O'Connor, der die Fotografien als Dokumentationen vereinnahmt. Übereinstimmend plädieren Kalb und Rose dafür, Namuths Fotografien vorwiegend als künstlerische Fotografie zu behandeln:

> Returning the photographs of Pollock to the history of photography reveals documents that, even under the pressure of cultural politics or personal and international identity, insist on their own partiality. […] Returned to the history of photography, we have photographs worthy of the abstract expressionist context that inspired them, not simply documents and evidence of the cultural politic of the Cold War.[144]

Die zugespitzte Frage, ob Namuths Bilder als reine Dokumentationen gelten können oder als künstlerische Fotografie verstanden werden müssen, bleibt folglich offen. Einerseits waren die Aufnahmen fotografisch so gestaltet, dass sie sich in einer Tradition künstlerischer Fotografie mit einer eigenen *partiality*, einer spezifischen Eigenheit, sehen lassen. Ein starker Perspektivwechsel von verschiedenen Ober- und Untersichten spielt damit, die Werke, die Pollock am Boden malte, und die fertigen Werke, die in den Fotografien an der Wand hingen, in ein Verhältnis zueinander zu setzten. Die horizontalen und vertikalen Ausrichtungen der Fotografie näherten sich spielerisch der Achsialität des Werkprozesses an. Pollocks horizontaler Werkprozess war eine Inspiration für Namuth, auf die er agil im Atelier reagierte. Durch die formale Gestaltung wurde ein Bezug zur Fotoästhetik der Neuen Sachlichkeit möglich. Die Bewegungsunschärfe, die auf einigen Fotografien zu sehen ist, nimmt wiederum Anleihen an Fotografien des Futurismus mit dem Fotodinamismo, die sich von dem analytisch-neutralen Fotografieparadigma abwandte. Das Ziel, die reine Bewegung als Metapher für das Leben nicht analytisch zu unterteilen, sondern als Gesamtheit einer Geste dazustellen, und seine foto-formale Umsetzung im Fotodinamismo ähnelten demjenigen Namuths.

Andererseits werden Namuths Bilder auch als Dokumentation nach dem Verständnis von Peter Weibel gebraucht, weil sie Informationen bereitstellten, mit denen legitime Rückschlüsse auf seine Werke gezogen werden konnten. Diese Perspektive nutzten Karmel und Rose. Diese Art des Zugangs erlaubt durch den Gebrauch der Fotografie als Dokument Einsichten in den Werkprozess Pollocks. Allerdings erfolgte auch hier der Zugang über die Reflexion bestehender Wahrnehmungsdispositive der Bewegungsfotografie nach Marey und Muybridge. Als prägnantes Beispiel lassen sich die Abbildungen entlang von Pepe Karmels Essay anführen. Während seiner Analyse des Werkprozesses von Pollock, die er unter Rückgriff auf die Fotografien Namuths ausführte, erläuterte Karmel, dass der Künstler verschiedene Werkphasen, von Karmel »campaigns of work«[145] genannt, nacheinander durchlief. In der Fotografie- und Film-Dokumentation zeige sich, dass Pollock fast immer mit mehr oder weniger gut erkennbaren Figurationen anfange, die er als Grundkomposition für seine darauffolgenden Farbgewebe nutzte. Durch die Analyse der Fotografien und Filme seien diese figürlichen Grundmuster erkennbar, die später in den Werken in dem »semiabstract, semirepresentational web«[146] kaum noch auszumachen seien.

Für seine Argumentation führte Karmel eine besondere technische Bearbeitung der Fotografien aus. Er fügte unterschiedliche Lichtbilder von Namuth, die einen Ausschnitt einer Leinwand zeigen, so zusammen, dass diese sich ergänzen und ein Komposit der Leinwand sichtbar wurde (Abb. 11). Damit gelang es Karmel, einen Einblick auf einen unabgeschlossenen Zwischenstatus eines Werks zu erhalten. Da die benutzen Fotografien aber aus unterschiedlichen Zeitpunkten des Malprozesses stammen und der Körper des Künstlers, der auf dieser Leinwandfläche arbeitet, mehrfach abgebildet ist, ist dieser Zwischenstaus fiktiv und in seiner Raum-Zeit-Konstruktion verdichtet und komplex. Karmel fügte folglich Zeitpunkte aus dem Ablauf von mehreren malereigenerierenden

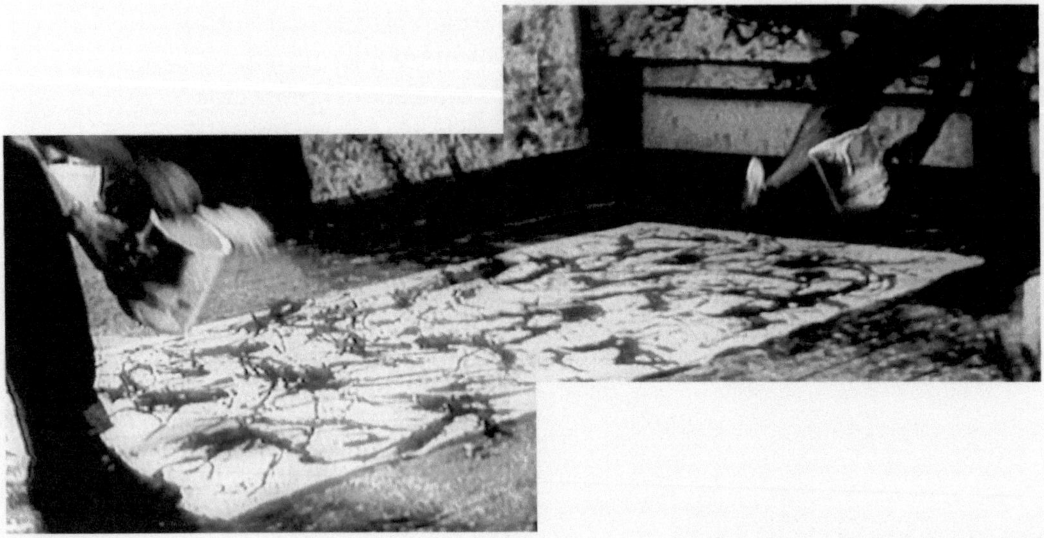

Abb. 11 | Abbildung 48 auf Seite 111 aus dem Beitrag von Pepe Karmel: Pollock at Work. The Films and Photographs of Hans Namuth, in: Kirk Varnedoe (Hrsg.): *Jackson Pollock*, Ausstellungskatalog New York, New York 1998, S. 87–137 mit dem Titel »Circling Number 27, 1950 (seen from the lower left corner) and throwing down splats of white paint. Film-frame composite.«

Bewegungen eines größeren Bewegungszusammenhangs in ein Kompositbild zusammen. Diese Kompositabbildung präsentierte er à la Marey, indem er mehrere Zeitpunkte eines Ablaufs in einer Darstellung zusammenfasste. Für eine andere Analyse stellte er Filmstills nebeneinander, um Detailbewegungen zu erfassen (Abb. 12). Anhand derer unterschied der Autor die unterschiedlichen Bewegungsmuster, die Pollock für die *campaigns of work* nutzte, wie beispielsweise das Auftragen von »blotches«[147] (Flecken, Klekse), mit denen der Maler die assoziativ-figurativen Elemente in ein Farbnetz auflöste. Diese Zusammenstellung von mehreren Bildtafeln nacheinander folgt Muybridges Bewegungsvisualisierung. Weder Muybridge noch Marey sind zwar von Karmel genannt worden, aber ihre bewegungsanalytischen Fotografieparadigmen werden immer noch als wissenschaftlichste Methode zur Bewegungsforschung, nun übertragen in die formanalytische Studie Karmels, fortgeführt.

Die Unterscheidung von Fotografien aus Pollocks Werkprozess in Dokument *oder* künstlerische Fotografie ist nicht möglich – sie sind beides zugleich. Die Funktionalisierung der Fotografie erfolgt durch den Anspruch, den jeweilige Betrachtende an die Fotografie herantragen.

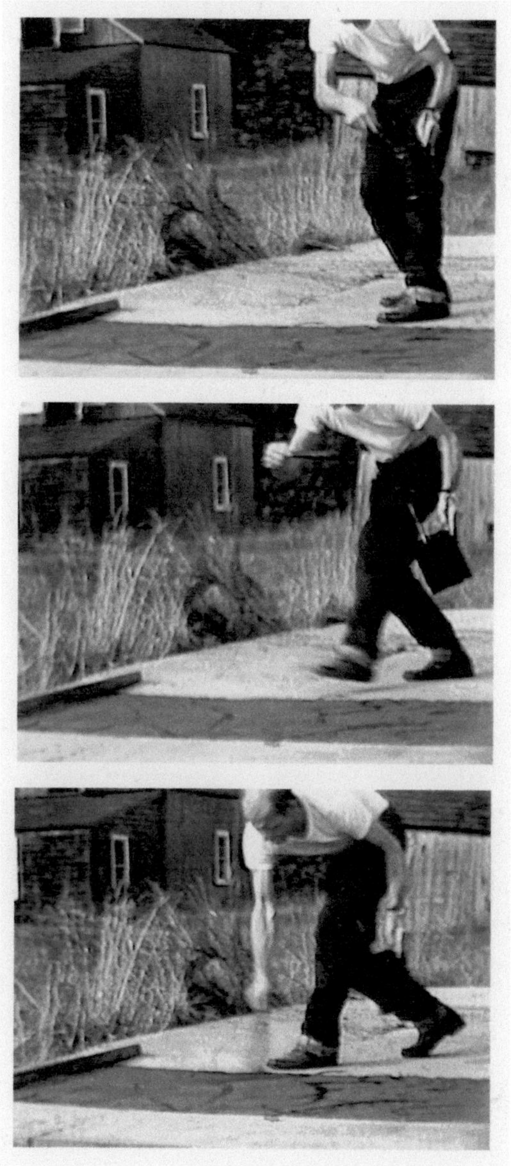

Abb. 12 | Abbildung 67–69 auf Seite 115 aus dem Beitrag von Pepe Karmel: Pollock at Work. The Films and Photographs of Hans Namuth, in: Kirk Varnedoe (Hrsg.): *Jackson Pollock*, Ausstellungskatalog New York, New York 1998, S. 87–137 mit dem Titel »Anatomy of a splat: Pollock snaps his hand downward, finishing with his palm down. Film frames.«

Während Karmel und O'Connor ihr Erkenntnisinteresse in ihren Texten verdeutlichten, indem sie aus den Fotografien und Filmen von Namuth Aspekte aus Pollocks Malereivorgang ableiten, forderten Rose und Kalb einen ikonografischen und historisch-kritischen Umgang mit diesen Medien. Denn ein zu bildglaubwürdiger Umgang mit diesen Fotografien und Filmen, um mit Weibel zu sprechen, habe eine falsche Narration entstehen lassen. Kalb weist nach, dass das in Goodnoughs Artikel angesprochene Werk *Number 4, 1950* nicht abgebildet wurde. Stattdessen sei *Autumn Rhythm: Number 31, 1950* zu sehen. Auch der Artikel beschrieb die Genese eines Werkes, das nicht eindeutig identifiziert werden könne, weil Goodnough für seinen Text aus seinen Eindrücken des Besuchs mit Burckhardt bei Pollock schrieb und auch das Bildmaterial von Namuth zur Erinnerung genutzt habe, auf denen verschiedene Werke, die im Entstehen waren, nicht eindeutig identifizierbar seien.[148] Obwohl die Fotografien und Filme mit ihrer historisch gewachsenen Bildglaubwürdigkeit so eindeutig erscheinen, überlassen sie dennoch viel Spielraum für mögliche Interpretationen. Die Aufnahmen von Pollocks Werkprozess können folglich nur mit einer ausreichenden historisch-kritischen Reflexion der Darstellung von Bewegung als Quellen einer Bewegungslektüre dienen, mit der man sich als unmittelbare*r Zeug*in des kreativen Aktes verstehen kann. Karmel hat die nicht ausreichende Reflexion als Ursache einer verfälschten Rezeption gesehen:

> Yet Namuth's photographs and films suggest a serious problem with what we might call the kinesthetic reading of Pollock's work – that is, the reading that sees Pollock's lines, splatters, as signs evoking not conventional images but the dancelike movements that created them. The problem is that the kinesthetic sensation evoked by a given mark is often the exact opposite of the movement that actually produced it. Constantly changing direction, Pollock's lines give a sense of rapid, unpremeditated motion. But the films suggest that they were drawn in a controlled, deliberate fashion, with a brush or stick held at a more or less constant distance above the canvas.[149]

Der Autor macht darauf aufmerksam, dass der Modus der Bewegungsdarstellung, die Übersetzung von Bewegung über das benutzte Material in die Malerei bei Pollock, in Fotografie und Film anders sei als in den Malereien selbst. Zentrifugalspritzer, Kleckse und verlaufende Tropfen erzeugen den Eindruck einer hohen Geschwindigkeit, die in der Werkgenese nicht unbedingt vorgelegen haben muss. Dieser Eindruck wird durch die Bewegungsunschärfe der Fotografien Namuths unterstützt. Die *action,* die Pollock auf der Leinwand sichtbar werden ließ, wirkt in der Rezeption bewegter und beschleunigter als sie im eigentlichen Herstellungsprozess war. Die Bewegungsunschärfe macht Bewegungsverläufe für das menschliche Auge sichtbar, die mit dem bloßen Auge nicht erkennbar wären. Die nicht messbare Dauer und Strecke der Bewegung werden aus Unkenntnis dieser Parameter als Geschwindigkeit wahrgenommen. Diese Eigenschaft der Aktion wurde vorwiegend über die Malerei und die Fotografien vermittelt, die auch in unterschiedlichen Ausstellungen zirkulierten, während die Filme, welche die weniger aktionsgeladene Ausübung der Malerei Pollocks offenbarten, kaum zirkulierten und auch in der Kritik von Ausstellungen, wo diese Filme gezeigt wurden, schlecht besprochen wurden.[150] Folglich muss zwischen medial vermittelter *action* und dem Aktionsvermögen im Herstellungsprozess mit agentialen Kontexten unterschieden werden.

Rekontextualisierung des Aktionsbegriffs in Rosenbergs action painting

Bei genauer Betrachtung der dokumentierenden, künstlerischen Fotografie und den Filmen aus der Hand von Hans Namuth stellte sich heraus, dass Pollocks Werkprozess eigentlich deutlich weniger mit den Assoziationen des Wortes *action* zu tun hat, als gemeinhin angenommen wurde. Wie mit dem Beispiel von O'Connor veranschaulicht wurde, wird die Mediatisierung von Bewegung übersteigert wahrgenommen und bei Pollock und weiteren Künstler*innen der gestischen Malerei häufig mit der sprachlichen Trope des Tanzes oder der Choreografie beschrieben. Diese Prägnanz von körperlicher Bewegung im Malprozess schien Künstler*innen, die als *action painter* bezeichnet wurden, durch ein malereitheoretisches Konzept zu verbinden. Dieses Konzept hat Rosenberg in seinem Essay *The American action painters* (1952) formuliert.[151] Weniger bekannt ist, dass es eine ähnliche Begriffsbildung für eine solche gestische Malerei, *peinture de l'action,* schon um 1946 durch den französischen Kunstkritiker Charles Estienne gegeben haben soll, auch wenn es zu dieser keine gesicherte Quelle gibt.[152] Action-Painting setzte sich als ungenau definiertes Konglomerat von unterschiedlichen künstlerischen Positionen und als Schlagwort durch: Schließlich wurde der Begriff auch für die japanischen Künstler*innen von *Gutai* benutzt und hatte sich ebenso für K. O. Götz, K. R. H. Sonderborg und Georges Mathieu etabliert.[153] Als historisch-formalistisches Entwicklungsmoment der gestischen Malerei wird nach dem Action-Painting teils auch von einem »post-action-painting«[154] gesprochen. So wird deutlich, dass Action-Painting zu einer Metonymie geworden ist. Weitreichende Facetten der ursprünglichen Bedeutung können mit Rosenberg erarbeitet werden, die dem schlagwortartigen Gebrauch des Begriffs entgegenstehen. Der Kritiker hatte sprachliche Ausdrücke gefunden, mit denen ein Teil einer malerischen Produktion so treffend beschreibbar war, dass seine Formulierungen einem Zeitgeist entsprachen und einzelne, künstlerische Positionen theoretisch mitbestimmte.

Die Begriffsbildungen von Michael Klant, *Malerei als Ereignis,* und von Jürgen Claus, *Malerei als Aktion,* hat auch in den Jahrzehnten nach 1950 die Erfolgsgeschichte von Action-Painting im deutschen Sprachraum nicht unterbrochen.[155] Dieser Begriff ist durch die breite Rezeption Rosenbergs in Frankreich wie in Deutschland der Filter geworden, durch den gestische Malerei nach 1952 wahrgenommen wurde. Während einerseits Kritik an Rosenbergs *action* durch eine angeblich Fixierung auf Biografik und Psychogrammatik laut wurde,[156] versuchen aktuellere Beiträge die *action* in ihren philosophischen Ursprungskontexten zu sehen, in denen die Handlungstheorie bei Rosenberg schon seit den 1930er-Jahren vorgefasst gewesen sei. Dieser philosophische Kontext wurde jedoch auf eine vereinfachte, marxistische Lektüre verkürzt, die wiederum eine breite Fehlrezeption von Rosenbergs *action* bedingt habe.[157]

Die Begriffs- und Bedeutungsgeschichte von Action-Painting verkomplizierte auch dadurch, dass Künstler wie Max Ernst und Georges Mathieu Argumente anführten, die sie als die ersten oder früheren Verwender der *drip*-Technik bestätigen sollten.[158] Auch wenn keinesfalls die *drip*-Technik und das Action-Painting gleichgesetzt werden können, bedingen sie sich doch auf gewisse Art und Weise einander, da die bekanntesten Anwendungen der *drip*-Technik als Action-Painting bezeichnet wurden. Dass Künstler*innen im Nachhinein versuchen, sich als die ersten Anwender*innen einer malerischen Technik und Konzeption, die nicht eindeutig definiert sind, auszuweisen, zeigt einerseits, dass das Action-Painting von diesen nicht nur als malerische Technik, sondern als erstrebenswerte, malerische Position und damit als historisch situiertes Konzept in der Malereigeschichte verstanden wurde. Andererseits offenbart dieses Vorgehen, wie wichtig ein (Teil-)Anspruch auf die künstlerische Urheberschaft dieser Konzeption erschien, um damit die eigene Kunst zu profilieren.

Tatsächlich erwähnt Rosenbergs Essay keine Künstler*innen namentlich. Rose vermutete, dass der Text fast ausschließlich in Gedanken an Namuths Fotografien von Pollock geschrieben worden sei.[159] Folglich wären Übertragungen von Rosenbergs Action-Painting auch nur auf Pollock, oder mit möglichen Ungenauigkeiten auch auf andere Künstler*innen, anwendbar. Christa Noel Robbins sah dahingegen Arshile Gorky als das Paradebeispiel Rosenbergs:

> Rosenberg's reading of Gorky is crucial to the critic's concept of ›action painting‹, for it demonstrates the phrase to be less descriptive of the labour-inflected processes of making a painting, as it is in de Kooning's plastic automatism, than it is of the processes by which an artistic identity is formed within a pre-existing social context, which necessarily extends beyond the painting as a material object.[160]

Sie las in Rosenbergs Artikel darüber hinaus auch mehr als eine prozessorientierte Handlungsbeschreibung Pollocks Malerei im Action-Painting, nämlich einen Teil einer philosophischen Verhandlung von subjektiver Agentialiät in einem das Subjekt umfassenden, unpersönlichen System. Schließlich seien durch die Vereinnahmungen nicht nur von Künstler*innen sondern auch von Kunsthistoriker*innen über die Jahrzehnte in der Rezeption des Begriffs einige Aspekte, die Rosenberg postuliert hatte, abhandengekommen.[161] Dieser hatte die Aktion/Handlung in einen gesellschaftstheoretischen Kontext, den er außerhalb einer kunstkritischen oder ästhetischen Annäherung durch Kunst- und Bildgeschichte sah, gestellt. Rosenberg führte das, was er mit der »action« meint, an mehreren Stellen aus. Meist wird jedoch im Rekurs darauf nur auf die bekannteste verwiesen:

> At a certain moment the canvas began to appear to one American painter after another as an arena in which to act rather than as a space in which to reproduce, re-design, analyze or ›express‹ an object, actual or imagined. What was to go on the canvas was not a picture but an event.[162]

Das Verb *to act* klingt im Kontext von *arena* und *event* nach einer weit gefassten Idee von Handlung, Aktion oder Bewegungen. Die *arena*, die in seinem Essay nur zweimal genannt wird, wurde zum Fokalisationspunkt späterer Auseinandersetzungen mit Rosenbergs Text.[163] Dieser spezifizierte sein Leitmotiv jedoch, denn der Akt der Malerei könne nicht vom Künstler (oder einer Künstlerin) getrennt werden und sei psychobiografisch konstruiert. Durch Handlungen, die sich auf der Leinwand niederschlagen, gestalten Künstler*innen einen selbstnarrativen, privaten Mythos:

> The tension of the private myth is the content of every painting of this vanguard. The act on the canvas springs from an attempt to resurrect the saving moment in his ›story‹ when the painter first felt himself released from Value – myth of past self-recognition. Or it attempts to initiate a new moment in which the painter

> will realize his total personality – myth of future self-recognition. Some formulate their myth verbally and connect individual works with its episodes. With others, usually deeper, the painting itself is the exclusive formulation, it is a Sign.[164]

Die Handlung, die im Action-Painting vollzogen wird, ist also immer durch einen selbstoffenbarenden Charakter bestimmt und individuell. In diesem Ansatz Rosenbergs schreibe sich, nach Robert Slifkin, eine marxistisch-existentialistisch gefärbte Denkweise von Kreativität ein, da Agentialität in der Malerei als politischer Handlungsraum verstanden werden könne. Laut Slifkin kannte Rosenberg Jean-Paul Sartre, sei von dessen Existenzialismus beeinflusst gewesen und sehe in der Aktion auch einen Moment der Individuation.[165] Rosenbergs Theorie von der Handlungsfähigkeit des Menschen und deren Übertragung aus einer gesellschaftlich-politischen Sphäre in die der Malerei habe sich aber bereits in seinen frühen Schriften angedeutet. Nach Slifkin und Robbins gehe es Rosenberg nicht nur um physische Aktion, sondern auch um Identitätsbildung qua Handlung/Aktion. Der Akt des Action-Paintings erlaube den Künstler*innen einen Dialog mit der Leinwand einzugehen, der jeweils außerhalb des Maßstabs kunstkritischer und -geschichtlicher Traditionen liege. Nur durch die Befreiung von den alten Werten der Malerei können sich Künstler*innen selbst verwirklichen.

So forderte Rosenberg von den Betrachtenden ein neues Vokabular für das Action-Painting: »Since the painter has become an actor, the spectator has to think in a vocabulary of action: its inception, duration, direction – psychic state, concentration and relaxation of the will, passivity, alert waiting.«[166] Beginn, Dauer, Gerichtetheit und auch der psychische Zustand der Handelnden seien Maßstäbe, um diese Aktionen zu untersuchen. Schließlich wählte Rosenberg auch ein Vokabular, das jenseits der Kunstkritik lag. *To act* war in dieser Hinsicht nicht nur das Verb, um eine Handlung zu vollziehen, sondern auch ein Hinweis darauf, dass der Künstler eine Rolle einnehme:

> With traditional aesthetic references discarded as irrelevant, what gives the canvas its meaning is not psychological data but *role*, the way the artist organizes his emotional and intellectual energy as if he were in a living situation. The interest lies in the kind of act taking place in the four-sided arena, a dramatic interest.[167]

Der dramatische Rollenbegriff sowie die dialogische Konzeption von Künstler*innen und Leinwand zeigen, dass *action* bei Rosenberg nicht zuerst als ein variierbares, frenetisches, wildes oder anders geartetes Bewegungsmuster gemeint war, sondern vor allem als eine psychisch-individuelle Befragung des Selbst von Künstler*innen, die ihre eigenen Selbstnarrationen mit den Materialien der Malerei ausspielten. Rosenberg wählt die Sprache des Dramas, um die *action* des Action-Paintings zu konturieren. Dennoch musste er das Action-Painting mit aktuellen Tendenzen und Traditionen der Malerei verbinden, um es nicht als bloße Handlungstheorie, sondern auch als spezifisch anwendbar für Malerei auszuweisen. Dies gelang ihm über seine Diskussion von Nicht-Figuration in der Malerei:

> The new American painting is not 'pure art,‹ since the extrusion of the object was not for the sake of the aesthetic. The apples weren't brushed off the table in order to make room for perfect relations of space and color. They had to go so that nothing would get in the way of the act of painting.[168]

Das *new American painting* sei nicht länger der Ästhetik unterworfen. Die Gegenständlichkeit oder Motivik wurden nicht aufgeben, um Harmonien von Formen und Farbe Platz zu machen. Zusätzlich sei das Action-Painting nur noch Malerei, weil malerische Materialien verwendet wurden: »The painter no longer approached his easel with an image in his mind; he went up to it with material in his hand to do something to that other piece of material in front of him. The image would be the result of this encounter.«[169] Die Gegenstandslosigkeit wurde bei Rosenberg als Anschlussstelle für neue Wertmaßstäbe in der Malerei, die eigentlich außerhalb dieser Gattung stehen, gesehen, weshalb die Materialität einer der letzten Verknüpfungspunkte des Action-Paintings mit Malerei blieb.

Manche Künstler*innen hätten sich dennoch auf die von Kunstkritiker*innen nahegelegten ästhetischen Theoreme eingelassen, die die Nicht-Figuration und Emphase der Aktion als ein kunstimmanentes Phänomen betrachteten, und kompromittierten damit ihre Malerei. Wenn die *action* kunstimmanent und nicht in einem psycho-individuellen Aushandlungsdiskurs gesehen werde, schließe sich der Handlungsbegriff wieder an die von Rosenberg verschmähte konventionelle Bildästhetik an. Rosenberg kritisiert dies: »If the picture is an act, it cannot be justified *as an act of genius* in a field whose whole measuring apparatus has been sent to the devil. Its value must be found apart from art. Otherwise the ›act‹ gets to be ›making a painting‹ at sufficient speed to meet an exhibition date.«[170] Ein Ereignis auf die Leinwand zu bringen, bedeute daher, die Leinwand von allen bisherigen Traditionen befreit zu sehen. Die gesamten wahrnehmungstheoretischen »bureaucracies of Modern Art«[171], veraltete Werte der Ästhetik, die Rosenberg ausmacht, konnten kein Maßstab mehr dafür sein. Stattdessen erklärte er diese Malerei mit einem dramatischen und psychologischen Rollenbegriff. Demnach nahmen die Künstler*innen selbst keine ästhetischen Positionen mehr ein, sondern beschritten die Malerei als Experimentierfeld einer Selbstbefragung. Für diese Betonung einer Lesart der abstrakten Zeichen als biografisches Selbstzeugnis wurde Rosenberg später kritisiert, da damit Künstler*innen auf eine naive Weise wieder als romantisch-bourgeoise Schöpferinnen eingeführt wurde.[172] Das hier eher ein Missverständnis vorliege, schlüsselt Robbins auf, denn Rosenberg sehe die »individuality of action« immer in einem Bezugsfeld zu einem unpersönlichen, größeren System, einer »sociality of form«.[173]

Dieses größere Bezugsfeld implizierte Rosenberg mit einem Geschichts- und Gesellschaftsbild. Durch die Argumentation für eine von Traditionen befreite Malerei und die Betonung von individueller Kreativität in den jeweiligen Aushandlungen der Künstler*innen positionierte er sich auch deutlich gegen das teleologische Geschichtsbild von Clement Greenberg. In diesem führten Künstler*innen eine Entwicklungslinie aus der Vergangenheit fort und sobald diese – wie beispielsweise Pollock durch seine Rückkehr zur deutlichen Figuration um 1951 – nicht mehr in das Schema dieses Fortgangs passten, habe Greenberg nicht mehr gewusst, wie diese Wandlungen einzuordnen waren.[174] An Greenbergs fortschrittsorientiertem Schematismus kritisiert Richard Lizza, dass dieser mehr in die Vergangenheiten blicken lasse, als dass damit durch aktuelle, malerische Positionen eine zeitgemäße und relevante Bildproduktion erläutert werden könne, wie Rosenberg dies aufzeigte.[175] Zudem wurde dieses größere Bezugsfeld zu Beginn von *The American action painters* abgesteckt; dieses sei der Umgang mit der europäischen, abstrakten Malereigeschichte. Wie *action painter* mit dieser Geschichte umgingen, konnten sie nur durch Aushandlungen ihrer eigenen Malerei veräußerlichen. Darin habe Rosenberg laut Robbins eine Funktion dieser neuen Malerei gesehen:

> Rosenberg termed that function ›action painting‹ and while he located US painters' innovative contribution to an international modernist movement in the new function, he clearly understood it to have taken from within the contest of this pre-existing, traditional structure. Rosenberg characterised action painting, then, not as a break, but as a novel engagement with the past.[176]

Rosenberg erklärte diese neuen Produktionen und den Umgang mit der Vergangenheit durch Bezüge zur europäischen, abstrakten Kunst sowie durch einen Rückgriff auf Topoi des Dramas. und gewährte. Mit seinem Konzept gewährte er eine Anschlussfähigkeit an neue Kontexte, da er Maßstäbe außerhalb der Kunst(-geschichte) zu finden suchte. Damit öffnete er den spezifischen Bildbegriff des Action-Paintings für einen dramenanalytischen und literarischen Hintergrund, der in seinen Ausführungen implizit zum Vorschein kam. In dieser Hinsicht sei es möglich die Malereien des Action-Paintings in einem größeren Kontext von theatraler Performance und Literarizität zu sehen.[177] Die Verwendung von solchen Denkmustern und Rollenaushandlungen zur Verdeutlichung von Rosenbergs Ansatz ist auch in der aktuellen Forschung evident und als Besonderheit und Leistung Rosenbergs ausgewiesen worden.[178] Das Action-Painting beherbergte in sich folglich einen transdisziplinären Aspekt, da Malerei im Kontext von Aktion und Handlungstheorie gesehen wurde.

Nach 1952 wurde der Begriff Action-Painting prägend für die gestische Abstraktion der Nachkriegszeit. Allerdings wurde er auf einen gestischen Formalismus reduziert, sodass Rosenbergs eigentlich implizierte Rollen- und Individuationsthematik der Semantik verloren gegangen war. So konnte die *action* als formalistischer Ansatz begriffen werden, obwohl sie eigentlich in handlungstheoretischer Hinsicht in Einzelfällen bei Künstler*innen untersucht werden müsste. Dass die Aktionen von Künstler*innen nicht in ein einziges, definiertes Konzept überführbar seien, sondern zuerst als kritische Theorie verstanden werden sollten, kann mit Rosenbergs Bedenken einer Definition über die Künstler*innen verstanden werden, die er zu Beginn seines Essays formuliert:

> What makes any definition of a movement in art dubious is that it never fits the deepest artists in the movement – certainly not as well as, if successful, it does the others. Yet without the definition something essential in those best is bound to be missed. The attempt to define is like a game in which you cannot possibly reach the goal from the starting point but can only close in on it by picking up each time from where the last play landed.[179]

Einer Definition, die auf mehrere Künstler*innen passen würde, unterstellte Rosenberg eine summarische oder generalisierende Sprache, die Einzelheiten verkenne. Daher plädierte der Kritiker implizit für eine mikrogeschichtliche Auseinandersetzung mit Künstler*innen, während Greenberg umgekehrt aus einer makrogeschichtlichen Perspektive versuchte, Künstler*innen seiner Zeit in einer formalistischen Entwicklung zu historisieren. Dieser Unterschied zeigt sich an Rosenbergs Ablehnung einer Idee von Malerei als Schule, bei der die sprachlichen Annäherungen von kunstkritischer, -historischer und ästhetischer Seite immer eine Verengung auf die Traditionen darstellten: »A school is the result of the linkage of practice with terminology – different paintings are affected by the same words.«[180] Das Action-Painting könne daher nicht einer künstlerischen Schule gleichkommen, die mit einer festgelegten Terminologie mehrere künstlerische Positionen vereine.[181]

Die Verschiebung von Rosenbergs Aktionsbegriff aus einem dramatischen und handlungstheoretischen Kontext hin zu einer athletisch-physischen Aktion auf der Leinwand führt vor Augen, dass mit Action-Painting zumindest bei Pollock auf die fotografisch und malerisch mediatisierte Bewegung rekurriert wurde. So wurde Action-Painting darauf reduziert, was das Bild visuell ausmache – nämlich physische oder körperliche Aktion. Dann funktioniere das Begriffspaar Action-Painting als sprachlicher Dualismus zur aufkommenden Performancekunst oder dem Happening.[182] Werden Rosenbergs Begriff und die von ihm zugewiesenen Bedeutungskontexte berücksichtigt, müssen Taten und Handlungen, die eine Malerei ohne ästhetische Tradition generieren sollen, genauer untersucht werden. Bewegungsmuster und Bewegungsmaterial, die sich in den Bildern des Action-Paintings stabilisieren, deren Tradierungsprozesse und darüber hinaus auch deren Wirken auf Betrachtende, sind Aspekte, die diese genauere Bedeutung von Action-Painting anspricht.

Auch wenn die Handlung oder die Aktion mit Farbe auf der Leinwand in vielen Werken im Vordergrund stand, wurden diese nicht nur durch ihre Gegenstandslosigkeit oder Körperlichkeit von einem engeren Malereibegriff gelöst, sondern auch durch ihre intendierte Wandhängung wieder in einen traditionelleren Malereibegriff überführt. Mary McCarthy bemerkte dies als Widerspruch in Rosenbergs Theorie: »The truth is, you cannot hang an event on the wall, only a picture, which may be found to be beautiful or ugly, depending, alas, on your taste.«[183] Der ikonoklastische Akt des Action-Paintings, auch wenn er von Rosenberg außerhalb jeder malerisch-ästhetischen Konvention gesehen werden solle, verwies durch die Materialität und Ausstellungsdisposition an der Wand wieder auf traditionelle Paradigmen bisheriger Malerei. Hier soll nun dafür plädiert werden, dass Action-Painting durch eine transdisziplinäre Medialität, einen ikonoklastischen Charakter im Schaffensakt, dennoch als an die Wand gehängte Aufzeichnung vergangener Ereignisse denkbar und somit wesentlich von einem notationellen Aspekt geprägt ist. Unterschieden werden kann die körperliche Bewegung, die das Bild im Zusammenspiel mit den Materialien generiert hat, und die dahinterstehende Geste, im Sinne des Zuschusses an Bedeutung – oder mit Roland Barthes Worten: dem Supplement – zu dieser körperlichen Bewegung.[184] Die körperliche Bewegung ist dabei malereigenerierend, während der damit verbundenen Geste der ikonoklastische Charakter zukommt.

1 Antoine Arène [Antonius Arena]: Provincialis de bragardissima villa de Soleriis, ad suos compagnones studiantes, qui sunt de persona friantes, bassas dansas in gallanti stilo bisognatas et de novo per ipsum correctas et joliter augmentalas: cum guerra Romana totum ad longum sine require, et cum guerra Neapolitana et cum revolta Gennuensi et guerra Avenionensi, et epistola ad falotissimam garsam, pro passando lo tempus alegramentum mandat, o.O. 1538, https://gallica.bnf.fr/ark:/12148/bpt6k71525c [22.6.2022].

2 Thoinot Arbeau: Orchesographie. Et traicte en forme de dialogue, par lequel toutes personnes peuvent facilement apprendre & practiquer l'honneste exercice des dances. Par Thoinot Arbeau demeurant a Lengres, o.O. 1589, https://gallica.bnf.fr/ark:/12148/btv1b8610761x [22.6.2022].

3 Eine Liste mit weiteren Notationsschriften befindet sich im Appendix Forschungsdaten, https://doi.org/10.11588/DATA/DULHAR.

4 Im folgenden Text wird der Titel *Chorégraphie* genannt. Raoul Auger Feuillet: Chorégraphie, ou L'art de décrire la dance par caractères, figures et signes démonstratifs, Paris 1700, https://gallica.bnf.fr/ark:/12148/btv1b86232407 [12.1.2022].

5 Feuillet greift für sein Werk auf Forschungen von Pierre Beauchamp zurück, weshalb heute die Notation als Feuillet-Beauchamp-Notation bezeichnet wird. Feuillet nennt Beauchamp in seiner Publikation jedoch nicht. Zudem erwähnt Claudia Jeschke André Lorins Tanzaufzeichnungen im Zusammenhang mit Feuillets *Chorégraphie*. Feuillet scheint als erster diesen Ansatz der Notation publiziert zu haben, ohne die Vorarbeiten der anderen Notationstheoretiker zu erwähnen, und geriet dadurch unter anderem in einen gerichtlichen Streit mit Beauchamp. Siehe Claudia Jeschke: Tanzschriften, ihre Geschichte und Methode. Die illustrierte Darstellung eines Phänomens von den Anfängen bis zur Gegenwart, Bad Reichenhall 1983, S. 73–75.

6 Frühere Beispiele gibt es in Italien und Spanien ab dem 15. Jahrhundert wie zum Beispiel Domenico da Piacenzas *De arte saltandi et choreas ducendi* (ca. 1445) oder *Fabritio Caroso Nobilità di Dame* (1600), siehe Mónica Alarcón: Die Ordnung des Leibes. Eine tanzphilosophische Betrachtung, Würzburg 2009, S. 70/71 und Nicole Haitzinger: Vergessene Traktate. Archive der Erinnerung. Zu Wirkungskonzepten im Tanz von der Renaissance bis zum Ende des 18. Jahrhunderts, München 2009, S. 92.

7 Vgl. Susan Leigh Foster: Inventories and Taxonomies. Arbeau, Feuillet, and the Project of Dance Notation, in: Gabriele Brandstetter (Hrsg.): Notationen und choreographisches Denken, Freiburg i. Br. 2009, S. 237–254, hier S. 237.

8 Feuillet 1700, S. 33/34. Eine deutsche Übersetzung von Feuillets Traktat wird 1717 von Gottfried Taubert publiziert, siehe Gottfried Taubert: Rechtschaffener Tantzmeister oder gründliche Erklärung der französischen Tantz-Kunst, Leipzig/München 1976 [Nachdruck der Ausgabe von 1717, zweites Buch], S. 830/831: »Da muß man wissen, daß ein jedes Blatt, darauf der Tanz verzeichnet ist, den Saal représentitiret, darauf getanzet wird: Die IV. Seiten des Blattes geben die IV. Seiten des Saales, verstehe, die obere Seite des Blattes bedeutet die oberste Seite des Saales: Also auch die rechte Seite des Blattes bedeutet die rechte Seite des Saals, und die lincke Seite auf dem Blatte die lincke Seite des Saals gleichwie aus der Figur num. 215 zu sehen ist, darauf A B C D den Saal bedeuten E F G H aber das Blatt: Und also deutet E F die oberste Seite des Blattes an, gleichwie A B die oberste Seite des Saals; G H bedeuten den untersten Theil des Blattes, und CD den untersten Thiel des Saals. F H bezeichnet die rechte Seite des Blattes, B D die rechte Seite des Saals: Und endlich zeiget E G die lincke Seite des Blattes, und A C die lincke Seite des Saals. Num. 215. Wie eine jedwede Choreographische Karte, oder Blatt, darauf ein Tanz mit Characteren verzeichnet ist, den Tanz-Platz repräsentiret. Nun ist zu mercken, daß der oberste Theil des Buches allemal gerade gegen den obersten Theil des Saals gekehret werden muß; so ist auch die Mensur und Proportion davon beym Tanze wol in Acht zu nehmen, man mag sich wenden müssen, oder nicht, so darff es nicht aus seiner Situation und Stellung komen, gleichwie durch die angewiesene Figur erwiesen worden ist.«

9 Diese Definition von agentialen Kontexten wird auch in den folgenden Kapiteln der vorliegenden Arbeit genutzt.

10 Für eine ausführlichere Diskussion hierzu siehe das Kapitel »Der Bildgrund als Gegenüber und als Bodenfläche« in der vorliegenden Arbeit sowie Toni Hildebrandt: Entwurf und Entgrenzung. Kontradispositive der Zeichnung 1955–1975, Paderborn 2017, S. 94.

11 Stefan Apostolou-Hölscher: Vermögende Körper. Zeitgenössischer Tanz zwischen Ästhetik und Biopolitik, Bielefeld 2015, S. 112.

12 Wie die Leinwand als (athletisches) Aktionsfeld von kunsttheoretischer Seite verstanden wurde, jedoch ohne Rekurs auf historische Bewegungsnotationen, erläutert auch Christiane Hille: Matthew Barney – *vir*

heroicus sublimis. Einleitung zum Begriff einer künstlerischen Athletik, in: dies./Julia Stenzel (Hrsg.): Cremaster Anatomies. Beiträge zu Matthew Barneys Cremaster Cycle aus den Wissenschaften von Kunst, Theater und Literatur, Bielefeld 2014, S. 17–56.

13 Erstmals publiziert 1760 in Paris, danach mehrfach in jeweils den Städten, in denen er am Theater arbeitete: Lyon, Stuttgart, Wien, Venedig und London. Jean Georges Noverre: Lettres sur la danse, et sur les ballets, Lyon 1760, https://gallica.bnf.fr/ark:/12148/bpt6k108204h [22. 8. 2023]. Vgl. zur Publikationsgeschichte Sibylle Dahms: Der konservative Revolutionär. Jean Georges Noverre und die Ballettreform des 18. Jahrhunderts, München 2010, S. 72–79.

14 In der englischen Tanzforschung hat sich durch eine ungenaue Übersetzung die Phrase *ballet d'action* etabliert. Hier wird hier der Begriff des Originaltexts *ballet en action* bevorzugt, der genauer die von Noverre gemeinte enge, programmatische Verknüpfung von Handlung und Ballett meint und nicht auf eine schematische Gattung des Tanzes im 18. Jahrhundert (etwa *Handlungsballett*) reduziert werden kann. Vgl. Dahms 2010, S. 77.

15 Claudia Jeschke: Zur Theorie der Körperbewegung in der zweiten Hälfte des 18. Jahrhunderts, in: Vera Grund/Claire Genewein/Hans Georg Nicklaus (Hrsg.): Naturalezza – Simplicité. Natürlichkeit im Musiktheater, Bielefeld 2019, S. 139–151, hier S. 142. Im Folgenden Jeschke 2019a.

16 Jeschke 2019a, S. 148.

17 Vgl. den Aufsatz von Linda Dalrymple Henderson: Die moderne Kunst und das Unsichtbare. Die verborgenen Wellen und Dimensionen des Okkultismus und der Wissenschaften, in: Veit Loers/Pia Witzmann (Hrsg.): Okkultismus und Avantgarde. Von Munch bis Mondrian 1900–1915, Ausstellungskatalog Frankfurt/M., Ostfildern 1995, S. 13–31. In weiteren Aufsätzen des Katalogs wird das Okkulte als Leitthema im Schaffen mehrerer Künstler*innen und auch Tänzer*innen dekliniert. Siehe auch Sixten Ringbom: The Sounding Cosmos. A Study in the Spiritualism of Kandinsky and the Genesis of Abstract Painting, Stockholm 2022.

18 Noverre 1760, S. 1.

19 Siehe den Diskurs der Künstler*innen und in der Kunstkritik über die *abstraction chaude* und *froide* bei Harriet Weber-Schäfer: Die Kontroverse um Abstraktion und Figuration in der französischen Malerei nach 1945, Köln 2001, S. 160–170.

20 Noverre 1760, S. 2. Eine von Ralf Stabel an moderne Sprache angepasste Übersetzung von Gotthold Ephraim Lessing und Joachim Christoph Bode befindet sich in Jean Georges Noverre/Rolf Stabel (Hrsg.): Briefe über die Tanzkunst, Leipzig 2010, S. 15: »Ein Ballett ist sozusagen ein Gemälde: Die Bühne ist die Leinwand, die mechanisch-technischen Bewegungen der Tänzer sind die Farben, ihre Mimik ist, wenn ich mich so ausdrücken darf, der Pinsel. Die Verknüpfung und Lebhaftigkeit der Szenen, die Wahl der Musik, das Bühnenbild und das Kostüm machen das Kolorit aus. Und der Choreograph ist der Maler.«

21 Dahms 2010, S. 74: »Es ist dies ein in unterschiedlichen Varianten in dieser Schrift immer wiederkehrender Gedanke. Dabei ging es Noverre allerdings eher um das Erscheinungsbild und die Wirkungsweise und weniger um den Produktionsprozess seiner Arbeiten.«

22 Pierre Tugal: Jean-Georges Noverre. Der grosse Reformator des Balletts, Berlin 1959, S. 74, 78.

23 Eine Analyse des Werkprozesses en détail zum Schlachtenbild *Bataille de Bouvines* (1954) erfolgt im Kapitel »Inszenierung des Malprozesses« in dieser Arbeit.

24 Noverre 1760, S. 6/7. Noverre/Stabel 2010, S. 17: »Die Choreografen sollten einfach die Meisterstücke der großen Maler zu Rate ziehen. Die Erforschung dieser würde sie zweifellos der Natur näherbringen. Sie würden vor allem das Symmetrische in den Figuren vermeiden lernen, das dasselbe Motiv nur vervielfältigt und dadurch sozusagen auf einer Leinwand zwei ähnliche Gemälde zeigt.«

25 Nele Lipp: Tanz + Bildende Kunst. Aspekte der Wechselbeziehung, Oberhausen 2015, S. 41.

26 Isabelle de Visscher-Lemaître: La peinture qui tombe, in: Bulletin de la Classe des Arts 21 (2010), S. 141–168, hier S. 162.

27 Wörtlich heißt es bei Yves Klein: »Déjà autrefois, j'avais refusé le pinceau, trop psychologique, pour peindre avec le rouleau, plus anonyme, et ainsi tâcher de créer une ›distance‹, tout au moins intellectuelle, constante, entre la toile et moi, pendant l'exécution … Cette fois, oh miracle, de nouveau le pinceau, mais vivant cette fois, revenait: c'était la chair elle-même qui appliquait la couleur au support sous ma direction, avec une précision parfaite, me permettant, moi, de rester constamment à la distance ›x‹ exacte de ma toile et ainsi dominer ma création d'une manière permanente pendant toute l'exécution.« Yves Klein: Yves le monochrome 1960. Le vrai devient réalité, in: ders.: Yves *Klein. Le dépassement de la problématique de l'art et autres écrits*, Paris 2003, S. 283.

28 Matthias Koddenberg: Das grösste Studio

der Welt, in: ders. (Hrsg.): Yves Klein. in/out studio, Dortmund 2016, S. I–VI, hier S. II.

29 Alan Kaprow: The Legacy of Jackson Pollock, in: ders.: Essays on the Blurring of Art and Life, Berkeley/Los Angeles/London 1993, S. 1–9, hier S. 9. Erstmals publiziert Kaprow diesen Essay in der Zeitschrift ARTnews im Jahr 1958.

30 Vgl. Nikolaus Pevsner: Die Geschichte der Kunstakademien, München 1986, S. 187–235, insbesondere Kapitel 5 sowie Marina Linares: Kunst an der Grenze: Grenzgänger der Kunst – Grenzgänge in die Kunst, in: kunsttexte.de, 1. 3. 2010, S. 1–16, hier S. 3/4, https://doi.org/10.18452/7433.

31 Bei der Eröffnung ihrer Schule wurde Mary Wigman von Hanya Holm unterstützt. Die Schule öffnete ihre Türen 1931 in der Steinway Hall, 113 West 57th Street, Manhattan; vgl. Claudia Gitelman (Hrsg.): Liebe Hanya. Mary Wigman's Letters to Hanya Holm, Madison 2003, S. 22 sowie zur Übereinkunft zwischen Wigman und Holm als Direktorin, S. 17/18.

32 Neben der Mary Wigman School New York City eröffnete 1920 eine Wigman-Schule in Dresden, 1945 eine in Leipzig und 1949 zudem das Mary-Wigman-Studio in Berlin. Vera Maletic zeichnet die Gründungsgeschichte der Laban-Schule nach; vgl. Vera Maletic: Body – Space – Expression. The Development of Rudolf Laban's Movement and Dance Concepts, Berlin/New York 1987. Gründungen von Laban-Schulen/Instituten: in München 1910 (Maletic 1987, S. 6), Sommerkurse School for the Arts auf dem Monte Verità ab 1915, Tanzkurse in Zürich/Aktivitäten in der Dada-Gruppe (Maletic 1987, S. 9), Tanzbühne Laban in Stuttgart 1920 (Co-Direktion mit Dussia Bereska, Maletic 1987, S. 9), Kammertanzbühne Laban in Hamburg 1923, Direktion Dussia Bereska (Maletic 1987, S. 9), Zentralschule Laban in Hamburg 1923 (Maletic 1987, S. 14), Choreographic Insitute Laban 1926 in Würzburg, 1927 Umzug nach Berlin, 1929 Zusammenschluss mit der Tanzabteilung der Folkwangschule Essen. Diese wird danach unbenannt in Tanz-Schule Jooss – Zentralschule Laban, die durch den Aufstieg des Nationalsozialismus 1934 nach Dartington Hall, England, transferiert wird (Maletic 1987, S. 17/18). Maletic schreibt: »Besides major schools – either under Labans's direction or in close collaboration with him – many other Laban schools and movement choir centers were formed throughout central Europe during the period between the two world wars. As of 1927, there were at least 28 accredited Laban schools founded in Germany, Czechoslovakia, and Switzerland.« Maletic 1987, S. 19. Weitere Zweige entstehen in Stuttgart, Cannstadt, Lübeck und Gleschendorf und zeigen, dass sich die Bewegungsschule nicht nur an das Publikum aus Großstädten richtete, sondern auch Nachfrage aus ländlicheren Regionen erhielt. In den 1930er-Jahren finden Sommerkurse in Bayreuth und Mandelieu bei Cannes statt. Hanya Holm, die der Tanzgruppe Wigmans in Deutschland angehörte, übernahm 1936 Wigmans Schule in New York City und gründete damit das Hanya-Holm-Studio, das 1967 schloss. 1941 gründete sie in Colorado das Center of the Dance in the West und unterrichtetet später an diversen, bereits bestehenden New Yorker Tanzschulen. Darüber hinaus gründeten die Tänzerinnen Ruth Saint Denis, Loïe Fuller und Gret Palucca weitere Tanz- und Bewegungsschulen.

33 Claudia Jeschke: Bewegungswelten: Schaukünste. Akademismus und Avantgarde im Tanz zu Beginn des 20. Jahrhunderts, in: Annika Weise/Nicole Fritz/Petra Lewey (Hrsg.): Tanz! Max Pechstein: Bühne, Parkett, Manege, Ausstellungskatalog Zwickau / Tübingen, München 2019, S. 28–33, hier S. 28. Im Folgenden Jeschke 2019b.

34 Brandstetter 2004, S. 49–72.

35 Jeschke 2019b, S. 29.

36 Das Ensemble der *Ballets Russes* wurde 1909 von Sergei Diaghilev gegründet, tourte durch Westeuropa, die USA, Lateinamerika und löste sich 1929 nach Diaghilevs Tod auf. Das *Ballet Suédois* bestand von 1920 bis 1924 und wurde von Rolf de Maré und Jean Börlin gegründet, siehe Boulbès 2017.

37 Jeschke 2019b, S. 31.

38 Sergei Diaghilev und Michel Fokine suchten den Kontakt zu bildenden Künstlern: Vgl. Lipp 2015, S. 61–82; Picassos kooperiert für vier Produktionen (*Parade*, 1917; *Le Tricorne*, 1919; *Pulcinella*, 1920; *Cuadro flamenco*, 1921) mit den *Ballets Russes*, vgl. Bellenger 2018; für die Kollaborationen mit Sonia Delaunay, Henri Matisse und Giorgio de Chirico, siehe Bellow 2013.

39 Maletic 1987, S. 163–165.

40 Isadora Duncan: Der Tanz der Zukunft (The Dance of the Future). Eine Vorlesung, Leipzig 1903, https://archive.org/details/dertanzderzukunf00dunc/page/n5/mode/2up [3. 6. 2025], S. 31. Zu ihrer Ablehnung des Körperregimes des Balletts, siehe Brandstetter 2013b, S. 64/65.

41 Ausstellungsdaten: *Théâtre & Danses aux Indes Néerlandaise. Java, Bali, Célèbes, Sumatra, Nias*, 1939, *Archives Internationales de la Danse*, Paris. Vgl. Hierzu Charlotte Brinkmann: Claire Holt und die Anfänge einer modernen Tanzethnologie im Umfeld der A. I. D.-Expeditionen nach

Niederländisch-Indien, in: Inge Baxmann (Hrsg.): Körperwissen als Kulturgeschichte. Die Archives Internationales de la Danse (1931–1952), München 2008, S. 117–136, hier S. 128.

42 Inge Baxmann: Einleitung. Zwischen Volksfront und Vichy. Die Archives Internationales de la Danse und ein neues Imaginäres der Kultur, in: Baxmann 2008, S. 9–14.

43 *Japanischer Tanz im Lauf der Jahrhunderte*, Juni 1939, begleitet von einem Ausstellungsheft, das von der *Kokusen Bouka Shinkokei* (Société pour le développement des relations culturelles internationales), Tokio, herausgegeben wurde. Zum japanischen Tanz fand ebenfalls eine Konferenzreihe statt, vgl. Franz Anton Cramer: Technik, Körper, Vielfalt: Die Archives Internationales de la Danse und das Projekt einer enzyklopädischen Erfassung des Tanzes am Beispiel der »conférences-démonstrations«, in: Baxmann 2008, S. 65–88, hier S. 68. Weitere Ausstellungen der A. I. D. bis zum Jahr 1934 werden zusammengefasst in: Archives Internationales de la Danse. Revue trimestrielle, Nr. 5 (Numéro spécial) »Les expositions des Archives Internationales de la Danse«, 30. 11. 1934, http://mediatheque.cnd.fr/outils/visualiseurPdf/FlexPaperViewer.php?idRac=aid&idRep=AID34_05&idDoc=AID34_05.swf [16.11.2020].

44 Zwei Ausstellungen im deutschen Sprachraum haben zuletzt auf diese kolonialen Verstrickungen hingewiesen und eine postkoloniale Perspektive auf den außereuropäischen Tanz in Europa der ersten Hälfte des 20. Jahrhunderts entwickelt. Vgl. Dorthe Aagesen u. a. (Hrsg.): *Kirchner und Nolde. Expressionismus. Kolonialismus*, Ausstellungskatalog Kopenhagen (SMK – Statens Museum for Kunst), Amsterdam (Stedelijk Museum), Berlin (Brücke-Museum), München 2021 und in diesem Katalog vor allem zum Tanz den Aufsatz von Laetitia Lai: Der Cakewalk, S. 170/171; Anna Fricke u. a. (Hrsg.): *Global Groove. Art, Dance, Performance & Protest*, Ausstellungskatalog Essen (Museum Folkwang), München 2021.

45 Brinkmann 2008, S. 123–127.

46 Zu nennen sind hier unter anderem Theo Meiers (1908–1982) Reisen nach Tahiti und Bali sowie Max Pechsteins (1881–1955) Reise nach Palau. Aber auch Werke von Paul Gauguin (*Upa Upa [The Fire Dance]*, 1891, Öl auf Leinwand, 72,6 × 92,3 cm, Israel Museum Jerusalem), Emil Nolde (*Kerzentänzerinnen*, 1912, Öl auf Leinwand, 100 × 86,5 cm, Nolde Stiftung Seebüll), Ernst Ludwig Kirchner (*Die Schwarze Tänzerin*, 1910/1920, Öl auf Leinwand, 168 × 93 cm, Künzelsau, Sammlung Würth), Évariste Jonchère (*Danseuse royale cambodgienne*, 1933, vergoldeter Gips, Höhe 106 cm, Musées de la ville de Boulogne-Billancourt) sowie weitere Werke aus den Sammlungen des Musées de la ville de Boulogne-Billancourt sind hier als Beispiele anzuführen.

47 Archives Internationales de la Danse. Revue trimestrielle, Nr. 5 (Numéro spécial) »La danse dans la peinture«, 15. 12. 1933, http://mediatheque.cnd.fr/outils/visualiseurPdf/FlexPaperViewer.php?idRac=aid&idRep=AID33_05&idDoc=AID33_05.swf [23.10.2020].

48 Gabriele Brandstetter: Tanz-Lektüren: Körperbilder und Raumfiguren der Avantgarde, Freiburg i. Br./Berlin/Wien 2013, S. 65.

49 Monica Juneja: Kunstgeschichte und kulturelle Differenz. Eine Einleitung, in: *kritische berichte*, 40 (2012), S. 6–12, hier S. 8. Multiple Modernen werden auch im folgenden Ausstellungskatalog für die Nachkriegszeit bestimmt: Enwezor/Siegel/Wilmes 2016 und Catherine Grenier bezieht dieses Geschichtsbild auf die Forschungen zur Moderne der Vorkriegszeit in ihrem Aufsatz für diesen Katalog. Catherine Grenier: Modernités plurielles: Die Geschichte einer weltumspannenden Moderne, in: Enwezor/Siegel/Wilmes 2016, S. 566–569.

50 Stephen Polcari: Martha Graham and Abstract Expressionism, in: Smithsonian Studies in American Art, 4 (1990), S. 3–27, hier S. 3.

51 Beide Begriffe meinen die Verschriftlichungssystematik Labans und wurden nach seinem Tod von Ann Hutchinson Guest und Albrecht Knust weiterentwickelt. Vera Maletic sieht in Labans *Schrifttanz. Methodik, Orthographie, Erläuterungen* (1928), der auf *Choreographie* (1926) aufbaut, den Ursprung der Labanotation, Maletic 1987, S. 16.

52 Z. B. von der Choreografin Myriam Gourfink, für die die Labanotation der Ausgangspunkt der Werke *L'innomée* (2003) und *This is my house* (2005) war. Irmgard Bartenieff (1900–1981) nutzte die Laban-Notation, um einen tanztherapeutischen Ansatz zu entwickeln, der durch die *LBBS* (Laban Bartenieff Bewegungssstudien, gegründet 1988) und in der *LIMS* (*Laban/Bartenieff Institute of Movement Studies*, gegründet 1978) gelehrt wird.

53 Susanne Franco: »Jeder Mensch ist ein Tänzer!« Rudolf Labans Ausdruckstanz und die neuen Dimensionen des Körpers, in: Mona de Weerdt/Andreas Schwab (Hrsg.): Monte Dada. Ausdruckstanz und Avantgarde, Bern 2018, S. 43–55, hier S. 49.

54 Franco 2018, S. 48.

55 Jeschke 2019b, S. 28.

56 Labans englische Publikationen beinhalten oft überarbeitete Teile seiner Schriften der 1920er- und 1930er-Jahre. Diese Aktuali-

sierungen und seine neuen Ideen, welche die Tanzforschung der 1950er-Jahre im englischsprachigen Raum prägten, werden durch diesen Umstand in Deutschland verspätet rezipiert. *The Mastery of Movement on the Stage* (1950) erscheint erst 1988 in deutscher Übersetzung als *Kunst der Bewegung*.

57 Das Manuskript hierzu wurde nach Labans Tod von seiner Frau Lisa Ullmann für die Publikation vorbereitet. *Vorwort von Lisa Ullmann*, in: Rudolf von Laban: Choreutik. Grundlagen der Raum-Harmonielehre des Tanzes, Wilhelmshaven 1991, S. 9/10.

58 Rudolf von Laban: The Mastery of Movement on the Stage, London 1950.

59 Ann Hutchinson Guest: Choreo-Graphics. A Comparison of Dance Notation Systems from the Fifteenth Century to the Present, Amsterdam 1989, zu Nikolais S. 77, zu Loring/Canna S. 117 und zu Saunders S. 10.

60 Maletic 1987, S. 153-155. Maletic beschreibt, welche Kenntnis Laban von Arbeau, Feuillet und weiteren Notationsentwürfen hatte und wie er diese bewertete.

61 Rudolf von Laban: Choreutik. Grundlagen der Raum-Harmonielehre des Tanzes, Wilhelmshaven 1991, S. 14.

62 Ebd., S. 14.

63 Maletic 1987, S. 162/163.

64 Ebd., S. 162.

65 Malda Denana macht diese Auffassung von Leib und Körper anhand des Begriffs der *Künstlichkeit* bei Helmuth Plessner, Arnold Gehlen und Max Scheler fest. Die Erfahrung der Unvollkommenheit des Menschen bedinge seine Künstlichkeit, mit der er diese Unvollkommenheit durch kulturelle Praktiken wie dem Tanz überwinden wolle. Malda Denana: Ästhetik des Tanzes. Zur Anthropologie des tanzenden Körpers, Bielefeld 2014, S. 41-49.

66 Hann Trier: Kolumbien, in: Sabine Fehlemann (Hrsg.): Hann Trier. Monographie und Werkverzeichnis, Köln 1990, S. 69-85, 80/81.

67 Vgl. Christoph Wagner: Hann Trier und die Musik, in: Michael Euler-Schmidt (Hrsg.): Hann Trier. Werkverzeichnis der Gemälde 1990-1995, Ausstellungskatalog Köln, Köln 1995, S. 64-77.

68 Haitzinger 2009, S. 92.

69 Beispielsweise an die Fotografien von Gjon Mili, der Mehrfachbelichtungen von sich bewegenden Tänzern aufnahm oder explizit an Harold Edgertons Fotografie *Gus Solomons*, 1960 aufgenommen, aber erst 1976-80 gedruckt. Die Fotografie von Trier aus dem Nachlass ist undatiert, Entstehungskontexte sind unbekannt.

70 Ute Gerlach-Laxner nennt das Gemälde *Fliegender Fisch* (1953) als das Bild, in dem die beidhändige Malweise Triers das erste Mal vorkäme. Ute Gerlach-Laxner: Hann Trier tanzt mit den Pinseln, in: Hannelore Fischer (Hrsg.): Hann Trier. Ich Tanze mit den Pinseln. Aquarelle und Zeichnungen der 50er + 60er Jahre, Ausstellungskatalog Köln, Köln 2015, S. 9-25, hier S. 17 bzw. Endnote 23.

71 Laban 1991, S. 28-36.

72 Zur Achsialität und Zweidimensionalität vgl. auch das Kapitel »Der Bildgrund als Gegenüber und als Bodenfläche« in dieser Arbeit.

73 Laban 1991, S. 28.

74 Laban 1991, S. 28.

75 Dass die Beidhändigkeit in der Zeichnung, sofern sie synchron und symmetrisch ist, ein neues Dispositiv eröffnet und so die Körperachse in die Zeichnung einbindet, beschreibt Toni Hildebrandt anhand von Dieter Roth: Hildebrandt 2017, S. 179-181.

76 Kyra T. Inachin: Die linke Hand, in: Mariacarla Gadebusch Bondio (Hrsg.): Die Hand. Elemente einer Medizin- und Kulturgeschichte, Berlin 2010, S. 335-355, hier S. 336-338; Barbara Wittman: Linkische und rechte Spiegelung. Das Kind, die Zeichnung und die Geometrie, in: Wolfram Pichler/Ralph Ubl (Hrsg.): Topologie. Falten, Knoten, Netze, Stülpungen in Kunst und Theorie, Wien 2009, S. 149-192, hier S. 172.

77 Hann Trier: Peau de Chagrin, in: Günter Busch (Hrsg.): Idee und Vollendung, Ausstellungskatalog Recklinghausen, Recklinghausen 1962, S. 120 [Hervorhebung entspricht dem Originalzitat].

78 Gabriele Uelsberg: Hann Trier. »Bilder ... haben Zeit und ändern ihren Anblick«, in: Carmen Sylvia Weber/Beate Elsen-Schwedler (Hrsg.): Hann Trier. Werke in der Sammlung Würth aus sechs Jahrzehnten, S. 9-17, hier S. 11/12; Hans-Jürgen Schwalm: Die Linie als Ereignis bei Hann Trier, in: Hans M. Schmidt: Hann Trier. Im Handumdrehen. Zeichnungen und Druckgraphik von 1947-1990, Ausstellungskatalog Bonn u. a., Köln 1990, S. 9-19, S. 10/11.

79 Zu dieser Unterscheidung von *Grund* und *Feld* beziehe ich mich auf Wolfram Pichler: Zur Kunstgeschichte des Bildfeldes, in: Gottfried Boehm/Matteo Burioni (Hrsg.): Der Grund. Das Feld des Sichtbaren, München 2012, S. 441-472, hier S. 442.

80 Während im englischen Sprachgebrauch *mediatization* nur diese eine Schreibweise kennt, wird im deutschen Sprachgebrauch zwischen Mediatisierung und Medialisierung unterschieden. Medialisierung impliziere den »Einfluss von Massenmedien auf gesellschaftliche Teilsysteme« während Mediatisierung den Umgang von Menschen mit Medien beschreibe. Thomas Birkner: Medialisierung und Mediatisierung, Baden-Baden 2019, S. 16. Wenn der Kunsthistoriker

Bradford Collins beispielsweise die Zusammenhänge des Magazins *Life* mit dem Abstrakten Expressionismus untersucht, erörtert er die Frage der Medialisierung. Bradford R. Collins: Life Magazine and the Abstract Expressionists, 1948–51. A Historiographic Study of a Late Bohemian Enterprise, S. 300–301, in: The Art Bulletin, 73 (1991), S. 283–308. Wird das Verhalten Pollocks vor der Foto- oder Filmkamera und wie sich seine Malerei in diese Medien übersetzt, thematisiert, wäre der Begriff Mediatisierung zu gebrauchen.

81 Rachel Esner/Sandra Kisters: Introduction, in: dies. (Hrsg.): The Mediatization of the Artist, Cham 2018, S. 1–12.

82 Ebd., S. 12.

83 Barbara Rose: Introduction. Jackson Pollock: The Artist as Culture Hero, in: dies. (Hrsg.): *Pollock Painting. Photographs by Hans Namuth*. New York 1980, o. S.

84 Vgl. Barbara Rose: Namuth's Photographs and the Pollock Myth, o. S., in: Rose 1980, o. S. und Pepe Karmel: Pollock at Work. The Films and Photographs of Hans Namuth, in: Kirk Varnedoe (Hrsg.): Jackson Pollock, Ausstellungskatalog New York, New York 1998, S. 87–137, hier S. 92, https://www.moma.org/documents/moma_catalogue_226_300086900.pdf [25.7.2022].

85 Die Fotografien von Namuth zirkulieren auch außerhalb der US-amerikanische Zeitschriften und Ausstellungen. Pepe Karmel zählt Publikationen auf, die Namuths Fotografien in US-Printmedien in den 1950er-Jahren abdrucken: George S. Rosenthal/Frank Zachary (Hrsg.): Portfolio. The Annual of the Graphic Arts, Bd. 2, 1951 (Erstpublikation von Namuths Fotografien); Frank O'Hara: Jackson Pollock, New York 1959 (Porträt Pollocks von Namuth); Dorothy Seiberlings Reportagen zu Pollock Baffling U. S. Art: What It Is About-Beginning of the Rebellious Career of Jackson Pollock, in: Life (New York), 9. 11. 1959, S. 66–80 und The Varied Art of Four Pioneers, Part II, in: Life (New York), 16. 11. 1959, S. 74–86; Bryan Robertson: Jackson Pollock, New York 1960. In diesen Publikationen werden vor allem Namuths Fotografien von Pollock im Werkprozess oder als Porträt gezeigt.

86 Rosenthal/Zachary 1951. Alexey Brodovitch wird als *Art Editor* angeführt. Die vorherige, erste Ausgabe von Portfolio (1950) trägt einen anderen Untertitel, *A Magazine for the Graphic Arts*.

87 Robert Goodnough: Pollock Paints a Picture, in: ARTnews, 50 (1951), S. 38–41, 60/61. Fünf Fotografien von Namuth und zwei von Rudy Burckhardt wurden zum Artikel gezeigt.

88 Harold Rosenberg: The American action painters, in: ARTnews, 51 (1952), S. 23/24, 48–50.

89 Rose 1980, o. S. [Namuth's Photographs and the Pollock Myth].

90 Ebd., o. S. [Introduction].

91 Ebd.

92 Nina Leen, Herbert Matter, Martha Holmes, Rudy Burckhardt, Arnold Newman und Tony Vaccaro fotografierten den Maler im Auftrag von unterschiedlichen Zeitschriften. Vaccaros Fotografien aus dem August 1953 für das *Look* Magazin sind wenig bekannt und zeigen den Künstler von einer sehr viel persönlicheren und geselligen Seite. Der Artikel für das Magazin *Look* wurde nicht publiziert und die Fotografien gerieten in Vergessenheit, bis die Direktorin des Pollock Krasner House and Study Center, Helen Harrison, diese Fotografien 2010 ausstellte und Vaccaro zur Eröffnung zum öffentlichen Gespräch einlud. Vgl. Steven McElroy: At the Pollock House, Photos of the Painter, in: The New York Times, 24. 7. 2010, New York, https://www.nytimes.com/2010/07/25/nyregion/25spotli.html [5. 3. 2021]. Vaccaros Bildern wurden in der Fotografierezeption Pollocks jedoch keine Aufmerksamkeit gezollt und wurden auch in der Forschung so gut wie nicht beachtet.

93 Nachdem Alexey Brodovitch Namuths Interesse auf die Kunst Pollocks gelenkt habe, habe Namuth für einen Ferienaufenthalt im Sommer 1950 eine Unterkunft nahe East Hampton gemietet, wo eine Pollock-Ausstellung stattfand. Bei der Eröffnung habe Namuth Pollock angesprochen: »I went up to him and said, ›Mr. Pollock, my name is Hans Namuth and I have wanted to meet you.‹ He said, ›Yes, why?‹ ›I'm a student of Alexey Brodovitch and I also take photographs for *Harper's Bazaar*. I thought it might be a good idea if you let me come and photograph you while you are painting.‹ At first Pollock was reluctant, but at last he said, ›Well, why not?‹ He promised he would start a new painting for me, and, perhaps, finish it while I was still around. Then we arranged to meet at his studio on a weekend.« In: Hans Namuth: Photographing Pollock [A Memoir by Hans Namuth], o. S., in: Rose 1980, o. S.

94 Die assoziative Verkettung von Pollock als *Rebel without a cause*, als Rodins *Denker* und Namuths Fotografien in der Art von Wildtierfotografie stellt Barbara Rose her, vgl. Rose 1980, o. S. [Introduction]. Eine kritische, gesellschaftsrebellische Haltung liest auch Amelia Jones in der Inszenierung von Pollock mit Verweis auf Marlon Brandos Kowalski-Rolle, vgl. Amelia Jones: »Clothes Make the Man«. The Male Artist as a Performative Function, in: Oxford Art Journal, 18

(1995), S. 18-32, hier S. 22-23. Dore Ashton hatte auch schon eine Verbindung zwischen Action-Painting und deren Künstlern als *culture heroes* für »angry young men« im Vereinigten Königreich gezogen – allerdings in einem undatierten Typoskript [um 1957], vgl. Dore Ashton: Position of Abstract Art in Europe, in: Archives of American Art, Dore Ashton Papers, 1849, circa 1928-2014, Box 5, Folder 50, S. 4: »Of course, anger has pushed some of the fever-mind young men into rather perverse, anti-esthetic stances. These young men speak of ›culture heros‹ (James Dean) as significant symbols. They claim to admire racing cars, modern packaging and science fiction. In painting, they respond to certain American works which they take to be vital reactions to mass American culture – so called ›action painting‹.«

95 Collins 1991, S. 300/301.

96 Dorothy Seiberling: Jackson Pollock: Is He the Greatest Living Painter in the United States?, in: Life, 8. 8. 1949, S. 42-45. Melissa Renn weist daraufhin, dass die Auflage von *Life* in den Jahren von 1939 bis 1960 von 2 auf 6 Millionen gestiegen sei. Melissa Renn: Life's Pioneer Painters: Dorothy Seiberling and American Art in Life Magazine, 1949-1968, in: Esner/Kisters 2018, S. 79-95, hier S. 82. Erika Doss berechnet noch eine händische Weitergabe des Printmediums ein, sodass jede Ausgabe ca. 40 Millionen Leser*innen erreicht haben könne, vgl. Erika Doss: Introduction. Looking at Life. Rethinking America's Favorite Magazine, 1936-1972, in: dies. (Hrsg.): Looking at Life Magazine, Washington D.C./London 2001, S. 1-21, hier S. 1.

97 Renn 2018, S. 82, 95.

98 Russel W. Davenport/Winthrop Sargeant: A Life Round Table on Modern Art. Fifteen Distinguished Critics and Connoisseurs Undertake to Clarify the Strange Art of Today, in: Life, 11. 10. 1948, S. 56-79.

99 Collins 1991, S. 292.

100 Ebd., S. 290.

101 Collins 1991, S. 307.

102 Renn 2018, S. 84.

103 Weibel 2019a.

104 Ebd., S. 111.

105 Dazu gehören die französischen Erfinder der Daguerreotypie, Louis Daguerre, Nicéphore Nièpce, François Arago, wie auch andere Autor*innen, die sich mit dieser Erfindung auseinandersetzten wie Paul Delaroche, Joseph Louis Gay-Lussac, Desiré Raoul-Rochette/Hippolyte Bayard, Alexander von Humboldt aber auch Henry Fox Talbot's *The Pencil of Nature* (1844). Vgl. Weibel 2019a, S. 101.

106 Weibel 2019a, S. 107/108.

107 Ebd., S. 108.

108 Ebd., S. 111.

109 Ebd., S. 114.

110 Ebd., S. 114/115.

111 Genuin fotografische Gestaltungsmöglichkeiten wurden nur vereinzelt reflektiert, beispielsweise neben Rodtschenko und der Fotografie der neuen Sachlichkeit auch bei Otto Steinert und der von ihm gegründeten Arbeitsgemeinschaft und Küntler*innen.-Gruppe *fotoform* reflektiert, vgl. Otto Steinert: subjektive fotografie 2. Ein Bildband moderner Fotografie, München 1955, vor allem *Über die Gestaltungsmöglichkeiten der Fotografie*, S. 7-12.

112 Clement Greenberg: The Camera's Glass Eye: Review of an Exhibition of Edward Weston [1946], in: ders.: The Collected Essays And Criticism, Bd. 2, Chicago/London 1993, S. 60-63.

113 Ebd.

114 Das darin gemalte Werk identifiziert Pepe Karmel als *Number 27, 1950*. Pepe Karmel: Pollock at Work. The Films and Photographs of Hans Namuth, in: Varnedoe 1998, S. 87-137, hier S. 107.

115 Vgl. Karmel 1998, S. 113. *Number 29, 1950* befindet sich in der Sammlung des Whitney Museum of American Art, New York City.

116 Karmel 1998, S. 90. *Autumn Rhythm: Number 30, 1950* befindet sich im Metropolitan Museum of Art, New York City, und *One: Number 31, 1950* im Museum of Modern Art, New York City.

117 Weibel 2019a, S. 115.

118 Francis V. O'Connor: Hans Namuth's Photographs of Jackson Pollock as Art Historical Documentation, in: Art Journal, 39 (1979), S. 48/49.

119 Ebd.

120 Ebd., S. 49.

121 Aasen 2020, S. 9.

122 Diese Outtakes können im Pollock Krasner House & Study Center eingesehen werden. Helen Harrison, die dortige Direktorin, machte mich darauf aufmerksam, dass Namuth diese Beschleunigungen durch eine längere Belichtungszeit pro Frame erzeugte. In den beschleunigten Szenen trug Pollock ein weißes T-Shirt und im Farbfilm sind Szenen mit weißem T-Shirt nicht eingegangen. Dass Namuth diese beschleunigten Szenen zu künstlich fand, habe er Harrison selbst mitgeteilt.

123 O'Connor 1979, S. 48.

124 Ebd.

125 Alexander Rodtschenko: Wege der zeitgenössischen Fotografie, in: Bernd Stiegler (Hrsg.): Texte zur Theorie der Fotografie, Stuttgart 2010, S. 181-186, hier S. 186.

126 Birgit Jooss: Das »Neue Sehen«. Extreme Perspektiven in der Photographie, in: Brigitte Salmen (Hrsg.): Perspektiven. Blicke,

Durchblicke, Ausblicke in Natur und Leben, in Kunst und Volkskunst, Murnau 2000, S. 84–90, hier S. 84.
127 Namuth 1980, o. S. (Photographing Pollock [A Memoir by Hans Namuth]).
128 Karmel 1998, S. 112.
129 Barbara Rose: Namuth's Photographs and the Pollock Myth, o. S., in: Rose 1980, o. S.
130 Wagner 2010, S. 53.
131 Peter R. Kalb: Picturing Pollock. Photography's Challenge to the Historiography of Abstract Expressionism, in: Journal of Art Historiography, 7 (2012), S. 1–17, hier S. 12. Vgl. Hans Namuth: L'atelier de Jackson Pollock, Suppl. Nr. 2, Paris 1978, S. 66/67, 96.
132 Nach Pepe Karmel störe Namuth dabei die Anonymität, die mit den Bildern einherging. Karmel 1998, S. 91.
133 Feuillet 1700, S. 33.
134 O'Connor 1979, S. 48.
135 Titel der Artikel waren immer die Namen der Künstler*innen, gefolgt von *paints a picture* oder *makes a sculpture*, wie Nigel Whitely ausführt. Ziel der Serie sei gewesen, den Werkprozess ohne Mythenbildung und Romantik darzustellen. Nigel Whiteley: Seeing what, how and why. The ARTnews series, 1953–58, in: Journal of Visual Art Practice, 6 (2007), S. 215–228, hier S. 216, 226–227. Zu Michel Tapiés Artikel in der Serie zu Georges Mathieu siehe das Kapitel »Inszenierung des Malprozesses« in der vorliegenden Arbeit.
136 Kalb 2012, S. 6, 12. Nach einer Selbstaussage von Rudy Burckhardt: »I was supposed to show him [Pollock] in the process of painting a picture. Of course, he didn't want to do that for the camera. I don't blame him! But there was a picture on the floor, and he was willing to co-operate, and pretend he was sort of stepping into the painting and dripping paint on it. So I took some pictures of him that way [...].«, in: Joe Giordano/ Rudy Burckhardt/Edwin Denby: The Cinema of Looking. Rudy Burckhardt and Edwin Denby in Conversation with Joe Giordano, in: Jacket2 [1976] 2003, http://jacketmagazine.com/21/denb-giord.html [25.7.2022].
137 Karmel 1998, S. 90: »In fact the use of blur to evoke motion was a central element in the visual style to which Namuth had been exposed in Brodovitch's Desing Laboratory. Pollock in motion recall the surging dancers in Brodovitch's Ballet, as well as the running and skipping women in Avedon's contemporaneous fashion photographs.«
138 Namuth 1980, o. S.
139 Ebd., o. S.
140 Eadweard Muybridge: The Human Figure in Motion. An Electro-Photographic Investigation of Consecutive Phases of Muscular Actions, London 1901, https://purl.stanford.edu/jf437nt9771 [25. 7. 2022] und Étienne Jules Marey: Du mouvement dans les fonctions de la vie. Leçons faites au Collège de France, Paris 1868, http://vlp.mpiwg-berlin.mpg.de/references?id=lit4270 [25.7.2022].
141 Katja Müller-Helle: Zeitliche Unschärfe. Die Lebensmetapher im Fotodynamismus Anton Giulio und Arturo Bragaglias, in: Adina Lauenburger u. a. (Hrsg.): Waking Life. Kino zwischen Technik und Leben, Berlin 2016, S. 98–118, hier S. 109.
142 Müller-Helle 2016.
143 Zu unscharfen Bildern von Pollock bemerkt Namuth: »When I started enlarging my negatives I realized that some pictures were not too sharp due to a defect in one of my cameras. It was not until years later that I understood how exciting these photographs really were. Many other pictures had blurred body and hand movement because I had to use relatively slow shutter speeds, 1/25th and 1/50th of a second, as Jackson moved swiftly around the canvas.« Namuth 1980, o. S.
144 Kalb 2012, S. 16. Siehe auch Rose 1980, o. S. [Introduction. Jackson Pollock: The Artist as Culture Hero].
145 Karmel 1998, S. 110, 116, 117, 124.
146 Ebd., S, 127.
147 Ebd., S. 110.
148 Kalb 2012, S. 6–10.
149 Karmel 1998, S. 129.
150 Griselda Pollock: Killing Men & Dying Women: Imagining difference in 1950s New York painting, Manchester 2022, S. 69.
151 Rosenberg 1952.
152 Hans Hartung beschreibt die *peinture de l'action* als Begriff, den Charles Estienne nach einem Gespräch mit ihm über die gestischen Aspekte seiner Malerei in einem Text verwendet habe. Dieser Text konnte, laut historisch-kritischen Apparat der Autobiografie Hartungs, in der französischen Forschung nicht ausfindig gemacht werden. Hartung führt wörtlich aus: »Ce terme est allé ensuite jusqu'aux États-Unis où il devint Action Painting puis Gestual Painting (la peinture par gestes) dont devaient se réclamer par la suite les peintres américains Pollock, Franz Kline, Sam Francis, et, en France, Georges Mathieu et bien d'autres encore.« Hans Hartung: Autoportrait Dijon 2016, S. 239. Zu dieser Publikation haben Marianne Le Galliard, Elsa Hougue, Thomas Schlesser, Jean-Luc Uro den historisch-kritischen Apparat beigetragen. Vgl. Fußnote 7, S. 247 in dieser Publikation für die problematische Urheberschaft des Begriffs *peinture de l'action*. Hartungs Autobiografie erschien erstmals 1976 auf Französisch (1981 auf Deutsch). Zusammen mit dem nicht auffindbaren Text von Estienne ist es

daher möglich, dass Hartung die Begriffsgeschichte des Action-Paintings, wenn auch unwissentlich, für seine Anspruche vereinnahmt hat, sofern der Text Estiennes nicht gefunden wird. Dafür würde auch sprechen, dass Hartung seinen Werkprozess in den 1950er-Jahren als hochgradig bewegungsreich und gestisch inszeniert, bei genauerer Betrachtung der Malereien die inszenierte Bewegung aber fingiert wird. Vgl. Annie Claustres: Die verborgene Werkstattpraxis Hans Hartungs, in: Hans-Werner Schmidt/Dirk Luckow (Hrsg.): Hans Hartung. Spontanes Kalkül, Ausstellungskatalog Leipzig / Kiel, Bielefeld/Leipzig 2007, S. 220–230, hier S. 222. Roland Bothner legt die Begriffsnennung auf 1946 von Estienne fest, gibt dazu aber keinen Nachweis: »Charles Estienne spricht 1946 zum ersten Mal von ›peinture de l'action‹. Allerdings erst durch Harold Rosenberg wurde der Ausdruck ›action painting‹ 1952 der breiten Öffentlichkeit bekannt.« In: Roland Bothner: Action-Painting. Das Ende der Malerei. K. R. H. Sonderborgs Chicago-Wabash-Serie, Heidelberg 1999, S. 7. Auch Manfred de la Motte führt das Action-Painting auf Hartungs Begriff *peinture d'action* zurück, ohne seine Begriffszitate nachzuweisen: »1947 erwähnte Hans Hartung in einem Interview mit Charles Estienne, daß es vor allem um die Aktion des Malens gehe, um eine ›peinture d'action‹; daraus wurde wahrscheinlich in den USA ›action-painting‹ und ›gestual painting‹.« Manfred de la Motte: »Der besoffene Besen«. 1938–1983. Anmerkungen zu Informel und Tachismus, in: Georg Költzsch (Hrsg.): Deutsches Informel. Symposion Informel, Berlin 1986, S. 261–268, hier S. 267.

153 Yve-Alain Bois: Missing in Action. The Art of Gutaï, in: Artforum, 37 (1999), S. 53, https://www.artforum.com/print/199905/missing-in-action-the-art-of-gutai-32297 [23. 3. 2021]: »[...]young Gutaï artists endeavored to literalize Rosenberg's notion of the Abstract Expressionist canvas as an ›arena for action,‹ with the corollary that the pictures themselves were far less significant than the gestures that produced them.« Einen differenzierteren Blick auf *action* und *Gutai* entwickelt Joan Kee: Situating a Singular Kind of ›Action‹. Early Gutai Painting, 1954–1957, in: Oxford Art Journal, 26 (2003), S. 121–140. Zu Götz und Sonderborg, siehe Bothner 1999, S. 6; Sabine Schütz führt den Begriff Action-Painting für Götz an, Sabine Schütz: Jenseits des klassischen Formprinzips. Die Malerei des Karl Otto Götz, in: Wolfgang Thomeczek (Hrsg.): Karl Otto Götz, Wegbereiter des deutschen Informel. Gemälde und Arbeiten auf Papier, Ausstellungskatalog Grünstadt / Sausenheim, Grünstadt-Sausenheim 2009, S. 9–17, hier S. 10/11; Nadine Engel: German Action, in: dies. (Hrsg.): German Action, Ausstellungskatalog München, München 2009, S. 4–11. Viele Tageszeitungen und Rundfunkbeiträge berichteten nach dem Tod von Götz im August 2017 von ihm als *action painter*. Ob und wie sich das Konzept bei Götz, Mathieu und Shiraga differenzieren lässt, wird in den entsprechenden Künstler-Kapiteln erarbeitet.

154 Viola Weigel: Blick in die Werkstatt des Post-Action-Painting. Blaise Drummond, Robert Sherratt, Matthew Davis, in: dies (Hrsg.): Malerei ohne Malerei. Aktuelle Positionen im Post-Action-Painting, Ausstellungskatalog Wilhelmshaven, Wilhelmshaven 2009, S. 4–13, hier S. 4.

155 Michael Klant/Josef Walch: Malerei als Ereignis, in: dies. (Hrsg.): Grundkurs Kunst 4. Aktion, Kinetik, neue Medien, Braunschweig 2004, S. 27–40 sowie Jürgen Claus: Malerei als Aktion. Selbstzeugnisse der Kunst von Duchamp bis Tàpies, Frankfurt/M./Berlin 1986. Die Texte von Jürgen Claus erschienen bereits 1963 unter dem Titel *Theorien zeitgenössischer Malerei* 1965. Für die Neuauflage 1986 wurde *Malerei als Aktion* gewählt, eine Begriffsbildung, die also im Rückblick gewählt wurde.

156 In dem von den Autor*innen Hal Foster, Rosalind Krauss, Yve-Alain Bois, Benjamin H. D. Buchloh und David Joselit gemeinsam herausgegebenen Band *Art since 1900. Modernism, Antimodernism, Postmodernism,* 'wird Rosenbergs Artikel meist als Ausgangssituation für eine Problematisierung von einer einseitigen Kunstauffassung dargestellt. Vgl. Hal Foster u. a.: Art since 1900. Modernism, Antimodernism, Postmodernism, London 2016, S. 430, 437, 486, 509.

157 Gegen diese einseitige Kunstauffassung argumentieren Robert Slifkin: The Tragic Image. Action Painting Refigured, in: Oxford Art Journal, 34 (2011), S. 227–246, hier S. 231 und Christa Noel Robbins: Harold Rosenberg on the Character of Action, in: Oxford Art Journal, 35 (2012), S. 195–214.

158 Mathieu kommentiert sein Werk *Evanescence* (1945) allerdings erst in einem Interview von 1958: »On a pu dire que j'étais le créateur du tachisme. En effet, vers 1944 ou 1945, c'est-à-dire un ou deux ans avant Wols ou Pollock, j'employais les moyens les plus directs pour peindre: le jeu libre de l'essence et de la couleur, c'est-à-dire les coulures, l'arrosage de la toile à l'aide de Ripolin versé à même la boîte d'une certaine hauteur.« In: Alain Bosquet/Georges Mathieu: Cent questions discrètes et indiscrètes posées à Georges Mathieu, in:

Ring des Arts, 1 (1960), S. 82–101, hier S. 84. Max Ernst erklärt in seinen *Biographischen Notizen* ebenfalls die Tröpfel-Technik und schreibt, er habe diese für sein Gemälde *Jeune homme intrigué par le vol d'une mouche non-euclidienne* bereits 1942/47 verwendet. Max Ernst: Biographische Notizen. Wahrheitsgewebe und Lügengewebe, in: Werner Spies (Hrsg.): Max Ernst. Retrospektive zum 100. Geburtstag, Ausstellungskatalog London u. a., München 1991, S. 281–339, hier S. 322. Für eine ausführlichere Diskussion dieser beiden Aneignungen der *drip*-Technik, siehe hierzu das Kapitel »Kritische Anmerkungen zu einer innovationsgeleiteten Kunstgeschichte« in der vorliegenden Arbeit.

159 »In retrospect, I realize Rosenberg was not talking about painting at all; he was describing Namuth's photographs of Pollock. All the metaphors were decipherable from the photographs: Pollock attacking his canvas spread out on the floor in front of him like a boxing ring or a bullfighting arena, with paintbrush extended aggressively, in the manner of banderillas – Pollock pictured alone, isolated from any frame of reference save his own creation which obviously dwarfed and engulfed him – what images could more poignantly conjure up a literary version of the existential hero?« In: Rose 1980, o. S. (Namuth's Photographs and the Pollock Myth). Diese gängige Leseart, *The American action painters* auf Jackson Pollock zu fixieren, wird auch bei Karmel 1998 auf S. 96 wiedergegeben.

160 Robbins 2012, S. 207/208. Hierzu rekurriert Robbins einerseits auf frühere Schriften Rosenbergs, die *The American action painters* prägen, aber auch auf seinen Streit mit Jean-Paul Sartre um das Problem, wie proletarische Agentialität in einem marxistischen Weltbild gefasst werden könne. Rosenberg hatte den Artikel zuerst für die Zeitschrift von *Les temps modernes* geschrieben, die von Sartre, de Beauvoir und Merlau-Ponty geleitet wurde. Nach dem Streit mit Sartre habe Rosenberg den Artikel zurückgezogen und in den *ARTnews* publiziert. Vgl. Robbins 2012, S. 202.

161 Leanne Gilbertson/Walter B. Gulick: An Exemplary Critic in the Tradition of American Aesthetics. Harold Rosenberg, in: Walter B. Gulick/Gary Slater (Hrsg.): American Aesthetics: Theory and Practice, Albany 2020, S. 606–641, hier S. 598/599.

162 Rosenberg 1952, S. 22.

163 Werner Spies: Amerika wird Avantgarde. Jackson Pollocks Leinwand als Arena, in: ders.: Zwischen Action Painting und Op Art, Berlin 2008, S. 53–66; Hille 2014.

164 Rosenberg 1952, S. 48.

165 Slifkin, S. 231.

166 Rosenberg 1952, S. 23.

167 Ebd.

168 Ebd.

169 Ebd., S. 22.

170 Ebd., S. 23.

171 Ebd., S. 50.

172 Yve-Alain Bois: 1947b. The publication of *Possibilities* in New York marks the coalescence of Abstract Expressionism as a movement, in: Foster 2016, S. 404–410, hier S. 406.

173 Robbins 2012, S. 199.

174 Rosalind Krauss zitiert Greenberg mit den folgenden Worten zu Pollock ab 1951: »›Jackson wusste, dass ihn seine Inspiration verlassen hatte.‹ Er [Greenberg] zuckte die Achseln. ›Jackson hat eine phänomenale zehnjährige Phase gehabt, aber die war vorbei.‹«, in: Rosalind Krauss: Das optische Unbewusste, Hamburg 2011, S. 393.

175 Richard William Lizza: A Review of the Critical Approaches of Clement Greenberg and Harold Rosenberg to Abstract Expressionism, in: Athanor, 2 (1982), S. 53-55, https://journals.flvc.org/athanor/article/view/125421 [26.7.2022].

176 Robbins 2012, S. 201.

177 Auch Slifkin 2012 weist nach, wie sehr Rosenbergs *action* von einem literarischen Diskurs abhänge und ohne diesen nicht denkbar sei. Er nutzt für diese literarisch-dramatische Konzeption des Action-Paintings den Begriff *theatricality*, den er zu Michael Frieds *theatricality* differenziert: »In his [Fried's] essay ›Art and Objecthood‹, Cavell's former student Michael Fried would describe minimalist objecthood as 'a kind of stage presence'. For Fried, the work of art should be whole unto itself, requiring no audience and consequently offering the viewer a paradigm of presentness rather than the theatrical presence of minimalist art or the temporal middlingness of Action Painting.« Slifkin 2012, S. 243. Theatralität werde bei Fried mehr in der räumlichen Extension der Kunstwerke gedacht als in der zeitlichen Dimension – wie bei Rosenberg –, die erst den Aushandlungs- und Individuationsprozess der Künstler*innen erlaube.

178 Gilbertson/Gulick 2020, S. 632–634.

179 Rosenberg 1952, S. 22.

180 Ebd.

181 Die Kritik Rosenbergs an einer Schulbildung ähnelt stark der Kritik von Michel Tapié an Künstler*innen-Gruppen und der Gefahr des Akademismus, mit der das individuelle Potenzial der einzelne Künstler*innen verloren gehe. Vgl. hierzu Michel Tapié: Un art autre, oú il s'agit de nouveaux dévidages du réel?, Paris 1952, o. S.

182 Lizza 1982, S. 54: »Happenings stress

gesture and, as Rosenberg himself suggested, may be seen in one respect as action painting without the painting.«

183 Mary McCarthy: An Academy of Risk. [Rezension zu:] The Tradition of the New. By Harold Rosenberg, in: Partisan Review, 26 (1959), S. 476–480, hier S. 480.

184 Roland Barthes fragt sich in Anbetracht der Werke von Cy Twombly: »Was ist eine Geste? Etwas wie die Zugabe eines Aktes. Der Akt ist transitiv, er will ein Objekt, ein Resultat hervorrufen. Die Geste oder Gebärde ist die unbestimmte und unerschöpfliche Summe der Gründe, Triebe, Faulheiten, die den Akt mit einer *Atmosphäre* (im astronomischen Sinn des Wortes) umgeben. Unterscheiden wir also die *Botschaft*, die eine Information erzeugen will, das *Zeichen*, das eine Einsicht hervorbringen will, und die *Gebärde*, die den ganzen Rest (die ›Zugabe‹) produziert, ohne eigentlich etwas produzieren zu wollen.« In: Roland Barthes: Cy Twombly, Berlin 1983, S. 11. Im Französischen gebraucht Barthes das weniger verfängliche Wort *supplément,* übersetzbar mit Zugabe, Beigabe, Ergänzung.

Körperlichkeit

Dispositionen des Bildgrunds und Bewegungstypologie

Der Bildgrund als Gegenüber und als Bodenfläche

In den 1950er-Jahren war die gestische Variante des europäischen Informel, des Abstrakten Expressionismus aber auch weiterer, nicht unter diesen Schlagwörtern zu verzeichnenden Malereien, vielfach gekennzeichnet durch eine malerische Praxis, bei der die zu bemalende Fläche horizontal und auf dem Boden ausgebreitet wurde. Hierdurch war die Malerei nicht mehr als Spiegelung der Aufrichtung des Menschen konzipiert. Diese Verschiebung des Bildträgers, aus der Achse des Vertikalen in die Horizontale, wird mit Begriffen wie Action-Painting oder Flachmalerei[1] nur ungenügend beschrieben.

Auf verschiedene Art und Weise kann eine implizite Auseinandersetzung mit der Achsialität in der nicht-figurativen, gestischen Malerei der Nachkriegszeit rekonstruiert werden. Vorab hierzu ein historisch kontextualisierender Gedanke: die aufgerichtete Positur des Menschen wurde und wird als Wendepunkt in der Entwicklung seiner Kultur gesehen. Zu einer anatomisch haltbaren Körperaufrichtung bemerkt der Historiker Sander Gilman: »›Good‹ or ›natural‹ posture and the plumb line separates ›primitive‹ from ›advanced‹ peoples as well as ›ill‹ from the ›healthy‹ as even the ›human‹ from ›pre-human.‹«[2] Mit dem Gang auf den Füßen und dem frei werden der Hände wurde, neben weiteren komplexen »entangled genealogies«[3] der Körperhaltung, evolutionshistorisch der Beginn von Zivilisiertheit und einer nun möglichen kulturellen Bildung assoziiert. Dabei bedingte die Aufrichtung auch Visualität, indem sie den menschlichen Sehsinn auf einen erhöhten Körperpunkt stellte. Diese Entwicklung hatte somit auch die Reflexion des visuell Wahrgenommenen in der Malerei terminiert, denn der Blick auf das Dargestellte in Gemälden wurde mithilfe von Fenster- oder Spiegelmotiven und den dazugehörigen Metaphern als Übergang in einen symbolischen Raum markiert.[4] Dies erfolgte zumeist entlang einer der menschlichen Aufrichtung parallelen Bildfläche. Somit duplizierten solche Flächen häufig die körperliche Aufrichtung des sehenden und malenden Menschen.

Walter Benjamin merkte in den *Ästhetischen Fragmenten* bereits 1917 an, dass sich die Malerei und die Zeichnung den beiden Achsen der Vertikalen und Horizontalen zuordnen lassen: »Man könnte von zwei Schnitten durch die Weltsubstanz reden: der Längsschnitt der Malerei und der Querschnitt gewisser Graphiken. Der Längsschnitt scheint darstellend zu sein, er enthält irgendwie die Dinge, der Querschnitt symbolisch: er enthält die Zeichen.«[5] Im Bereich der Malerei und Grafik überführte Benjamin somit diese beiden Medien in eine axiale Systematik. Die Malerei enthalte die Dinge, die Grafik die Symbole. Das Paradigma der Natur, durch eine mimetisch geprägte Auffassung der Malerei und der Kultur, durch das symbol- und formelhafte, das sich in der Grafik einschreibe, könnten mit dieser axialen Systematik in Einklang gebracht werden. Der Kunsthistoriker Toni Hildebrandt erläutert an dieser Zuordnung auch, dass sie das jeweils Gezeigte damit bereits in einem »Raum der Aufstellung«, der in der Grafik von unten nach oben strukturiert sei, und einem »Raum der Ausstellung«[6], einem *Gegenüber* der Malerei des Menschen, gedacht werde:

> Der Bildträger kann damit als eine Ausstellungsfläche, die sich einem Betrachtersubjekt *gegenüber* befindet, verstanden werden oder als Grund innerhalb des intimen Raumes eingerichtet sein, der neben dem Träger den Leib eines zeichnenden Subjekts einbegreift. Dieser menschliche Körper verschafft sich zu dieser Intimität einen Zugang, indem er Blatt und Tisch ausrichtet und sich *auf* statt *vor* dem Blatt orientiert.[7]

Während grafische Künste diesem Verständnis nach, eine andere und dynamischere körperliche Einbindung im Vorgang des Zeichnens erlauben, wurde die Malerei mit ihrem Trägermedium dagegen als ein räumlich fixeres Medium verstanden, dem traditionell eine solche Beweglichkeit entlang der Achsen der Horizontalen und Vertikalen weniger zugestanden wird.

Knapp sechzig Jahre nach Benjamin widmeten sich mehrere Ansätze dem Zwischenspiel von Staffeleimalerei und horizontaler Malerei beziehungsweise Bodenmalerei. Diese Ansätze haben gemeinsam, dass sie die Horizontalität des Bildträgers thematisierten: einerseits verortete Joseph Masheck 1976 in dem Essay *The Carpet Paradigm: Critical Prolegomena to a Theory of Flatness* die Flachheit der modernen Malerei rezeptionsästhetisch in Analogie zum Teppich-Diskurs des 19. Jahrhunderts.[8] Andererseits bezeichnete Leo Steinbergs Konzept der *flatbed picture plane* (1972) eine produktionsästhetische Analogie des aufnehmenden

Bildträgers im Sinne eines Drucktisches, bei dem von oben auf die Bildfläche aufgetragen wird.[9] Entlang dieser beiden Achsen, der horizontalen und der vertikalen, und der Ausrichtung des Bildes in diesem Koordinatensystem, haben sich Argumente entwickelt, die Sichtweisen und Betrachtungswinkel für unterschiedliche Medien der Künste festgelegt haben. Entlang dieser Vektoren, einer horizontalen und einer vertikalen Achse, trat ein Diskurs hervor, in dem sich die Malerei auf den am Boden liegenden Bildgrund ebenfalls verorten lässt und in dem sich die paradigmatische Problematisierung des *Raumes im Bild* und des *Raumes um das Bild herum* beleuchten lässt.

Diesem Phänomen, mit dem Körper auf dem am Boden liegenden Bildgrund zu agieren, und seinen produktionsästhetischen Konsequenzen, wurde sich von kunsttheoretischer und -historischer Seite nur teilweise gewidmet.[10] Ein intuitiv verständlicher Begriff konnte sich bisher nicht ausbilden. Mit dem Kippen der Bildträgerebene von der Staffelei auf den Boden geht oftmals im Arbeitsprozess die Beugung der Wirbelsäule nach vorne einher. Diese Beugung könnte auch mit einem medizinischen Terminus beschrieben werden: die »Ventralflexion«[11] tritt in vielen Malprozessen der gestischen Malerei in unterschiedlichsten Varianten auf, da sich die mit den Augen anvisierte Fläche nun zu Füßen befindet. Diese verschiedenen Aspekte und Begriffe zur malerischen Produktion auf dem Boden zeigen, wie heterogen der Zugang zu diesem Phänomen ist. Vor allem aber wurde dieses Phänomen an Pollock erörtert und von amerikanischen Autor*innen vereinnahmt. Daher hat sich die Frage, welche Rolle der horizontale Bildträger im Werkprozess spielt, im Prisma nicht-amerikanischer Diskurse weniger etabliert.[12]

Masheck stellte in *The Carpet Paradigm. Critical Prolegomena to a Theory of Flatness* (1976) die These auf, dass alle malerische Form eine konkrete *flatness* aufgrund des traditionell flachen Trägermaterials der Malerei fordere. Dies rücke die Malerei seiner Meinung nach nahe an das Design, auch wenn beides üblicherweise antithetisch verstanden wurde. Mit Belegen aus theoretischen Schriften der angewandten Künste aus der zweiten Hälfte des 19. Jahrhunderts begründete er diese These und sah vor allem in der räumlichen Reduktion von bildgebenden Ideen auf die plane Fläche des Teppichs eine Verwandtschaft zur modernistischen Malerei:

> In any case, the carpet ideal of space-drained flatness and a continuous play of tones in a non-descriptive or even ›musical‹ assembly proves an apt metaphor for the shimmering surface tension of the Nympheas of Monet, which recur today in discussions of modernist flatness. (In this connection it is also noteworthy that Pollock painted on the floor.)[13]

Für Masheck wurde das *carpet paradigm* in der Folge des Postimpressionismus ein theoretisches Moment, das sich in der ersten Hälfte des 20. Jahrhunderts unter Künstler*innen als mögliche Bildkonzeption etabliert. Als Beispiel nannte er eine Kritik aus der *Armory Show 1913*, in der eine Malerei Duchamps schmähend mit einem Teppich verglichen wurde und die postimpressionistische Malerei so als fleckig und damit schlechter abgetan wurde als der Teppich in der Wohnung des Kritikers.[14] Schließlich bemerkte Masheck jedoch für die zweite Hälfte des 20. Jahrhunderts eine Etablierung dieser flachen Bildkonzeption, in der die *flatness* zum Paradigma der modernistischen Malerei wurde. Im Postimpressionismus sei diese Konzeption entstanden, der aufkommende Kubismus habe sie hiernach in den Hintergrund rücken lassen und nach dem Kubismus finde diese Konzeption wieder zu Auseinandersetzungen in der Malerei.

> In the theory of painting the carpet paradigm waned after the final establishment of Cubism, for it had always been more closely tied to Post-Impressionist ideals. Today it is traceable as part of a body of critical theory that developed when the inventive phase of Cubism itself passed into more generalized, more widely applicable, approaches to modernity in painting.[15]

Das *carpet paradigm* solle damit als kritische Theorie verstanden werden, die einerseits die Zusammenhänge von angewandten Künsten und Malerei erschließt und andererseits die Frage nach der Flachheit der modernen Malerei jenseits einer formalistischen Kunstgeschichte, wie sie von Clement Greenberg maßgeblich geprägt wurde, stellte. Während bei Greenberg die *flatness* aus einem malereiimmanenten Diskurs gerechtfertigt wird, der durch Reduktion auf ihre spezifischen Mittel erfolge, sieht Masheck die Spezifität des Teppichs als ein mögliches Vorbild und Vergleichsmoment für die Malerei.[16] Schließlich war der Teppich nicht ausschließlich für den Boden bestimmt, sondern ebenso für die Präsentation an der Wand gedacht, wodurch er flexibler in seiner Ausrichtung ist.

So rezitierte Masheck das Argument von Christopher Dressers *Principles of Decorative Design* (1870), dass ein Teppich nicht an der Wand hängen dürfe, wenn seine Darstellungen eine Obersicht suggeriert. Ebenfalls sollten Teppiche, denen ein normalperspektivische Gestaltung ansichtig ist, nicht auf dem Boden liegen, sondern an der Wand präsentiert werden.[17] Abbildungen aus der Natur und ihre Art der Darstellung konnten also als Kriterium dienen, wie ein Teppich präsentiert werden solle. Wird dieses Prinzip von perspektivischer, räumlicher Repräsentation und deren Ausrichtung übertragen auf Gemälde, die auf der horizontalen Ebene ausgeführt wurden und dies auch durch ihren Farbauftrag zeigen, müssten diese Gemälde nach dem Diskurs des 19. Jahrhunderts ebenfalls auf den Boden ausgerichtet werden. Dieser Aspekt einer bildimmanenten Glaubwürdigkeit, die sich in ihrer Extension auf die Umgebung des Bildobjekts auswirkt, wurde jedoch den am Boden gemalten Gemälden zumeist nicht zugesprochen, wie im Folgenden aus einer historischen Perspektive diskutiert werden soll.

Rosalind Krauss greift diesen Aspekt auf und schreibt in *Das optisch Unbewusste*, welches unter anderem die Horizontalität bei Pollock behandelt:

> [...] der Abstrakte Expressionismus bestätigt größtenteils auch weiterhin die Tatsache, dass das Bildfeld der Leinwand dem Betrachter als eine Vertikale gegenüberstand, dass die Bildebene gemäß uralter Tradition weiterhin die Fläche einnahm, die den Blickkegel schneidet und vor dem aufrecht stehendem Künstler oder Betrachter wie ein durscheinender Schleier niederfällt oder, während einer sehr viel längeren Zeit, wie ein durchsichtiges Fenster.[18]

Einige Seiten zuvor diskutiert sie, dass die Frage der Aufrichtung des Menschen von der horizontalen zur vertikalen Achse, also im aufrechten Gang, eine Entwicklung zeige, die auch in der konventionellen Betrachtung von Malerei reflektiert werde. Unter Rückgriff auf Greenberg argumentiert sie, dass der Blick der Betrachtenden vom Körper losgelöst werde, denn Greenberg sehe nur eine reine Visualität in abstrakten Gemälden. Die Materialität der Malerei löse sich daher in eine rein optische Darstellung von Materialität auf. Diese Fetischisierung des reinen Sehens gehe nach Krauss Meinung auf die vertikale Ache zurück, die die Malerei einnehme. Dazu rekurriert sie auf Sigmund Freud, der mit der Aufrichtung des Menschen seine Priorisierung des Sehsinns begründete, die mit Kultiviertheit einhergehe. Nicht mehr mit seinem Blick auf die Ebene der Genitalien fixiert, erfahre der Mensch »eine Neuorientierung, weg vom animalischen Riechen und Betasten.«[19] Dadurch werde die Wahrnehmung des Körperbilds vom Gegenüber im Ganzen erst möglich. Krauss Interpretation einer historischen Psychologie der Sinne von Freud zeigt, wie sehr die Malerei von der Augenhöhe des Menschen und der gespiegelten Achse seiner Aufrichtung abhängig ist, um als Malerei wahrgenommen zu werden. Im Folgenden argumentiert sie daher auch immer wieder, wie radikal und gewalttätig Pollocks Malweise war, die den Betrachtenden die horizontale Achse, und schlimmer noch, von unter den Füßen, den Tiefpunkt menschlicher Köpererfahrung und dem Ort des Mülls, vor Augen führte.[20]

Hier zeigen sich noch Sedimente der Alberti'schen Metapher des Fensters, die Leon Battista Alberti 1439/1941 in *De pictura* beschreibt, und wie sich diese bis in Greenbergs »Illusion eines guckkastenartigen Hohlraums«[21] auf Augenhöhe fortsetzte. Masheck wandte jedoch ein, dass die Lektüre von Alberti und deren Übertragung auf die moderne Malerei zu einer unzulässigen, antimodernistischen Haltung führe. Denn schließlich sei Albertis Fenstermetapher nur deshalb eine missverstandene Trope geworden, weil in den vielen Rekursen und Interpretationen von *De pictura*, die in der ersten Hälfte des 20. Jahrhunderts in Publikationen entstehen, das konditionale *if* der Formulierung Albertis vergessen wurde - er stellt fest, dass die Formulierung, die Malerei sei *wie* ein Fenster, eine Trope sei und arbeitet dann die damaligen Beiträge und Übersetzungen von Albertis *De pictura* auf.[22] Ein Gemälde *könne* wie ein Blick aus einem Fenster konzipiert sein, müsse aber deshalb nicht dessen Extension und Ausrichtung im Raum annehmen. Die Fenstermetapher Albertis sei von den Kritiker*innen des Modernismus zu ernst genommen worden, denn der Originaltext erlaube eine so enge Auslegung eigentlich nicht.

Auch Leo Steinberg widmete sich in seinem Aufsatz *Other Criteria* dem Wechsel von der vertikalen zur horizontalen Achse im Hinblick auf moderne Kunst. Mit seinem Konzept der *flatbed picture plane* führte er einen Paradigmenwechsel - von Natur zu Kultur - an. Er definierte diese Fläche wie folgt:

> I borrow the term from the flatbed printing press - 'a horizontal bed on which a horizontal printing surface rests' […]. And I propose to use the word to describe the characteristic picture plane of the 1960s - a pictorial surface whose angulation with respect to the human posture is the precondition of its changed content.[23]

Die Bildfläche dehne sich folglich nicht mehr vertikal als Spiegelfläche der menschlichen Positur aus, sondern horizontal. Und später:

> To repeat: it is not the actual physical placement of the image that counts. […] What I have in mind is the psychic address of the image, its special mode of imaginative confrontation, and I tend to regard the tilt of the picture plane from vertical to horizontal as expressive of the most radical shift in the subject matter of art, the shift from nature to culture.[24]

Auf diesen *shift from nature to culture* verwies auch Krauss:

> Wenn das Schreiben zum Malen im rechten Winkel von Horizontaler zu Vertikaler steht, dann liegt der Grund dafür, wie einmal bemerkt wurde, in dem Gegen-

> satz von Kultur und Natur, wobei die Horizontalität des Schreibens dieses aus dem »natürlichem« aufrechten Blickfeld entfernt und auf den stärker kulturell verarbeiteten Bereich des geschrieben Zeichens verlagert. Aber die Tatsache, dass es eine Achse gibt, entlang der diese beiden Flächen jederzeit geklappt werden, ist eine Funktion dessen, was Foucault den »Gemeinplatz« der Repräsentation nennen würde.[25]

Diese Zitate verdeutlichen ebenfalls, warum die Horizontalität des Malprozess eines Bildes, das wiederum vertikal an die Wand gehangen werden soll, mit dem Begriff der *flatbed picture plane* im eigentlichen Sinne nicht beschrieben werden kann. Für Steinberg musste die Horizontalität mit der psychischen Adressierung des flachen Objekts einhergehen. Während das an der Wand ausgestellte Gemälde für die Betrachtenden immer eine Konnotation von Spiegelfäche in einer Dimension darstellt, die parallel zur aufrechten Körperhaltung verläuft – wie auch Krauss argumentierte[26] –,adressieren Kartografien die Betrachtenden anders. Hier sind topografische Inhalte parallel zum Boden ausgerichtet. Diese Ausrichtungen denken Leser*innen und Betrachter*innen erlernt und gewohnheitsmäßig mit, egal ob die Kartografien auf einem Tisch liegen oder an der Wand hängen.

Schließlich funktionierte der produktionsästhetische, ventralflexive Werkprozess der horizontalen Malerei durchaus im Sinne der *flatbed picture plane*. Bewegungen wurden auf dieser »receptor surface, on which objects are scattered, on which data is entered, on which information may be received, printed, impressed«[27] aufgezeichnet. Den Maler*innen des Informel, des Abstrakten Expressionismus und von *Gutai* war im Herstellungsprozess mehr oder weniger bewusst, dass die Flächen, die sie bemalten, später hauptsächlich in der vertikalen Ausrichtung ausgestellt wurden. Sie behalten diese medienspezifische Eigenschaft der Malerei bei und entsprechen daher nicht rezeptionsästhetisch, sondern nur produktionsästhetisch der *flatbed picture plane*. Diese Handhabung in den 1950er-Jahren, die bemalte Fläche wieder in die Vertikale zu kippen, begründet auch, warum Steinberg diesen *shift* erst mit Robert Rauschenberg umgesetzt sah, der einer jüngeren Generation als die meisten Maler*innen des Abstrakten Expressionismus angehörte. Auch bei Steinberg wurde immer wieder die aufrechte Haltung und das Bild, das sich daran ausrichtet, für seine Argumentation angeführt.[28] Dabei käme dem Essay *The Legacy of Jackson Pollock* (1958)[29] von Allan Kaprow und seinen künstlerischen Ansätzen der späten 1950er-Jahre, nach der Meinung von William Kaizen, eine Scharnierfunktion zu. Laut Kaizen hatte Kaprow die Extension von Pollocks Gesten zu dem fragenden Moment in der Malereitheorie erhoben, mit dem der von Bildkanten gerahmte Raum neu verhandelt werde.[30] Dieser Raum, so lerne Kaprow bei Rauschenberg, wurde positivistisch und mit Konsummaterialien und -assoziationen, wie beispielsweise Zeitungspapier bei den *Black Paintings*, gefüllt, sodass eine Lücke zwischen Kunst und Leben geschlossen werden könne.[31] Dadurch, dass Steinberg den »shift from nature to culture«[32] und die *flatbed picture plane* als Konzept erst in die Zeit nach Pollocks Wirken und Tod setzt, darin jedoch den Achsenwechsel der Horizontalen und Vertikalen thematisiert, kann das Steinberg'sche Konzept bei Pollock und anderen Künstler*innen, die nicht der Rauschenberg-Generation angehören, nicht sein Potenzial entfalten.

Krauss beschreibt diese Achse, diesen Kippmoment, als einen »Gemeinplatz der Repräsentation«[33]. Hier zeigt sich, in welch hohem Maße die Ausrichtung des aufnehmenden Mediums davon abhängig ist, unter welchen Kategorien sie zugänglich gemacht wird. Laut Steinberg spiegelt sich hier einerseits die Dichotomie von Kultur und Natur wider. Andererseits ist gerade dieses Ringen um eine Zerstörung der Figur und dem damit einhergehenden Vorbild der Natur in der Kunst immer wieder ein Leitmotiv in Krauss' Text. Krauss geht jedoch nicht so weit wie Steinberg, der den Abstrakten Expressionisten unterstellt: »It is in this sense, I think, that the Abstract Expressionists were still nature painters.«[34] Die Zerstörung der Figur durch die horizontale Malfläche macht Krauss an der Schwerkraft fest, die Pollocks Malweise forme. Schließlich, in dieser Linie der Argumentation von Dresser und Masheck folgend, bemerkt Krauss, dass Pollocks *Blue Poles* (1952) nicht mehr die Horizontalität vor Augen führt, sondern dessen Farbspritzer derart nach unten fließen, dass davon ausgegangen werden könne, dass die Leinwand auch in der Vertikalen bearbeitet wurde.[35] Bezugnehmend auf diese Beobachtung sowie darauf, wie Pollock wieder schematische Figuren und Körper in seinen Werken von 1951/52 auftauchen lässt, erörtert sie, wie er seinen innovativen Ansatz und seine Inspiration verloren habe.[36] Bei Pollock spiele somit die *horizontality* in den späteren, abstrakten und figurativen Werken nur noch eine geringe Rolle.

Die Frage der axialen Ausrichtung beschränkt sich nicht allein auf den Werkprozess von Künstler*innen, Horizontalität wurde und wird auch in den Ausstellungsanordnungen reflektiert. Beispielsweise zeigte *Parallel of Life and Art* im Institute of Contemporary Arts, London (1952) unter anderem Fotografien von abstrakten Strukturen, die verteilt an der Wand, auf dem Boden und an der Decke installiert waren. Rauschenbergs *White Paintings* wurden bei einer Veranstaltung von John Cage 1952 im Black

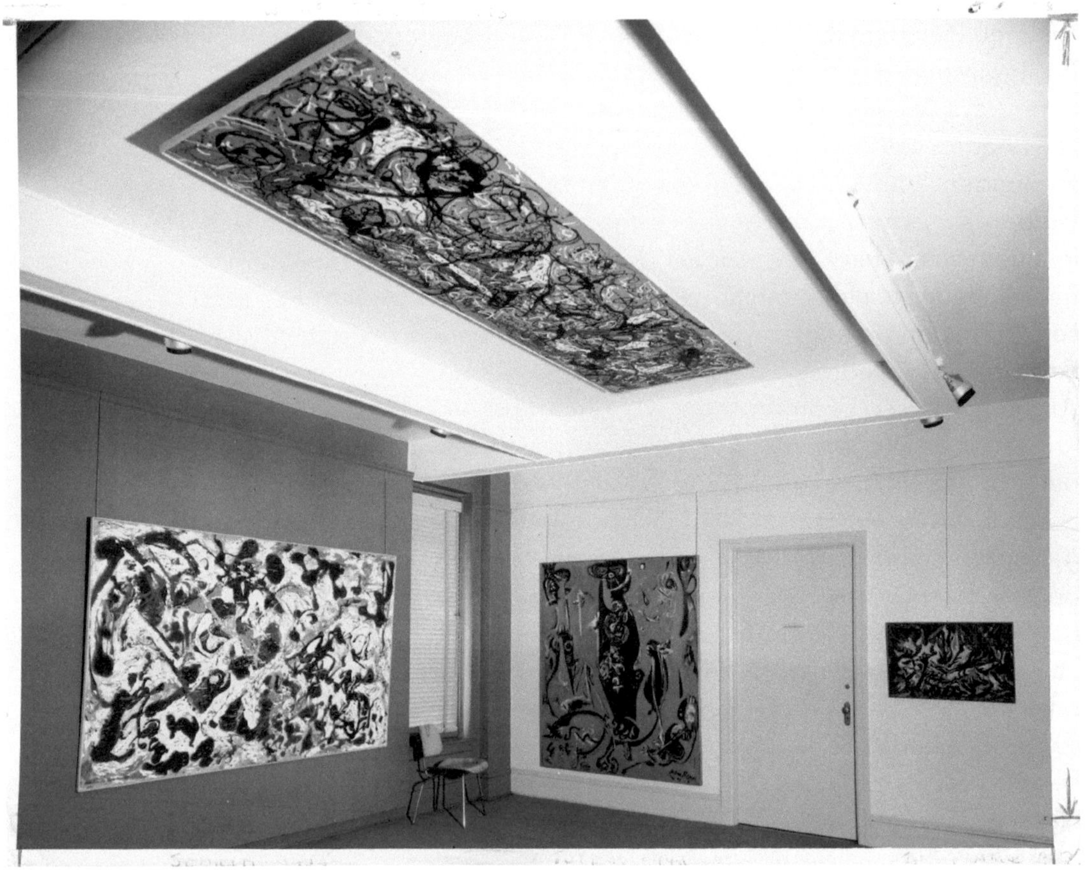

Abb. 13 | Oliver Baker: *An installation view of the Jackson Pollock show at the Sidney Janis Gallery, 1955 Nov 28 - Dec 31*, 1955, fotografischer Schwarzweißabzug, 21 × 25 cm, Washington D.C., Archives of American Art, Smithsonian Institution

Mountain College ebenfalls aus der menschlichen Augenhöhe gelöst und über das Publikum gehängt.[37] Sidney Janis eröffnete 1955 in seiner New Yorker Galerie eine Pollock-Show, in der *White Cockatoo: Number 24 A* (1948) parallel unter die Decke gehängt wurde (Abb. 13). Auch wenn Deckengemälde seit Langem über den Köpfen der Betrachtenden ausgerichtet sind, besteht zu Gemälden, die auf einem Bildträger, der sich traditionell an der vertikalen Wand befindet, ein Unterschied: Bei Deckengemälden ist die Werk-Betrachtenden-Relation vor und während der Konzeption des Gemalten bewusst. Die Ausrichtung ist als *bildexterner* Aspekt begreifbar. Das Bildmedium Gemälde war jedoch traditionell in einer vertikalen, aufrechten Achsialität verortet – jenes aus dieser

Achse zu heben oder zu senken, war eine Reaktion auf die im Werkprozess neu verhandelte Horizontalität durch *bildimmanente* Aspekte eines explorativen Farbauftrags. Dieser Unterschied lässt sich durch Ernst Wilhelm Nays Beteiligung an der *III. documenta* (1964) veranschaulichen: Dort hatten drei seiner Werke durch ihre Ausrichtung und die damit verbundene Ausstellungsgestaltung einen Eklat verursacht: Sie waren wurden angeschrägt unter der Decke positioniert und befanden sich in einem schmalen Raum, sodass man beim Durchschreiten die Bilder nacheinander, in nahtloser Abfolge, betrachten konnte (Abb. 14). Zu diesem Vorhaben musste Arnold Bode, der die Idee für diese Präsentation hatte, den Künstler jedoch zuerst überzeugen. Nay vermutete bei einer solchen Hängung den Vorwurf des Dekorativen.[38] Schließlich war in der Kritik zu dieser Hängung zu lesen, dass Bode eine »Hagiographie«[39] Nays betreibe, indem er seine Bilder in einer sakralen Anordnung wie Bildprogramme von Heiligen in Kirchen, präsentierte. Die horizontale Malerei dynamisiert die statisch aufgefasste Achsialität von Gemälden, im Werkprozess wie auch im Betrachtungsprozess.

Der Vorwurf des Dekorativen stammt aus einer Diskursformation, die Joseph Masheck mit Christopher Dressers *Principles of Decorative Design* und Albertis Fenstermetapher erläutert hatte. Diese Formation war aus einer historischen, europäischen Perspektive bestimmt und war daher für das westliche Kunstverständnis von *Gutai* nicht maßgeblich.[40] Nach der *Outdoor Exhibition to Challenge the Midsummer Sun* (1955) und *The Outdoor Gutai Art Exhibition* (1956), in denen Werke ortspezifisch von *Gutai*-Künstler*innen im Pinienhain von Ashiya installiert wurden, die unter anderem auch als Malereien fassbar waren, wurde 1960 für das International Sky Festival die Bildsprache der Nachkriegsabstraktion weit über den Köpfen der Betrachtenden ersichtlich. Mit einem Einladungsschreiben hatten sich vorher angefragte Künstler*innen bereit erklärt, selbst Banner zu malen oder Entwürfe zu schicken, die von *Gutai*-Künstler*innen umgesetzt wurden.[41] Die Banner wurden an Ballons befestigt und stiegen auf dem Dach des Kaufhauses Takashimaya in die Höhe (Abb. 15). Diese Installation war von nah und fern im Stadtraum von Osaka zu sehen, zeigte malerische Gestaltungen unter anderem von Lucio Fontana, Antonio Saura, Sōfū Teshigehara, David Budd, Iaroslav Serpan, Alfred Leslie, Atsuko Tanaka, Claire Falkenstein, Kazuo Shiraga, Alfonso Ossorio und legt nahe, dass die axiale Ausrichtung von Malereien vor allem durch eine historisch-westliche Tradition die Autonomie der Künste oder den Vorwurf des Dekorativismus problematisierte. Das International Sky Festival belegte, dass nicht die gesamte Tradition einer

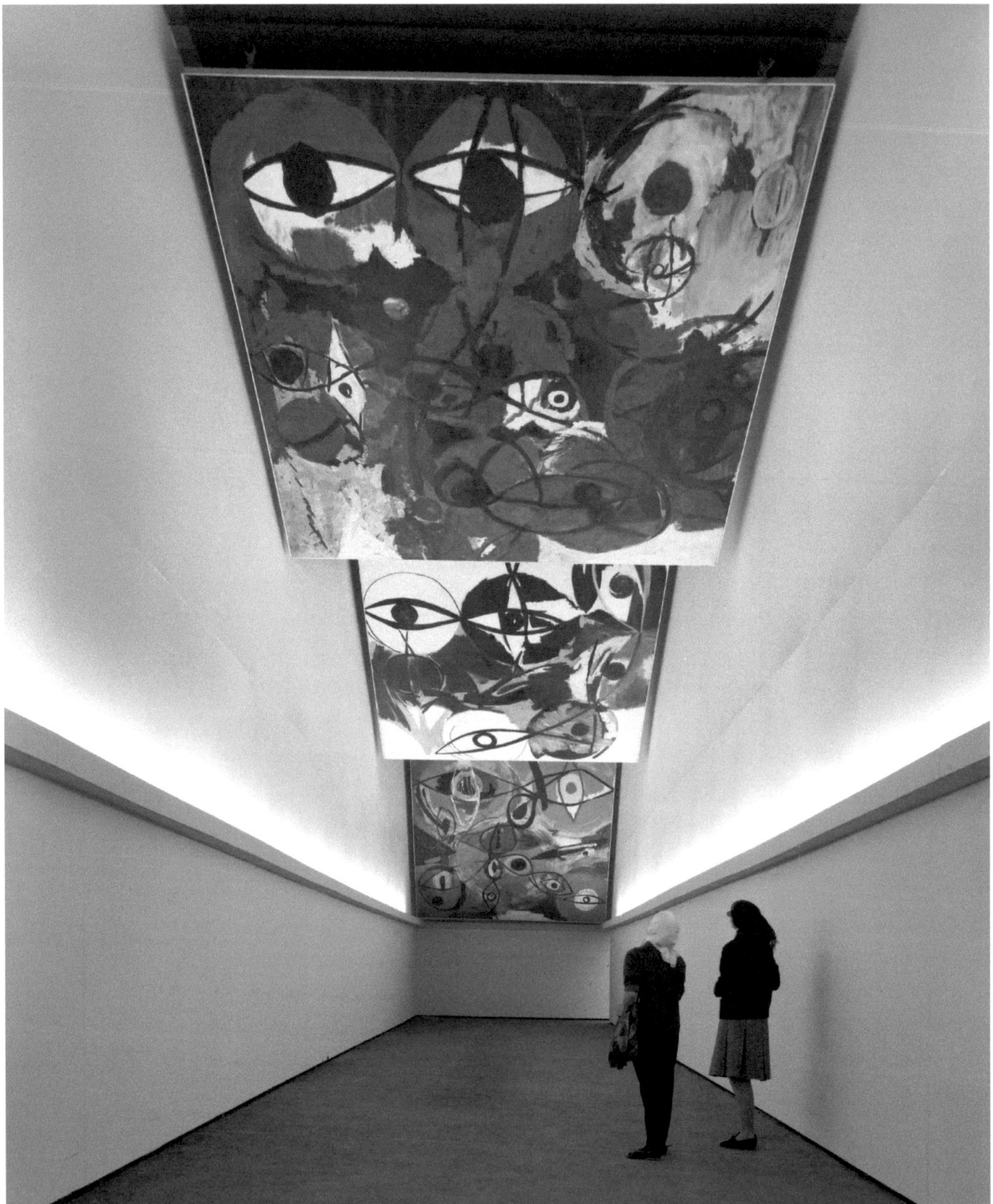

Abb. 14 | Günther Becker: *Ausstellungsansicht mit dem Werk »Drei Bilder im Raum« von Ernst Nay. documenta 3 (1964)*, 1964, Fotografie, Kassel, documenta archiv

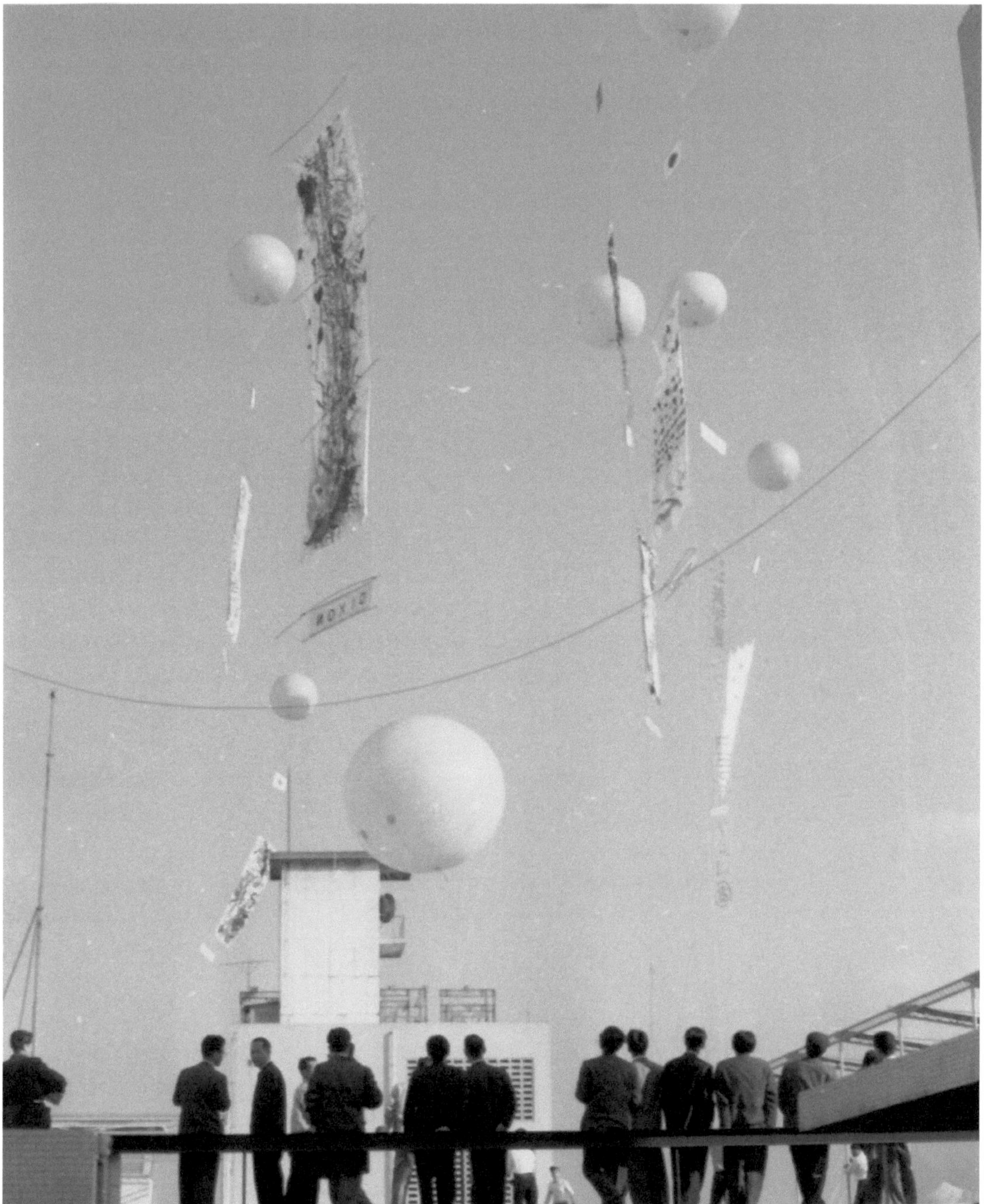

Abb. 15 | *The International Sky Festival. Osaka 1960* [Osaka Sky Festival, view of the kites], keine weiteren Angaben, Osaka, Nakanoshima westlichen Kunstgeschichte für eine westliche Kunst in Japan wirksam war. Im Gegenzug ist dieser spielerische Umgang mit den Malereien im The International Sky Festival wieder produktiv für einige der US-amerikanische und europäische Künstler*innen geworden, die in den späten 1980er-Jahren erneut Drachen bemalten und gestalteten.[42]

Zuletzt wurden zwei Werke Shiragas in der Opera City Art Gallery in Tokio auf dem Boden liegend präsentiert und zeigen damit eine kuratorische Haltung, die danach fragt, welche Ausstellungsdisplays die Werke durch ihre bildimmanent lesbare Machart fordern können.[43] Pollocks Malerei wurde dahingegen noch nicht auf dem Boden liegend ausgestellt. Sobald die Malerei in der Präsentation von der horizontalen Achse abweicht – und zwar sowohl produktionsästhetisch durch den Werkprozess als auch rezeptionsästhetisch durch entsprechende Ausstellungsgestaltungen –, hinterfragt sie die Tradition ihrer westlichen, kulturellen Errungenschaft und wird in die Nähe grafischer oder dekorativer Künste gerückt, was dazu führt, dass sie mit neuen Ansätzen und Deutungsmustern, die nicht mehr darauf zurückgreifen können, erschlossen werden muss.[44] Die horizontale Malweise eröffnet eine freiere motorische Gestaltung, wie mit Toni Hildebrandt skizziert wurde. Weicht die Malerei aus der vertikalen Frontalität ab, wirken kulturell geprägte Ortsbestimmungen auf die Malerei: der Boden als Ort des Mülls, wie Krauss bei Pollock ausmacht, oder das religiöse, dem menschlichen Aktionsraum enthobene *Oben*, wie am Beispiel Nays verdeutlicht. Horizontale Malerei ist daher nicht nur formalistische Experimentierfreude einer Generation von Künstler*innen der 1950er-Jahre, sondern auch ein zeitspezifisches Ausdrucksphänomen und ein gestalterisches Element, das auf eine Kriegsvergangenheit verweist und wirksam wird, noch bevor Farbe den Bildgrund berührt.

Körper und Malprozess

Glaubt man den Worten von K.O. Götz, so habe sich Wols in einen Mantel gehüllt auf der horizontalen Leinwand gerollt, um die Farbe darauf zu verteilen.[45] Alternativ könne man aber auch nach der leichtfasslichen Anleitung für gestisch-abstrakte Malerei von Anton Sailer mit einem Auto über den Bildgrund fahren oder das nackte, in Farbe getauchte Gesäß auf die Leinwand führen, um Gemälde zu erhalten, die der abstrakten Malerei ebenbürtig sind.[46] Oder gleich Schimpansen anstatt Menschen malen lassen.[47] So wurden die Bewegungsmuster dieser Malerei immer wieder zum Angriffspunkt von Kritik, die die Bildfindungsverfahren nicht als authentische Schaffensakte anerkennen wollte. Die produktionsästhetischen Konzeptionen hatten sich in eine Richtung geändert, die von traditionelleren Standpunkten aus nicht mehr nachvollzogen werden konnten und wurden so zum Kristallisationspunkt von Kritik.

In Anbetracht der Malerei der 1950er-Jahre und im Rückblick auf die Notationssysteme von Bewegung stellte sich heraus, dass sich der Körper der Künstler*innen auf andere Art und Weise in die Malerei einschreibt, als dies bisher der Fall war. Zwar gab es auch in früheren Malereidebatten Diskussionen darüber, inwieweit die Hand der Künstler*innen in der materiellen Gestaltung von Farbe sichtbar sein durfte.[48] Hier sollten jedoch nicht Bewegungsmuster, die Teil der Werke sind, sichtbar gemacht werden, sondern die körperliche Bewegung wurde immer der erzielten Darstellung untergeordnet. Zwischen diesen beiden Polen, eine Darstellung im Bild, die anhand der Ausführung von Bewegung mit Instrumenten und Werkzeugen erreicht wurde, die eigens für diesen Zweck gemacht sind, einerseits und andererseits das Integrieren von einer autonomeren, individuellen Bewegung in das Werk, welche nicht mehr auf Darstellung zielt und für die ganz eigene Techniken des Farbauftrags gefunden werden (und teilweise wiederum mit eigens zu diesem Zweck gebauten Werkzeugen), stellt sich die Frage, wie beziehungsweise in welchem Modus der Körper in den Malprozess einbezogen wird.

Der Philosoph Paul Valéry erörterte 1938 in der *Philosophie de la danse* eine Art der körperlichen Bewegung für den Tanz, die ebenso in Hinsicht auf die nicht-figurative, gegenstandslose Malerei, bei der die Geste im Vordergrund steht, zutreffend scheint. In einer Reflexion über eine Tänzerin schreibt er:

> C'est donc bien que la danseuse est dans un autre monde, qui n'est plus celui qui se peint de nos regards, mais celui qu'elle tisse de ses pas et construit de ses gestes. Mais, dans ce monde-là, il n'y a point de but extérieur aux actes; il n'y a pas d'objet à saisir, à rejoindre ou à repousser ou à fuir, un objet qui termine exactement une action et donne aux mouvements, d'abord, une direction et une coordination extérieures, et ensuite une conclusion nette et certaine.[49]

Valéry verhandelte die Bewegung des Tanzes unter dem Aspekt, dass hier kein Gegenstand das Ziel der Tanzbewegungen ist. Damit gewinne die tänzerische Bewegung eine Qualität, die er später als gegensätzlich zu einer praktischen und zweckgebundenen Lebenswelt beschrieb.[50] Während er also die Abwesenheit von Objekten und Gegenständen als Bedingung der Tanzbewegung sah, schien dies ebenso zutreffend für die Bewegungsmuster der gestischen, nicht-figurativen Malereien zu sein, denn auch hier gab es keine Zielsetzung durch einen Gegenstand. Auch Laban vermutete in der Absenz der Objekte eine innere Antriebskraft zur Bewegung. So eröffnete er 1950 seine Monografie *The Mastery of Movement on the Stage* mit Valérys Gedanken:

> »Man moves in order to satisfy a need. He aims by his movement at something of value to him. It is easy to perceive the aim of a person's movement if it is directed to some tangible object. Yet there also exist intangible values that inspire movement.«[51]

Diese Absenz eines Gegenstands bedingte eine introspektive Befragung der sich bewegenden Person. Gegenstandslosigkeit ist damit nicht nur ein Schlagwort für die abstrakte Malerei der Nachkriegszeit, sondern gleichzeitig ein Leitmotiv tänzerischer Bewegungstheorie der Jahrhundertmitte.

Diese gegenstandslosen Bewegungen werden an einem tradierten Ort, dem Künstler*innenatelier, ausgeführt. Das Atelier galt zunächst als geheimer Ort der Kunstproduktion, wurde aber im 20. Jahrhundert zunehmend öffentlich. Damit wird auch das Atelier, insofern Wissen aus dem Herstellungsprozess aufgezeichnet und verfügbar gemacht also *notiert* wird und somit nach außen dringen kann, auch zu einem Raum, der choreografischen Epistemen unterliegt. Dies leitet sich bereits aus der ursprünglichen Bedeutung des Wortes Choreografie ab. Wie immer wieder in Forschungen zum Theoriekomplex der Choreografie üblich ist, verweisen auch die beiden Tanzwissenschaftler*innen Sabine Huschka und Hartmut Böhme auf die Etymologie des Wortes und dessen Anschlussfähigkeit an andere Disziplinen und Medien:

> Tanzen folgt stets einer Choreographie. Der griechische chorós, der lateinische chorus (woher auch der ›Chor‹ stammt) meint ursprünglich: Tanzplatz, das hieß: der abgegrenzte Raum, wo der Kulttanz für die Götter stattfand. Als weitere Bestimmung kommt jedem Tanzen das Moment der Situierung zu: Der chorós ist eine ›eingeräumte‹, gerahmte Aufführungs- und Schaustätte von ›Körpern in Bewegung‹. Choreographie enthält ferner gr. graphós, graphein, das Schreiben, eigentlich: Ritzen, das Geschriebene, die Schrift. Tanzen ist Raumschrift, Raumritzung, die Zeichnung und Verschriftung des Raums – freilich nicht in Lettern, sondern in den ephemeren, unsichtbaren Spuren und Figuren, die in der tänzerischen Bewegung erzeugt werden – aufscheinend und verschwindend. Das ›graphische‹ Moment am Tanz, die flüchtige Tanzschrift ist es, die den Anschluss an andere Medien eröffnet: das Medium des expliziten Wissens, Notationen, Sprache, Bilder.[52]

Chorós gehe auf den abgegrenzten Raum für kultische Bewegungen zurück, *graphein* verdeutliche das Zeichnen/Schnitzen/Meißeln der Figuren in diesem Raum mit dem Körper. Sofern die Leinwand auf den Boden gelegt wird, ergibt sich eine räumliche Disposition, die der des *chorós* ähnelt: Die Leinwand begrenzt dann eine Bodenfläche, auf der Handlungen vollzogen werden. Diese Handlungen werden innerhalb des begrenzten Raumes situiert, was jedoch nicht zwangsläufig bedeuten muss, dass dieser Raum mit dem gesamten Körper betreten wird. Ferner erzeugt diese räumliche Disposition ein Zentrum und eine Peripherie, markiert durch die Grenze des Leinwandrand, die jedoch mit der kultischen – oder im Falle der horizontalen Malerei: malerischen – Handlung durchbrochen wird. Nicht nur die niedergeschriebenen Gesten wiesen über diesen Rand hinaus, auch in der Rezeptionsästhetik der Werke von Pollock, Götz, Mathieu und Shiraga wurde immer wieder ein immersiver Aspekt betont – die Gesten würden sich demnach über die Ränder der Leinwand hinaus vollziehen. Dafür wurden die Farbüberbleibsel in den Ateliers als Argumente herangezogen: Das Bild erfahre eine Entgrenzung.[53]

Hier ist die Choreografie anschlussfähig an die gestisch-abstrakte Malerei auf dem Boden. Huschka und Böhme argumentieren für einen offenen Gattungsbegriff, wenn sie erörtern, dass der Wandel der Choreografie ins grafische Medium durch Schrift und Zeichen »den Anschluss an andere Medien« möglich mache, nämlich an »das Medium des expliziten Wissens, Notation, Sprache, Bilder«.[54] Die Choreografie ist somit ein Topos, an dem sich von vielen Stellen bedient und wo die körperliche Bewegung in eine Form gebracht wurde, die unterschiedlichen künstlerischen Vorstellungen unterliegt. Auch wenn im Vollzug des Tanzes diese Form ephemer ist, kann sie dennoch fixiert werden und wurde lange als abstraktes Schriftbild gedacht. Diese Fixierung der Form kann also entweder notationell und damit stabil oder durch die Ausführung der Bewegung auch ephemer sein.[55]

Im Falle der gegenstandslosen, gestischen Malerei ist es jedoch nicht nur »der Wandel ins graphische Medium«, der den Anschluss an Bilder und Malerei möglich macht, sondern auch die räumliche Disposition. Entweder grenzt die Leinwand einen Raum auf dem Boden ab, wo das *graphein* in diesem Raum ausgeführt wird. Dies trifft vor allem auf die Werkprozesse von Götz, Shiraga und Pollock zu. Oder, wie im Falle von Mathieu, wird sich in einem öffentlichen Werkprozess der Inszenierungsstrategien des Theaters bedient, indem er auf Theaterbühnen malte oder das Publikum um seinen Performanceraum in Zuschauerreihen verteilte.

Durch die Experimentierfreude in der Malerei der 1950er-Jahre wurde nicht mehr nur das Gemälde als Verhandlungsort und Umsetzung von Malereitheorie verstanden, sondern ebenso der Künstler*innen-Körper und seine Bewegungsimplikationen gesteigert eingebunden. Die produktionsästhetischen Konzeptionen der nicht-figurativen, gestischen Malerei sind mit einem choreografischen Prozess beschreibbar: einerseits wurde die Disposition der Malereimaterialien so variiert, dass eine tanznotatorisch konstruierte Räumlichkeit eine perspektivisch-mimetische ablöste. Andererseits nutzten Pollock, Götz, Shiraga und Mathieu die körperliche Bewegung ohne Objekt- oder Zielgebundenheit als poetologisches Programm und generatives Moment ihrer Malerei genutzt. So gewannen der Herstellungsprozess und agentiale Kontexte an Bedeutung. Fotografische und filmische Dokumentationen wurden durch dieses Bewegungsverständnis zu einem integralen Bestandteil der Malerei, das Endprodukt des Gemäldes verlor an Bedeutung und war nicht mehr alleiniger Ausgangspunkt der bildnerischen Reflexion.

Hand und Fuß haben: Kazuo Shiraga

Gutai und westliche Malerei

Was ist die »konzeptionelle Kohärenz«[56], der gemeinsame Ausgangspunkt, auf den sich eine multinationale, gestische Abstraktion in der Malerei der 1950er-Jahre berufen konnte? Das vohergehende Kapitel »Dispositionen des Bildgrunds und Bewegungstypologie« stellte bereits voran, dass es sich dabei um unterschiedliche Einbindungen von körperlicher Bewegung, die in der Malerei den Werkprozess mitbestimmte, handelte. Diese Einbindungen wurden hauptsächlich über Kritiken und Theorien von westlichen Theoretiker*innen und Künstler*innen verhandelt und sind somit zu kanonischen, kunsttheoretischen Schriften der Nachkriegszeit geworden. Sie wurden darüber hinaus auch im Rahmen dieser Arbeit in einer westlichen Geschichte und Typologie der (Tanz-) Notationen verortet. Action-Painting, Art informel, Abstraction lyrique, Tachismus, und Abstrakter Expressionismus sind die Begriffe, die hierzu in kritischen und theoretischen Texten verwendet wurden. Aus dieser westlichen Perspektive ist jedoch weniger bekannt, dass sich auch die

Gutai-Künstler*innen mit genau diesen Fragen, der Formalisierung von Bewegung, dem Verhältnis des agierenden Körpers zum Kunstwerk und zum Material und wie diese kunsthistorisch und -theoretisch verortet waren, auseinandergesetzt haben.[57]

Bei der Frage nach der konzeptionellen Kohärenz darf folglich nicht unbemerkt ein westlich konstruiertes Konzept alleiniger Ausgangspunkt sein. Für eine Auseinandersetzung mit der Zirkulation nicht-figurativ arbeitenden Künstler*innen aus den USA und Frankreich mag dies weniger problematisch sein, da sich hier gegenseitige Inanspruchnahmen dieser Kohärenz in einer eng verzahnten Diskursdynamik abspielten. Weitere Diskursakteur*innen, wie diejenigen von *Gutai*, wurden in diesem vornehmlichen US-amerikanischen und französischen Diskurs jedoch anders beteiligt oder ausgegrenzt und dadurch hierarchisiert. In der Auseinandersetzung mit den Künsten und Künstler*innen von *Gutai* muss daher eine kritische Vorsicht gelten, was Übertragungen von westlichen Malereikonzepten auf *Gutai* angeht, um die japanischen Künstler*innen nicht in ein westliches Kunst- und Transferkonzept einzuspeisen. Obwohl diese Künstler*innen mit diesem Konzept arbeiten, ist es nicht der alleinige Ausgangspunkt für ihre selbstbewusste Postulierung eigener Werkkonzepte. Vielmehr haben unterschiedliche Künstler*innen von *Gutai* den Diskurs der gestischen Malerei im Sinne einer »co-création«[58] zu seinem Entstehungszeitpunkt mitbestimmt und wurden im Nachhinein durch ihre periphere Verortung nicht mehr gleichberechtigt in diesem Diskurs verortet. Viele Mitglieder von *Gutai* setzten sich zuerst mit traditionell japanischer Malerei auseinander, bevor sie von ihrer klassischen Ausbildung und Tusche- und Seidenmalerei oder Kalligrafie absahen und mit Papier, Leinwand, Öl- und Acrylfarben oder anderen Materialien arbeiteten.[59] Es ist dabei genauer zu untersuchen, aus welchen Gründen es zu einem Wechsel malerischer Techniken kam, um keine einseitige Perspektive auf den Gegenstandsbereich zu entwickeln, sondern eine historische und kulturelle Spezifität der *Gutai*-Künstler*innen zu berücksichtigen, wenn auch aus der westlichen Perspektive dieser Arbeit.

Mit einem Manifest positionierte Jirō Yoshihara *Gutai* in einer westlichen Kunstgeschichte.[60] Dabei waren die Bedingungen und Kontexte, unter denen dieses Vorgehen ablief, in hohem Maße vielfältig. Denn die Reichweite dieser sprachlichen Geste bezog sich nicht nur auf die westliche Kunstwelt, sondern auch auf die Diskursgeschichte westlicher Malerei in Japan. Nur kurz sei hier angesprochen, dass der Kunstkritiker und (Galerie-)Ausstellungsmacher Michel Tapié nach seiner Japanreise die *Gutai*-Künstler*innen, die schon vor dieser Reise mit traditionell westlichen Materialien der Malerei Leinwand und Ölfarbe bearbeitet hatten, in französischen und US-amerikanischen Ausstellungen zeigte.[61] Die Eigenpositionierung von *Gutai* im Diskurs der gestischen, abstrakten Nachkriegskunst, unter dem federführendenden Yoshihara, erlaubt die Untersuchung von Kazuo Shiraga und *Gutai* in einem vergleichenden Rahmen der gestischen Malerei. Um die historische und kulturelle Situation der *Gutai*-Künstler*innen nicht mit einer westlichen Vorstellung zu homogenisieren, werden zwei Perspektiven entwickelt: Einerseits geht es in diesem Kapitel um die Haltung der *Gutai*-Gruppe gegenüber der westlichen, zeitgenössischen Kunst von ihrer Gründung 1954 bis 1957. Andererseits wird im Kapitel »Trajektorien von Art autre in Frankreich und den USA« die Perspektive des Westens auf *Gutai* beleuchtet, die sich entwickelte, nachdem Tapié 1957 nach Japan gereist war und sich bemühte, Werke der Künstler*innengruppe in westlichen Ausstellungen zu manifestieren.

1954 gründete sich die *Gutai Art Association* (具体美術協会, im Folgenden *Gutai*) aus unterschiedlichen, vorherigen Zusammenschlüssen unter der Patronage von Jirō Yoshihara. *Gutai* positionierte sich durch das Manifest und Eigenpublikationen, nicht nur in einem ästhetischen, sondern auch in einem kulturpolitischen Malereidiskurs. Vor dem Zweiten Weltkrieg wurde in Japan über die Begriffe *nihonga* (日本画, *nihon*: Japan/japanisch, *ga*: Malerei), japanische Malerei, und *yoga* (洋画), *[se] yo*: westlich, *ga*: Malerei), westliche Malerei, wie auch deren Implikation in ein nationales Kunstverständnis, das durch *yōga*, also durch westliche Malereiproduktion in Japan, globalisiert werde, diskutiert.[62] Diese Diskussion resultierte aus der kulturellen Öffnung Japans während der Meiji-Zeit 1868–1912, mit der westliche Kulturverständnisse und -konzepte Eingang fanden. Ein dynamischer Austausch von Kunstobjekten und -konzepten – mit Herkunft aus Japan in Frankreich als *japonisme* bezeichnet – konnte entstehen. Während dem Japonismus eine starke Präsenz in der Moderne Frankreichs zu eigen war, seien umgekehrt jedoch in Japan die westlichen Kunstkonzepte weniger stark verschlagwortet, rezipiert und verbreitet worden.[63]

Großindustrielle Sammler wie Magosaburō Ōhara, Kōjirō Matsukata oder Tadamasa Hayashi hatten auf ihren Europareisen Werke der Impressionist*innen und Postimpressionist*innen, aber auch von den weiteren französischen Modernen gekauft.[64] Für diese Sammlungen hatten sie teilweise Museen gegründet und bauen lassen: die Sammlung Ōhara öffnet bereits 1930 in Kurashiki und zählt zu den ersten Museen westlicher Kunst in Japan.[65] Kōjirō Matsukata wie auch Tadamasa Hayashi planten bereits vor dem Zweiten Weltkrieg Museen für ihre Sammlungen zu errichten. Hayashis Sammlung wurde jedoch nach seinem frühen Tod 1906 verkauft und war nur geringfügig auf der *Meiji Bijutsu-kai* 1890 und 1893 in Tokio zu sehen.[66] Nach dem Zweiten Weltkrieg kaufte Ishibashi Shōjirō (1889–1976) in Japan verfügbare Werke der französischen Impressionist*innen und Postimpressionist*innen auf, unter anderem aus der Sammlung Hayashi, und gründete mit diesen das Bridgestone Museum of Art (heute Artizon Museum), das 1952 im Tokioter Geschäftsgebäude Ishibashis eröffnete und in dem 1957 auch die *Gutai*-Gruppe eine Ausstellung zum Informel organisierte.[67] Darüber hinaus wurde die Sammlung Matsukata 1959 im eigens für diese Sammlung gegründeten National Museum of Western Art in Tokio ausgestellt, nachdem die französische Regierung schon zu Beginn der 1950er-Jahre eingewilligt hatte den beschlagnahmten Teilbestand, der während des Zweiten Weltkriegs in Paris gelagert war, an die japanische Regierung zurückzugeben.[68] Diese Sammlungen zeigten Werke von Paul Gauguin, Pierre-Auguste Renoir, Vincent van Gogh, Claude Monet, Edgar Dégas, Camille Pissaro, aber auch von Camille Corot und Jean-Léon Gérôme. Die französisch-japanischen Kulturbeziehungen verliefen nach dem Zweiten Weltkrieg also nicht auf gänzlich neuen Wegen, sondern schlossen in einem diplomatischen und historischen Rahmen an kulturelle Beziehungen der ersten Hälfte des 20. Jahrhunderts an.

Durch die Besatzung des amerikanischen Militärs, die 1951 mit dem Friedensvertrag von San Francisco offiziell endete, aber deren kulturpolitische Reichweite noch immense Auswirkungen offenbarte – Japan sollte auf längere Sicht zum politischen Verbündeten der USA in Ostasien werden[69] –, entstand auch für die Künstler*innen von *Gutai* ein spezielles Klima. Laut Bert Winther-Tamaki gingen künstlerische Vorhaben in einem globalen Kontext auf, denn »Japan was absorbed into an American-dominated postwar global order«[70]. In der Rolle einer moralisch überlegenen Siegermacht zensierte die amerikanische Militärregierung die künstlerische Auseinandersetzung mit den Folgen der Atombombenabwürfe auf Nagasaki und Hiroshima, um die Thematisierung von traumatischen Kriegskonsequenzen, verschuldet durch die USA, zu unterbinden.[71] Fotoreportagen mussten vor dem Inkrafttreten des Friedensvertrags genehmigt werden, sodass erst nach dessen Abschluss Re-Editionen bisher weniger bekannter Dokumentation der Verwüstungen verfügbar wurden.[72] Gleichzeitig kamen seit Kriegsende in Japan der US-Besatzung gefällige Bestrebungen auf, das bisherige, stärker hierarchisch geprägte Kunstsystem in ein demokratischeres umzuwandeln.

In dem Kontext der Suche nach einer Anknüpfung an die Vorkriegsmoderne in Japan, dem Bedürfnis von Künstler*innen sich zeitgemäß und unzensiert auszudrücken, wie auch durch die unterstützende politische Situation der US-Besatzung ein demokratisches (Kunst-)Weltverständnis zu schulen, um dem Faschismus der japanischen Regierung zu begegnen, habe sich laut Michio Hayashi der japanische Kunstdiskurs der 1950er-Jahre von einem kennerschaftlichen und hierarchisch geprägten in einen sozialeren und theorieaffineren Diskurs gewandelt.[73] Aus dieser Situation heraus bildeten sich verschiedene Künstler*innengruppen, die im Rahmen dieser Kriegs- und Nachkriegsfolgen eigene Positionierungen entwickelten und sich teils aus schon vorher bestehenden, kleineren Gruppierungen zusammenschlossen.[74] Ein kulturpolitisches Bedürfnis nach zeitgemäßen künstlerischen Ausdrucksformen war bei diesen Gründungen auch deshalb ein Kernanliegen, weil in den 1950er-Jahren laut des Historikers Harry Harootunian in Japan ein ökonomisches Interesse durch Reparationen und Wiederaufbau noch vor dem kulturellen stehe.[75] Die kulturelle Selbstfindung Japans nach dem Krieg und der amerikanischen Besatzung spielte sich daher unter der Vielzahl dieser unterschiedlichen Aspekte – US-amerikanischen Zensur, Demokratisierung der Kunstwelt, Anknüpfung an die Moderne vor dem Zweiten Weltkrieg, Suche nach entsprechenden, künstlerischen Ausdrucksformen der Kriegstraumata – ab und nicht alle Künstlergruppen und -gesellschaften richteten sich an all diesen Aspekten aus.

Mit diesem Wissenshorizont veröffentlichte Jirō Yoshihara im Dezember 1956 in der Kunstzeitschrift *Geijutsu Sincho* das *Gutai*-Manifest. Darin positionierten sich die Künstler*innen der Gruppe in einen kunsttheoretischen Diskurs, der gerade im Hinblick auf die präsenten Impressionismus- und Postimpressionismus-Sammlungen (Sammlung Ōhara, Sammlung Ishibashi/Bridgestone Museum, Sammlung Matsukata) in Japan betrachtet werden kann, dem wiederum der Diskurs einer Auftrennung in *westliche* und *japanische* Malerei zugrunde lag. Im Rahmen dieser transnationalen Modernen spitzte sich in den 1930er-Jahren die Frage zu, inwieweit eine Nationalmalerei für das kulturell und finanziell aufstrebende Japan notwendig sei. Einerseits wurde dabei *yōga* von Künstler*innen und Kritiker*innen als notwendiger, wenn auch von außen kommender Stil einer aufgeschlossenen Kulturnation verstanden. Zuvor wurde die westliche Malerei nach ihrem Material, *abura-e* (油絵, *abura*: Öl; *e*: Gemälde/Zeichnung), benannt.[76] Andererseits wurde in dieser Diskussion angeführt, dass auch wenn *yōga* von vielen japanischen Maler*innen betrieben werde, *nihonga* als Begriff und Bedürfnis für eine kulturelle und traditionelle Verortung dennoch notwendig sei. Die Ambiguitäten, dass mit Öl malende japanische Maler*innen gleichzeitig *yōga,* und wegen ihrer regionalen Bindung *nihonga* produzierten, sei in dieser Hinsicht weniger wichtig gewesen als die *westerness* aufzulösen, die der *yōga* anhaftete, um die materiellen Qualitäten der Ölmalerei auch in Japan nutzen zu können.[77] Letztendlich standen in diesem Diskurs die materiellen Eigenschaften der Ölmalerei beziehungsweise von *yōga*, mit denen feine Farbmodellierungen und andere technische Differenzierungen möglich wurden und welche die traditionell japanische Malerei nicht ermöglichte, im Hintergrund.

In diesem kulturpolitischen Zusammenhang funktionierte das Manifest als Selbstverortung an der Seite der Künstler*innen der *yōga*. Yoshihara gliederte *Gutai* jedoch nicht auf Augenhöhe mit den westlichen Avantgarden in eine westliche Kunstgeschichte ein, sondern begründete mit der Kunst von *Gutai* einen Anspruch, der über die westlichen Avantgarden hinausging. Einerseits wurden im Text die materiellen Zwänge der bisherigen westlichen Malerei thematisiert, die im Diskurs von *yōga* und *nihonga* einer der Ausgangspunkte war, andererseits wurden auch so gut wie ausschließlich westliche Kunst- und Malereikonzepte diskutiert, mit denen Yoshihara die Aktivitäten und künstlerischen Ansätze von *Gutai* konturierte. Der in Japan präsente Impressionismus und Postimpressionismus prägte die Vorstellung von *yōga* mit, die auch Yoshihara in seine Ausführungen aufnahm:

> Today, it is only primitive art and various art movements after Impressionism that manage to convey to us a feeling of life, however inert. These movements extensively used matter-that is, paint-without distorting or killing it, even when using it for the purpose of naturalism, as in Pointillism and Fauvism. In any case, these styles no longer move us; they are things of the past.[78]

Eine materielle, verlebendigende Qualität in der Handhabung des Materials wird zwar im Impressionismus, Pointillismus und Fauvismus von Yoshihara erkannt, sei jedoch für *Gutai* nicht mehr zeitgemäß. Unter der Relektüre der westlichen Malereigeschichte mit einem Fokus auf ihre Materialität, also einem Fokus der sich auch aus der japanischen *nihonga/ yōga*-Diskussion ergab, sah Yoshihara die bisherige Materialbändigung in der westlichen Kultur als monströse Missgestaltung:

> Let's bid farewell to the hoaxes piled up on the altars and in the palaces, the drawing rooms and the antique shops. They are monsters made of the matter called paint, of cloth, metals, earth, and marble, which, through a meaningless

> act of signification by humans, through the magic of material, were made to fraudulently assume appearances other than their own. Slaughtered under the pretense of production by the mind, matter [busshitsu] can now say nothing. Lock up these corpses in the graveyard. Gutai Art does not alter matter. Gutai Art imparts life to matter. Gutai Art does not distort matter.[79]

Ebenso führte er die Bedeutungskonstruktion als nichtige Angelegenheit an, da sie eine Überstülpung des Menschen auf die Kunstobjekte sei. Dahingegen müsse in der Kunst das Material nicht mit technischem Wissen gebändigt werden, sondern als organisches Gegenüber mit einem Spielraum begegnet werden, in dem das Material selbst ästhetisch wirksam und somit belebt werden könne. Die Kritik der Bedeutungszuschreibung von außen, aus der Konzeption der Künstler*innen und Betrachtenden über die Dialektik von Form und Inhalt, ähnelte dabei auch dem europäisch-amerikanischen Diskurs der abstrakten, gegenstandslosen Kunst und wie dieser von Künstler*innen mitgeprägt wurde.[80] Wird mit einer neuen materiellen Handhabung, beispielsweise der stärkeren Einbindung von eigengestalterischen Effekten des Materials, wie in Pollocks *drippings* oder der Kleisteremulsion von Götz, ein neues Vermögen der gestischen Abstraktion gesehen, so spricht auf ähnliche Weise Yoshihara dem Material eine eigene Lebendigkeit zu. Diese ähnliche Interessenlage am eigengestalterischen Vermögen des Materials erkannte er als Gemeinsamkeit, mit der er sich und die Künstler*innen von *Gutai* in einen Rang mit Pollock und Mathieu positionierte:

> Now, interestingly, we find a contemporary beauty in the art and architecture of the past ravaged by the passage of time or natural disasters. Although such beauty is considered decadent, it may be the innate beauty of matter reemerging from behind the mask of artificial embellishment. Ruins unexpectedly welcome us with warmth and friendliness; they speak to us though their beautiful cracks and rubble-which might be a revenge of matter that has regained its innate life. In this sense, we highly regard the works of Pollock and Mathieu. Their works reveal the scream of matter itself, cries of the paint and enamel. These two artists confront matter in a way that aptly corresponds to their individual discoveries. Or rather, they even seem to serve matter. Astonishing effects of differentiation and integration take place.[81]

Auf gewisse Weise vereinnahmte Yoshihara die Malerei von Mathieu und Pollock für die Zwecke und Ziele der Gruppe, sodass sie trotz der Distanz zu den westlichen Kunstzentren New York und Paris als gleichgesinnte Zeitgenoss*innen gelten konnten. Denn, wie Ming Tiampo zur Selbstverortung von *Gutai* anführt, sei das neue Kunstverständnis der Künstler*innengruppe grundlegend für eine Distanzierung zur eigenen traditionellen, japanischen Kunstgeschichte, aber auch und gleichzeitig eine Differenzierung von der westlichen Kunstgeschichte. Damit konnte eine »critical cultural translation«[82] von Pollocks Werkkonzeption im japanischen, kulturhistorischen Rahmen genutzt werden, um die mediale Limitierung der Malerei westlicher (*yōga* = Ölmalerei) wie auch japanischer Kunst (*nihonga* = Tusche-, Seidenmalerei) zu überwinden. Ausgehend von diesem Kunstverständnis habe *Gutai* eigene neue Positionen, die auf die zentrale Originalität von Pollock zwar verweisen, aber von der Peripherie aus den Diskurs dieser Originalität produktiv stören können, bezogen.[83] Diese Differenzierung von der westlichen Malerei wie auch der japanischen Malerei drückten die *Gutai*-Künstler*innen auch sprachlich aus, in dem sie ihre Malereierzeugnisse mit dem japanischen Wort *e* (絵), schlicht als Malerei/Zeichnung, bezeichneten und damit die akademisch und kulturpolitisch konnotierten Präfixe wie *abura* (Öl) oder auch *yo-* (Derivat von *seyo*, westlich) oder *nihon* (japanisch) beim Wortstamm *-ga* (Malerei) tilgten.[84] Der Gebrauch von *e* überkomme dabei die materielle (*abura*) und kulturpolitische (*yōga*) Definition der Malerei und damit auch die Problematik der *westerness* von *yōga*. *E* werde als bestehendes Wort reaktiviert und mit einem neuen, spezifisch für *Gutai* geltenden Malereikonzept versehen, das nicht die zweidimensionale Fläche betonte, sondern auch den Raum und die Zeit des Produktionsprozesses mit einbinde.[85]

So dezentralisierte *Gutai* auch die Pollock'sche Werkkonzeption, an der sich im US-amerikanischen Malereidiskurs die Frage nach der spezifischen Eigenheit der Malerei entbrannt hatte. Dieses Potential sei vorwiegend auf Yoshiharas Vernetzung mit Wissensformaten nutzbar gemacht worden, da dieser eine materielle und körperliche Relektüre von Pollocks Werken als Ausgangspunkt von seinem Kunstprogramm initiierte. Yoshihara hatte die Zeitschriften *Art d'aujourd'hui* von 1950 bis 1954, *Cimaise* von 1954 bis 1956 und *Art News* von 1953 bis 1968 abonniert, sodass er sich umfassend über die aktuellen Diskurse der zeitgenössischen Kunst in Frankreich und den USA informieren konnte. Zudem schrieb er einen Artikel für die Zeitschrift *Bokubi*[86] mit Verweis auf den Pollock-Artikel im *Life*-Magazin[87] und führte ein Notizbuch, in dem er Gedanken zu seiner intensiven Auseinandersetzung mit Robert Goodnoughs *Pollock paints a picture* aufzeichnete, dem Artikel, der insbesondere Pollocks Werkprozess jedoch unter deskriptiven Verweisen auf nicht im Artikel abgebildete Werke, beschrieb und der Fotografien von Hans Namuth zeigte.[88] Darüber hinaus waren zwei Werke Pollocks 1951 in Japan zu sehen, und zwar auf der dritten *Yomiuri Independent*

Exhibition die Werke *No. 11* (1949) und *No. 7* (1950), die Yoshihara hoch angepriesen hatte.[89]

Ein Anreiz für die Künstler*innen von *Gutai*, die Malerei aus einer neuen, körperlichen Perspektive zu verstehen, bei der der malende Körper nicht mehr im Dienst der Figuration und Darstellung steht, sondern produktiv in den Malereiprozess mit eingebunden wird, kann zum Teil auf Yoshiharas Lektüre von Pollocks Werkprozess zurückgeführt werden. Auch wenn Pollocks Werkprozess damit als ein Ausgangspunkt von mehreren zur körperlich gestischen Malerei ist, fanden die Künstler*innen jeweils einen eigenen Umgang mit diesem Ausgangspunkt. So konnten bei Kazuo Shiraga, Sadamasa Motonaga und Shōzō Shimamoto Umgangsformen mit auf die Leinwand transponierter körperlicher Aktion nachvollzogen werden, vor allem die Künstlerinnen von *Gutai* distanzieren sich aber von diesem stark körperlichen Ansatz der gestischen Abstraktion.[90]

Die Künstler*innen von *Gutai* kannten die westliche Kunstgeschichte der Moderne, die Bedeutung einer neuen Materialverwendung der westlichen, abstrakten Kunst als Innovationskonzept und die über Namuths Fotografien tradierte Malweise von Pollock. In ihre Kunstwerke schreiben sich Referenzen auf diese Aspekte ein, jedoch nicht als Nachahmungen, die eine Zentrums- und Peripheriedynamik begünstigen würde, sondern als ästhetisch zeitgemäße Ausdrucksformen. Während *Gutai* also sehr genau über die abstrakt-expressive und informelle Kunst von Pollock und Mathieu sowie über die Kunstdiskurse und -kritiken hierzu informiert war und sich mit einem differenzierten Kunstverständnis in einer westlichen Nachkriegsmoderne positionieren konnte, war umgekehrt der Wissenshorizont der Kritiker*innen der *Gutai*-Ausstellungen im Westen keinesfalls genauso detailliert informiert.

Aus dieser Perspektive lässt sich das Innovationskonzept der Kunstavantgarden hinterfragen: Während oft die starke, formale Gemeinsamkeit der gestischen Malereien von *Gutai* mit Pollocks Werken betont wird, so schließt der Werkprozess eine produktionsästhetische Gemeinsamkeit jedoch aus. Mit anderen Worten: Unterschiedliche Malweisen führen zu einem formal vergleichbaren Endergebnis; dass bei der gestischen Malerei aber die handlungstheoretischen Aspekte der Werkprozesse höchst verschieden sein können und auf unterschiedliche, regional-kulturelle und kunsttheoretische Kontexte verweisen – wie bei Harold Rosenberg und einer sozio-politischen und psychologischen Handlungstheorie – geht bei einem solchen formalistischen Vergleich verloren. Die Fixierung auf die formalen Aspekte nicht-figurativer, gestischer Abstraktion verhindert somit eine differenziertere Auseinandersetzung und verstärkt fälschlicherweise den Eindruck einer Kopiengeschichte, in der weitere Künstler*innen nach Pollock ganz ähnliche Abstraktionsformen fanden.

Der Sprung in den Bildgrund

Ende der 1960er-Jahre äußerte sich Kazuo Shiraga bei einem Vortrag für die Canadian Academy zum Action-Painting. Er erläuterte die verschiedenen malerischen Techniken, die *Gutai*-Künstler*innen benutzt hatten, beispielsweise die in Farbe getränkten Bälle, die auf die Leinwand geschossen wurden, die Durchlöcherungstechniken oder der Schuss mit Farbe auf die Leinwand mit einer selbstgebauten Kanone. Daraufhin beschrieb er:

> These works were created by the Gutai artists only in Keihanshin Area, Kyoto, Osaka and Kobe Area in Kansai, that is; without having the slightest idea bout action-painting which was then beginning to attract attention in America. Infact, we did not know at all that action painting existed overseas.[91]

Das umfassende Konzept des Action-Paintings mag den Künstler*innen von *Gutai* nicht in Gänze bekannt gewesen sein, zumindest aber kannten sie die Art und Weise, wie Pollock malte, da sie schon im Februar 1956 eine Korrespondenz mit dem Maler begonnen hatten[92] und später in ihrer Zeitschrift eine Fotografie Namuths zeigten. Auch die Malweise von Mathieu war ihnen bekannt, weil dieser für einige Malperformances im September 1957 nach Osaka gereist war. Die Jahre vor 1956 waren für Shiraga auch mit einer eigenen, stringenten künstlerischen Entwicklung versehen: Frühere Malereien zeigen kubistische und expressionistische Darstellungen von Landschaften, Orten und Objekten. Vergleichbar sind diese mit Werken der Klassischen Modernen der französischen Avantgarden – Werke, die durch mehrere private Sammlungen auf dem Honshū, der Zentralinsel Japans, verfügbar waren. Ein mehr oder weniger vages Vorbild westlicher (französischer) Malerei ist auch über die Handhabung des Materials der frühen Werke Shiragas, Öl auf Leinwand mit Komposition und Figuration, rückführbar. Auch wenn der *yōga/nihonga*-Diskurs nicht aufschlüsseln konnte, inwiefern Ölmalerei mit japanischen Motiven nun *westlich* oder *japanisch* ist, fielen solche abstrakt-figurativen, malerischen Gestaltungen wie die frühen Werke Shiragas in die Kategorie einer westlichen Tradition.

Die Jahre 1953 und 1954 waren eine Zeit des künstlerischen Umbruchs für Shiraga, in der er durch materielle Erprobungen beim Malen die Grenzen von *nihonga* und *yōga* auslotete. Auf die Frage, was Shiraga zu seiner Kunst vor seinem Beitritt zu *Gutai* zu sagen habe, antwortete er:

> I had originally done *nihonga*, but then I decided I wanted to try something different. Before that, in junior high, I had studied European-style painting and I could never forget the texture of oil paint. It has a fluidity that *nihonga* pigments lack and a paste-like quality that allowed you to spread it around.[93]

Unter anderem aus materiellen Gründen und der Viskosität des Pigments entschied sich Shiraga für das Malen mit Öl- und später auch Acrylfarben, noch bevor er durch den Anschluss an *Gutai* mit dem westlichen Originalitätsdiskurs in Kontakt kam. Die von ihm mitgegründete *zerō kai* (Zero Gesellschaft) und deren Mitglieder Akira Kanayama, Saburo Murakami und Atsuko Tanaka schlossen sich im Februar 1955 der von Yoshihara gegründeten *Gutai Art Association* an. Der kollaborative, sich gegenseitig Wissen vermittelnde und diskussionsreiche Rahmen von *Gutai* dynamisierte und veränderte bisherige Kunstverständnisse der Beteiligten, unter anderem weil Yoshihara, der bereits seit den 1930er-Jahren eine künstlerische Laufbahn verfolgte und transatlantische Reisen unternommen hatte, Inhalte, Quellen und Kommentare zur westlichen Kunst in der Gruppe thematisierte.

In diesem Rahmen hinterfragte auch Shiraga sein bisheriges Kunstverständnis und erschloss sich neue Inspiration für seine Werke. Körperliche Erschöpfung und der Wille mit der Malerei einen schallenden Schlag auszulösen, der aufhören lässt, bildeten hierfür Ausgangspunkte, die er in *Some Thoughts* in der zweiten Ausgabe der Zeitschrift *Gutai* im Oktober 1955 beschrieb:

> When I am painting, I want to work as if I am running around a battlefield with all my might to the extent that I collapse. The completed work is not for someone to appreciate. It should have enough impact to give someone a blow.
> The moment I pick up an electric vibrator, I want to make a picture with it. Alternatively, I feel like throwing a rubber ball to make a painting.
> I use my hand, where the physical action of human being appears most easily, to create a picture by scratching or beating. Sliding around on top of the mud-like paint is enough to express my feelings. To be honest, I would like to do away with the decent-looking easel, which is useful but weak, and pin the canvas to the wall.[94]

Shiraga leitete aus kollektiven, körperlichen Kriegserfahrungen eine künstlerische Intention ab. Wie bereits ausgeführt, hatte die US-amerikanische Militärbesatzung Reportagen über die Atombombenabwürfe unterbunden und bildnerisches und dokumentierendes Material zu den Kriegsfolgen zensiert, wodurch nur eine verzögerte Auseinandersetzung mit diesen kollektiven Traumata in der japanischen Gesellschaft und somit auch in der Kunst stattfinden konnte. Diese Ausführungen von Shiraga nahmen Kriegsvokabular auf, das *battlefield,* den *collapse* und den *blow*, und transferierte diese in ein Handlungsvermögen der malerischen Gestaltung.[95] Hierbei stand Erschöpfung durch ununterbrochene körperliche Aktivität im Mittelpunkt seiner Reflexion. Abgebildet zu Shiragas *Some thoughts* ist ein Gemälde, das er direkt mit den Händen und rot-schwarzer Farbe gemalt hatte. In diesen *Palm Paintings* wird das schmierige Pigment nicht als Gestaltungsmittel von Formen und Objekten verstanden, sondern mehr durch seine Textur, also materialistisch aufgeladen. Die Farbe ist *mud-like,* wie Matsch oder Schlamm. Die Art und Weise, wie der Körper in seine Malerei eingebunden wurde, änderte sich, noch bevor der Diskurs der gestischen Abstraktion von Rosenberg und Tapié den *Gutai*-Künstler*innen zugetragen wurde.

In der dritten Ausgabe der Zeitschrift *Gutai* (Oktober 1955) reflektierte Shiraga in *The Very Act* seine frühen Malereien mit dem Palettenmesser/Spachtel und Ölfarben in einem poetischen Ton als Irrungen und Wirrungen eines erregten Herzens, das nach Anerkennung und Ruhm suchte. Diese Werkphase stellte er als *disgusting* heraus und er beobachtete, dass er mehr *comforted* sein wolle, als dass er tatsächlich hätte malen wollen.[96] Aus dieser Situation fand er nach seiner eigenen Schilderung einen Ausweg, den er mit einer Metapher des Rennens verdeutlichte. Er habe sich von traditionellen Vorstellungen gelöst und suche nach neuen, vorwärts führenden Wegen:

> Run forward, run, run no matter whether you fall down. At some stage, the [palet-]knife had been replaced by a piece of board. Irritated, I threw it away. I will do it barehanded with my own fingers. Believing I was heading forward, I kept running. While running, I realized, my feet! And I painted with my feet.[97]

Die Metapher des sich vorwärts Bewegens und Rennens beschreibt eine Perspektive auf den westlichen Kunstdiskurs, den Yoshihara im Manifest erörtert hatte. Das nach vorne Preschen ist begreifbar als eine sprachbildliche Beschreibung, mit der neue malerische Techniken oder innovative oder originäre Kunstkonzepte gemeint sein könnten, die das *Gutai*-Kollektiv spielerisch erprobte. Der zeitliche Rückblick auf den *yōga/nihonga*-Diskurs der Meiji-Zeit und auf die jüngere Kriegsvergangenheit schienen eine Sackgasse für Shiraga zu sein. Ein Bedürfnis nach zeitgemäßen und spezifischen Ausdrucksmitteln im politisch-gesellschaftlichen

Nachkriegskontext und nach neuen malerischen Techniken stellten das bisherige Originalitätskonzept der Klassischen Modernen infrage.

Yoshihara hatte zu einem frühen Zeitpunkt bereits mit Mitgliedern von *Gutai* seine Vorstellungen zu einer notwendigen Erneuerung der malerischen Mittel geteilt. Das Originalitätskonzept nach einem westlichen Kunstverständnis sei für die Gruppe aber nicht der alleinige Ausgangspunkt für unterschiedliche, künstlerische Entwicklungen gewesen, argumentiert die Kuratorin Aya Kunii. Laut Kunii habe Yoshihara bereits in den 1930er-Jahren als Amateurmaler und in der Auseinandersetzung mit den Künstlern Taro Okomato und Tsuguharu Foujita lernen müssen, dass ein zu großer Einfluss von anderen Künstler*innen im eigenen Werk nicht dem westlichen Originalitätsmythos entsprechen würde. Auf dieser Lehre aufbauend erkenne Yoshihara Originalität als unerreichbares Ideal, dass er in den 1950er-Jahre von den anderen *Gutai*-Künstler*innen forderte, um Grenzen des Originalitätskonzepts auszuloten.[98] Mit dem Wissen, dass Originalität, gerade für nicht-westliche Künstler*innen, kaum erreichbar war, korrigiert Kunii die ständige Emphase von Yoshiharas viel zitiertem Ausspruch »Create what has never been done before«[99]. Die Betonung der Originalität scheint für eine westliche Diskursivierung von *Gutai* notwendig, verkürze aber die Diversität der unterschiedlichen, künstlerischen Ansätze. Gerade die Gruppendynamik der an *Gutai* beteiligten Künstler*innen sowie deren Interesse daran, mit unterschiedlichen Ausdrucksmitteln aktuelle Kunst in der Gesellschaft zu verankern, seien Faktoren, die wichtiger waren als ein Originalitätseifer und Ausstellungen in *white cubes*. Für diese These führt Kunii als Argumente die Outdoorausstellungen, das Bühnenprogramm, zu dem auch Tapié anreiste, und einige Beispiele von Kunstwerken an und verweist auf die von Anfang an in den *Gutai*-Aktivitäten angelegte hohe Sichtbarkeit in öffentlichen Räumen sowie die Möglichkeit auf vielfältige Art und Weise mit den ausgestellten Kunstwerken zu interagieren. Damit argumentiert sie in eine ähnliche Richtung, wie Shinichiro Osaki, der in der westlichen Rezeption von *Gutai* eine Reduktion auf ihre westlichen Kunstproduktionen – Malerei/transportierbare Gemälde – nachgewiesen hat.[100] Shiragas Umherirren auf dem Kampfplatz oder das kopflose Rennen nach vorne können daher als körperliche Annäherungen an die unerreichbare Originalität verstanden werden und sind als körperliche Bewegung ohne objektgebundenes Ziel begreifbar. Diese beschriebenen körperlichen Aktivitäten eröffnen ebenso einen Deutungshorizont zwischen Staatskörpern (*kokutai*), Körpern, die auf dem Schlachtfeld befehligt wurden und dem Staatskör-

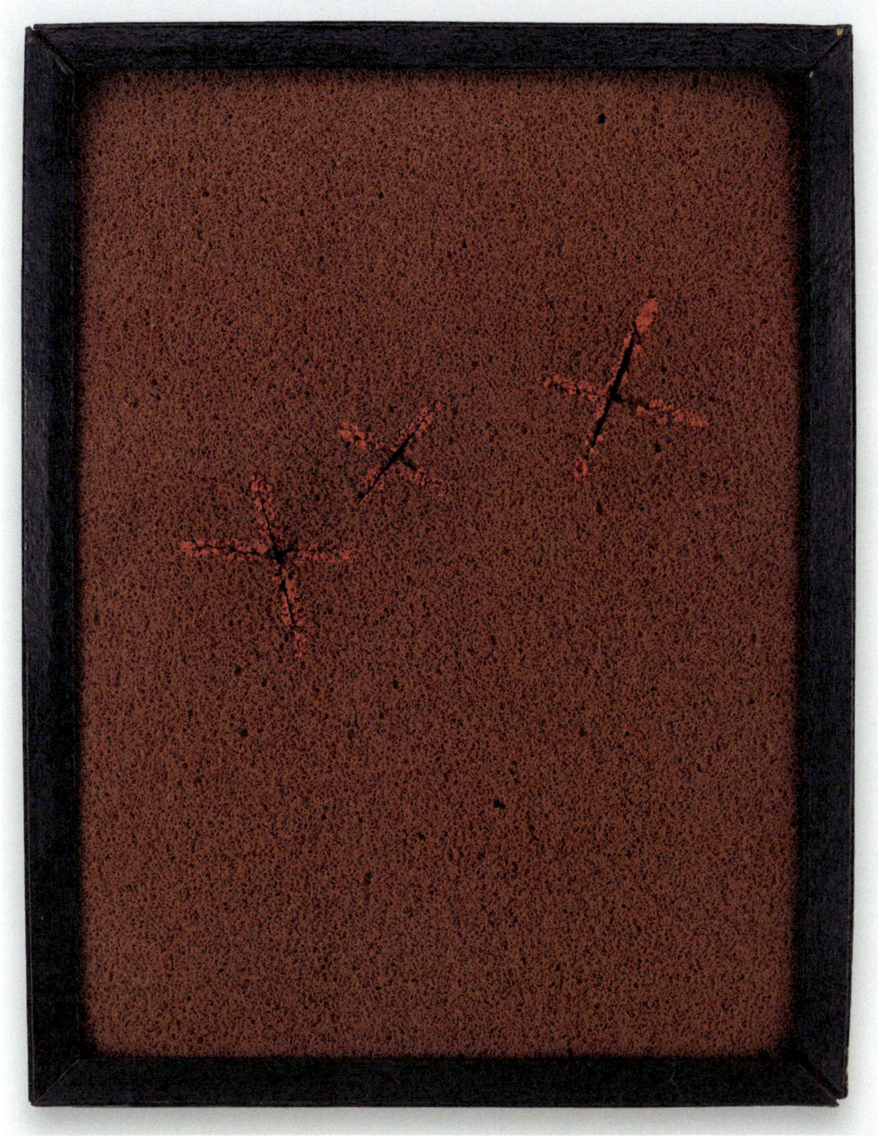

Abb. 16 | Kazuo Shiraga: 指で強く押して下さい *[Please push strong]*, 1955/56, keine weiteren Angaben, Private Sammlung, The Estate of Kazuo Shiraga

per zugehörig sind und dem individuellen, fleischlichen Körper (*nikutai*) Shiragas selbst.[101]

Bevor Shiraga mit seinen Fußgemälden in den späten 1950er- und 1960er-Jahren in westlichen Ausstellungen vertreten ist, hat er bereits eine Vielzahl unterschiedlicher, anderer Kunstwerksansätze verfolgt.

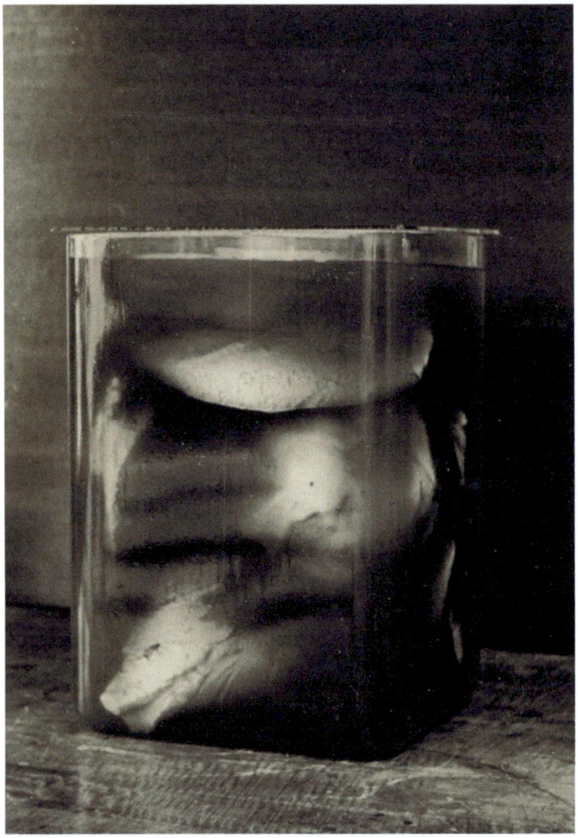

Abb. 17 | Kazuo Shiraga: びん漬の作品 *[Bottle-pickled work]*, auch *Red Liquid* genannt, Kuhinnereien, Zement und Formaldehyd, 1956, Amagasaki, Amagasaki Cultural Foundation.

Einerseits hat er taktile Objekte geschaffen, in denen körperliche Stofflichkeit durch eine weiche Außenhülle erzeugt wird. Fasst man in die eingeschlitzte Oberfläche von 指で強く押して下さい (*Please push strong*, 1955/56)[102], fühlt man darin ein hartes, zahnartiges Objekt, als würde man in einen offenen, menschlichen Körper greifen und auf Knochen tasten (Abb. 16). Oder Tierinnereien schwimmen in *Red Liquid* (1956) einem transparenten Kubus. Die rote Flüssigkeit und das Objekt ließen unterschiedliche rot-fleischliche Texturen erkennen (Abb. 17). Für die Outdoorausstellung fertigte Shiraga einen großen pinken, ovalen Klumpen an, der mit Folie eingewickelt, matschig und verschmiert mit haarähnlichen Strähnen versehen wurde. Für das Bühnenprogramm schoss Shiraga mit weiteren Personen mit Pfeil und Bogen auf eine Leinwand ein. In den aufgerissenen Löchern blieben die Pfeile hängen. Im Kontext dieser Werke erhalten die hierauf folgenden Fußgemälde eine andere körperliche Dimension als die einer malerisch-explorativen, körperlich-formalistischen Abstraktion. Das Diskurskonstrukt des Greenberg'schen Formalismus könne schon allein deswegen nicht für Shiragas Fußgemälde wirksam werden, weil der Künstler nicht eine Reduktion auf malerische Mittel vollzog, mit der eine reine *opticality* erzielt wurde. Shinichiro Osaki führt im Vergleich von Shiraga und Pollock an:

> Shiraga's paintings do not make the transition to an optical state even when placed on the vertical. In Shiraga's work, the materiality of the paint is too intense and the picture is totally opaque. And what's more important, there is the expanse of numerous physical indexical traces, including footsteps. Marks of this kind bring the picture back to a realm of the physical, away from the optical.[103]

Die *opticality* negiere die Hand- und Fußabdrücke bei Pollock und ließe damit den Künstlerkörper in der Betrachtung der Gemälde ungreifbar werden. Pollocks Farbauftrag bestand hauptsächlich nicht aus Abdrücken des Körpers beziehungsweise dem direkten, körperlichen Kontakt mit dem Bildgrund, sondern aus zentrifugalen Krafteinwirkungen auf die flüssige Farbe, die aus seinen Bewegungsimpulsen entstanden. Darüber hinaus lassen sich die Werkkonzeptionen von Pollocks *drippings* und Shiragas Gemälden aber noch in weiteren Aspekten vergleichen: gemeinsam ist beiden, dass sie die Farbe auf dem Bildgrund verteilen, während dieser am Boden horizontal ausgebreitet ist. Beide Künstler sind ebenfalls auf die Viskosität der Farbe angewiesen. Ohne diese könnten die malerischen Effekte nicht entstehen, in denen Spritzer die zentrifugalen Kräfte der ausgeführten Körperbewegungen sichtbar werden lassen.

Unterschiede im Herstellungsprozess bestehen jedoch einige mehr als Gemeinsamkeiten: Während Pollock vorwiegend von außen, also um die vier Seiten der Leinwand herum, agierte, trat Shiraga mit seinem gesamten Körper auf den Bildgrund und ließ diesen nicht nur zum Grund des Bildes werden, sondern auch zum Grund und Widerstand seiner körperlichen Gravität. Mit dieser spielt Shiraga vollumfänglich. Während in einem frühen Fußgemälde noch ein schreitender, schlitternder Farbauftrag und -verteilung mit den Füßen erfolgte, ohne dass er sich mit den Händen an einem Hilfsmittel festhalten konnte, folgt in späteren Malaktionen die Einbindung eines Seiles. In seinem Studio war durch die Kriegsfolgen noch das Dach beschädigt, sodass der Dachbalken frei lag. An diesem befestigte Shiraga das Seil, das ihm erlaubte, seinen Körperdruck auf die

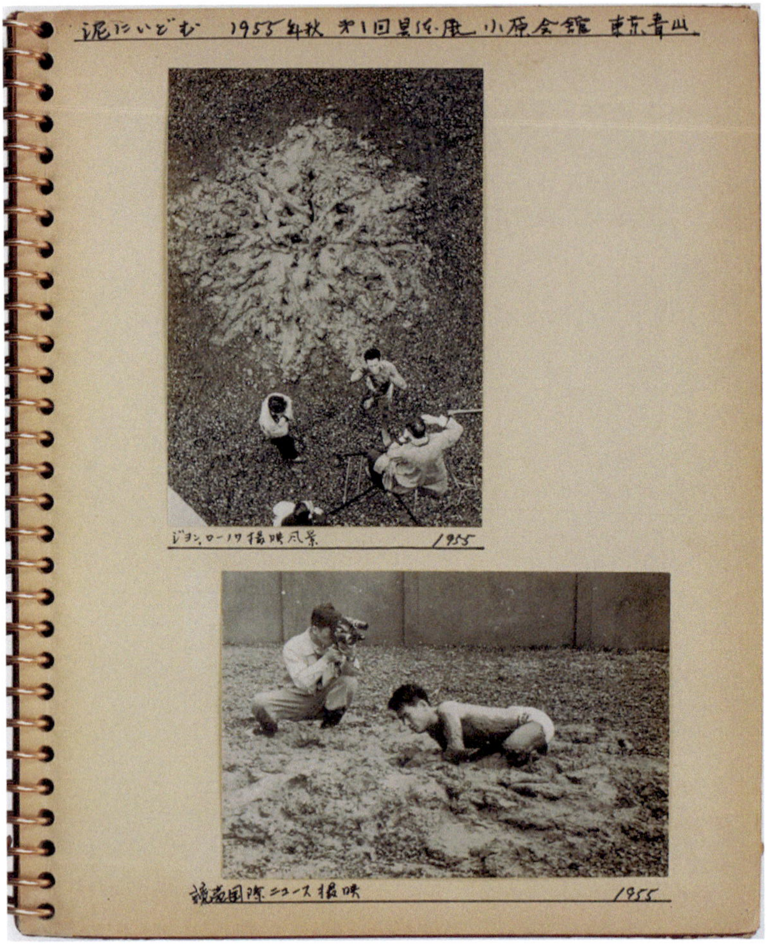

Abb. 18 | Kazuo Shiraga: 泥にいどむ　1955年秋　第１回具体展　大原会館　東京青山 *[Challenging Mud in autumn 1955 at the First Gutai Exhibition, Ōhara Hall, Aoyama, Tokyo]*, Performance, 1955, aus Shiragas Scrapbook 1953–1965, Amagasaki, Amagasaki Cultural Foundation (obere Fotografie: John Launois Filming Scene; Untere Fotografie: Yomiuri International News Filming).

Farbe und den Bildgrund zu variieren. In den Fußgemälden arbeitete der Künstler also von einem Bildzentrum nach außen, während Pollock von außen nach innen vorging. Außerdem ist kaum bekannt, dass Pollock in den *drippings* in direkten körperlichen Kontakt mit dem Bildgrund trat. Shiraga hat diesen direkten Kontakt mit allen Extremitäten bereits erkundet, da er mit den Fingern und Handflächen malte, bevor er mit seinem Werkprozess die Fußmalerei entwickelte.

Das körperliche Agieren mit den Händen und Füßen, sogar mit dem ganzen Körper, entwickelte Shiraga jedoch nicht zuerst mit den Materialien der westlichen Malerei, sondern mit der Performance *Challenging Mud*, 1955 vor der O'Hara Halle in Tokio. In einem kreisrunden Haufen von Ton und Matsch in einem Kiesgarten regte und wand sich Shiraga und arbeitete mit seinem Körper gegen das zähe und feste, nur schwer formbare und mit dem Kies scharfkantige Material. Fotografische Aufnahmen aus der Vogelperspektive, die vermutlich vom Dach der Halle aufgenommen wurden, verdeutlichen, dass die Achsialiät von *Challenging Mud* und den Fußgemälden vergleichbar ist (Abb. 18). Auf der Bodenfläche entstehen Spuren in der Materie – bei *Challenging Mud* das Tongemisch, bei den Gemälden Pigment. Und auch die Ausdehnung des Materials ist in der Performance und den Gemälden vergleichbar, da aus einer zentralen Mittelachse heraus das Material nach außen gedrängt wurde. Hierdurch wird verständlicher, dass Performance und Malerei bei Shiraga nicht voneinander zu trennen sind. Die *physicality* von *Challenging Mud* findet Eingang in die Gemälde, ebenso aber finden Materialbehandlungen, das wulstige Verschieben und Verdrängen von Pigment in den *Palm Paintings* Eingang in die Performance. Der agentiale Kontext der Fußgemälde ist daher bereits werkimmanent erarbeitet worden, und zwar als Wechselwirkung unterschiedlicher Medien. Der pinke Tonkörper mit den Haaren, die körperlich-fleischlichen kleineren und taktilen Werke und *Challenging Mud* offenbaren eine Vorgeschichte der Fußgemälde. Auch wenn die Fußgemälde in der westlichen Kunstgeschichte durchaus als Weiterentwicklungen und Differenzierungen einer abstrakt-expressiven Stilgeschichte gesehen werden konnten, entstammen sie dennoch nicht einer formalistischen Exploration, sondern sind vielmehr aus einem Interesse an Materialismus und Körperlichkeit, an Zähigkeit, Energieverzehrung, Kollaps, Erschöpfung und Materialverdrängung entstanden. Die Fußgemälde wurden mit Hand und Fuß, dem ganzen Körper, erarbeitet und verlagern mit einem Sprung in die Bildmitte die körperliche Aktion in das Zentrum des Bildfelds.

1 Zuschlag 2018, S. 17; Christoph Zuschlag: Anmerkungen zur geschriebenen Kunst in Europa, in: Heinz Kroehl (Hrsg.): Bilder werden geschrieben. Gegenwartskunst aus drei Weltkulturen, Ausstellungskatalog Wiesbaden, Heidelberg/Berlin 2011, S. 208–227, hier S. 219.

2 Sander Gilman: »Stand Up Straight«. Notes Toward a History of Posture, in: The Journal of medical humanities, 35 (2013), S. 57–83, hier S. 60.

3 Ebd., S. 57.

4 Hans Belting: Spiegel der Welt. Die Erfindung des Gemäldes in den Niederlanden, München 2013, S. 12/13.

5 Walter Benjamin: Ästhetische Fragmente [Malerei und Graphik], in: ders./Rolf Tiedemann/Hermann Schweppenhäuser (Hrsg.): Walter Benjamin. Gesammelte Schriften, Bd. II.2, Frankfurt/M. 1977, S. 599–632, hier S. 603.

6 Hildebrandt 2017, S. 94 [Hervorhebung Toni Hildebrandt].

7 Ebd., S. 95.

8 Jospeh Masheck: The Carpet Paradigm: Critical Prolegomena to a Theory of Flatness, in: Arts Magazine, 51 (1976), S. 82–109.

9 Leo Steinberg: Other Criteria, in: ders.: Other Criteria. Confrontations with Twentieth-Century Art, New York 1972, S. 55–92 [Hervorhebung entspricht dem Originalzitat].

10 Neben den genannten Beiträgen von Joseph Masheck und Leo Steinberg sind hier noch zu nennen: Nolwenn Mégard: From Verticality to Horizontality. Tilting the Gaze and Learning How to See, in: Michael F. Zimmermann: Vision in Motion. Streams of Sensation and Configurations of Time, Zürich 2016, S. 183–200; Günter Figal: Der Grund und die Räumlichkeit des Grundes, in: Boehm/Burioni 2012, S. 151–162.

11 Für einen genauen Umgang mit diesem Begriff vgl. Frank Jäger: Die Biomechanik der menschlichen Wirbelsäule in Abhängigkeit vom Grad der Ventralflexion (zugl. Bochum, Univ., Dissertation), Bochum 2003, https://hss-opus.ub.ruhr-uni-bochum.de/opus4/frontdoor/index/index/year/2018/docId/1106 [27.10.2020].

12 Eine Ausnahme hierzu bildet Yve-Alain Bois: Painting as Model, Cambridge/London 1990, das Hubert Damisch: Fénêtre jaune cadmium. Ou les dessous de la peinture, Paris 1984 integriert. Bois publizierte mit Rosalind Krauss den Ausstellungskatalog *Informe. Modes d'emlpli*, der ebenfalls Krauss Ausführungen zur *horizontality* beinhaltet (Centre Georges Pompidou, Paris, 1996). Yve-Alain Bois Auseinandersetzung mit Damisch fand in den 1990er-Jahren statt, er lehrt seit 1983 in den USA. Somit sind seine Beiträge zur *horizontaltiy* eher in einem amerikanischen Rahmen rezipiert worden als in einem französischen.

13 Masheck 1976, S. 86.

14 Ebd., S. 102. Der Kritiker ist der ehemalige Präsident der USA, Theodore Roosevelt. Das besprochene Gemälde Marcel Duchamps *Nude descending a staircase*, das 1913 auf der *Armory Show* ausgestellt wurde. Die Kritik ist wiedergegeben in: Milton Bracker: Armory Art Show of 1913 Revived, Revered, in: The New York Standard, 10. 3. 1963, verfügbar in den Archives Marcel Duchamp, Scrapbooks, The New York Times Standard, https://www.duchamparchives.org/amd/archive/component/SBK2_1961-63_20/ [15.11.2022].

15 Masheck 1976, S. 103.

16 Clement Greenberg: Die Krise des Staffeleibildes, in: ders.: Die Essenz der Moderne. Ausgewählte Essays und Kritiken, Hamburg 2009, S. 149–155.

17 Masheck 1976, S. 90; Christopher Dresser: Chapter V. Carpets, S. 95, in: ders.: Principles of Decorative Design, London/Paris/New York 1870, S. 94–106.

18 Rosalind Krauss: Das optische Unbewusste, Hamburg 2011, S. 429–432 (englischsprachige Erstausgabe 1993).

19 Krauss 2011, S. 387.

20 Ebd., S. 446/447, 456/457.

21 Greenberg 2009, S. 149.

22 Masheck prüft diese Formulierung Albertis kritisch in Joseph Masheck: Alberti's »Window«. Art-Historiographic Notes on an Antimodernist Misprision, in: Art Journal, 50 (1991), S. 35–41.

23 Steinberg 1972, S. 82.

24 Ebd., S. 84.

25 Krauss 2011, S. 447/448.

26 Krauss 2011, S. 471–474.

27 Steinberg 1972, S. 84.

28 Ebd., S. 81–85.

29 Erstmals publiziert in ARTnews 57, Nr. 6, Oktober 1958. William Kaizen weist darauf hin, dass der Essay jedoch schon 1956 geschrieben wurde, William Kaizen: Framed Space. Allan Kaprow and the Spread of Painting, in: Grey Room, 13 (2003), S. 80–107, siehe Fußnote 11.

30 Kaprow 1993.

31 Kaizen 2003, S. 82/83: »[...] his [Kaprow's] early work opened up the conjunction of viewing subject, art object and gallery space, turning space into a field for artistic production.« Und später, S. 92: »Abstraction before world war II had been undertaken in a quest to find a universal Esperanto of color and form, a problem that had been transformed by abstract expressionism into a private iconography of psychic signs. In *Penny Arcade* Kaprow turns the private

symbolism of abstraction expressionism back to the world through advertising as commodity sign.«

32 Steinberg 1972, S. 84.
33 Krauss 2011, S. 448.
34 Steinberg 1972, S. 84.
35 Krauss 2011, S. 471.
36 Ebd., S. 480/481.
37 Vgl. Kaizen 2003, S. 90.
38 Werner Haftmann schreibt an den documenta-Leiter Arnold Bode: »Lieber Bode, ich hatte in den letzten Tagen längere Gespräche mit E. W. Nay in Sachen seiner Beteiligung an DOCUMENTA. Die Vorstellung eines Deckenbildes in deinem *musée-pilote* leuchtet ihm nicht ein. Er fürchtet auch, dass ihm Dekorativimsus vorgeworfen werden könnte, was ihn im Augenblick sehr treffen würde. Für eine Wand wäre er unter Umständen zu haben, wenn man ihm die Situation schmackhaft machen könnte.« Brief Werner Haftmanns vom 8. 10. 1963 an Arnold Bode, zit. n.: Dirk Schwarze: Die Kunst der Inszenierung oder als Arnold Bode Ernst Wilhelm Nay in den Himmel hob, Berlin 2009, S. 19.
39 Hans Platschek: Nays Scheiben – Ein repräsentativer deutscher Maler genauer betrachtet, in: Die Zeit, 4. 9. 1964.
40 Zum sogenannten westlichen Kunstverständnis von *Gutai* siehe das Kapitel »*Gutai* und westliche Malerei« in der vorliegenden Arbeit.
41 Ein Film im Archiv des Nakanohsima Museum of Art zeigt, wie kleine Entwürfe auf die großen Banner für das Festival kopiert werden: 吉田稔郎旧蔵 16 mm フィルム（原画引き伸ばし作業）1960/白黒/2分52秒/24fps [Früherer Besitz von Toshio Yoshida, 16 mm Film (vergrößerte, bearbeitete Version des Originals) 1960 / Schwarzweiß / 2 Minuten 52 Sekunden / 24 fps], 大阪中之島美術館/Nakanoshima Museum of Art, Osaka. Eine Fotografische Dokumentation befindet sich in: UB Anderson Gallery, Martha Jackson Archive, Folder International Sky Festival Osaka, Japan, April 1960. Zwischen den Ballons und den Bannern wurde noch eine Nationalflagge befestigt.
42 Diese Drachen der sogenannten Art Kite Collection entstanden ab 1987 für ein Projekt des Goetheinstituts in Osaka, das vom damaligen Direktor Paul Eubel initiiert wurde. Vgl. Gerda Lenßen-Wahl u. a. (Hrsg.): The Art Kite Collection, Verkaufskatalog Stuttgart, Februar 2022, o. O. 2022.
43 Entsprechende Ausstellungsansichten können auf der Ausstellungsseite angesehen werden: https://www.operacity.jp/ag/exh229/e/installation.php [8.1.2026].
44 Siehe hierzu auch mein Beitrag »Horizontale und vertikale Ausrichtungen der Malerei der 1950er-Jahre. Kulturhistorische und medientheoretische Aspekte der Axialität des Bildträgers«, der demnächst im Band 6 der in der Schriftenreihe der Forschungsstelle Informelle Kunst erscheint: https://www.degruyterbrill.com/serial/dkvsfik-b/html#overview [24.2.2026].
45 Claudia Posca/Karl Otto Götz/Rissa: Gespräch mit Karl Otto Götz und Rissa: »Das Informel ist ein Prinzip«, in: dies./Heinz Althöfer (Hrsg.): Informel. Der Anfang nach dem Ende, Bd. 1, Dortmund 1999, S. 228–249, hier S. 231.
46 Anton Sailer/[?] Mose: Wie malt man abstrakt? Eine leichtfassliche Anleitung. Methode Sailer/Mose, Feldafing 1958.
47 Hans Platschek: Congo oder die Heftigkeit [1982], in: ders.: Die Dummheit der Malerei, Hamburg 1998, S. 141–154; Franziska Uhlig: Hand und Werkzeug. Painting by Chimpanzees im Insitute of Contemporary Arts, in: Mariacarla Gadebusch Bondio (Hrsg.): Die Hand. Elemente einer Medizin- und Kulturgeschichte, Berlin 2010, S. 289–309, hier S. 292/293.
48 Thomas Puttarken: Les origines de la controverse »disegno-colorito« dans l'Itlalie du cinquecento, in: Emmanuelle Delapierre/Mathieu Gilles/Hélène Portiglia (Hrsg.): Roubens contre Poussin. La querelle du coloris dans la peinture française à la fin du XVIIe siècle, Ausstellungskatalog Arras / Épinal, Amsterdam 2004, S. 11–20, und in diesem Katalog ebenfalls der Aufsatz Jérôme Delaplanche: La touche et la tache, S. 61–69.
49 Paul Valéry: Philosophie de la danse, Paris 2015, S. 28.
50 Valéry 2015, S. 30/31.
51 Laban 1950, S. 1.
52 Huschka/Böhme 2009, S. 12.
53 Wie unter anderem Stefanie Rosenthal in Verweis auf Allan Kaprows Ausführungen zu Pollock argumentiert: Stephanie Rosenthal: Choreographing You. Choreographies in the Visual Arts, in: Susan Leigh Foster u. a. (Hrsg.): Move. Choreographing You. Art and Dance since the 1960s, Ausstellungskatalog London / München/Düsseldorf, Köln 2010, S. 8–21, hier S. 10/11.
54 Huschka/Böhme 2009, S. 12.
55 Für ausführliche Ausrufungen hierzu siehe das Kapitel »Papier und Bildgrund als Aktionsraum« in der vorliegenden Arbeit.
56 Falser/Juneja 2013, S. 24.
57 Das *Sourcebook* von Kristine Stiles/Peter Selz (Hrsg.): Theories and Documents of Contemporary Art: A Sourcebook of Artists' Writings, Berkeley 2012 führt unter den 31 Einträgen zur *gestural abstraction* beispielsweise keine Künstler*innen aus Japan auf.
58 Pollock 2020, S. 25–30.

59 Diesen stark aufgeladenen Materialismus-Diskurs stellt Vera Wolff dar in: Vera Wolff: »Not the real thing at all.« Zur kulturellen Übersetzung künstlerischer Techniken am Beispiel der japanischen Ölmalerei, in: Anika Keinz (Hrsg.): Kulturelle Übersetzungen, Berlin 2012, S. 67–96.

60 Das Manifest wurde erstmals in der Zeitschrift Geijutsu Sincho, 7 (1956), S. 202–204 publiziert. Im Folgenden wird das Manifest aus der englischen Übersetzung von Reiko Tomii zitiert, die in Doryun Chong u. a. (Hrsg.): From Postwar to Postmodern. Art in Japan 1945–1989, New York 2013, S. 89–91 vollständig abgedruckt ist. Diese Übersetzung wurde vorab in Teilen in unterschiedlichen Ausstellungskatalogen aufgenommen und ist für den Abdruck in Chong 2013 neu überarbeitet worden. Eine weitere englische Übersetzung von Kikuko Ogawa befindet sich in der Faksimile-Edition der *Gutai*-Zeitschrift (obwohl das Manifest dort nicht publiziert wurde), siehe Chinatsu Kuma (Hrsg.): Gutai. Facsimile Edition, Tokio 2010, S. 4/5. Eine deutsche und weitere englische Übersetzung ist abgedruckt in: Barbara Bertozzi/Klaus Wolbert (Hrsg.): Gutai. Japanische Avantgarde 1954–1965, Ausstellungskatalog Darmstadt, Darmstadt 1991, S. 364–369.

61 Siehe hierzu das Kapitel »Trajektorien von Art autre in Frankreich und den USA« in der vorliegenden Arbeit.

62 Bert Winther-Tamaki: 洋画 / Yōga- The Western Painting, National Painting, and Global Painting of Japan, in: Working Words. New Approaches to Japanese Studies, 20. 4. 2012, https://escholarship.org/uc/item/3mn8m1bs [7. 12. 2021]. Zur westlichen Malerei in Japan von den 1930er-Jahren, siehe Masato Satsuma: The Reception of Western Oil Painting in modern Japan. The Example of the Tokyo School of Fine Arts, in: Beate Marks-Hanßen (Hrsg.): Japan's Love for Impressionism. From Monet to Renoir, Ausstellungskatalog Bonn, München/London/New York 2015, S. 150–157.

63 Atsushi Miura: Japan and the Impressionists. The Collections of French Painting and the Interrelation between French and Japanese Art, in: Beate Marks-Hanßen (Hrsg.): Japan's Love for Impressionism. From Monet to Renoir, Ausstellungskatalog Bonn, Müchen/London/New York 2015, S. 12–27.

64 Tadamasa Hayashi (1853–1906) lebte Ende des 19. Jahrhunderts in Paris. Er verkaufte in seiner Galerie Hayashi Shōkai in Paris japanische Kunstobjekte und kaufte Werke französischer Künstler*innen, die er nach seiner Rückreise in Japan ausstellte. Kōjirō Matsukata (1865–1950), Präsident des schwerindustriellen Unternehmens Kawasaki und Magosaburō Ōhara (1880–1943), Textilunternehmer, sammelten auf ihren Reisen durch Amerika und Europa Werke. Zur genaueren Situierung dieser Sammlungen in ihrem historischen Kontext, vgl. Miura 2015.

65 Magosaburo Ōhara lässt 1930 das Ohara Museum of Art in Kurashiki für seine Sammlung westlicher Malerei bauen, das knapp 190 km westlich von Osaka liegt. Vgl. die Chronologie der Entstehung des Museums: https://www.ohara.or.jp/en/about/ [8.12.2021].

66 Miura 2015, S. 15.

67 Miura 2015, S. 20; Tsuyoshi Kaizuka: Shōjirō Ishibashi and the Bridgestone Museum of Art, in: Marks-Hanßen 2015, S. 222/223. Von 2015 bis zur Neueröffnung 2020 wurde das Geschäftsgebäude in Tokio abgerissen und ein Museumsturm mit Büroflächen des Unternehmens neu gebaut, sodass das *Artizon Museum* nun Ausstellungsfläche gewonnen hat. Ming Tiampo weist in ihrem Anhang zur Chronologie der *Gutai*-Ausstellungen darauf hin, dass die Ausstellung *International Contemporary Art Exhibition – Informel: Genesis of an Other Art* im Bridgestone Museum of Art vom 11. 10.–10. 11. 1957 und im Daimaru Department Store, Osaka, vom 16.–22. 12. 1957 zu sehen war, siehe Tiampo 2011, S. 175.

68 Vgl. Miura 2015, S. 16/17 sowie https://www.nmwa.go.jp/en/about/history.html [8. 12. 2021], die Chronologie des Museums.

69 Harry Harootunian: Japan's Postwar and After, 1945–1989: An Overview, in: Chong 2013, S. 17–21, hier S. 17.

70 Bert Winther-Tamaki: Reestablishing the Art World During the Occupation, 1945–1952, in: Chong 2013, S. 30–32, hier S. 31.

71 Siehe Yasufumi Nakamori: Die Stadt durch die Fotografie imaginieren: Japan zwischen 1945 und 1968, in: Enwezor/Siegel/Wilmes 2016, S. 134–139, hier S. 136; Verena Blechinger-Talcott: Eine Amerikanisierung Japans? Der Einfluss der Besatzungsmacht Amerika (1945–1952), in: Ulrike Gehring/Anne Hoffmann (Hrsg.): kritische berichte, 38 (2010), S. 5–13, hier S. 11/12.

72 Einige dieser Editionen zählt Yasufumi Nakamori auf, siehe Nakamori 2016, S. 136.

73 Michio Hayashi: Introduction, in: Chong 2013, S. 24–27, hier S. 24. Zur Artikulation eines demokratischeren Kunstverständnisses siehe auch den darin abgedruckten Apell des Künstlers Matsumoto Shunsuke: *Proposal to the Artists of Japan* (1946), S. 27–30.

74 Hayashi 2013 nennt folgende Gruppen/Vereine/Zusammenschlüsse: *Democrato Artist Association* (Osaka, 1951–1957), *Youth*

Artists Alliance (*Seinen Bijutsuka Rengō*), *Avant-Garde Art Society* (*Zen'ei Bijutsu-kai*) sowie durch Ausstellungen zusammengeschlossene Künstler*innen, denen jedoch keine Gruppenorganigramm zugrunde liegt, wie in den Ausstellungsreihen *Nihon Indépendant* oder der *Yomiuri*-Zeitung, an denen unter anderem auch *Gutai*-Künstler*-innen teilnahmen. Hinzu kommen die Gruppen in Form von Künstler*innen-Kollektivem wie *Gutai*, *Jikken Kōbō* (the experimental workshop) oder *zerō kai* (Zero Gesellschaft, ihre Mitglieder Shiraga Kazuo, Kanayama Akira, Murakami Saburo, Tanaka Atsuko schließen sich im Februar 1955 *Gutai* an). Maren Godzik nennt auch *Yoru no Kai* (Gesellschaft der Nacht, Gründung 1948) und die Künstlerunion Japans *Nihon Bijutsuka Renmei* (Gründung Juni 1949), siehe Maren Godzik: Avantgarde Männersache? Künstlerinnen im Japan der 50er und 60er Jahre des 20. Jahrhunderts, München 2006, S. 94–95. Für einen Überblick siehe auch Ken Yoshida: Artist's Groups and Collectives in Postwar Japan, in: Chong 2013, S. 39/40.

75 Harootunian 2015, S. 20.

76 Oder auch *yusai-ga* (油彩画, *yusai*: Ölfarbe, *ga*: Malerei), siehe Reiko Tomii: Infinity Nets. Aspects of Contemporary Japanese Painting, in: Alexandra Munroe (Hrsg.): Japanese Art After 1945. Scream Against the Sky, Ausstellungskatalog Yokohama/New York/San Francisco, New York, 1994, S. 307–319, hier S. 307.

77 Winther-Tamaki 2012.

78 Jirō Yoshihara: Gutai Art Manifesto [1956], in: Chong 2013, S. 89–91, hier S. 90.

79 Ebd., S. 89.

80 Siehe hierzu die analysierten Diskursbeteiligungen von Georges Mathieu und K.O. Götz in den jeweiligen Künstlerkapiteln.

81 Yoshihara 1956/2013, S. 90.

82 Tiampo 2011, S. 53: »What I am defining here as critical cultural translation is this operation of cultural translation from the margins to disrupt a dominant discourse.«

83 Ebd., S. 47–54.

84 Zum japanischen Wort *e* (絵, Gemälde, Zeichnung, Malerei), vgl. Atsuo Yamamoto: L'espace, le temps, la scène et la peinture/Space, Time, Stage, Painting, in: ders./Ming Tiampo/Florence de Mèredieu: Gutai. Moments de destructions, moments de beauté/Moments of destruction, moments of beauty, Paris 2002, S. 7–35, hier S. 32–35.

85 Tiampo 2011, S. 52/53, zum Gebrauch von *e* bei *Gutai* siehe auch Atsuo Yamamoto: Zero – Gutai – Zero, S. 92, in: Barbara Til/Elke Dichter (Hrsg.): ZERO. Internationale Künstler-Avantgarde der 50er/60er Jahre, Ausstellungskatalog Düsseldorf / Saint-Etienne, Ostfildern 2006, S. 86–99.

86 Diese Zeitschrift wurde von Shiryu Morita herausgegeben. Morita besuchte K.O. Götz 1962 in seinem Düsseldorfer Atelier, nachdem beide seit 1952 in schriftlichem Kontakt standen und in der Ausstellung *Phases* 1955 in Paris beteiligt waren (Gespräch DE mit Rissa, Witwe von K.O. Götz, 16.4.2021). Götz publizierte daraufhin einen Artikel in *Bokubi*, siehe Karl Otto Götz: K.O. Götz. Erinnerungen und Werk, Bd. 1b, Düsseldorf 1983, S. 730.

87 Welche weiteren, internationalen Zeitschriften sich in Yoshiharas Bibliothek befanden, listet Ming Tiampo im Appendix 3 ihres *Gutai. Decentring Modernism* auf, siehe Tiampo 2011, S. 183. Zu Yoshiharas Lektüre von Pollocks *Life*-Artikel, siehe ebd., S. 47.

88 Ebd., S. 48. Zu Goodnoughs Artikel siehe das Kapitel »Medialisierung und Mediatisierung des flüssigen Farbauftrags« in der vorliegenden Arbeit.

89 Kee 2003, S. 125; Lewis Kachur: The View from the East. The Reception of Jackson Pollock among Japanese *Gutai* Artists, in: Joan Marter (Hrsg.): Abstract Expressionism. The International Context, New Brunswick 2007, S. 152–162, hier S. 153/154.

90 Izumi Nakajima entwickelte für diese Haltung den Begriff der *Anti-Action*. Izumi Nakajima: アンチ・アクション.日本戦後絵画と女性画家 [Anti-Action. Post-War Japanese Art and Women Artists], Tokio 2019.

91 Kazuo Shiraga: Greetings, undatiertes Redemanuskript, ca. 1967–1969, in: A021-S3, Box 5, Folder 9, 大阪中之島美術館/Nakanoshima Museum of Art, Osaka.

92 Der Beginn des Kontakts zwischen *Gutai* und Pollock wird nachgezeichnet in: Tetsuya Oshima: Dear Mr. Jackson Pollock. A Letter from Gutai, in: Tiampo 2009, S. 13–16.

93 Shin'ichirō Osaki/Tokutarō Yamamura/Kazuo Shiraga: Interview with Shiraga Kazuo [1985], in: Gabriel Ritter/Koichi Kawasaki (Hrsg.): Between Action and the Unknown. The art of Kazuo Shiraga and Sadamasa Motonaga, Yale 2015, S. 125–133, hier S. 125.

94 Kazuo Shiraga: Some Thoughts, in: Chinatsu Kuma (Hrsg.): Gutai. Facsimile Edition, Tokio 2010, S. 12.

95 Auch Mathieu nimmt explizit Topoi des Kampfes und von historischen Schlachten in seine Malereiperformances mit auf. Vgl. hierzu das Kapitel »Athletik und Kampf« in der vorliegenden Arbeit.

96 Kazuo Shiraga: The Very Act, in: Chinatsu Kuma (Hrsg.): Gutai. Facsimile Edition, Tokio 2010, S. 17.

97 Shiraga 2010b.

98 Aya Kunii: Beyond Originality: The Goals of Gutai, in: dies./Takashi Fukumato 2022, S. 271–276, hier S. 272.

99 Dieser vor allem mündlich überlieferte Ausspruch ist später auch als schriftliches Zitat angeführt worden. Siehe hierzu Ming Tiampo: »Create what has never been done before!« Historicising Gutai discourses of originality, in: Third Text, 21 (2007), S. 689–706.

100 Shinichiro Osaki: Malerei zwischen Aktion und Materialsprache, in: Bertozzi/Wolbert 1991, S. 65–79.

101 Gabriel Ritter: Between Action and the Unknown, in: ders./Kawasaki 2015, S. 22–38, hier S. 27.

102 Öl auf Platte mit Tuch, 32 × 24 × 7,9 cm. Siehe die Checklist zur Ausstellung *Gutai: 1953–1959* 25. 4.–30. 6. 2018 in der Galerie Fergus McCaffrey, https://fergusmccaffrey.com/wp-content/uploads/GUTAI-1953-59_Checklist.pdf [12.9.2023].

103 Shinichiro Osaki: Gravity – Axis of Contemporary Art, in: ders. (Hrsg.): 重力. 戦後美術の座標軸. Gravity – Axis of contemporary art, Ausstellungskatalog Osaka, Suita-shi 1997, S. 186–193, hier S. 192.

Malerei

Karl Otto Götz

Vom Zeichen zum Phänomen

Durch die Aufteilung einer Bildfläche in abgegrenzte Formen und dadurch in Figur und Grund, sind Formen als Zeichen lesbar. Eine solche semiotische Lektüre von Bildern steht unter dem Zeichen der Sprachphilosophie, deren Sinnkonstruktion für die nicht-figurative Malerei in der Nachkriegszeit problematisch wurde. Ausgehend von Verweismöglichkeiten im Sprachgebrauch und damit von sprachlichen Zeichen, entwickelte Charles Sanders Peirce in seiner Semiotik drei Typen von universellen Zeichen: Index, Ikon und Symbol.[1] Aus diesen drei Typen ließe sich jede beliebige Beziehung zwischen zwei Bezugspunkten interpretieren, allerdings nur, wenn die Bezüge in einem solchen zeichentheoretischen Zusammenhang betrachtet werden.[2] Diese Bezüge, in der Malerei zwischen dem Abgebildeten und dem damit Gemeinten, wurden vor allem sprachlich beschrieben, das heißt in die Logik der Sprache und deren Grenzen übersetzt, um eine zeichentheoretische Sinnerschließung zu ermöglichen. An diesem Diktat der Sprache störte sich K.O. Götz und sah im Determinismus sprachlicher Metaphorik, der für Bilder benutzt wurde, eine Verengung auf das, was Bilder darüber hinaus an Informationsgehalt anbieten:

> Wenn man irgendeine Bildvorlage formal beschreiben soll, benutzt man gezwungenermaßen ein Repertoire von Metaphern, das mitunter sehr persönlich gefärbt ist. Ganz gleich, ob man sich bei solchem Tun bereits auf formal-aesthetischem Boden bewegt oder nicht; der Leser möge einmal versuchen, irgendeine flächige Abbildung nur nach ihren formalen Elementen zu beschreiben, ohne Metaphern zu benutzen. Es wird ihm nicht gelingen. Das gleiche gilt für die formalaesthetische Beschreibung eines Gemäldes. [...] Der klassische Formbegriff hat Dingcharakter und wird metaphorisch beschrieben. Eine erkannte Figur oder Form unterscheidet sich von ihrer Umgebung, bzw. ihrem Grund, der nicht Figur sein kann im Augenblick des Konstatierens. Alle Bildbeschreibung schließt Figurbeschreibung ein und ist dazu verdammt, sich in einem semantischen Netz zu verstricken, auch wenn es sich um die Beschreibung eines gegenstandslosen Bildes handelt.[3]

Mit seiner nicht-figurativen Malerei zielte Götz darauf ab, diesen Dingcharakter, die Figur-Grund-Disposition, zu überwinden. Diese Intention wurde auf die für Götz Malerei retrospektive, programmatische Formel der »Auflösung des klassischen Formprinzips«[4] gebracht. Nach dem Verständnis der damaligen Zeit bezog sich die Figur-Grund-Disposition zwar auf figürliche Malerei, schloss aber abstrakte Malerei keineswegs aus, wie Michael Leja am Beispiel von Pollocks Werken anführte. Bevor Pollocks Liniengewebe als Bildfelder ohne Kontur oder Silhouette und somit als gänzlich abstrakt wahrgenommen wurden, hieß abstrakt zu malen durchaus auch figürlich zu malen,

> denn in der Sprache, die die Rezeption von Pollocks Kunst beherrschte, konnte der Begriff Figuration sowohl abstrakte als auch gegenständliche Formen umfassen. Eine umschlossene geometrische Form – ein Kreis, ein Quadrat, ein unregelmäßiges, nicht beschreibbares Gebilde – konnte ebenso gut eine Figur sein wie ein menschlicher Körper. Dieser Definition zufolge war ein Großteil der abstrakten Malerei, die derjenigen Pollocks vorausging, figurativ, jedoch nicht gegenständlich. Bezeichnete man Pollocks Werke als nicht-figurativ, so verwies man damit auf ihre künstlerische Radikalität.[5]

Hinter diesen Begriffsdefinitionen, die man in zunehmenden Grad der Abstraktion in die Reihe gegenständlich-figurativ, abstrakt-figurativ und nicht-figurativ bringen könnte, steht ein Denkmodell der Gestalttheorie. Diese hatte sich schon zu Beginn des 20. Jahrhunderts als theoretischer Verweis zu den abstrakten Bildsprachen von Paul Klee und Wassily Kandinsky etabliert.[6] Damit hatte sich bis in die Zwischenkriegszeit in Westeuropa und den USA ein Wahrnehmungsparadigma gebildet, das die visuelle Auffassung abstrakter Kunst von der Seite der Betrachtenden her beschrieb.[7] Eine Form kann sich in der Gestalttheorie nur in der Unterscheidung zu dem Grund, auf dem sie besteht, ergeben. Edgar Rubin beschrieb dieses Figur-Grund-Verhältnis 1921 dahingehend, dass die wahrgenommene Figur im Feld, das diese umschließt, im Vordergrund und das Feld selbst als Hintergrund erscheint. Nur durch gezielte Übung der Betrachtenden könne diese Aufteilung in Vorder- und Hintergrund überwunden werden.[8] Das visuelle Erlebnis, dass eine Form erst zustande kommen kann, wenn die Bildfläche in zwei Zonen mit unterschiedlichen Bildebenen aufgeteilt wird, ist der Ansatzpunkt von Götz Kritik. Denn dieser Effekt einer Tiefenwirkung im Bild vollziehe sich in der Wahrnehmung der Betrachtenden, ist auf dem Bildträger materiell jedoch nicht zwangsläufig unterscheidbar. Götz kritisierte die Gestalttheorie, weil diese ausschließlich das visuelle Erlebnis der Betrachtenden berücksichtigte, nicht aber die im Bild angelegten Parameter, die dieses Erlebnis auslösen:

> Das Bild-Erleben wurde relativiert, indem subjektive Aussagen als psychologisch relevant gebucht wurden, wobei der emotionale Zustand des Betrachters als ästhetisches Maß angenommen wurde, was Hand in Hand ging mit der herrschenden Ästhetik, welche künstlerisches Erleben auf der Ebene eines gehobenen Genusses untersuchte. So ist auch das Hilfsmittel der Gestaltpsychologie der dreißiger Jahre von der Kunstwissenschaft nicht zur Erforschung der ästhetischen Bildwahrnehmung benutzt worden, sondern, wie vorher von der Kunstpsychologie, eher zur Diagnostizierung des Betrachters und seiner emotionalen Sphäre.[9]

Götz wollte daher den Weg einer »ästhetischen Bildwahrnehmung« einschlagen und markierte dazu eine Leerstelle in der Forschung, in die er seine Informationstheorie positionierte. Mit dieser wollte er eine Messbarkeit des Bildes durch die Informationswissenschaft einführen, um die Art und Weise, in der Strukturen im Bild angelegt sind, genauer feststellen zu können. Diese Strukturen seien syntaktisch in das Formengefüge eingefasst.[10] Jeglichen semantischen Aspekt schloss er daher für seinen Aufsatz *Was ist am Bild messbar?* (um 1965) aus:

> Wir wollen uns mit dem Bild als Nachrichtenquelle beschäftigen, und zwar nur mit seiner syntaktischen und nicht mit seiner semantischen Dimension. Die Wahrnehmung des Bildes, seine menschliche Informationsverarbeitung, steht nicht zur Diskussion. Die psychologische Seite der Bildbetrachtung wird also nicht behandelt, deswegen ist bei der Bildmessung auch nicht von Gestaltpsychologie die Rede oder von dem, was Informationstheoretiker und Psychologen später damit versucht haben.[11]

Diese Eigenschaft der Gestaltpsychologie kritisierte Götz in zwei Texten, denen die vorangestellten Zitate entnommen sind. Einmal in einer im Nachhinein abgedruckten Ansprache zur Immatrikulationsfeier neuer Studierender an der Kunstakademie Düsseldorf im Jahr 1963 und ein weiteres Mal in einem Text, der sich als wissenschaftlicher Beitrag in der zwischen 1964 und 1966 in nur drei Ausgaben erschienenen Zeitschrift *SYN. Internationale Beiträge zur neuen Kunst* verstand, deren Texte ins Englische übersetzt wurden und in dem auch weitere Wissenschaftler*-innen und Philosoph*innen zu den Phänomenen der *neuen Kunst* publizierten.[12] In beiden Texten ist bereits ein informelles Bildkonzept im Hintergrund auszumachen. Wenn Götz das Figur-Grund-Verhältnis kritisierte, dann in dem Wissen, dass er für die von ihm beschriebene Problematik, die Abhängigkeit und Subjektivität der sprachlichen Beschreibung von figurativer und nicht-figurativer abstrakter Malerei, künstlerische Ansätze gefunden hatte, die diese thematisierten. Seine informellen Bilder, deren Formen sich der Beschreibung durch sprachliche Metaphern entziehen, sollten den Zwischenraum zwischen Figur und Grund betonen, den Dualismus von Figur und Grund auflösen.[13] Dennoch sah Götz, wie er sich rückblickend in einem Interview von 2010 äußerte, keinen Zusammenhang zwischen seiner wissenschaftlichen Arbeit und seiner Malerei.[14]

Dass es ihm in *Was ist am Bild messbar?* tatsächlich um eine Messbarkeit von Formen ging, war nicht quantitativ, sondern qualitativ gemeint. Götz sprach sich gegen die Idee aus, Formen in den Bildern, beispielsweise von Mark Tobey oder Jackson Pollock, tatsächlich zu vermessen, es gehe vielmehr darum »Ordnungen aus den Daten herauszulesen«[15], die das Bild bereitstellte. So füllte Götz die Forschungslücke, in die er sich mit der Kritik an der Gestalt positionierte, mit einer nüchtern-mathematischen, analytischen Methode der Informationstheorie. Er fasste zusammen, dass jahrzehntelang dazu geforscht wurde, wie sich Formen in der Betrachtung zusammensetzten, weshalb es nun an der Zeit sei, das Verständnis darüber zu schärfen, welcher Art die Strukturen im Bild sind, denen diese Formen unterliegen. Dabei nutzte er explizit den Begriff der Struktur anstelle der für ihn problematischen Topologie der Form, da die Struktur mehr über die formalen Zusammenhänge im (informellen) Bild Aufschluss geben konnte, als es die Form mit ihrer assoziativen Differenzierung in Figur und Grund könne:

> Sinn und Bedeutung eines Bildes müssen streng auseinander gehalten werden. Mit Sinn bezeichnen wir hier den rein formalen Strukturgehalt, mit Bedeutung den semantischen Gehalt des Bildes. Ein Bild ohne Struktur ist formal sinnlos, es hat keine Ordnung. Es kann höchstens eine semantische Funktion haben, die eine Angelegenheit der Semiotik ist […].[16]

Die Diskrepanz zur Form, die er in seiner Malerei durch das Informelle ersetzt hatte, stand im Zusammenhang mit einer Verweigerung von Bedeutung, wie sie die sprachphilosophische Zeichentheorie, wie beispielsweise des Semiotikers Charles William Morris, dessen Schriften Götz zu Beginn der 1960er-Jahre nach eigenen Angaben ausführlich gelesen haben soll,[17] hintergründig eingeführt hatte. Die semiotisch gefärbten Begriffe *Bedeutung* und *Form* hatte Götz zugunsten von *Sinn'* und *Struktur* fallen gelassen. Aber nicht nur bei Götz ist eine Kritik an der sprachlichen Annäherung an abstrakte Kunst nachweisbar. Mehrere Künstler*innen, Philosoph*innen und Kritiker*innen sahen im Determinismus der sprachlichen Beschreibung gerade im Hinblick auf die neue, nicht-figurative Kunst ein Problem, da durch die Annäherung mit sprachlichen Bedeutungskonstruktionen wahrnehmungsspezifische Aspekte der Betrachtung ausgeschlossen würden.[18]

Bis 1952 hatte Götz jedoch selbst noch zahlreiche Anleihen an die Figur-Grund-Disposition für seine Malerei benutzt. Um den Wandel in Götz' Malerei nachzuzeichnen, muss zunächst sein vorheriges Malereiverständnis nachvollzogen werden. Wie nahe sich Götz an einer gänzlich durch Sprache erfassbaren Formenkonstruktion befand, zeigt ein von ihm publizierter, figurativer Formenkatalog, der seine Studien zu den Kriegsjahren von 1944 und 1945 zusammenfasste und mit dem er seine Bildsprache lexikalisch erfasst verstand.[19] Götz nannte dieses Lesebuch *Fakturenfibel*,

> ausgehend von einem Formen-A-B-C, das ich mir selbst geschaffen hatte. Sie waren sehr ornamental und metamorphotisch-bewegt. Damit das Ganze nicht als Muster wirkte, faßte ich Gruppen von Formkomplexen zusammen und bildete Figuren. Alles hing mit allem zusammen. Gestaltpsychologische Momente spielten hier mit.[20]

Er nutzte die Metaphorik eines Alphabets zur Erklärung seiner in der Fibel entwickelten Formsprache. Damit zeigte sich eine Analogie zwischen der Figur-Grund-Disposition seiner Fibel und einer zeichentheoretischen, an einem Alphabet orientierten Systematisierung von Formen. Auffällig ist dabei, wie sehr die freien Formen in der Fibel den Formenbeispielen, wie Rubin sie für seine *Visuell wahrgenommene Figuren* (1921) genutzt hatte, ähneln (Abb. 19, 20). Das Figur-Grund-Verhältnis lässt durch seine formale Aufteilung in zwei Bildebenen einen zeichentheoretischen Ansatz zu.[21] Zeichen wurden von Peirce in unterschiedlichen Bezugssystemen erfasst: den physischen Abdruck, der eine körperlich-räumliche Beziehung zum Urheber bedingt, nennt Peirce Index. Jedes von Künstler*-innen- oder Menschenhand gemachte Zeichen, das Materie bearbeitet, verändert, variiert, ist somit ein Index.[22] Ikon und Symbol unterscheiden sich hiervon, da sie das Signifikat auf eine weniger physisch-direkte Beziehung, entweder durch Ähnlichkeit (Ikon) oder durch Konvention (Symbol), betonen.[23] Während Zeichen einerseits indexikalisch geschrieben sein können – egal ob als Buchstaben oder als gemalte Repräsentationen in Bildern –, können sie gleichzeitig auch über den physischen Eingriff auf dem materiellen Bildträger hinaus in ein semiotisches Referenzsystem eingebunden sein, das nach eigenen Regeln funktioniert. Somit können Zeichen Index, Ikon und Symbol gleichzeitig sein. Als ein eigenständiges

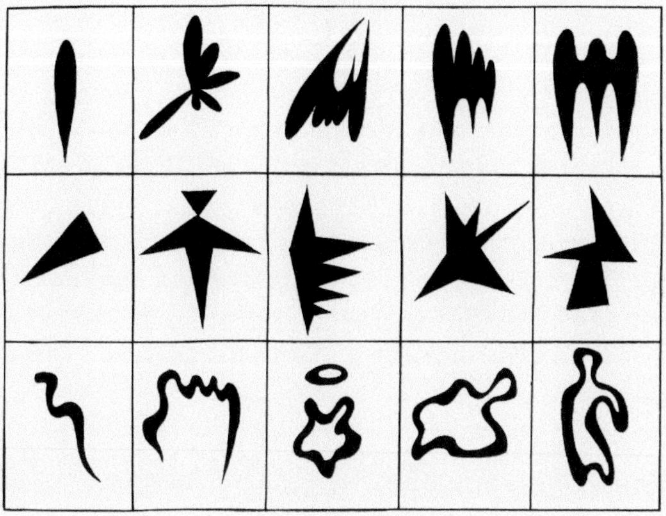

Abb. 19 | K. O. Götz: *Abbildung aus der Fakturenfibel*, 1945, aus: K. O. Götz: Erinnerungen und Werk, Bd. 1a, Düsseldorf 1983, S. 275, Abb. 219

Regelsystem kann die Perspektive im Bildaufbau gemeint sein, aber ebenso Farbschemata, die durch harmonische Vorstellungen in Bilder eingebunden sind. Die Semantiken solcher semiotischen Regelwerke sind kontextabhängig, ihr Einsatz im Bild wird auch in *Piktion* (den Eigenwert der Farbe reflektierend, indexikalisch) und *Depiktion* (die Extension, das Dargestellte betreffend, ikonisch oder symbolisch) unterschieden.[24] Durch den Übergang von Index zu Ikon oder Symbol, also in der Betrachtung von piktiven Formen zu deren Interpretation als depiktive Zeichen, wird dem Zeichen eine Bedeutung zugemessen. Form und Zeichen sind also keinesfalls deckungsgleich, sondern unterscheiden sich darin, dass »der Begriff des Zeichens schon eine Trennung von Form und Inhalt bedeutet, da es auf etwas anderes verweist als es selbst ist« und so »impliziert Form eine Verbindung zum Inhalt, da die Kräfte und Bewegungen, die zur Form führen, in ihr enthalten sind«.[25]

Im *Bild vom 7. 9. 1952 (letztes Ölbild)* (Abb. 21) verblieben Reste von solchen Formen und figurativen Zeichen. Je länger das Bild in seiner zunächst chaotisch wirkenden Oberflächenorganisation betrachtet wird, desto eher kann das Durcheinander von Figuren, die in ihren Ausformun-

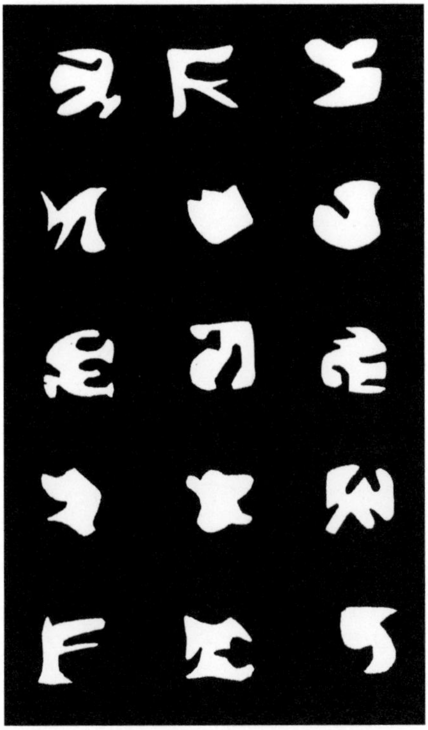

Abb. 20 | Abbildung 1 aus Edgar Rubin: *Visuell wahrgenommene Figuren. Studien in psychologischer Analyse. Mit 13 Abbildungen. 1. Teil* [Reprint der Ausgabe Kopenhagen/Christiania/Berlin/London 1921], Ann Arbor 1980

gen teilweise menschlichen Proportionen entsprechen könnten, erkannt werden. Als Silhouette umformen schwarze Linien diese Körper, Extremitäten verknoten sich in einem stillgehaltenen Bewegungsmoment und überlappen einander. Auch wenn die Figuren abstrahiert sind, bleibt eine schwarze Konturlinie wahrnehmbar, die sich jedoch an vielen Stellen von dem Weiß, das diese Kontur ausfüllte, gelöst hat. Es sind abstrahierte Formen und Zeichen zugleich. Figur und Grund können nur noch mühsam und die einzelnen Figuren betreffend unterschieden werden, die Aufteilung der Figuren in Bildebenen, die die Bildtiefe betreffen, ist kaum möglich. In Anbetracht dieser miteinander verwobenen, piktiven Formen können die damit dargestellten depiktiven Figuren ein Sujet des Bildes beschreiben. Die Aussage »Das Bild zeigt einen Kampf mit mehreren Beteiligten« würde dem Bild eine ikonische Bedeutung geben,

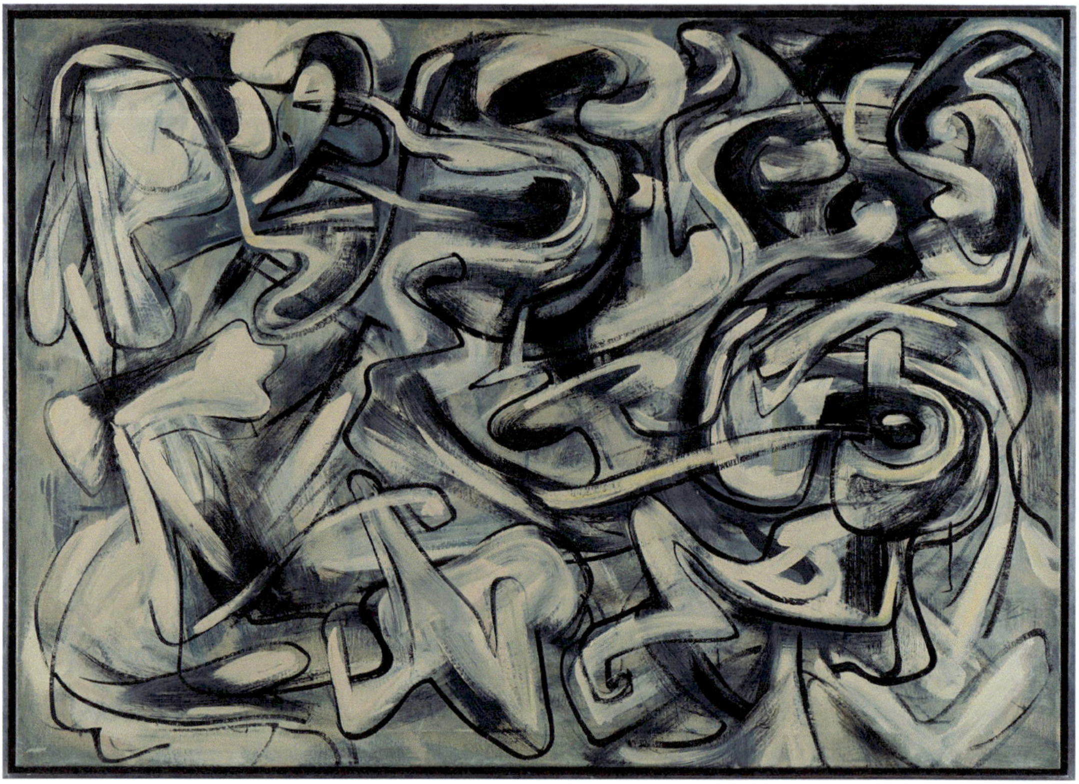

Abb. 21 | K. O. Götz: *Bild vom 7. 9. 1952 (letztes Ölbild)*, 1952, Öl auf Leinwand, 90 × 125 cm, Saarbrücken, Saarland Museum

die in sprachlicher Form erfassbar ist. Diese Deutung funktioniert durch die Möglichkeiten der Gestalttheorie, die Figur und Grund voneinander trennt und so die *Kämpfenden* in Bezug zueinander setzt und noch anwendbar auf das *Bild vom 7. 9. 1952 (letztes Ölbild)* ist. Kontur/Form und Inhalt haben sich jedoch im Bild voneinander getrennt und befinden sich in Dynamik und Auflösung, was weiterhin die Hektik eines möglicherweise dargestellten Kampfes stärkt. Problematisch ist eine solche Lektüre jedoch, da sich die Dynamiken von Form und Figuration des Bildes nicht bei jeder betrachtenden Person nachvollziehbar als Kampf sprachlich übersetzen würde. Das Bild als eine Darstellung eines Kampfes zu interpretieren ist möglich, aber keine eindeutige Interpretation. Auf diese Art und Weise offenbart sich im *Bild vom 7. 9. 1952 (letztes Ölbild)*, dass Gestalt und Form sowie die den Begriffen innewohnende Bedeutung für Götz' Malerei problematisch wurden.

Dynamisierung der Malerei

Im Herbst 1952 gab K. O. Götz diese *noch* figürliche Bildkonzeption auf und eignete sich eine dynamischere Malweise an, die weitestgehend ohne figurative Assoziationen auskommen sollte. In seinen Memoiren schrieb er hierzu:

> Als ich im Sommer 1952 Kleisterfarben für meinen kleinen Sohn anrührte, fand ich quasi durch Zufall meine schnelle Maltechnik: Erst Kleister aufs Papier, dann mit Gouache schnell hineingearbeitet, dann mit dem Messer oder Rakel die Farbe aufgerissen, dann wieder mit Gouache hinein, und fertig war das Bild. War das ganze nicht zufriedenstellend, so konnte ich das Ganze mit einem Lappen abwischen ... und von vorn anfangen.[26]

In Interviews und Selbstaussagen zeichnete er diese Erfindung nach und beschrieb sie als zufälligen Fund. In dem mehrmaligen Rekurs auf diese neue Technik entstand so im Nachhinein der Eindruck, dass sich im Herbst 1952 ein Wendepunkt, gleich einer Zäsur, in Götz' Malerei vollzog.[27] Die Rezeption dieser Erzählung ist jedoch fehlgeleitet, denn der Wandel in seinem Werk ist nicht allein durch das Entdecken einer neuen Technik begründet. So waren ihm zu dieser Zeit die Action-Paintings von Pollock schließlich bereits bekannt. Sie wurden unter anderem in Paris ausgestellt, wo Götz regelmäßig Zeit verbrachte, um die aktuellen Entwicklungen in der französischen Malerei zu verfolgen. In seinen Memoiren *Erinnerungen und Werk* beschrieb er die Ausstellung *Véhémences confrontées* im März 1951 in der Galerie Nina Dausset, die von Georges Mathieu und Michel Tapié organisiert worden war und die Werke von Pollock zeigte.[28] Darüber hinaus erschien im September desselben Jahres, in dem Götz seine neue Technik entwickelt, Harold Rosenbergs Artikel *The American action painters* in *ARTnews*. Diese Kontexte stellen auch das Argument, dass sich dieser Paradigmenwechsel, von einer zeichentheoretischen zu einer phänomenalen Malerei, nicht allein durch sein zufälliges Experiment mit Kleisterfarbe ergab, sondern von weiteren Parametern abhängig war.

Götz befand sich im Herbst 1952 seit knapp zweieinhalb Jahren in Frankfurt am Main. Er verkehrte in der Zimmergalerie Franck, die von Klaus Franck 1949 gegründet worden war, und lernte auch die anderen Künstler kennen, die später mit ihm zu den sogenannten Quadriga-Malern erkoren wurden.[29] In Frankfurt hatte der zugezogene Maler Zugang zum Amerika-Haus, das sich 1946 aus einem Leseraum für die alliierten Soldat*innen entwickelt hatte und sich in den folgenden Jahren mit einem immer breiteren Programm bemühte, Kultur und Künste, auch damals zeitgenössische, aus den USA in Deutschland zu präsentieren.[30] Unter anderem fand dort im November 1951 die Ausstellung *Zeitgenössische Graphiken aus den USA* mit einer Eröffnungsdiskussion zur Ausstellung am 6. November 1951 statt.[31] Im Dezember desselben Jahres hielt Ludwig von Döry dann unter dem Titel *Malerei und Plastik in Paris von 1941 bis 1951* einen Vortrag mit Lichtbildern.[32] Über dessen Inhalt muss Götz bestens informiert gewesen sein, da sich Dörys Vortrag zumindest im Titel mit dem Bericht *Paris 1941–1951* deckt, den Döry für Götz' Zeitschrift *META 4* vom Februar 1951 verfasst hatte.[33] Jerome Mellquist, Autor von *Emergence of an American Art* (1942), das nachweislich in der deutschen Übersetzung von 1950 in der Bibliothek des Amerika-Hauses vorlag, hielt im April 1952 eine Vortragsreihe zur amerikanischen Kunst.[34] Sidney Janis *Abstract and Surrealist Art in America* (1944), das eine von Janis verfasste Beschreibung der *drip*-Technik/Oszillation von Max Ernst enthielt, war dort, neben weiterer Literatur zu den Künsten in den USA, ebenfalls verfügbar.[35] Döry erachtete diesen Literaturbestand als prägend für die Quadriga-Maler und verwies unter anderem auf James Thrall Sobys *Contemporary Painters* (1948), Andrew Carnduff Richties *Abstract Painting and Sculpture in America* (1951), Thomas B. Hess *Abstract Painting: Background and American Phase* (1951) und Robert Motherwells *Modern Artists in America* (1951): »Die Lektüre dieser Bücher und Zeitschriften war Ausgangspunkt von Gesprächen, die Schultze mit mir führte. Götz nahm nach seiner Übersiedlung nach Frankfurt im Jahre 1950 an diesen Diskussionen häufig teil.«[36] Vortragende Gäste im Amerika-Haus Frankfurt waren nach 1952 auch Will Grohman, der zur Situation der jüngeren Künstler*innen in Europa und den USA referierte, und Bernard Schultze, der dort im Juli 1956 den Vortrag *Die grosse Wende in der Malerei* hielt.[37] Götz muss dort regelmäßiger Gast gewesen sein: Einerseits interessierte er sich für die aktuellen Künste in den USA, wozu das Amerika-Haus Informationen in Buchform und durch Vorträge anbot, andererseits konnten dort Frankfurter Künstler*innen und Kunsthistoriker*innen ins Gespräch miteinander kommen, zudem tagte der Frankfurter Hotclub, dem Götz als bekennender Jazzhörer angehörte, im Amerika-Haus.[38]

Dass Götz das breite Informationsangebot intensiv nutzte, kann als gesichert gelten und durch eine Stellungnahme des Künstlers belegt werden: In seinen Memoiren schrieb er, wie er zusammen mit Schultze, mit dem er »jede Woche ins Amerikahaus [ging], um in der Bibliothek die neuen Kunstzeitschriften durchzublättern«[39], gezielt nach Fachliteratur suchte. Die Zeitschriftenbestände sind jedoch nicht mehr ermittelbar und so ist ungewiss, ob Götz zeitnah Rosenbergs *The American action painters* lesen konnte. Die entsprechenden US-amerikanischen Kunstzeitschriften, die über den Abstrakten Expressionismus debattierten, waren ihm auf jeden Fall geläufig:

> Die einzige Zeitschrift, welche Pollock, de Kooning, Rothko und Motherwell erwähnte, war *Possibilities*, No. 1 (Winter 1947/48), eine Zeitschrift, die von Motherwell herausgegeben wurde und die es nur zu einer einzigen Nummer brachte. Erst später, etwa ab 1950 brachten die drei bekannten amerikanischen Kunstzeitschriften *Art News, Art Digest* und *Art and Architecture* gelegentlich Berichte über diese Maler.[40]

Robert Goodnoughs Artikel *Pollock paints a picture* mit den Fotografien von Hans Namuth war in *ARTnews* im Mai 1951 erschienen. In deutschen Kunstzeitschriften kursierten Berichte über Tachismus, Informel und den Abstrakten Expressionismus erst später.[41] Wissen zu aktuellen Tendenzen der Malerei in den USA war jedoch nicht nur im Amerika-Haus vorhanden, Götz bemühte sich auch selbst darum, internationale Kontakte zu knüpfen, und reiste mehrmals nach Paris.

Dort besuchte er im November 1952 die Ausstellung *Signifiants de l'informel* von Tapié im Studio Paul Facchetti, die in Frankreich als Inaugurationsausstellung des französischen Informel gilt,[42] und informierte sich über die Entwicklungen des Informel in Paris.[43] Im Dezember 1952 stellte Götz dann zusammen mit Otto Greis, Heinz Kreutz und Bernard Schultze in der Zimmergalerie Franck aus, das Plakat verwies auf den Titel *neuexpressionisten*. Diese Ausstellung, deren Künstler kurz nach dem Eröffnungsabend von René Hinds poetisch und apotheotisch zur Quadriga, einem vierteiligen Streitwagen für aktuelle Kunst – der quasi den Karren aus dem Dreck der nationalsozialistischen Kulturpolitik ziehen sollte – erhoben wurden, avancierte retrospektiv zur Gründungsausstellung des deutschen Informel.[44] Zur Eröffnung befand sich Götz noch in Paris, wo seine Zeit jedoch nicht mehr ausreichte, um im Studio Facchetti die nachfolgende Ausstellung Tapiés, *Un art autre*, im Dezember 1952 zu besuchen.[45] Bereits im Februar 1951 hatte er aber im Vorfeld der Ausstellung *Véhémences confrontées* in der Galerie Nina Dausset einige Werke gesehen, die im Winter des Folgejahres auch in Tapiés Ausstellung *Un art autre* gezeigt werden sollten. Hierzu schreibt er: »Die Ausstellung [*Véhémences confrontées*] fand vom 8.–31. März statt. Ich hatte im Februar bereits einige dieser Bilder gesehen und danach im Herbst. Hinzugekommen waren Bilder von Sam Francis, der mit

Riopelle befreundet war.«[46] Und auch wenn Götz Tapiés zweite Facchetti-Ausstellung, die ausschließlich informelle Arbeiten zeigte, verpasste, so war Götz dennoch sehr genau darüber unterrichtet, wie sich informelle Kunst in Frankreich und den USA entwickelte.[47] Auch die Begriffs- und Positionsdebatten von Charles Estienne, Pierre Guéguin und Michel Tapié verfolgte er und war sich daher bewusst, dass sich ein neues, informelles Bildkonzept nicht nur in seinem eigenen Werk, sondern auch bei vielen anderen Künstler*innen manifestierte, das von kunstkritischen Debatten flankiert wurde.[48] Dieses informelle Bildkonzept und die Auflösung des klassischen Formprinzips waren in interessierten Künstler*innenkreisen bekannt. Es »war kein ›Prinzip‹, dem wir folgten, es lag einfach in der Luft«.[49]

Es ist also kaum haltbar, dass Götz durch Zufall beim Anrühren von Kleisterfarbe zu einer informellen Bildkonzeption gelangt. Vielmehr haben das wiederholte Erzählen dieser Anekdote in Interviews und Ausstellungskatalogen dazu geführt, dass angenommen wird, im Herbst 1952 hab sich eine einschneidende Zäsur in Götz' Technik vollzogen. Tatsächlich hatte er den dynamischen Farbauftrag aber schon mit Aquarellen und Monografien vor dieser Zeit erprobt. Ebenso wäre es falsch von einer ungenauen Einflussnahme durch das Action-Painting oder die informelle Debatte in Paris mit Tapié sowie den Ausstellungen der Galerie Nina Dausset und im Studio Paul Facchetti zu sprechen. Götz war 1952 Akteur in einer Szene, die der Etablierung einer neuen Bildkonzeption, des Informel, der Art autre oder der Lyrischen Abstraktion, gewidmet war. Teil dieser Szene waren andere Künstler*innen, Galerist*innen und Kritiker*innen wie auch Amateur-galerist*innen, die das gemeinsame Ziel verfolgten, die nicht-figurative Malerei als zeitgemäße, malerische Ausdrucksweise zu emanzipieren. Dies stieß auf viel Widerspruch, was wiederum zu Streitigkeiten um die Relevanz und Berechtigung dieser Ausdrucksweise unter den Beteiligten auslöste. Götz entwickelt dabei eine Technik, die mit der von anderen Künstler*innen Gemeinsamkeiten aufwies, weil sie das körperlich dynamische Agieren als werkgenerierenden Prozess in den Mittelpunkt stellte. Diese dynamische Arbeitsweise offenbarte sich bei unterschiedlichen Künstler*innen als ein Konzept, das in deren Ateliers, Ausstellungen und kulturellen Räumen unterschiedlich ausgehandelt und bewertet wurde. Diesem Konzept kam eine eminente Bedeutung zu, da sich Künstler*innen damit in der Entwicklung einer modernen, malerischen Tendenz positionieren konnten. Götz fasst diese Bezüge zwischen seiner Malerei und dem amerikanischen Expressionismus rückblickend wie folgt zusammen:

> Die Ausstellungen aktueller Kunst, Bilder des Abstrakten Expressionismus aus den USA, waren für mich besonders interessant, da ich dadurch meine künstlerische Konzeption noch weitermodernisieren konnte. Der Automatismus des französischen Surrealismus hatte mich zwar bereits ermuntert, von einer abstrakten, kleinteilig-geometrisierenden Duktus-Malerei wegzukommen, aber die Freiheit der amerikanischen Abstrakten Expressionisten, die ihre Riesenleinwände auf dem Boden bearbeiteten, stimulierte mich, die Schnelligkeit des Malvorganges zu steigern und das auf großen Leinwänden, die auf dem Boden lagen – wohlgemerkt auf der Basis meiner eignen künstlerischen Konzeption.[50]

Bei Götz setzte sich eine Idee von Malerei durch, die dynamisch und offen sowie an viele Theoreme wie Automatismus, Einspruch gegen die klassische Formprinzipien oder das Malen auf dem Boden anknüpfte. Diese Idee und ihre Umsetzung sind daher auch eine Reaktion und eine Weiterentwicklung von vorherigen Theoremen moderner Malerei wie der Gestalttheorie. Insofern ist der Begriff der Zäsur schwer haltbar. Einige Vorstellungen und Ansprüche an Malerei – wie das klassische Formprinzip, das Figur-Grund-Verhältnis – hat Götz zwar abgelehnt oder nur in Teilen aufgenommen, beide sind aber Reaktionen auf das, was vorherig etabliert gewesen war. Es ist daher schwierig, genau zu verorten, an welchem Punkt der die Zäsur in Götz' Werk ihren Anfang nahm. Sie ist folglich immer nur relativ und muss in einem größeren Kontext der *cocréation*, in dem diese unterschiedlichen Theoreme berücksichtigt und transformiert wurden, gesehen werden.

Wie schwierig es ist, eine Einflussgeschichte des Action-Paintings auf K.O. Götz zu belegen, erweist sich durch Unstimmigkeiten bei der Engführung von beiden Malereikonzepten. Jean Gorzio grenzte in einem Artikel aus dem Jahr 1959 Götz' Malerei von einem Pollock-geprägten Action-Painting und einer subjektivistischen Lektüre von dessen Gesten ab:

> Was diese Malerei [von Götz] jedoch definiert, ist weniger ein thematischer Anspruch oder eine technisch-stilistische Erscheinung im Sinne des ›Informel‹ oder der ›action-painting‹. [...] Der Maler schafft auf der Leinwand einen Ablauf von Bewegungen und Raumdurchschnitten, die trotz der Impulsivität, mit der sie hergestellt werden, nie subjektive Gesten sind. Die Bilder sind innerhalb ihrer strudelnden Dynamik klar und geben eher die Niederschriften imaginärer und zugleich differenziertester Apparaturen wieder als die Handschrift eines delirierenden Mündlings.[51]

Claudia Posca wies 40 Jahre später ebenfalls auf Unterschiede zwischen dem Action-Painting und Götz' Malereikonzeption hin, während 2009 an anderer Stelle *German Action* als Schlagwort für eine Gemeinsamkeit von beiden benutzt wurde.[52] Es bedarf also einer Engführung. Rosenberg erklärte in seinem Essay: »The painter no longer approached his easel with an image in his mind; he went up to it with material in his hand to do something to that other piece of material in front of him. The image would be the result of this encounter.«[53] Im Jahr 1977 schrieb Götz: »Meine Gouachen können als Vorstudien zu größeren Bildern betrachtet werden. Eine Bildidee wird anhand einer Serie von ca. 10–15 Gouachen ausgearbeitet. Das Thema ist dann immer das gleiche, aber in abgewandelter Form.«[54] Und weiter im Text äußerte sich Götz, dass die Gouachen ebenfalls vorab ausgearbeitet werden, mit Skizzen in einem kleinen Format von einer Streichholzschachtel, die eine Serie »von 20–30, ja manchmal bis zu 50, sehr kleine Skizzen« bildeten. In dieser Hinsicht widersprach Götz' Vorgang der Bildfindung Rosenbergs Idee des Action-Paintings: Eine vorgefasste Bildidee, bei Claudia Posca *concetto* genannt, sei bei Götz vorhanden, die gar vorab in Zeichnungen erprobt werde.[55] Bei Rosenberg wurde dieses Vorgehen unterminiert, da Künstler*innen sich der Leinwand nicht mehr mit einer vorgefassten Bildidee annehmen würden.

Dennoch sah Rosenberg die Möglichkeit, dass die Aktion einer Zeichnung auf der Leinwand wiederholt werden könne. Dazu bemerkte er: »If a painting is an action, the sketch is one action, the painting that follows is another. The second cannot be ›better‹ or more complete than the first. There is just as much significance in their difference as in their similarity.«[56] Götz verband jedoch Zeichnung und Malerei mit einer vorgefassten Bildidee und hierarchisierte damit die beiden Medien. Er widersprach der von Rosenberg geforderten Gleichstellung von *painting* und *sketch* zu jeweils eigenständigen Werken. Diese Vereinzelung umging er mit einem Bewegungsmuster, das er in Zeichnung wie in der Malerei wiederholte. Die Aktion, die sich auf Zeichnung und Leinwand niederschrieb, ist choreografisch und medienspezifisch vorgefasst. Daher exerzierte Götz die körperliche Bewegung, die ein Werk generiert, auf unterschiedliche Art und Weise:

> Da ich nicht nur mit den Händen male, sondern mit dem ganzen Körper, und zwar sehr schnell, muß ich sehen, dass ich mit den großen breiten Pinseln in alle Ecken der Leinwand gelangen kann. Ich muß dabei manchmal um das Bild herumgehen (oder herumspringen); dadurch wird der Malakt unterbrochen, und das Tempo reduziert. Und das ist wohl der Hauptgrund, warum meine großen Leinwände keine bloßen Vergrößerungen meiner Gouachen sind, sondern eine ganz eigene Faktur und eigene Rhythmen aufweisen, die eben mit den Körperbewegungen zusammenhängen und mit dem Trägheitsmoment bei der Führung des schweren Pinsels. Das Thema im Kopf (in der Gouache vorgebildet) wird jedenfalls strikt eingehalten. Das Ergebnis auf der Leinwand ist dann eine Variante mit einem Ausdruck, der in der Gouache nicht vorhanden ist.[57]

Dabei war die Geschwindigkeit der Bewegungen von den unterschiedlichen Materialien, Gouache oder Leinwand, abhängig:

> Ich kann meine Bilder nur malen, indem ich sie so schnell wie möglich male. Durch das schnelle Malen erziele ich einen Duktus und eine Bewegung, Rhythmen, die ich beim langsamen Malen nicht hinkriegen würde. Das könnte man nicht einmal hinpfuschen. Einzig durch die Schnelligkeit entstehen Strukturen, die ich anstrebe und die ich ausprobiert habe.[58]

Für die großen Leinwände legte Götz den Bildgrund auf den tatsächlichen Grund, den Boden seines Ateliers. Nicht nur das Material und die Werkzeuge, mit denen er dabei hantierte, gaben den Ablauf seiner Malerei zu einem gewissen Teil vor. Auch die Trägheit des Pinsels, die er mit seiner Körperkraft bewältigen musste, und der variierbare Druck des Pinsels auf der Leinwand erzeugten verschiedene Ergebnisse. Um diesen dynamischen Malprozess zu meistern, bedurfte es nicht nur eines Wissens darum, wie sich das Material unter der eigenen Krafteinwirkung verhielt, sondern auch eines technischen Wissens und der Vorbereitung des Materials. Bevor Götz auf dem Boden malen konnte, präparierte er den Malgrund in mehreren Schritten: Zuerst befestigte er die Leinwand auf einer Hartfaserplatte mit Reißzwecken. Dann wurde diese mit Formaldehyd grundiert, um die Oberfläche zu härten. Darauf folgte die Grundierung mit Kalkkreide. Entstanden dabei Körnungen und Unebenheiten, wurden diese mit einem Sandpapier geschliffen.[59] Erst dann war die materielle Beschaffenheit für den eigentlich Malvorgang hergestellt und es war eine möglichst glatte, weiße und gehärtete Fläche entstanden, die wegen ihrer Härtung jedoch zur Folge hatte, dass die Leinwand nicht mehr gerollt werden konnte. Erst nach diesen Vorbereitungen konnte der Malprozess flüssig ablaufen.

Pollock mied mit seiner *drip*- und *pour*-Technik den direkten Kontakt mit der Oberfläche der Leinwand. Dahingegen brauchte Götz die glatte Oberfläche, um diese möglichst reibungslos bearbeiten zu können. Dieser flüssige Ablauf des Werkprozesses war nicht nur produktionsästhetisch für Götz wichtig, sondern auch in den Werken anschaulich. Ohne diese Oberflächenbeschaffenheit würde sich die körperliche Bewegung anders in den Malereien übersetzen. Dieser Transformationsprozess, die körperliche Bewegung auf die Leinwand zu transkribieren, war eine für den deutschen Maler spezifische Technik, die eine materielle Vorbereitung mit einer individuellen Technik zusammenführte.[60] Wie sehr diese Technik von den Materialien abhing, musste er feststellen, als er gebeten wurde, Reliefs aus Ton zu fertigen. Um diesem Wunsch eines Sammlers nachzukommen, wollte er den Ton zunächst ähnlich wie seine informellen Malereien behandeln und arbeitete mit der Rakel auf der Oberfläche des Tons. Dabei stellte er jedoch fest, dass diese Behandlung eine weichere Tonmischung erforderlich machte, damit er sich in der Bearbeitung des festen und dichten Materials nicht gänzlich körperlich erschöpfte.[61]

Bei den Gouachen wiederum verhielt es sich anders, da sie die körperliche Arbeit des Künstlers mit ihrem Material und ihrer Beschaffenheit variiert umsetzen konnten:

> Die Malfaktur der Gouachen entsteht aus der Bewegung von Unterarm-Oberarm-Schulter. Das Maltempo ist wesentlich höher als bei der Leinwand. Die Rhythmen sehen deshalb etwas anders aus, d.h. sie sind straffer, schneller. So haben meine Gouachen ihre besondere Eigenart, und sie sind eben mehr als bloße Vorstudien zu den großen Bildern.[62]

Jedes Material (Gouache oder Kleisterfarbe und entsprechende große oder kleine Pinsel und Rakel) forderte in Götz Werkprozess unterschiedliche Bewegungen. Während die Gouache nur die Unterarm-Oberarm-Schulter-Partie des Künstlerkörpers mobilisierte, variierte Götz seine Bewegungsmuster für die Leinwand-Malerei vielfältiger. Zu einigen dieser Bewegungsmuster entsteht auch Film- und Fotomaterial, wodurch unterschiedliche Dokumente seiner Künstlerschaft entstanden sind.

Noch 1959, als Götz sein Atelier an der Düsseldorfer Kunstakademie bezog, habe ihn der Fotograf Siegfried Kühl gebeten, ihn beim Malen fotografieren zu dürfen.[63] Nach Esner und Kisters ist der Kontext solcher Mediatisierungen notwendigerweise zu berücksichtigen.[64] Götz bejahte die Anfrage von Kuhl und ließ sich im frisch bezogenen Atelier während des Malens ablichten (Abb. 22). Diese Fotografien sind die meistverbreiteten Aufnahmen von Götz' Malprozess. Denn nur ein weiteres Mal ließ er sich 1976 von seinem Freund und Sammler Willi Kemp fotografieren, der ihn auch mit einer Super-8-Kamera filmte.[65] Daneben existieren zwei TV-Beiträge, in denen zwar Götz' Atelierpraxis gezeigt wurde, die aber nicht nur seine spezifische Malereitechnik thematisierten, sondern ihn auch als Person des öffentlichen Lebens, als Professor an der Kunstakademie und Künstler im Galeriebetrieb, beleuchteten.[66] Die Fernsehreportagen wurden für unterschiedliche Sendungsformate in Auftrag gegeben: Für die Reihe *Das Kurzportrait* des WDR entstand der Beitrag *Malerei mit dem Rakel*, der Götz' Arbeitsabläufe beim Malen, abgeschottet von Studierenden, zeigte und im September 1964 das erste Mal ausgestrahlt wurde.[67] Für die Reihe *Heutzutage – Hierzulande*, die dezidiert über lokale Nachrichten in Westdeutschland berichtete (und vorher *Prisma des Westens*

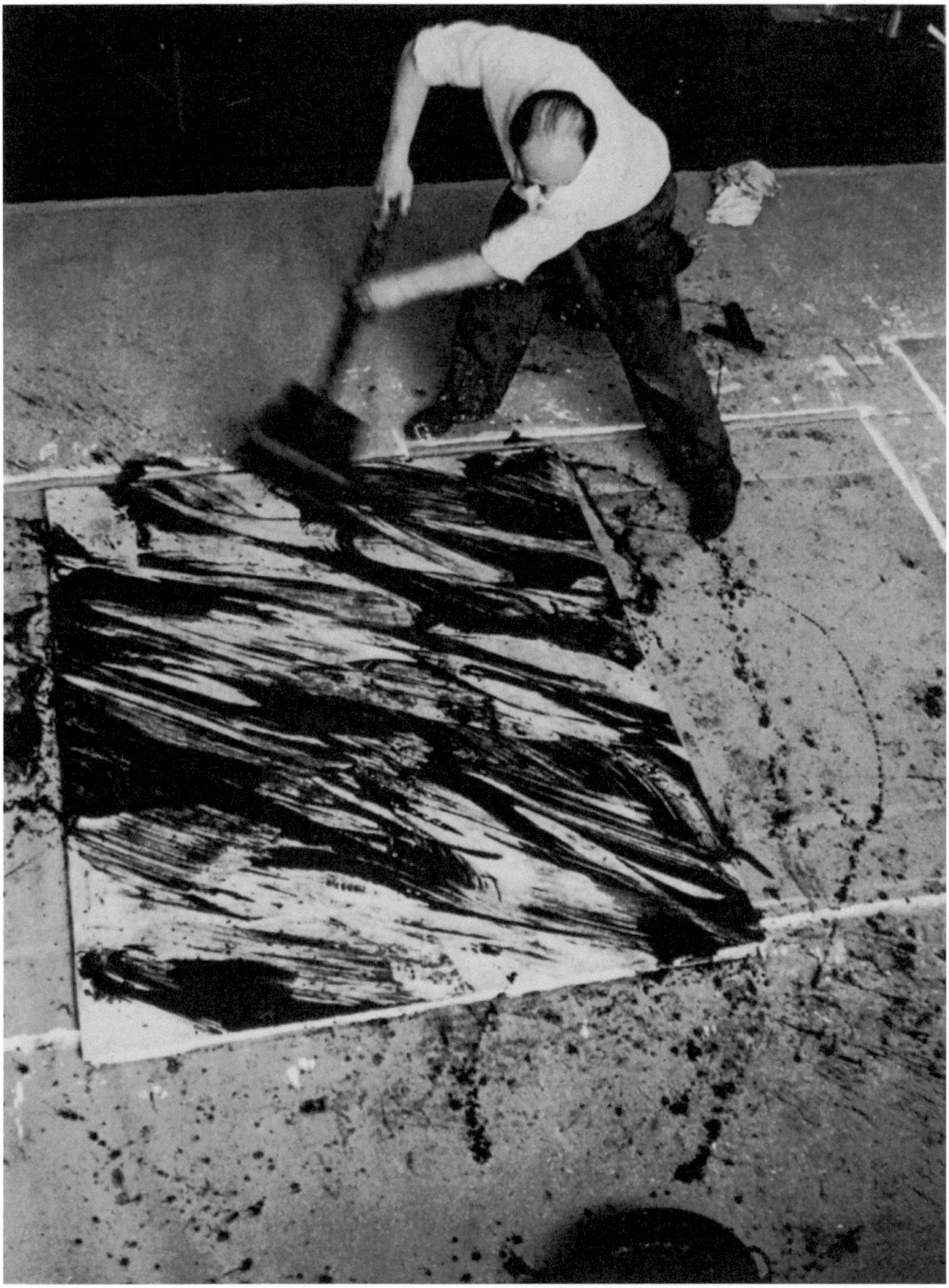

Abb. 22 | Siegfried Kühl: *Karl Otto Götz bei der Arbeit in seinem Düsseldorfer Atelier 1959*, 1959, Fotografie, keine weiteren Angaben hieß), entstand eineinhalb Jahre später ein weiterer Beitrag, der Götz als etablierten Künstler in der Düsseldorfer Kunstszene zwischen »echter Künstlerschaft und Snob-Appeal«[68] beschrieb. Diese TV-Beiträge thematisierten also nicht in erster Linie eine Darstellung der Arbeitsabläufe aus einer künstlerischen oder dokumentarischen Absicht, wie dies bei Namuth und Pollock der Fall war, oder die explizite Zurschaustellung des körperlichen Ablaufs der Malerei wie bei Mathieus Sprung- und Kampffotografien. Vielmehr zeichneten die Beiträge ein gesellschaftsfähiges Porträt eines Malereiprofessors der Düsseldorfer Kunstakademie, das die Zuschauenden interessierte. Beide TV-Beiträge stellten Götz Malprozesse nicht einfach dar, sondern legten durch gesprochene Kommentare und die Art und Weise der Darstellung ein zu bestimmendes Künstlerbild zugrunde.

So begann *Malerei mit dem Rakel* mit dem alltäglichen Weg des Künstlers zur Arbeit. Götz war in einen Anzug gekleidet, trug einen Hut, rauchte Pfeife und schlenderte auf Umwegen in sein Atelier. Erst hier erklärte die Stimme aus dem Off, was der Götz' Beruf war. Er verschwand hinter einer Wand und erschien nach einem Stopptrick ohne Anzug, dafür mit einem weißen Hemd und Zeitung bewaffnet: »Die Zeitung ist schützender Vorwand, ein Ablenkungsmanöver gegen störende Einflüsse von außerhalb. Der Künstler versucht sich in einen meditativen Zustand zu setzen.« Zuerst saß Götz Zeitung lesend im Schaukelstuhl, danach starrte er apathisch in die Leere. Plötzlich stand er auf und fing an, die Leinwand zu kleistern. Er malte anfänglich mit einem in schwarzer, flüssiger Farbe getränkten Pinsel, dann mit einem Gummirakel und schließlich mit einem leeren Pinsel die typischen drei Fakturen auf den am Boden liegenden Bogen Papier.[69]

In dieser Art der Charakterisierung unterschied sich Götz von Pollock und Mathieu: Götz war in ein unbeflecktes, weißes Hemd gekleidet und gab sich in der Manier durch Anzug, Hut und Pfeife auch als Geschäftsmann zu erkennen. Pollock trug Jeans sowie von Farbe verklebte Schuhe und zeigte sich als jemand, der für die Malerei dreckig wird, Mathieu präsentierte sich erst als Schriftgelehrter der Malerei, dann als athletischer Maler. Götz arbeitete veremintlich sauber. Nicht zuletzt enstanden durch solche Darstellungen Mythen und Stereotype, die die Rezeption der Malerei prägen: der *action painter* Pollock trug Spuren seiner Auseinandersetzung mit dem Material auf seinem Körper, Götz behielt, zumindest in den Beiträgen des WDR, ein reines, weißes Hemd.[70]

In *Heutzutage – Hierzulande* hatte sich die Situation im Atelier geändert: Auf dem Boden waren nun rechteckige Farbüberreste zu sehen, die zeigten, an welchen Stellen Leinwand und Papier auf dem Boden gelegen hatten. Götz variierte seine Technik auch, indem er Zeitungspapier auf die Leinwand, die nun schon auf einem Keilrahmen gespannt war, klebte, um Ausschnitte festzulegen, in denen die dynamischen Gesten mit vermeintlichen Anschlussfehlern aufeinandertrafen, sodass sich eine Schnittkante ergab. Als dieser Prozess begann, wurde Götz aus einer starken Obersicht gezeigt – wie Pollock auch in einigen Fotos und Einstellungen von Namuth gefilmt wurde. Götz kleisterte, malte und löste dann die aufgeklebten Zeitungen ab. An dieser Stelle im Beitrag war deutlich, dass der Werkprozess zeitlich komplexer geworden war, denn das nun Gemalte musste erst trocknen, bevor er von der anderen Seite der Schnittkante her das nun noch weiße Bildfeld bearbeiten konnte. Nüchtern betrachtet nutzte Götz für seine gestischen Abstraktionen ein Bewegungsvokabular, das man postmodern nennen könnte. Manche Rakel oder Pinsel waren mit langen Stielen ausgerüstet, sodass sich in der Handhabung dieser Instrumente die Bewegungen ergaben, die an Alltägliches denken ließen: Götz fegte regelrecht mit dem Pinsel über die Leinwand. In *Malerei mit dem Rakel* kam noch eine kurze Einstellung hinzu, in der er einige Tropfen, die nicht an diese Stelle auf der Leinwand zu gehören schienen, wegputzte. Paradoxerweise wischte der Tachist seine eigenen Flecken weg.

Das Verhältnis von Künstlerkörper und Leinwand ist im Falle Götz komplex. Die Bilder, die notationelle Eigenschaften aufnahmen, waren nicht nur diese Bewegungen speichernde Medien, sondern darüber hinaus statisch und verfestigt. Jede Bewegung, sofern sie auch an Putzen und Fegen erinnerte (Abb. 22), wurde bei Götz mit einem Ziel verfolgt: Nur durch die Bewegung, die sich auf der Leinwand niederschrieb, konnte der Effekt und die Formung der Farbe erreicht werden, die seine Malerei ausmachte. Jede Bewegung hatte nicht nur das Ziel, Malerei zu erzeugen, sondern auch eine Struktur. Die Lesbarkeit oder Wahrnehmbarkeit solcher Strukturen der Malerei wurden bereits in den 1950er- und 1960er-Jahren diskutiert und hatten die phänomenologischen und semiotischen Ansätze in Opposition zueinander gebracht. Aus heutiger Sicht plädieren Phänomenolog*innen sowie Semiotiker*innen gegen eine solche Gegenüberstellung und stattdessen für eine synergetische Verwendung beider Ansätze.[71] K. O. Götz legte, wie im vorangegangenen Kapitel dargestellt, das Lesen seiner Fakturenfibel nahe, und bestimmte damit für seine Malerei bis 1952 auch die semiotische Annäherung für wesentlich. Dann änderten sich die Prämissen für eine philosophische Verortung von Götz neuer Malerei mit einer Kritik am sprachphilosophisch orientierten, zeichentheoretischen Zugang.

Wie dieser Positionswechsel anhand der Werke greifbar gemacht werden kann, lässt sich an einer Kritik der nicht-figurativen Kunst des französischen Kunsthistorikers Robert Klein an der phänomenologischen Reduktion aufzeigen. Klein nutzte die phänomenologische Reduktion zu Beginn der 1960er-Jahre als Instrument, mit dem sich eine grundlegende, phänomenologische Haltung von Künstler*innen, Kritiker*innen und Philosoph*innen offenbarte, die sich mit nicht-figurativer Malerei auseinandersetzten. Er konstatierte in *Peinture moderne et phénoménologie* (1963, posthum publiziert 1970), dass diese Grundhaltung die Schriften der beteiligten Akteur*innen stark färbe:

> [...] la philosophie phénoménologique est descendue tout armée dans l'arène de la critique d'art, avec Sartre et Hyppolite à propos de Lapoujade, et avec plusieurs essais de Merleau-Ponty, notamment sur Cézanne. Enfin, et c'est cela qui importe peut-être le plus, des critiques intelligents et lucides, soit favorables comme Paulhan, soit réserves comme Duthuit, écrivent comme si la phénoménologie, qu'ils ne nomment pas et à laquelle ils ne semblent pas avoir pensé, fournissait la clef des intentions de la peinture récente.[72]

Daraufhin fasste Klein zusammen, dass bei all diesen Philosoph*innen und Kritiker*innen die »référence«, als zeichentheoretischer Verweis der Malerei, ihre Extension, in die Kritik geraten sei und nicht mehr für notwendig empfunden wurde. Dies begründete Klein durch Zitate von Robert Lapoujade, Jean Paulhan, Maurice Merleau-Ponty und weiteren, aber vor allem damit, dass es diese Kritik an der Verweissystematik auch schon vor der Moderne, als »agonie de la référence« in der Renaissance und im Barock gegeben habe.[73] Die Feststellung, dass der außerbildliche Verweis nicht mehr notwendig sei, unterstützte Klein jedoch nicht. In der Reduzierung auf eine Selbstreferenzialität, die er darin sah, dass bei Merleau-Ponty die Malerei als Illustration seiner Wahrnehmungstheorie diene, scheine dieser zu vergessen, »que l'œuvre d'art a sa réalité autonome, qu'elle appartient a une histoire distincte, et qu'elle joue un rôle de communication«.[74] An diesem Punkt schied sich Kleins Verständnis für eine phänomenologische Argumentation, denn er konnte die Malerei ohne diese (zeichentheoretische) Kommunikationssituation nicht denken. Daher wurde die Selbstreferenzialität der nicht-figurativen Malerei für ihn zu einem Problem. Während im Kubismus die Formen noch auf eine Geometrie verwiesen, ja selbst diese anschaulich verkörperten – in Verweis auf Kandinsky schrieb er »un portrait est ou présente l'image du modèle, mais un triangle jaune n'est pas l'image d'un triangle jaune, il est ce triangle lui-même«[75] – könne der Fleck, *la tache*, nur ein Eigensinnbild der Malerei und keine Referenz auf etwas sein.

So habe schließlich das Theorem der phänomenologischen Reduktion die nicht-figurative Malerei und das Schriftwerk ihrer Befürworter unterwandert. Klein resümierte: »Une peinture qui a opéré sa réduction phénoménologique est donc enfin chez soi, dans sa vérité esthétique.«[76] Damit werde jede Auseinandersetzung mit einer solchen Malerei absurd, weil eine sprachliche Annäherung immer verweigert werde. Die phänomenologische Reduktion, also die Ausblendung aller irrelevanten Aspekte eines Untersuchungsobjekts, um eine Erkenntnis durch Anschauung zu erlangen, offenbare, dass in der Anschauung der nicht-figurativen Malerei durch die fehlende Referenz keine Erkenntnis mehr produziert werden könne. Eine Malerei, die nur mit sich selbst beschäftigt sei, werde so zu einem in sich geschlossenen, abgegrenzten System. Dies sei nach Klein obligatorisch hässlich.[77] Dass Malerei damit aber einen neuen Modus des Sehens, der Kontemplation, und neue Wahrheiten, also eine neue Visualität, fordern konnte, sind Möglichkeiten, die Klein nicht sah, die aber Merleau-Ponty unterstrich.[78]

Merleau-Ponty subsumierte in *L'Œuil et l'Esprit* (1964) die visuelle Erfahrung als einen Prozess der Wahrnehmung, mit dem sich das sehende Subjekt körperlich in der Welt verorten könne. Lambert Wiesing hat die phänomenologische Reduktion, in Auseinandersetzung mit den Schriften von Merleau-Ponty für die abstrakte Kunst weiter enggeführt. Eine phänomenologische Reduktion habe nach Wiesing nicht mehr nur zum Ziel, Formen zu identifizieren und zu interpretieren, die sich auf Objekte beziehen. Vielmehr hinterfrage sie den gesamten Bereich des Sichtbaren jenseits dieser Objekte.[79] Die Reduktion blendet die figurativen Aspekte, deren Extension, aus, um die Bilder auf ein Phänomen zu reduzieren, das spezifisch für Gemälde ist – ihre Sichtbarkeit oder Visualität. Der phänomenologische Begriff Visualität betont bereits, dass die Annäherung an Gemälde über den Blick und die Kontemplation und nicht über die Sprache bevorzugt wird. So gehe laut Wiesing die phänomenologische Reduktion in gewisser Weise Hand in Hand mit der Idee einer formalistischen Kunstgeschichte, die eine Entwicklung der Formen proklamiere. Legte die phänomenologische Reduktion den Schwerpunkt auf die Formen, dann deshalb, weil der menschliche Blick deren Grammatik analysieren könne, die hinter dem Thema des Bildes verborgen sei.

Wenn sich Maler*innen nach Klein einer phänomenologischen Reduktion bedienten, dann konnte dieser Umstand von Betrachtenden ein spezifisches Wissen über die phänomenologische Methode erfordern. Diese gemeinsame Teilhabe von Malerei und Phänomenologie an einer Erkenntnisproduktion durch Visualität und mittels einer phänomenologischen

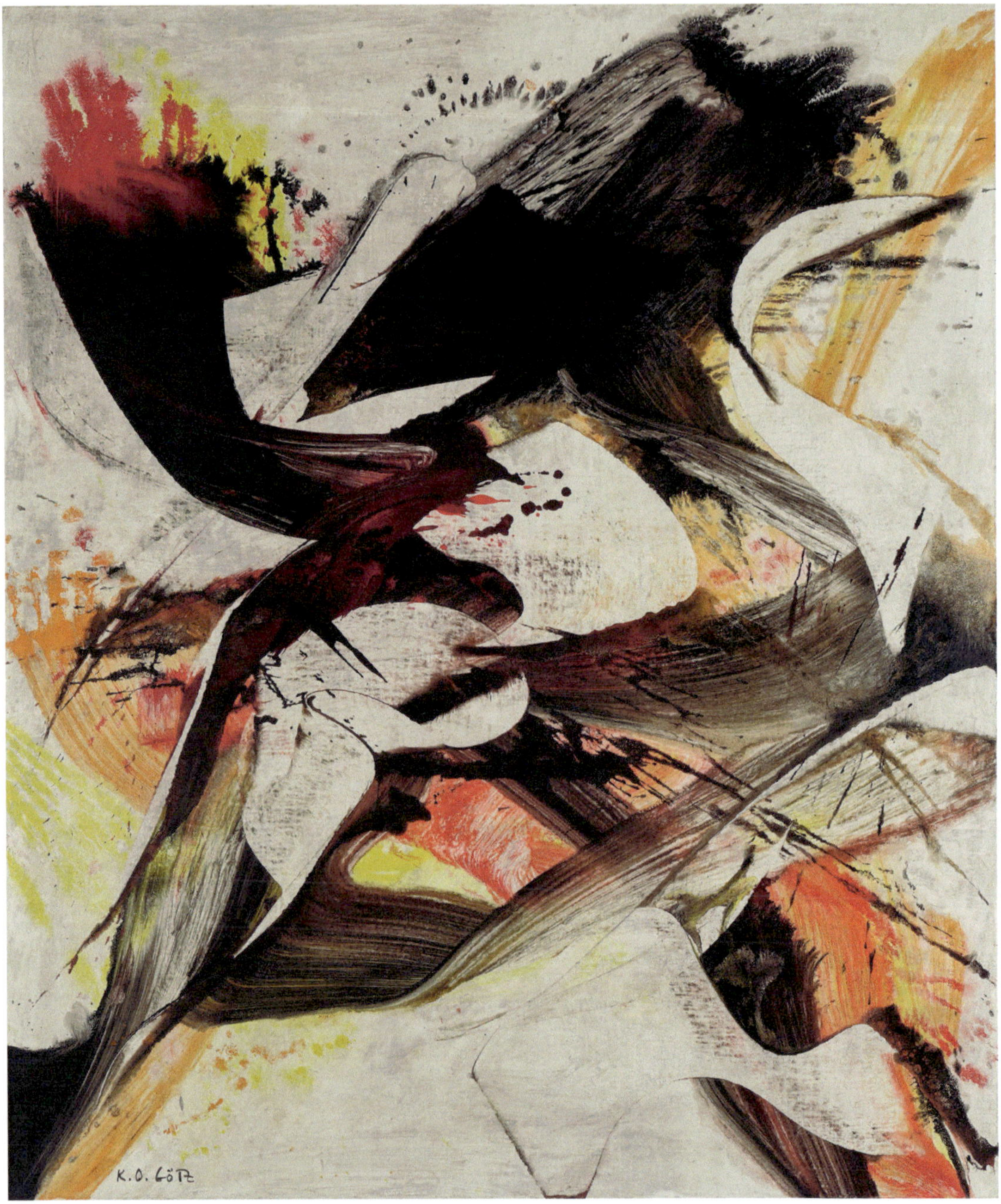

Abb. 23 | K. O. Götz: *8. 2. 1953*, 1953, Mischtechnik auf Leinwand, 175 × 145 cm, Saarbrücken, Saarlandmuseum, Stiftung Saarländischer Kulturbesitz

Reduktion erkannte Wiesing als große Nähe zwischen der philosophischen Tradition Merleau-Pontys und dem Prozess des bildnerischen Schaffens.[80] Die Phänomenologie könne somit einen Weg eröffnen, um das, was sich in der nicht-figurativen Malerei dem Analysebereich der Semiotik entzog, in Worte zu übersetzen. Darüber hinaus sind es auch die Gemälde selbst, die sich im Diskurs über ihre Rezeptionsbedingungen positionierten, und zwar durch grammatikalische oder weitestgehend formalistische Elemente, die in ihnen enthalten sind und die die Art und Weise vorgeben, wie man sich den Formen nähern kann.

Diese phänomenologische Gemeinsamkeit mit der Malerei ist auch auf den Gemälden von Götz ab 1952 und auf *8. 2. 1953* (Abb. 23) nachvollziehbar, indem sie Spuren von körperlichen Bewegungen überlagern. Wenn in den informellen Variationen keine bildlichen Ideen oder wörtlichen Assoziationen lesbar sind, bleibt den Betrachtenden nichts anderes übrig, als wahrzunehmen, wie die Farbe auf die Leinwand aufgetragen wurde. In der Betrachtung von *o. T.* beginnt das Auge, die gemalten Strukturen zu verfolgen, die sich aus den vom Künstler ausgeführten Körperbewegungen ergeben haben. Diese Strukturen stellen keine Gegenstände oder Referenzen auf eine außerbildliche Wirklichkeit mehr dar. Bereits in der Zusammenfassung dessen, was das Auge wahrnimmt, beginnt eine phänomenologische Argumentation: Beim Nachvollziehen der Struktur des Bildes folgt das betrachtende Auge den körperlichen Bewegungen, die sich auf der Leinwand eingeschrieben haben. So evozieren die formalistischen Aspekte des Werkes eine Reflexion über den Modus der Wahrnehmung, indem die Augenmuskeln die in das Gemälde gebrachte körperliche Bewegung erneut umsetzen. In *o. T.* sind also nicht semiotische Repräsentationen von Bewegung, sondern indexikalische und ikonische Spuren von Bewegung enthalten, die das empathische Betrachter*innen-Auge nachvollziehen kann. Die ausgeführten Bewegungen des Werkprozesses werden durch die physischen Spuren der materiellen Bearbeitung (indexikalisch) nachvollziehbar. Und wahrgenommene Formen, die das Auge nachvollzieht, stellen eine Ähnlichkeit zu den ausgeführten Bewegungen her (ikonisch).

Georges Mathieu

Inszenierung des Malprozesses

Georges Mathieu inszenierte seine Malerei: Sei es mit Kimono in Japan vor Publikum und auf einem Kaufhausdach (Abb. 24), oder mit Fliegermütze, mit freiem Oberkörper, in Frankreich, Wien und Brasilien, auf Theaterbühnen, auf der Straße und in Schlossinnenhöfen, in einem japanischen Garten, mit musikalischer Begleitung durch teils folkloristische, teils avantgardistische Musik, in Gegenwart einer Tänzerin, dabei häufig vor der Film- und beziehungsweise oder Fotokamera, im Sprung, ekstatisch, schnell. Mit äußerst vielfältigen, theatralen Mitteln machte er seine Malerei performativ erlebbar und ließ sie fotografisch und auf Film festhalten.[81] In diese Inszenierungen schreiben sich soziale und kulturelle Verdichtungen ein, die den Zugang zu seinem malerischen Werk mitbestimmt haben.[82] Sind die Medialisierungen nur effekthascherische Selbstdarstellungen von Mathieu, weil sich solcher Art inszenierte Ereignisse für die Berichterstattung in Zeitschriften, Magazinen und Zeitungen eignen und damit Aufmerksamkeit auf breiter Ebene erzeugten? Oder ist der konstruktive Einbezug dieser theatralen Kontexte notwendig für ein differenzierteres Verständnis seiner Malerei, da sich in den 1950er-Jahren zunehmend eine höhere Einbindung des Körpers in die Werkprozesse der informellen Malerei abzeichnete? Aus welcher Situation heraus wurden solche Fotos und Filme von Mathieu akzeptiert oder gar für notwendig empfunden? Was sagen sie über das künstlerische Werk aus? Können diese Medialisierungen kulturelle Räume aktivieren, die sonst verschlossen blieben? Ausgehend von diesen Fragen stellt sich die hier zu erörternde, grundlegendere Frage nach der Rolle, die Mathieu dem Herstellungsprozess und dem Endprodukt seiner Malerei beimaß. Die Emphase des Werkprozesses hatte spätestens mit der Zirkulation der Pollock-Fotografien von Namuth derart stark an Bedeutung gewonnen, dass sie nicht nur in theoretischen Auseinandersetzungen, sondern auch auf unterschiedliche Art und Weise von Künstler*innen reflektiert wurde. Der Künstler*innen-Typus des *action painters*, eine Beschreibung, die Rosenberg in seinem Artikel 1952 formulierte und die das Werk Pollocks prägte, wie im Kapitel »Rekontextualisierung des Aktionsbegriffs in Rosenbergs action painting« detaillierter ausgeführt wurde, wurde zeitnah auf Mathieu angewandt, obwohl sich dieser 1952 im Ausstellungskatalog der Alexander Iolas Gallery, New York, in Fotografien

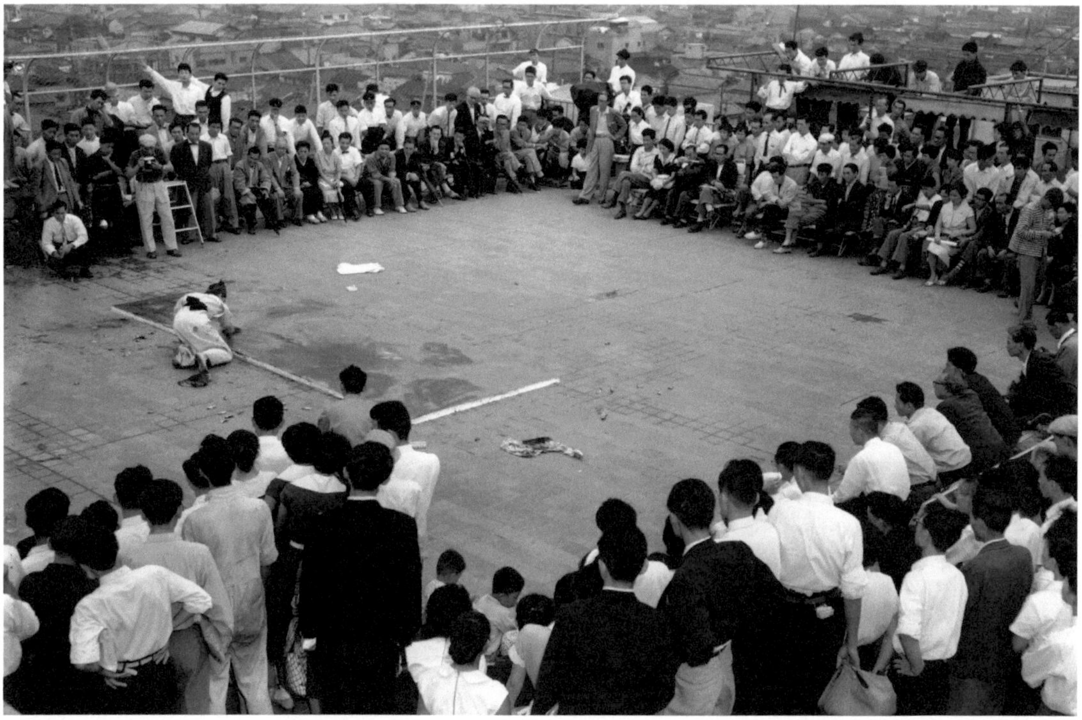

Abb. 24 | *Georges Mathieu peignant une toile en public sur le toit du grand magasin Daïmaru à Osaka le 12 septembre 1957*, Fotografie, keine weiteren Angaben

zunächst als Schriftgelehrter der Lyrischen Abstraktion, also in einer nahezu gegensätzlichen Position zum *action painter*, inszeniert hatte.[83] In diesem liegt noch ein Selbstbild Mathieus zugrunde, das in der New Yorker Kunstszene wenig Anklang fand. Darauf reagierte der Künstler, indem er sich, nachdem er den Begriff Action-Painting in seinen beiden Schriften *Déclaration aux peintres américaines* (1952) und *L'avant-garde américaine est-elle surestimée?* (1953) ausgelassen hatte, 1959 selbst ohne Hemmungen als *action painter* bezeichnete. So antwortete er in einem Interview für die Zeitschrift *Das Kunstwerk* auf die Frage, warum er in der Öffentlichkeit male, dass er glaubt,

> daß seit einiger Zeit das Kunstwerk nicht mehr als Objekt betrachtet wird, das einen Zweck in sich selber findet, sondern als eine Art Zeugenschaft eines ›Gelebten‹. Die Malerei befindet sich auf der Mitte des Weges zwischen Objekt und Akt. Der Akt gewinnt an Bedeutung, wenn man an den amerikanischen Ausdruck von ›Action Painting‹ denkt, der zuerst auf Pollock und mich angewendet wurde.[84]

Er positionierte in seiner Antwort den Herstellungsprozess auf Augenhöhe mit dem Endprodukt, da sich die Malerei »auf der Mitte des Weges zwischen Objekt und Akt« befinde. Diese Gleichwertigkeit von Objekt und Akt bei Mathieu werde dadurch verständlicher, da Picassos und Pollocks Herstellungsprozesse bereits fotografisch und filmisch festgehalten, in Zeitschriften popularisiert und in der westlichen künstlerischen Szene breit rezipiert wurden.[85] Namuths Fotografien von Pollock und damit dessen Werkstattpraxis seien zeitnah bis nach Europa zirkuliert.[86] Zusätzlich erwähnte Mathieu in seinem korrektiven, historiografischen Text *Triomphe de l'abstraction lyrique* (1962) seine Kenntnis von Pollocks Kommentaren zu seiner Kunst aus der Zeitschrift *Possibilities* (Winter 1947/48).[87] Ebenso war der Artikel von Robert Goodnough *Pollock paints a picture* in den *ARTnews* 1952 mit Fotografien von Namuth erschienen und für eine spätere Ausgabe derselben Zeitschrift verfasste Tapié 1955 dann den weiteren Artikel in dieser Serie mit dem Titel *Mathieu paints a picture*.[88] Die Reflexion des Herstellungsprozesses und die Implikation von einer Erfahrungswelt, die sich mehr in der Ausführung, dem Akt, als im Objekt zeige, wurde in beiden Artikeln dieser Serie reflektiert. Zu Beginn der 1950er-Jahre wurden zudem Mathieu und Pollock – zumindest in der damaligen Kunstkritik – teilweise auf einer Ebene gesehen.[89] So fand in der Folge dieser Positionierung in den späten 1950er-Jahren eine Synonymisierung von Mathieus Herstellungsprozess mit dem Action-Painting oder dem Abstrakten Expressionismus statt.[90]

Wenn man die Aussage Mathieus, dass der Akt ebenso wichtig wie das Objekt geworden sei, ernst nimmt, müssen die weiteren theatralen und agentialen Kontexte seiner Malerei wie die dabei getragene Kleidung, Dauer der Performances, körperliche Intensität wie auch die unterschiedlichen Bewegungsqualitäten und die Zuhilfenahme oder Funktionalisierung von Hilfsobjekten in den Blick genommen werden. Das Inszenieren des Herstellungsprozesses durch unterschiedliche Parameter – Kostüme, öffentliche Orte, ikonografische Verweise – leitete eine gezielte Wahrnehmung von Mathieus Malerei an. Der Maler machte sich künstlerische Strategien des *self-fashioning* zunutze. Auch außerhalb seiner Werkprozesse kleidete er sich in auffälligen Kostümen, was ihm den Ruf eines modernen »dandy« einbrachte, der gelernt habe den »caped and haughty aristocrat«[91], den arroganten Aristokraten in Gewandung, zu geben. Kleidung und Kostüm hatten bei Mathieu folglich mehrere Funktionen. Er konnte im Auftreten außerhalb seiner Malereiperformances an die Tradition des Dandys, der mit seinem Kleidungsstil eine Haltung entgegen bürgerlichen Konventionen ausdrückt, anknüpfen. Eine Einreihung in eine Tradition, in der die Androgynität der Kleidung als Ausdruck einer rebellischen Haltung galt,[92] ist in der Übertragung auf Mathieu, der sich an den Konventionen der Kunst reibt, schlüssig. Die Übernahme eines gepflegten, durch seine Kleidung versinnbildlichten großbürgerlichen Habitus kann dabei auch mit Mathieus politischen Vorstellungen in Einklang gebracht werden, da er sich als Royalist und Traditionalist verstand – eine Haltung, wegen der er auch in der politisch links geprägten und marxistisch gefärbten Malereiszene New Yorks auf Ablehnung stieß.[93] Er stand damit dem Künstlertypus der New York School gegenüber, bei dem Farbflecken und Materialreste auf der Kleidung als ikonografische Verweise auf die sozial nüchternere Schicht der Bauern und Arbeiter lesbar waren.[94]

Während der Performance gestaltete sich das Verhältnis von Kleidung und Kostüm zu sozialen und kulturellen Verweisen jedoch anders. Denn gerade die weiteren agentialen Kontexte wurden in der Medialisierung von Mathieus Performances überliefert. Und diese Kontexte sind auch der Ausgangspunkt, um Mathieus malerische Produktion an unterschiedliche Kunst- und Kulturverständnisse anzuschließen. Auf die Frage, warum er Kostüme beim Malprozess trage, antwortete Mathieu:

> Die Kostüme sind zunächst ein Mittel, um mich zu schützen. Auf der anderen Seite glaube ich, ist das Kostüm für mich fast ein magisches Mittel. In der Einsamkeit meines Ateliers selbst spielt diese Frage eine Rolle. Sie hilft mir, mich besser auf die Stimmung des künstlerischen Vorgangs vorzubereiten und mich ihr anzupassen. Es erstaunt mich kaum, daß Sie diese Frage stellen.
> Wir leben in einer Zeit, die die Begriffe von Spiel, Außergewöhnlichkeit und Fest verloren hat, eine Zeit, die durch positivistischen Rationalismus geleitet ist, eine Zeit, die gerade noch zuläßt, daß man für gewisse Zwecke – aber wie rar sind diese Gelegenheiten geworden – adäquate Kleidung anlegt, um selber adäquat zu sein. Und was könnte für den Maler ein größeres Fest sein als der Tag, da es ihm gegeben ist, eine außergewöhnliche Geste in außergewöhnlichen Umständen zu vollziehen, sich einer Handlung hinzugeben, in der er seine Persönlichkeit vergißt und preisgibt, um hinabzusteigen in sich selber, und sich dort mit allen Menschen zu vereinigen?[95]

Die Kostüme halfen Mathieu bei der Selbstaufgabe und einer neuen, nahezu spirituellen Rollenfindung für die Malerei. Diese Funktion von Kostümen entlehne sich laut Juliette Evezard dabei derjenigen des Rituals und verweise darauf, dass im Schaffensakt der Künstler ein anderer sei als seine biografische Person. Diese Suche nach Ekstase exemplifiziere Tapiés Ausführungen in *Un art autre,* bei der sich in den Herstellungsprozess hineingesteigert werden müsse.[96] Der Schaffensakt sei nur als Paroxysmus, als Steigerung durch nahezu fieberhaften Wahn in eine

Überhöhung des Selbst, bedeutend. An anderer Stelle widerspreche Mathieu jedoch Tapiés Auffassung. In *Un art autre* stellt der Kritiker das freie, unabhängige Handeln bei Mathieu in den Vordergrund, da hier keine Regeln gelten, sondern nur das »agir à chaud parce que c'est à chaud seulement que l'Agir prend tout son sens: donc véhémence une fois pour toutes«[97]. Dennoch sei für Mathieu, wie Evezard weiter argumentiert, der Handlungsverlauf weniger bedeutsam als das Endprodukt, weshalb Musik und Kostüme nur Stimuli zur Ekstase seien, aber für das Werk an sich nicht weiter von Belang.[98] Diese Aussage kann gültig sein, wenn Werke Mathieus im Ausstellungsraum betrachtet werden und nur das Endprodukt Malerei an der Wand erscheint. Die Überlieferung seiner Malerei, wie auch die Art und Weise, wie Mathieu diese inszenierte, mit welchen Fotografien er in Zeitschriften auftrat und damit letztendlich ein breites Zielpublikum anvisieren konnte, das über die Besuchenden seiner Ausstellung hinausging, spielen hingegen eine integrale Rolle in der Überlieferung und Tradierung seiner Malerei.

Laut Kristine Stiles ließ sich Mathieu, angeregt durch Namuths Fotografien von Pollock, ebenfalls beim Malen fotografieren.[99] So entstand das erste Mal fotografisches Begleitmaterial zu seinem Arbeitsprozess am Gemälde *Hommage au Maréchal de Turenne*, das der Künstler am 19. Januar 1952 in seinem Atelier malte. Dabei posiert er in einer Fotografie Paul Facchettis mit unbekleidetem Oberkörper vor dem Gemälde, das im Hintergrund nur verschwommen erscheint (Abb. 25). Nur farbdreckige Hände halten einen Pinsel vor dem ansonsten nahezu unbefleckten Oberkörper. Laut Stiles war Mathieu lediglich mit einem Stück Stoff bekleidet, das seine Lenden bedeckte, und trug Socken und Schuhe.[100] Das Lendentuch und der magere Körper erinnern fast an eine christliche Ikonografie. Der gefasste und den Betrachtenden forsch entgegenblickende Gesichtsausdruck involviert das Publikum und erzeugt ein Gefühl von Zeug*innenschaft. Dabei schien die Kleidung nicht zufällig gewählt worden zu sein, aber ihre Funktion in der Inszenierung des Malprozesses hat noch keine eindeutige kulturhistorische Bedeutung erhalten wie in späteren Performances.

Auch in der zweiten Performance vor der Kamera, in der die kulturhistorischen Verweise spezifischer werden, gelinge es Mathieu nach Stiles nicht, eine Selbstdarstellung umzusetzen, mit der er Pollock gleichgekommen wäre.[101] Für dieses zweite vor der Kamera gemalte Gemälde *La Bataille de Bouvines*, dessen Entstehen vom Fotografen Robert Descharnes abgelichtet wurde, trug Mathieu Kleidung, die an mittelalterliche Militärgewandung erinnere (Abb. 26).[102] Der französische König Philippe

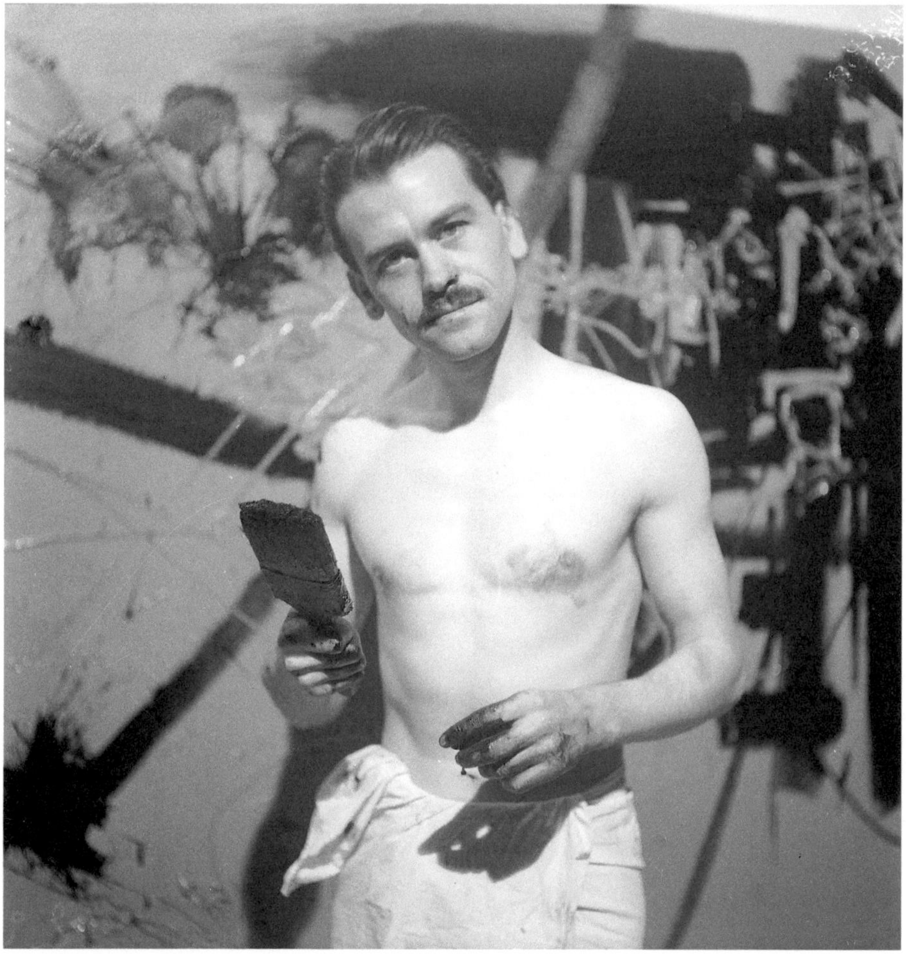

Abb. 25 | Paul Facchetti: *Georges Mathieu painting Hommage au Maréchal de Turenne*, 19. Januar 1952, Fotografie, keine weiteren Angaben

Auguste (Philip II, 1165-1223) besiegte in der Schlacht bei Bouvines im Jahr 1214 flämische, deutsche, englische und französische Truppen und erlangte somit eine Machtposition, durch die sich die französische Monarchie etablieren konnte. Die (Ver)Kleidung Mathieus verstärkte damit diese historisierende Zeitlichkeitsebene, die nicht nur im Titel des Gemäldes, der auf ein konkretes, vergangenes Ereignis verweis, angelegt war, sondern auch in der Performance der Malerei einbezogen wurde. Die Kleidung, die Robert Descharnes durch die Fotografien des Werkprozesses überlieferte, offenbarte die Theatralität von Mathieus Performance. Das Kostüm war nicht nur ein Mittel der Selbstaufgabe im Ritual

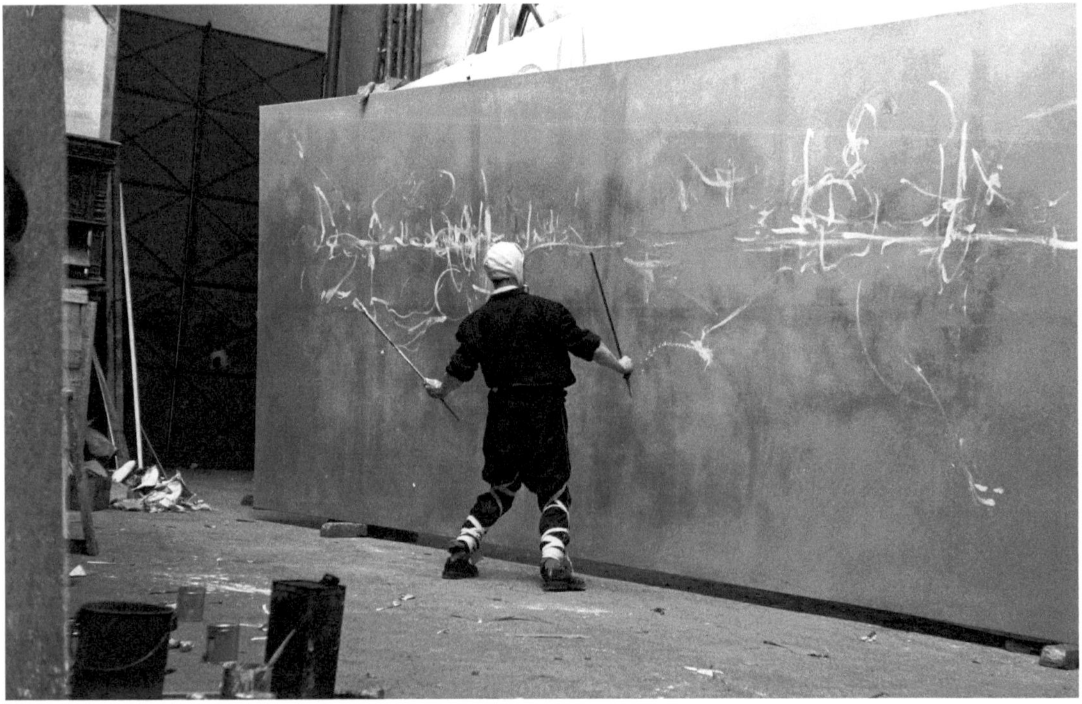

Abb. 26 | Robert Descharnes: *Georges Mathieu painting the Bataille de Bouvines, 25 April 1954*, 1954, keine weiteren Angaben

der Malerei, wie Evezard erläutert hat, sondern unterstützte darüber hinaus das Reenactment der Schlacht und transferierte symbolisch deren vergangene Zeit in die Gegenwart der Performance.

Dass es sich bei der Performance nicht um einen abgeschiedenen Vorgang handelte, bei dem nur wenige Personen involviert waren, sondern ein größeres Publikum adressiert werden sollte, wurde durch den zu dieser Performance geschriebenen Artikel von Tapié für die *ARTnews*-Serie im Februar 1955 deutlich: *Mathieu paints a picture* beschrieb diese Entstehungskontexte des Werkes in anekdotischer Ausführung.[103] Das Ziel, kreative Prozesse der Künstler*innen ohne Romantik und Mythenbildung und somit transparenter dazustellen, erfüllten laut Nigel Whiteley nur wenige Artikel der Serie.[104] Tapié überlagere durch seinen aufgeblasenen Stil, seine »pretentiousness«[105], einen neutral beschreibenden Ton. Der französische Kritiker und Autor jedenfalls stellte ausführlich dar, dass bei Mathieus Performance tatsächlich eine Wiederbelebung der Schlacht bei Bouvines den kreativen Akt ausmache. Nachdem Mathieu sämtliche verfügbaren Informationen zu der Schlacht zusammengetragen habe, habe er ein Filmstudio gemietet, um die Performance zu vollziehen. Tapié beschreibt:

> Since the Battle of Bouvines took place on a Sunday, early in the afternoon, it was on a Sunday, just after lunch, that he [Mathieu] set to work. Present were the Flemish Poet, Emmanuel Looten, representing the Count of Flanders, and myself, representing the Count of Toulouse […]. Mathieu was dressed in black silk; he wore a white helmet, and shoes and greaves with white cross-bars. […] In the hodge-podge of paint tubes by the hundreds of brushes as long as halberds, of spilt oil cans, Mathieu, demiurge of destiny, summoned onto his canvas in a few hours (exactly the time taken by the fighting) first the army of the king of France, with the communal militias (to the left in the picture), and then the armies of the coalition.[106]

Später beschrieb Tapié, dass auch weiteres Bildpersonal erkannt werden könne:

> splashes of larger characters and many colors […] represented, wherever and whenever necessary, the Bishop of Beauvais, Mathieu of Montmorency and his eaglets, the Bishop of Laon, Renaud de Damartin, the Count of Boulogne, Ferrand, Count of Flanders, Guérin, Bishop of Senlis, who was the king's favorite counselor, and Otto IV, Holy Roman Emperor […][107]

Allein aus der Betrachtung von *La Bataille de Bouvines* (Abb. 27) ergeben sich keine ikonografischen oder referenziellen Hinweise auf im Bild dargestellte Personen. Das historische Thema wird mit Mitteln der inszenierten Fotografien und der nachträglichen, schriftlichen Erörterung der Performance von Tapié gekennzeichnet. Seine Interpretation, die in den Spritzern und den Gestalten, den »characters«, nur wo und wann immer nötig, die historischen Figuren erkennt, ist maßgeblich von der Auslebung der historischen Rollen während der Performance gefärbt. Diese Figurenidentifikation ist okkasionell, also nur für diejenigen Betrachtenden notwendig, die diese Erwartungshaltung an das Bild stellen. An dem Prozess, Rollen in der Performance einzunehmen, war nicht nur Mathieu selbst beteiligt, sondern auch Tapié, der sich während der Performance als *Count of Toulouse* erkannte und Emmanuel Looten, der mit dem *Count of Flanders* assoziiert wurde. Das historische Ereignis wurde somit im Malprozess reaktiviert und mit drei Akteuren – Mathieu, Tapié und Looten –, die diese historischen Personen verkörperten, in die Zeitlichkeit des Malprozesses transponiert.

Die Zeitlichkeit des Malprozesses wurde zudem symbolisch aufgeladen: Einerseits dauerte die Malperformance laut Tapié genauso lange

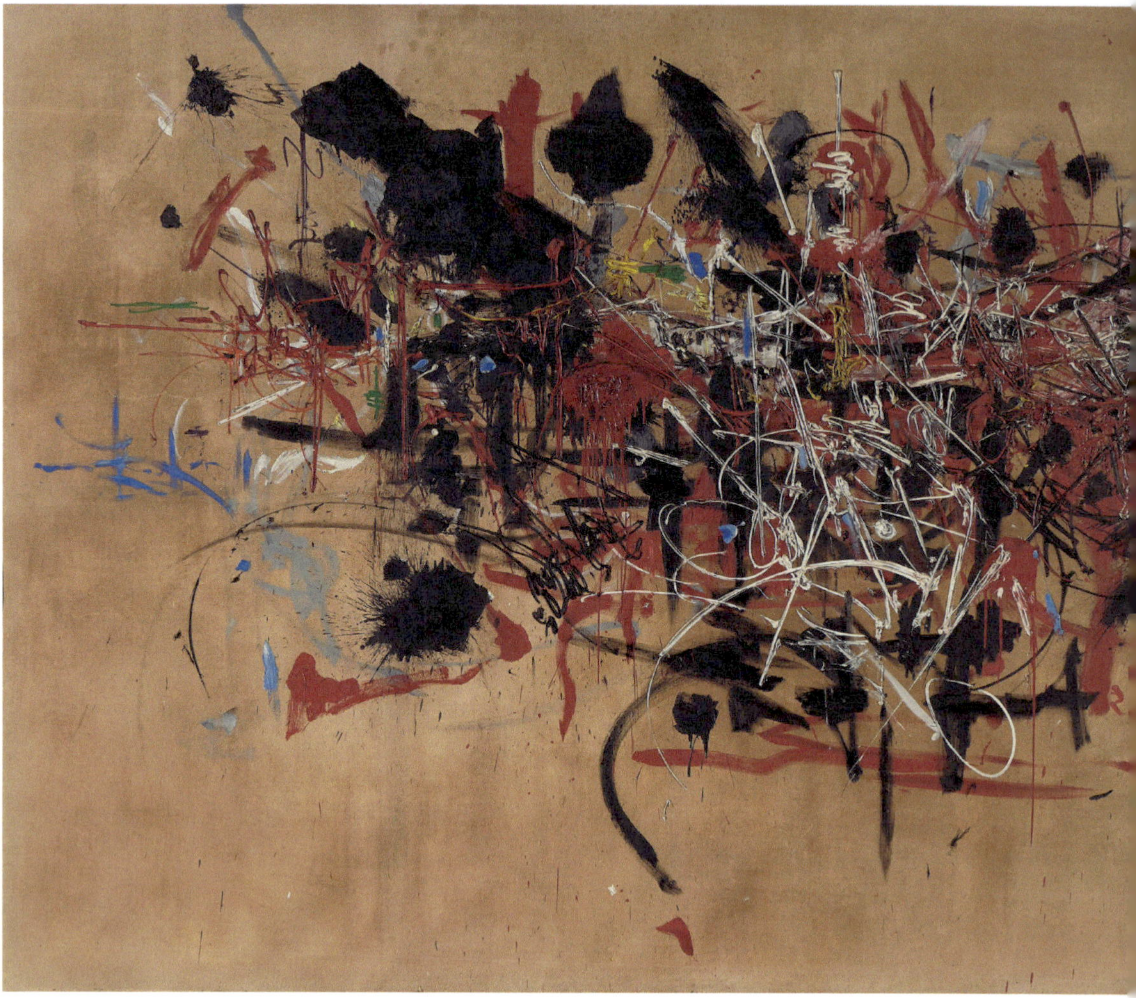

Abb. 27 | Georges Mathieu: *La Bataille de Bouvines, 25. 4. 1954*, 1954, Öl auf Leinwand, 250 × 600 cm, Paris, Centre Pompidou/MNAM

an wie die eigentliche Schlacht bei Bouvines, wobei diese gleiche Dauer die Zeitlichkeit von Mathieus Malerei als eine Besonderheit vorstellte. Roland Bothner bemerkte zu Malerei-Ereignissen von K. R. H. Sonderborg, dass die Angabe der Zeitdauer bei dessen Action-Paintings zusammen mit ihren agentialen Kontexten eine »Erlebniszeit«[108] begründe, die er nicht weiter spezifizierte. Diese Erlebniszeit wurde bei Mathieu mit der Schlacht bei Bouvines aufgeladen. Andererseits war das Reenactment dieser Schlacht darüber hinaus jedoch nicht nur in der parallelen Zeitlichkeit des Malprozesses eingeschrieben, sondern dauerte noch weiter

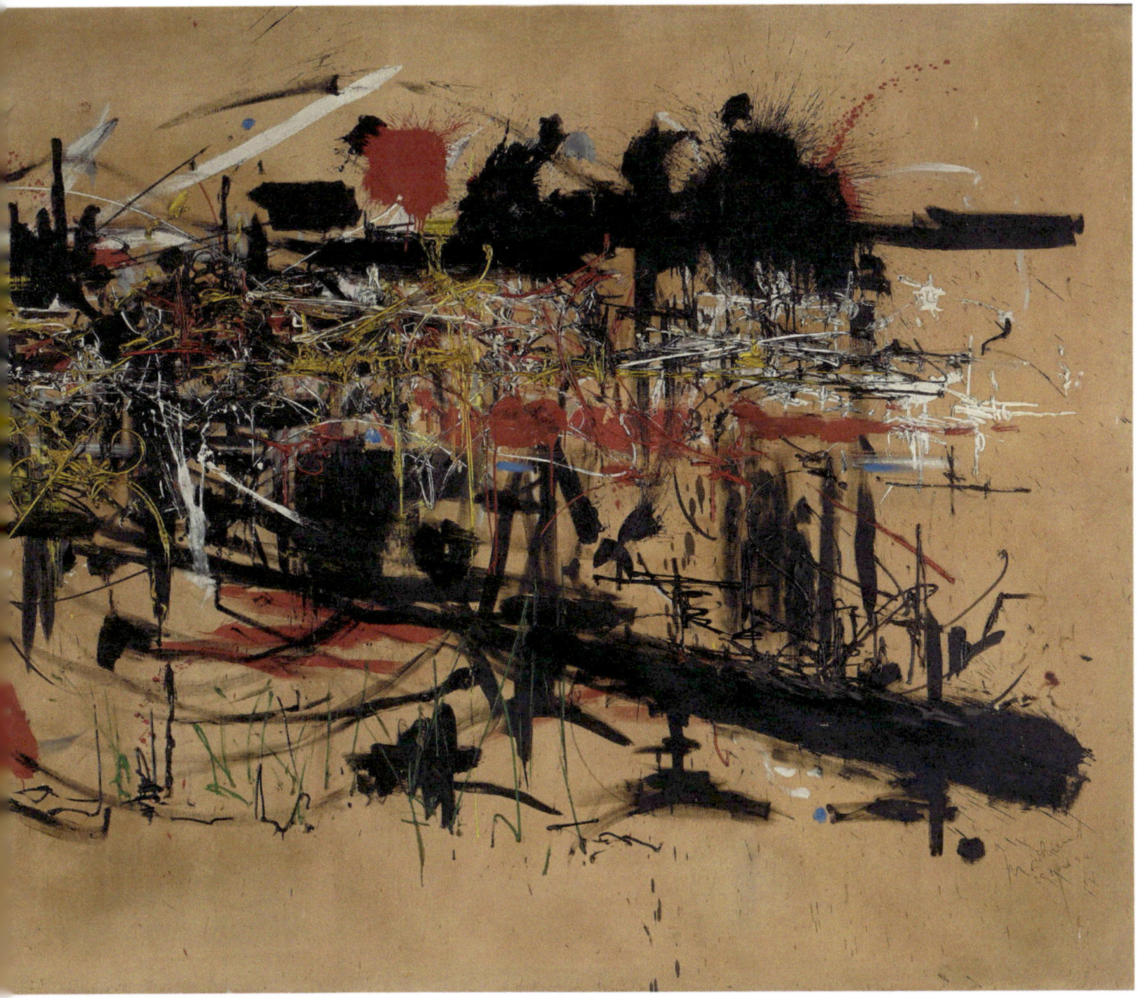

an, wie Tapié im Artikel abschließend beschrieb. Auf die Performance folgte ein gemeinsamer Ausflug in Richtung Bouvines, der wieder von einer symbolischen Aufladung der historischen Rollen gekennzeichnet war.[109] Zusätzlich sei das Werk Mathieus für den Pariser Salon de Mai gemalt worden, an dem der Künstler nur unter der Bedingung teilnehmen wollte, ein großes Format zeigen zu dürfen. Das Gemälde wurde mit einem Pferdegespann, also auf historisierende Manier und wie bei einem Parademarsch, zum Ausstellungsraum transportiert.[110] Nicht nur die im Bild manifestierte Erlebniszeit der Schlacht ist somit ein zeitlicher

Kontext von Mathieus Malerei, sondern auch die vorangehende und anschließende, historisch-archivarische Recherche zu Informationen und Relikten zur Schlacht, die Art und Weise des Transports des Gemäldes und Rollenspiele nach der Malereiperformance verliehen der Ereigniszeit der Malerei die symbolische Aufladung.

Diese gesamten agentialen Kontexte erzeugten dadurch den Eindruck eines Historienbilds und eröffneten zugleich eine trügerische Fährte für die Betrachtenden. Mathieu äußerte sich selbst ambivalent zu der Titelgebung seiner Werke, wie Harriet Weber-Schäfer nachweisen kann. Einerseits verunglimpfte er die Interpretation als Historienbild, indem der Künstler in einem Interview die Äußerung mancher Kunsthistoriker, er sei der »große Erneuerer der Historienmalerei«[111], belächelte. Andererseits, so Weber-Schäfer, reagierte Mathieu mit seiner Titelgebung auch auf formale Aspekte seiner Gemälde, indem er sehr dynamisch erlebte Malereiprozesse mit Schlachtentiteln benenne und weniger dynamischere als Hommagen bezeichnete.[112] Titelgebung und Kostümierung sind für das Erschließen der Bilder also weder eindeutig als ernst und konstruktiv noch als willkürlich auszuweisen. Der Blick auf die historischen Kontexte der Handlungen, die Mathieu vollzieht und der damit verbundene Aufwand, diese Kontexte auch in Printmedien durch Fotografien und kostümiertes Auftreten auch nach der Performance gezielt zu überliefern, legen nahe, dass die historischen und agentialen Kontexte von Mathieus *action* bedeutsam und konstituierend für sein Malereiverständnis sind. Denn für das Malen von der *Battaille de Bouvines* hatte Mathieu schließlich ein ganzes TV-Studio gemietet.[113]

Der Akt des Malens und das Endprodukt des Gemäldes können hier nicht gegeneinander aufgewogen werden, sondern werden von Mathieu in ihren unterschiedlichen Qualitäten erkannt und genutzt. Der Akt des Malens kann fotografisch oder filmisch festgehalten und schriftlich aufgezeichnet werden und ermöglichte damit die Überlieferung eines Werkprozesses. Das hierdurch entstehende Gemälde wurde symbolisch aufgeladen, indem Mathieu es als Artefakt konzipierte, in dem sich unterschiedliche Aspekte des Werkprozesses verdichteten. Die mediale Aufbereitung von Fotografien, Texten, Kritiken und Selbstaussagen machten diese symbolische Aufladung der Gemälde in Ausstellungen in unterschiedlichen Orten greifbar und erfahrbar und überlieferten Mathieus Malereikonzeption, Werkauffassung, malerische Techniken und die historischen Kontexte.

In dieser symbolischen Verdichtung liegt eine beachtliche Differenz zu Pollocks Werkkonzeption. Bei Pollock wurde die *action* von Rosenberg vor allem auf eine Individuation, auf einen Prozess der Selbstwerdung des Künstlers durch die ausgeführten Handlungen zurückgeführt. Mathieu hingegen *wird* nicht er selbst, sondern versetzt sich in eine historische Rolle. Das Konzept der *action* schien bei Rosenbergs Pollock-Lektüre der Handlungsausführung von Mathieu diametral gegenüberzustehen. Trotz dieses Unterschieds gab es auch Gemeinsamkeiten, zumindest in der Medialisierung der Werkprozesse: Robert Descharnes nahm auch eine Fotografie von Mathieu auf, die aus der Vogelperspektive aufgenommen war (Abb. 28). Eine ähnlich perspektivische Aufnahme hatte auch Rudy Burckhardt von Pollock aufgenommen, mit der die Horizontalität seines Werkprozesses verdeutlicht wurde, die für Mathieu jedoch kaum eine Rolle im Prozess seiner Malerei spielte. Mathieu breitete die Leinwand lediglich horizontal auf dem Boden aus, um den Hintergrund zu bemalen. Daraufhin stellte er die Leinwand vertikal auf, um den Hauptakt der Malerei zu vollziehen. Weitere Gemeinsamkeiten bestanden auch in der Inszenierung des Werkprozesses, bei der die Momentaufnahme die Körperlichkeit des Malakts vermittelte. Die Medialisierung von Mathieu nutzte nicht nur eine nüchtern dokumentarische Fotografie, sondern bezog explizit ikonografische Verweise, die in seiner Malerei nicht vorhanden waren, in die fotografische Inszenierung mit ein. Diese Fotografien sind daher in ihrem Status als Dokument und künstlerische Fotografie genauso ambivalent, wie dies bei Namuths Pollock-Fotografien der Fall ist. Einerseits sind die Mathieu-Fotografien dokumentarisch, da Informationen – wann und wo wurde das Gemälde geschaffen und welche malerischen Techniken wurden benutzt? – lesbar werden, die ohne sie nicht verfügbar wären. Andererseits erhält die Fotografie gleichzeitig auch eine kultursemiotische Funktion, wenn sie zeigt, wie Mathieu in den Performances unterschiedliche, historische Identitäten konstruierte, indem er Kostüme trug, auf historische Ereignisse Bezug nahm und verschiedene Rollen verkörperte, die er zu Zeichensystemen seiner Malerei erklärte. So wurden an Mathieus *action* andere agentiale Kontexte greifbar als an derjenigen Pollocks.

Diese Rollenbilder Mathieus haben zusammen mit den kulturpolitischen Dimensionen seiner Äußerungen in den folgenden Jahrzehnten seine nationalhistorisch-politische Perspektive auf den Kulturbetrieb offenbart und ihn als Royalisten in Erscheinung treten lassen.[114] Darüber hinaus eröffneten die von Mathieu gespielten Rollen auch, wie Ágnes Berecz erläutert, die Möglichkeit durch die öffentliche künstlerische Produktion die kulturelle Rolle Frankreichs nach dem Zweiten Weltkrieg mitzubestimmen und ein revisionistisches Geschichtsbild zu entwerfen:

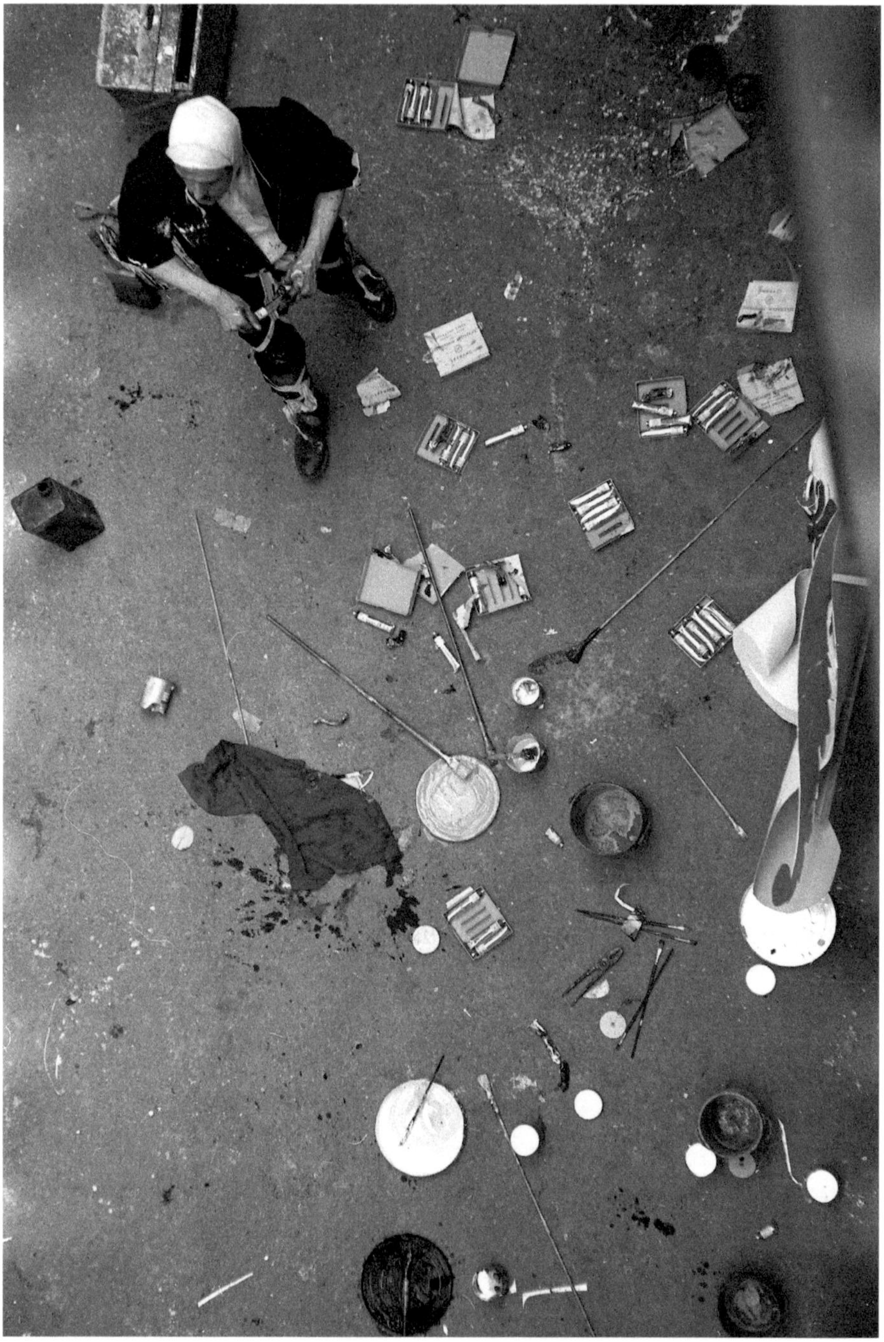

Abb. 28 | Robert Descharnes: Fotografie von Georges Mathieu, aus Michel Tapié: *Mathieu paints a picture*, in: ARTnews, 53 (1955), S. 52

»Mathieu's pictorial commemoration and celebration of the past functioned as a redemptive strategy to redefine and restore France's cultural identity and hegemony within the Western world.«[115] Die historisierenden Kontexte von Mathieus Performance erfüllten somit einen doppelten Zweck: Sie dienten einerseits der kulturhistorischen Kommemoration, dem Anschluss an die Grandeur Frankreichs aus vergangenen Zeiten und waren damit Mittel des Re-Etablierens der französischen Nation in eine internationale, politische und kulturelle Öffentlichkeit nach dem Zweiten Weltkrieg. Sie verliehen den Werken Mathieus eine *frenchness*, die seine Malerei im internationalen Milieu eindeutig auch als französisch auswies. Andererseits, und dieser Aspekt wurde in der Forschung zu Mathieu bereits häufiger thematisiert, dienten vor allem die Medialisierungen von Mathieus Handlungskontexten dazu, den Künstler als *action painter* auszuzeichnen. In den Beiträgen zu Mathieu wurde der Bezug von Pollocks Medialisierung der gestischen Malerei zu derjenigen von Mathieu häufig hergestellt[116] – umgekehrt jedoch nicht.

Durch Mathieus (Auslands-)Performances reisten auch seine malereitheoretischen Konzepte mit in die jeweiligen Orte. Diesen Reisen lag oft ein Programm zugrunde, das beinhaltete, dortige Maler*innen mit einer ähnlichen Malereivorstellung zu treffen, seine Werke auszustellen, Redebeiträge zu seinen Werken und seinem Malereiverständnis zu halten und teilweise abschließend auch Artikel zu den Performances in unterschiedlichen Zeitschriften zu publizieren: Am 10.Oktober 1954 malte Mathieu im Vorhof des Schlosses in Saint-German-en-Laye von Jean Lacarde, der die Pariser Galerie Rive Droite leitete, das Gemälde *Les capétiens partout*. Die Performance dauerte angeblich 80 Minuten, genau so lange wie die Krönung von Hugues Capet im Jahr 987, aus dessen Linie sich die karolingische Dynastie etablierte und zum Ursprung der folgenden französischen Monarchenfamilie wurde.[117] Die Performance wurde von den *Life*-Reportern Dimitri Kessel und Gabrielle Smith begleitet.[118] Im Mai 1956 performte Mathieu seine Malerei *Hommage aux poètes du monde entier* im Théâtre Sara Bernardt in Paris. Im Juni desselben Jahres malte er für seine Ausstellung im Institute of Contemporary Arts in einer Straße in London *La bataille de Hastings*, dessen Herstellungsprozess Toni del Renzio im Ausstellungskatalog schriftlich und minutengenau dokumentierte.[119] Im August und September 1957, während seiner dreiwöchigen Japanreise, entstanden in Tokio 21 Bilder, darunter die *Bataille d'Hakata* und 6 Bilder in Osaka, unter anderem *Hommage au Général Hideyoshi*, zu deren Performances Fotografien aufgenommen wurden. Im Anschluss reiste Mathieu nach Kalifornien und weiter nach New York, wo er am Abend des 9. Oktober 14 Bilder malte. Im Januar 1958 folgte eine öffentliche Malereiperformance in Düsseldorf vor Mitgliedern der dortigen Kunstakademie für eine Ausstellung in der Galerie Schmela[120], im Juli eine Performance im Hallwyl Museum in Stockholm, bei der *La bataille de Brunkenberg* entstand. 1959 wurden weitere großformatige Bilder gemalt: im April in Wien – *Hommage au Connétable de Bourbon* –, im November in Buenos Aires – *Hommage au Général San Martin* – und im Dezember in Rio de Janeiro – *Macumba*. 1960 folgte im Chateau Courances bei Paris *L'entrée de Louis XIII et d'Anne d'Autriche dans Paris* und im März 1961 in Beirut *Saint-Georges terrassant le dragon*.[121] In vielen dieser öffentlichen Malaktionen, die bisher nicht systematisch auf kultur- und geschichtsspezifische Kontexte hin ausgewertet wurden, schrieben sich Verweise ein: sei es durch die Titel, die auf historische Ereignisse rekurieren, durch Kostüme, die eine nicht-gegenwärtige Zeitlichkeitsebene in die Performance übertragen, durch die Inszenierung des Malakts in Fotografien und Filmen sowie in Texten von Artikeln in der Presse oder durch lokale Performer*innen, die die Mathieu'schen Malperformances begleiteten. Teilweise publizierte der Künstler dazu Texte in unterschiedlichen Zeitschriften, in denen er eine kulturelle Perspektivverweiterung propagiert, die mit diesen Auslandsperformances einhergehen und in denen er seine Revision der westlichen Malereigeschichte mit einem fremdkulturellen Blickwinkel abglich.[122] Dabei kam er immer wieder zu dem Ergebnis, dass die geometrische Abstraktion und die Versessenheit auf die Form und das Naturbild für die Kunst in eine Sackgasse führen würden und auch in anderen kulturellen Räumen mit anderen Tradition versucht wurde, sich von diesem Ballast zu befreien.

Die kulturhistorischen Verweise heben eine kontinuierliche Abfolge und Vorstellung von Zeit und Raum auf und würden das Gesamtkonzept der Mathieu'schen Malerei damit in eine a-temporale und a-räumliche Sphäre erheben.[123] Diese Dimension in Mathieus Werkkonzeption, die Emphase auf die Aktion im Werkprozess und die damit einhergehende Befreiung von Denktraditionen wie dem Cartesianismus, dem Klassizismus, griechischen oder romanischen Traditionen sowie der Renaissanceperspektive wurden von Dominique Stella als Transzendierung von Mathieus Geste gedeutet:

> Mathieu affirme à travers ses performances que le processus créatif engendré par une action non préméditée, libératrice d'énergie, fusant d'une véritable rage communicatrice entraînée par la vitesse, opère une métamorphose des principes créatifs libérant l'acte pictural d'un ensemble de lois contraignantes imposées par des règles préétablies. Georges Mathieu pulvérise la matière,

> explose les canons et les règles dans une écriture picturale virulente presque cruelle. Ses œuvres sont des objets d'expérience, ses signes sont une écriture prophétique, visant à révéler la transcendance de la pensée.[124]

Mit diesem Werkkonzept, nach dem in der Mathieu'schen Lyrischen Abstraktion einen Metakommentar auf die Traditionen der europäischen Künste und diese Abstraktion damit als erhabene Kunst in einer neu erschlossenen Dimension jenseits dieser Tradition zu sehen sei, unterscheide sich Mathieu von den Künstler*innen des Abstrakten Expressionismus, wie Stella weiter ausführte:

> Une similitude de procédé, que Mathieu reconnut comme expression picturale gestuelle proche de la sienne, ne permet pas cependant de confondre les deux tendances en une seule. La transcendance, le caractère supérieur de ce qui se situe au-delà de notre domaine de référence réel, dont l'accomplissement du geste pictural dans un état de transe semiconsciente et dans la fulgurance constitue chez Mathieu une déclaration d'antirationalisme, opposent l'artiste français au matérialisme déclaré de peintres comme Pollock, de Kooning ou Kline [...].[125]

Dieser Unterschied zu einem formalistischen und materialästhetischen Ansatz der Künstler*innen des Abstrakten Expressionismus bedingte auch die sich ändernde Rezeption Mathieus in den USA. Wurde der französische Maler in den USA durch seine Ausstellungen 1952 in der Stable Gallery, 1954 in der Kootz Gallery und im Arts Club Chicago sowie 1955 in der Alexander Iolas Gallery und erneut in der Stable Gallery noch auf Augenhöhe der amerikanischen Künstler*innen wahrgenommen,[126] geht mit Tapiés Text *Mathieu paints a picture* (Februar 1955) ein Stimmungswandel einher. In der politisch linken New Yorker Kunstszene wurden die großspurigen Performances, die Verweise auf die französisch-monarchischen Herrscherdynastien und der großbürgerliche Habitus kritisch gesehen. Hatten sich laut Dore Ashton zunächst die Malereien von Mathieu und die Art autre Tapiés als mysteriöses und verheißungsvolles Phänomen in New York etabliert,[127] habe ihn Clyfford Still nach der Publikation des Artikels in den *ARTnews* als parasitären und clownesquen *clochard* bezeichnet.[128] Auch die Zeitung *Times* und weitere Leserbriefe an die *ARTnews*-Redaktion bewerteten Mathieus schnell ausgeführte Malereien en gros als Scharlatanerie, die im starken Kontrast zu der in New York vorherrschenden Malereivorstellung des Abstrakten Expressionismus als persönlicher, existenzieller Kampf standen.[129] Barnett Newman bezeichnete aus dieser Perspektive den schnellen Malereivorgang als tänzerisch geprägten »Blitzkrieg«[130], den der französische Künstler am besten auf silbernen Rollschuhen ausführen sollte.

Durch diese US-amerikanische Rezeption wurde deutlich, dass die impliziten Handlungskontexte, die Mathieu in seinen Performances einbezog, zu einer Ablehnung seiner Malereikonzeption in der New Yorker Abstraktionsszene führten. Die *action,* die hinter seine Performance stehende Handlungstheorie, in der die Geste einerseits transzendiert wurde und andererseits Zeitlichkeit aufhob sowie eine spezifische Nationalvergangenheit in die Gegenwart des Malprozesses transferierte, unterschied sich von der *action* in Pollocks Werkprozess und Rosenbergs dazugehöriger Theoriebildung. Über diese Kontexte hinaus distinguiert sich Mathieus Malereiverständnis von demjenigen Pollocks auch durch die Handhabung von Leinwand und Farbe:

> Mathieu's work was not the result of an inversion of painting, with the canvas in a horizontal position on the floor and the paint allowed to fall onto it by the force of gravity. Pollock's approach avoided the verticality of the picture, seen as a window onto the verticality of the painter's body. Instead Mathieu maintained the contact between brush and canvas that connected his upright figure with the panel of the canvas, placed in front of him, as opening and page. The materials used, ink and pigment, were laid on, not left to drip in a random fashion. The painter remained in control and continued to be ›reflected‹ in the picture.[131]

Durch diese materielle Anordnung wurde Mathieus Malerei im Vergleich zu Pollocks als traditioneller wahrgenommen. Mathieu erhöhte zwar die Geschwindigkeit des Malprozesses und fand neue körperliche Abläufe und semantische Verdichtungen durch die Inszenierung der Malerei in theatralen Kontexten. Er arbeitete jedoch weniger daran, das Medium Malerei aus seinen räumlichen Traditionen – der Vertikalität, der Wandhängung und als spiegelbildliches Gegenüber des Malers – zu lösen. Durch dieses – aus US-amerikanischem Blickwinkel – Fehlen von experimenteller und konzeptioneller Sprengkraft Mathieus kam den agentialen Kontexten seiner Malerei eine erhöhte Bedeutung zu. Ohne diese Kontexte würde das reiche fotografische Bildmaterial mit seinen vielfältigen, kulturhistorischen Verweisen nicht entstehen. Diese nehmen Bei der Überlieferung der malerischen Konzeption nehmen diese Verweise eine größere Rolle ein, als es die fertigen Bilder selbst auf Wanderschaft in den US-amerikanischen Ausstellungen können: Die Fotografien und schriftlichen Erläuterungen erklären eine Konzeption, die im Vergleich mit den (eigenen) US-amerikanischen Konzeptionen abgelehnt wurde. Dabei verunklärte die US-amerikanische Bewertung der historischen Kontexte von Mathieus Performances jedoch einen genaueren Blick auf weitere Referenzen, die kulturell klassifiziert wurden und weitere agentiale Kontexte von Mathieus Malerei verdeutlichten. Diese Referenzen konstruieren sich aus malerei- und fotografieimmanenten Aspekten, weshalb im Folgenden zuerst die fotografischen Ikonografien von Mathieu als springender Athlet und Kämpfer analysiert werden. Mithilfe dieser ikonografischen Analyse der Fotografien kann man sich dem Phänomen der *action* oder der Handlungstheorie seines malerischen Selbstverständnisses differenzierter nähern.

Athletik und Kampf

Das Bild Mathieus als *action painter*, das sich bis in das heutige Gedächtnis der Kunstgeschichte und das Ausstellungswesen verfestigt hat, fußt auf fotografischen und filmischen Dokumentationen seiner Werkprozesse. Während im vorhergehenden Kapitel die Handlungstheorie seiner Performances analysiert wurde, soll nun das fotografische Begleitmaterial dieser Performances zusammen mit den Praxeografien der Malprozesse im Vordergrund stehen. Hierzu werden die Mediatisierungen von Mathieu als Ausgangspunkt genutzt, um eine Überlieferung der körperlichen Werkprozesse, der kulturellen Kontexte und deren Zirkulation in unterschiedlichen Regionen nachzuzeichnen. Zuerst werden ikonografische Verweise in der Inszenierung Mathieus analysiert, die einen bestimmten Bewegungstypus aufzeigen, und daraufhin diese Körpervorstellungen und Bewegungspraktiken in kulturellen Kontexten verortet, um eine historisch-kritische Theorie der körperlichen Überlieferung im Falle Mathieus nachzeichnen zu können.

Im Zuge von Mathieus Japanreise entstand eine Fotografie, die den Künstler beim Malen des Gemäldes *Rentrée triomphale de Go Daïgo à Kyoto* 1957 im Sprung zeigt (Abb. 29). Ein anderes Sprungbild wurde während seiner Performance des Malens von *Hommage au Connétable de Bourbon [auteur du sac de Rome]* 1959 im Theater am Fleischmarkt in Wien durch Barbara Pflaum aufgenommen (Abb. 30), ein weiteres wiederum im Jahr 1956 durch den Fotografen John Sadovy (Abb. 31). An diesen Fotografien lässt sich beispielhaft aufzeigen, wie Mathieu durch die begleitende Bebilderung seines Malprozesses Anschluss von seiner lyrischen Malerei an populäre Bildtypologien gelang, wenn auch nicht an diejenigen des Cowboys oder des Soldaten wie im Falle Pollocks. Ein Sprungbild kann nach Gunnar Schmidt als »ikonografisches Palimpsest«[132] funktionieren, das die Möglichkeit eröffnet, zeitgebundene und modische Ereignisse als Neues auszuweisen, indem auf bestehende

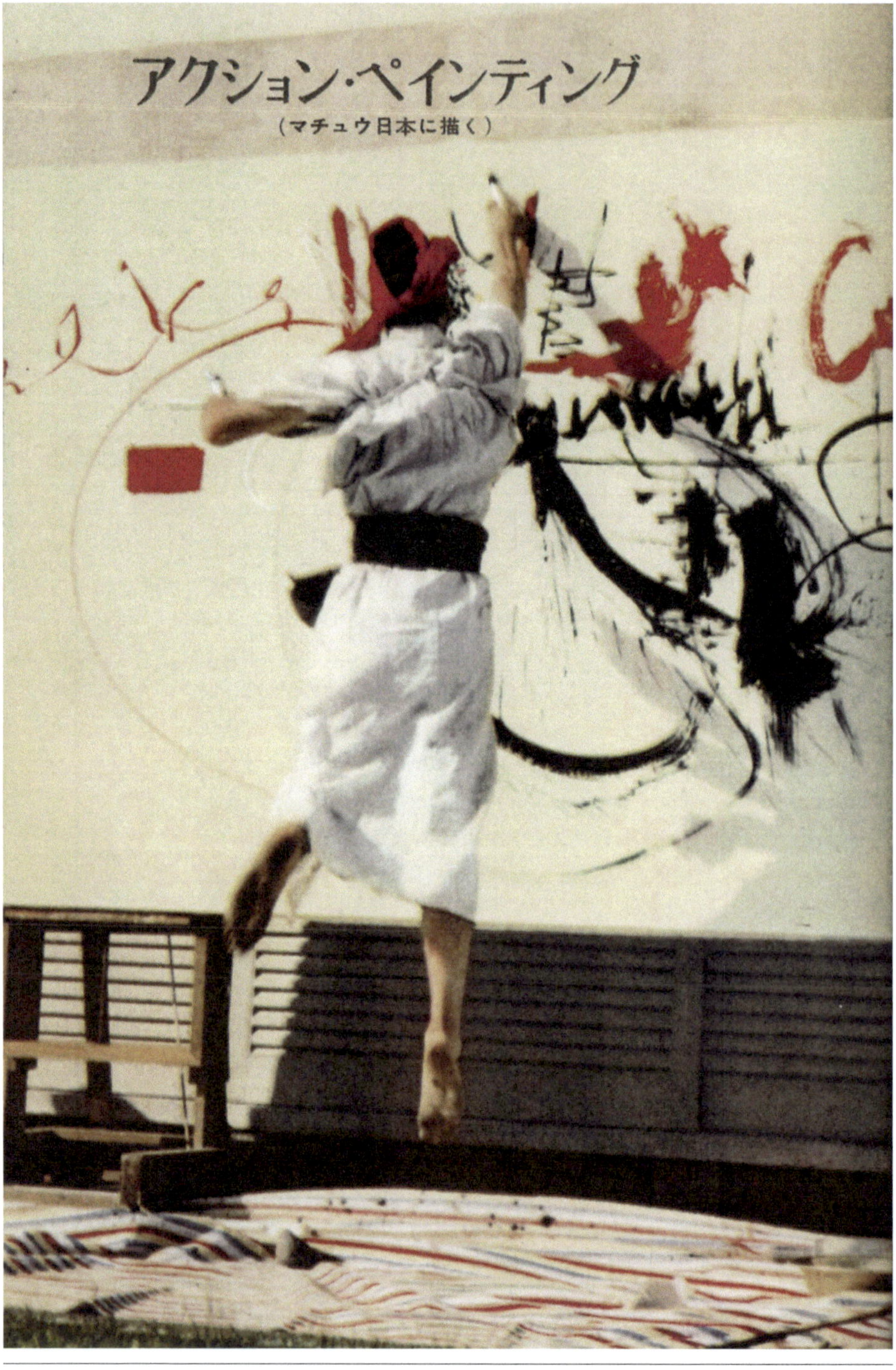

Abb. 29 | *Georges Mathieu peignant la Rentrée triomphale de Go Daïgo à Kyoto dans le jardin de Tarō Okamoto*, 1957, Fotografie, keine weiteren Angaben

Ikonografien nur oberflächlich verwiesen werde. Gleichzeitig entstehe dabei aber die Möglichkeit, im alten Gewand etwas noch nicht Etabliertes auszuleben. Das Motiv des Sprungs in der Fotografie ist ein ebenso durch die Tanzfotografie tradierter Darstellungsmodus von körperlicher Bewegung, der bereits in der Sportfotografie ab den 1870er-Jahren aufgegriffen wurde, als kürzere Belichtungszeiten technisch möglich waren. Die Sprungbilder Mathieus thematisieren die Interferenzen von neuen und alten Malereiverständnissen. Und sie übertragen die von der Sportfotografie bekannten Verdichtungen von Bewegung und der Ästhetik des richtigen, repräsentativen Moments des Malereiprozesses in die Fotografie.[133]

Sprungfotografien sind ein weitverbreiteter Bildtypus, den insbesondere auszeichnet, eine Sichtbarkeit eines kurzen Moments zu erzeugen, dessen Vorher und Nachher ungewiss bleiben. Wegen der statisch-physikalisch unmöglichen Körperposition in der Luft müssen Betrachtende dieses Vorher und Nachher der Bewegung, die zu dieser Position führte, mitdenken, und verdichten damit gleichzeitig das Sprungbild auf einen Mehrwert an Bewegung, den das Bild nicht zeigen kann. So werde der »Bild-Sprung im Blickwechsel […] prä-figuriert: als anhaltende und angehaltene Bewegung. […] So performiert der Sprung, eine scheinbar kontinuierliche Bewegung des Abdrucks vom Boden über die Fallkurve bis zur Landung, stets ein Über-Springen jener Zeitschnitte, die durch den Blick, den Augen-Blick, in dieser Bewegung eingetragen sind.«[134] Ein Sprungbild zeichnet somit eine spezifische Eigenschaft aus, in der paradoxerweise Bewegung durch eine statische Körperposition dargestellt werden könne.[135]

Dieser Moment und die Verdichtung von Bewegung gestaltete sich in den drei Fotografien von Mathieu unterschiedlich: die Fotografie von der Performance im Theater am Fleischmarkt besticht durch eine Schärfe nahezu aller Bildzonen. Vordergrund wie Hintergrund sind weitestgehend scharf, die diagonal nach hinten rechts verlaufende Leinwand zeigt vorne einzelne Spritzer und zackige Farblinien, die direkt aus der Tube auf die Leinwand aufgebracht wurden. Die rechte Bildhälfte ist mit Schlieren dunkler Farbe noch nicht mit den typischen *écritures* Mathieus ausgearbeitet. Durch die bearbeitete, linke Hälfte und die noch zu bearbeitende rechte Hälfte zeigt die Fotografie eine Momentaufnahme aus Mathieus Werkprozess. Zwischen diesen beiden Hälften schwebt der Künstler in einer annähernd stehenden Positur. Nur seine rechte Hand, die eine Farbtube hält, berührt über diese Tube die Leinwand. Die Körperposition des Künstlers wirkt natürlich, weil sie ebenso mit Kontakt

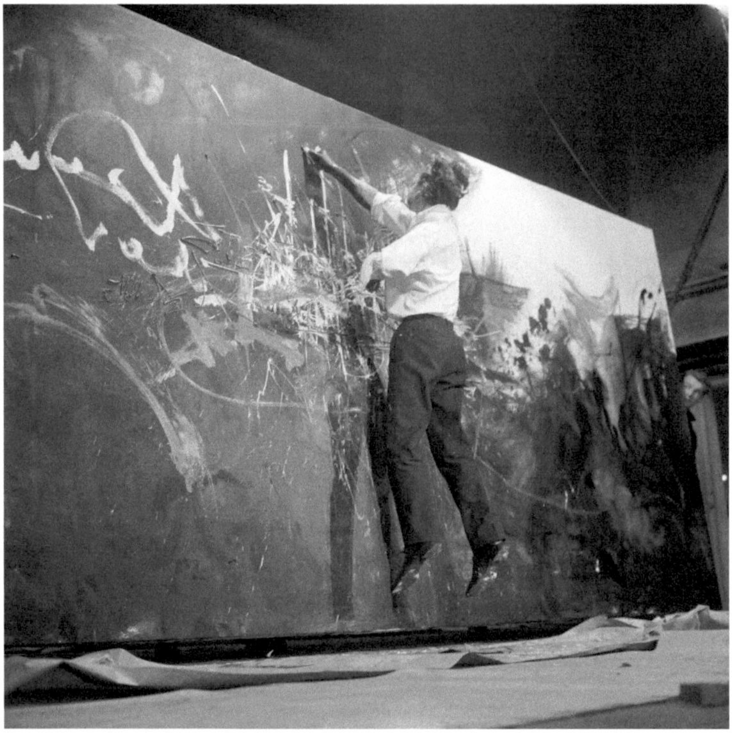

Abb. 30 | Barbara Pflaum: *Der französische Maler Georges Mathieu bei seiner Malaktion im Theater am Fleischmarkt in Wien*, 1959, Fotografie, Wien, brandstaetter images

seiner Füße zum Boden möglich wäre. Dann würde der Künstler lediglich auf Zehenspitzen balancieren, um ein oberes Ziel auf der Leinwand zu erreichen. Dadurch, dass diese Positur weder durch geknickte Beine, die nach der Anspannung zum Sprung die Balance des Körpers in der Luft halten, noch durch Bewegungsunschärfe eine schnelle Bewegung vermuten lässt, deren Kraftaufwand für einen Sprung eigentlich notwendig sind, wirkt die Fotografie von Barbara Pflaum als würde sie einen konzentrierten Moment zeigen und stellt den Körper in scheinbarer Schwerelosigkeit dar - keine fotografischen Effekte der Bewegungsunschärfe entlarven die Sprungbewegung des Körpers und dennoch zeigt das Lichtbild einen *akrobatischen Sprung*[136].

Diese hier nicht auszumachenden Bewegungseffekte wurden in der Fotografie von John Sadovy explizit dargestellt. Hier ist der gesamte Körper Mathieus bewegungsverwaschen und die bemalte Leinwand, die den Rest der Fotografie auskleidet, nur hintergründig ins Bild gesetzt.

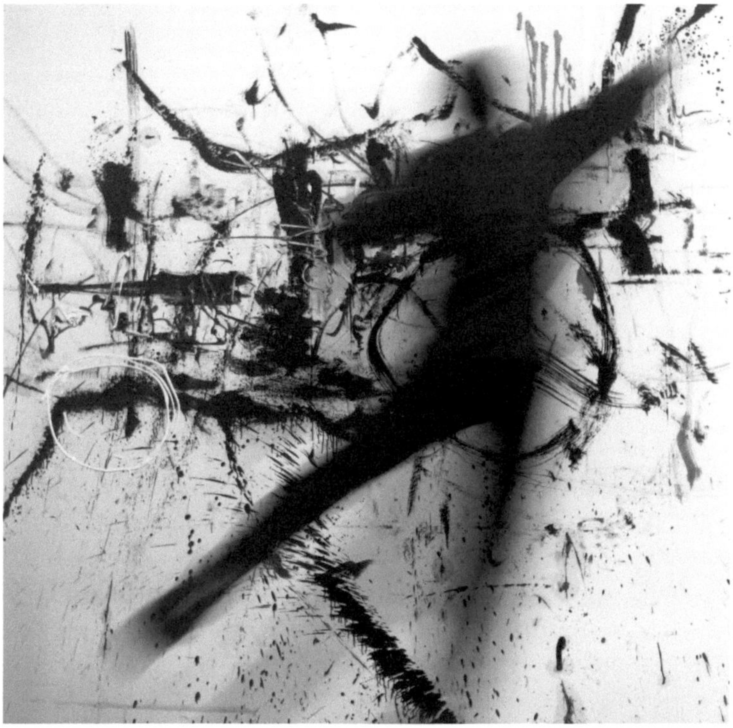

Abb. 31 | John Sadovy: *French abstract impressionist painter Georges Mathieu at work*, 1956, Fotografie, Hulton Archive/Getty Images

Solveig Aasen führt an, dass für Bewegungsdarstellungen in statischen Bildern keine Parameter zum Messen von Bewegung, wie die räumliche Extension oder eine Zeitlichkeit, vorhanden sein können, sondern psychologisch von den Betrachtenden ergänzt werden.[137] Bewegung wird in dieser Fotografie somit für schnell befunden, weil die unmessbare Zeitdauer der Bewegungslaufbahn durch die Bewegungsunschärfe explizit in die Fotografie transponiert wird. Darüber hinaus offenbart die Fotografie den Sprung Mathieus, weil die Beine in ihrer Bewegungsunschärfe den Hintergrund durchscheinen lassen und die im Bewegungsverlauf nicht auszumachenden Füße vom Boden losgelöst sind. Dieser Effekt, bei dem sich der Ausgangspunkt der Bewegung der einzelnen Körperteile transparent, der Zielpunkt hingegen opak darstellt, deutet eine diagonal von unten links nach oben rechts verlaufende Sprungrichtung an. Während die Fotografie aus der Wiener Performance eine zentrierte, balancierte Sprungbewegung entlang einer vertikalen Achse zeigt, ist hier eine seitliche Bewegungsrichtung deutbar. Ein unterschiedlicher Bearbeitungszustand der Leinwand lässt sich auch durch ihre nur angeschnittene Position im Hintergrund nicht erfassen, sodass die Fotografie, entgegen der vorher beschriebenen, keinen Zeitpunkt, sondern eher einen, wenn auch nicht messbaren, kurzen Ausschnitt aus der Zeitdauer des Malprozesses versinnbildlicht.

Die Fotografie aus Japan nimmt eine Zwischenstellung in diesen beiden Ikonografien des Sprungs ein. Für das Malen der *Rentrée triomphale de Go Daïgo à Kyoto* steht eine längsformatige Leinwand auf einer Staffelei und zeigt Mathieu im Sprung in der Körperhaltung, die er auch für die *Hommage aux Connétable de Bourbon* nutzte: die rechte, ausgestreckte Hand berührt mit einem Malmittel die obere Zone der Leinwand, der linke Arm ist angewinkelt und nah am Körper. Das rechte Bein ist von der Streckung für die Energieerzeugung des Sprungs ausgestreckt, während das linke Bein leicht angewinkelt ist, womöglich um die Balance in der Luft zu halten. Der gesamte Körper wird damit zum Erreichen der oberen Zone der Leinwand funktionalisiert, obwohl, wie die Staffelei zu erkennen gibt, die Leinwand auch tiefer auf den Füßen der Staffelei hätte angebracht werden können. Durch dieses Gedankenspiel – was wäre, wenn Mathieu die Leinwand einfach tiefer aufgestellt hätte? – wird deutlich, dass dem Künstler daran gelegen ist, die Bild-Sprünge produktiv für den Ablauf und für die fotografische Inszenierung der körperlichen Aktion einzubeziehen. Darüber hinaus sind keine eindeutigen Bewegungsunschärfen erkennbar, allerdings ist die gesamte Fotografie durch die Körnigkeit nur schwierig auf fotografieformale Bewegungseffekte hin zu lesen. Leicht unscharfe Partien einzelner Extremitäten könnten durch Bewegung entstanden sein oder auch der Lichtsituation, dem Handwerk, der Kamera oder dem benutzten Fotopapier geschuldet sein.

Diese drei Fotografien zeigen Mathieus Körper in Aktion und verweisen ikonografisch auf sportliche sowie tänzerische Darstellungen. Die erste Fotografie verdichtete einen prägnanten Zeitpunkt, den parabolischen Höhepunkt des Sprungs, und die zweite einen im Sprung bewegten Körper. Diese beiden Merkmale, den Körper in Bewegung stillzulegen oder einen Bewegungsverlauf fotografisch zu verkürzen, beschreiben Vinzenz Hediger und Markus Stauff als charakteristische Merkmale der Sportfotografie.[138] Die Verdichtung von Schwerelosigkeit und Balance eines sich bewegenden Körpers, wie in der Wiener Fotografie suggeriert wird, seien bereits seit dem beginnenden 19. Jahrhundert Strategien der Tanzfotografie.[139] In dieser Hinsicht ist auch die Fotografie aus Japan prägnant, da die Körperposition von Mathieu Giovanni da Bolognas Hermes-

Skulptur tradiert: Ein gestrecktes Standbein, ein angewinkeltes, nach hinten geführtes Spielbein, ein vor dem Gesicht nach oben geführter Arm und ein ausgleichender, angewinkelter Arm verdichteten Bildtypologien unterschiedlicher Kontexte. Einerseits ähnelt der Maler dem nach oben strebenden Götterboten, der in dieser Darstellungsform seit dem 16. Jahrhundert als Pathosformel Verbreitung fand. Anderseits ähnelt die Körperposition der Bewegungsfigur der *attitude* des klassischen Balletts, bei der die Balance der Körperachse spielerisch an ihrer Labilitätsgrenze erprobt werde.[140] Die Fotografie zeigt den möglichen Verlust der Balance in der riskanten Aktion Mathieus. Die Lichtbilder konnten somit bezeugen, dass, auch wenn Betrachtende nicht dem Werkprozess beigewohnt haben, Mathieus Malereiprozess eine athletisch und tänzerisch erhöhten Einbindung des Körpers zu eigen ist.

Über die Denkfigur des Klischees lasse sich nach Gunnar Schmidt die Sprungfotografie historisieren. Einerseits erlaube die Wiederholung eines Typischen den Anschluss an bereits Bestehendes, andererseits gehen mit dieser Wiederholung gleichzeitig Modifikationen einher: »Das Klischee liefert eine Struktur, die in immer neuen Formierungen erscheinen kann.«[141] Zu den *alten* Formierungen des Sprungs – in diesem Kontext also vor 1955, vor Mathieus Fotografien – führt Schmidt Lichtbilder von Martin Munkácsi, Friedrich Seidenstücker, Philippe Halsman und Genevieve Naylor an. In diesen spiegelten sich die wechselnden Körpermoden der Zeit und vor allem mit dem Konzept der Grazie führt Schmidt an, dass die Leichtigkeit und Unangestrengtheit körperlicher Bewegung als Körperideal der Frau gerade durch Sprungfotografien manifestiert werde.[142] Wenn Mathieu diese Leichtigkeit, Unangestrengtheit und Beherrschung der Bewegung durch seine agile und balancierte Körperhaltung in der Wiener Fotografie zeigt, dann knüpft hieran eine Neuformierung alter, kultureller Formierungen an. Grazie habe historisch im Kontrast zu Männlichkeitsbildern gestanden.[143] Mathieu verkörperte in den Sprungbildern aber Grazie, um Körperbeherrschung als Merkmal seiner Malerei auszuweisen.

Ein weiteres Körperbild, das einem klischeehaften Männlichkeitsbild dahingehend entspricht und von Mathieu ebenfalls fotografisch in Szene gesetzt wurde, ist dasjenige des (Schwert-)Kämpfers. In mehreren Fotografien erreichte Mathieu diese Inszenierung durch eine Körperhaltung oder einen festgehaltenen Bewegungsmoment, deren Bewegungsmaterial an Fecht- oder Kampfposen erinnerte und durch das Tragen von Kostümen, die an Typologien des Kämpfers angelehnt waren, verstärkt wurde. Lange Pinsel werden so als Hieb- oder Stichwaffen lesbar – Michel

Tapié hatte in seinem Artikel für *ARTnews* von den langen Pinseln als Hellebarden gesprochen (Abb. 26).[144] In einer undatierten Fotografie (Abb. 32), womöglich aus den späten 1950er- oder frühen 1960er-Jahren, erschien der Maler als Fechter mit gleich mehreren Schwertpinseln in Händen.[145] Die linke Seite der Fotografie wird von der Rückseite der Leinwand eingenommen, auf die Mathieu, der auf der rechten Bildseite weiter hinten mit insgesamt sechs langen Pinseln zu sehen ist, zu rennt. Der breite Schwung der Arme, das nach hinten wehende Haar und der große Schritt erinnern an die Beinaktion des *flèche* beim Fechten, worunter man den Sturzangriff versteht, bei dem der Angreifer aus größer Distanz plötzlich in Richtung des Gegners stürmt. Die Anordnung der Leinwand und von Mathieu auf dem Bild ähnelt der Einstellung Namuths in *Jackson Pollock 51*, da die Ebene der zu bemalenden Fläche zwischen Künstler und Betrachtenden liegt. In dieser Fotografie ist die Anordnung der Sichtachse jedoch nicht – wie bei Namuth – vertikal, sondern horizontal. Der Laufangriff Mathieus zielt so in Richtung Leinwand und fast direkt auf die Betrachtenden zu. Ähnlich wie bei Pollock ist die Bildfläche der Ort der Konfrontation von Künstler-Aktion und der Betrachtenden. Darüber hinaus wirft die Fotografie die Frage auf, warum Mathieu eine so große Distanz zur Leinwand eingenommen hat. Eindeutig wird zumindest in der Inszenierung der Fotografie von der Leinwand Abstand genommen, um die kämpferische, körperliche Aktion nahezu parodistisch zu überhöhen. In einem Interview mit Alain Bosquet hingegen erklärte Mathieu die Distanznahme zur Leinwand im Werkprozess als notwendiges Mittel, um die Ansichtigkeit der ausgeführten Gesten zu überprüfen und die nächsten auszuführenden Gesten zu planen.[146]

In einer solchen stürmischen Distanzüberwindung kann eine sexualisierte Psychologie des Soldatischen gelesen werden, wie Klaus Theweleit ausgeführt hat. Das Erreichen eines fernen Ziels mit den Mitteln des eigenen Körpers oder durch den Gebrauch von Schusswaffen gelinge durch die Funktionalisierung und Beschleunigung des eigenen Leibs: »Die Geschwindigkeit ist vor allem eine Kategorie dieses Leibs. Er muß heißlaufen, auf Touren kommen, psychisch rasen, dann physisch rasen im Anlauf, um einem Punkt nahezukommen, an dem er wartet, sich selbst in Strömen der Lust zu erfahren.«[147] Im soldatischen Kampf wie in der Inszenierung auf der Fotografie greifen Psychologien des Übergriffs und der Explosion beim Erreichen des anvisierten Objekts über, in Mathieus Falle der Leinwand. Die Geschwindigkeit hatte der Maler bereits als seine genuine Leistung in der Kunstproduktion des Westens gerühmt.[148] Geschwindigkeit sei für seine Malerei eine unabdingbare Notwendigkeit,

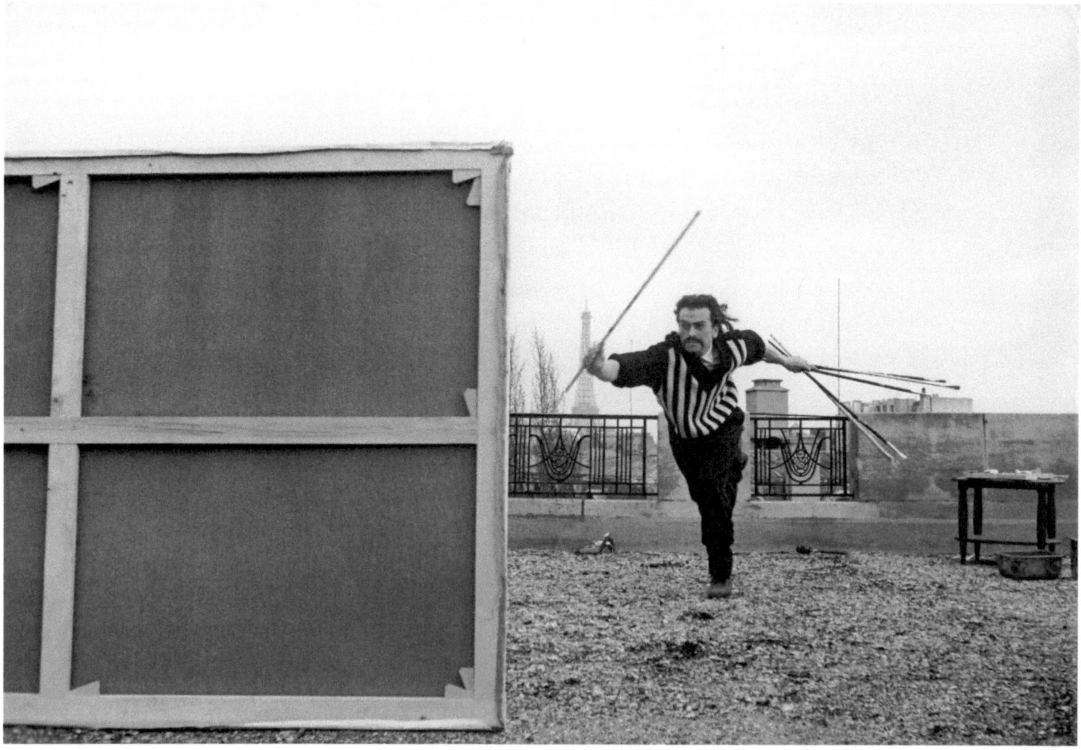

Abb. 32 | [Georges Mathieu auf dem Dach seines Hôtel Particulier, Avenue Léopold II, Paris] Fotografie, keine weiteren Angaben

um eine neue Erfahrungsdimension der Kunst zu veranschaulichen. Dabei ist die Distanz auf der Fotografie zwischen Mathieus Körper und der Leinwand die Skala für die Beschleunigung und Geschwindigkeit. Mit der Überbrückung dieser Distanz vollzog sich der Akt der Malerei, deren Ekstase derjenigen des soldatischen Kampfes ähnelt. Eine Ekstase, die zutiefst von einer dezidiert männlichen Kampfeserfahrung geprägt ist. Der Topos des Kampfes ist für gestische, informelle Malerei ebenfalls durch Rosenbergs Metapher der Leinwand als Arena evident geworden. Existenzielle Erfahrungen, in denen erlebte Kriegserfahrungen mitschwingen, finden in der Kunst der Nachkriegszeit Eingang, indem sie zu einem Ventil von Gewalthandlungen werden können. Für diesen Vorgang ist eine individuelle Kriegserfahrung nicht Voraussetzung, da sich Verletzlichkeit, Verletzbarkeit, Kampf und Gewalt als kollektives Thema in der Kunst der Nachkriegszeit ausgedrückt haben.[149] Für eine kämpferische Fähigkeit muss der Leib eine physische Funktionalisierung durchleben, die von dem Raum, in dem diese Fähigkeiten ausgeführt werden können, abhängen. Christiane Hille legt dar, dass diese Raummodifikation, von der Leinwand als Ort der perspektivischen Erkenntnis zum Ort des Athletischen, vor allem durch Jackson Pollocks und Barnett Newmans Erweiterung des Bildfelds als athletisches Spielfeld zu einem »Notationsfeld der Bewegungen«[150] werde. Die perspektivische Vermessung des Bildfelds seit der Renaissance habe eine bewegungsappellative Wirkung produziert, die das Bildfeld letztendlich zur Arena transformiere. Auch wenn Hille diese Transformation vor allem an der amerikanischen Kunsttheorie von Rosenberg und der Bildproduktion von Pollock ausmacht, gilt dieser Transformationsprozess auch für Mathieu, der ebenfalls eine Athletik des Künstlerkörpers in seinen Malereivorgang und dessen Inszenierung einband.

1 Charles S. Peirce: Phänomen und Logik der Zeichen, Frankfurt/M. 1983, S. 64–67. Peirce differenzierte die Zeichen in weiteren Kategorien aus, sodass er insgesamt 66 Zeichentypen definiert.
2 Lambert Wiesing weist hinsichtlich der Vorabbedingung der Semiotik auf die Peirce'sche Prämisse »Nichts ist ein Zeichen, wenn es nicht als Zeichen interpretiert wird« hin und betont, dass der Zeichenbegriff funktional und nur dann sinnvoll ist, wenn in Zeichen etwas gesehen wird. Lambert Wiesing: Artifizielle Präsens. Studien zur Philosophie des Bildes. Frankfurt/M. 2005, S. 39–41.
3 Karl Otto Götz: Was ist am Bild messbar? Möglichkeiten und Grenzen der Informationstheorie, in: SYN. Internationale Beiträge zur neuen Kunst, 2, 1965 [?], S. 14–23, hier S. 16.
4 Erstmals scheint diese Phrase im Interview von K. O. Götz mit Gabriele Lueg benannt worden zu sein. Lueg fragt Götz, ob er Künstlertheorien lese, woraufhin Götz antwortet, dass er sich nicht damit auseinandergesetzt habe, außer einige zu lesen. Danach folgt: »L[ueg]: Haben die wenigen, denen Sie – jedenfalls teilweise – zustimmen, Ihr Werk sichtbar beeinflußt? G[ötz]: In meinem Werk bin ich – glaube ich – nicht von Theorien, von Kunsttheorien beeinflußt. Das Prinzip der Auflösung der klassischen Formenelemente war kein ›Prinzip‹, dem wir folgten, es lag einfach in der Luft: man sah. Daß der eine oder andere Maler damit beschäftigt war, jeder auf seine Weise.« Karl Otto Götz/Gabriele Lueg: Interview: Karl Otto Götz – Gabriele Lueg. Niederbreitbach-Wolfenacker, 8. Oktober 1981, in: Gabriele Lueg: Studien zur Malerei des deutschen Informel (zugl. Aachen, Rheinisch-Westfälische Technische Hochschule, Dissertation), Aachen 1983, S. 353–363, hier S. 358. Rissa verwendet die besagte Phrase 1984 in einem Katalogbeitrag, Carolin Weber und Sabine Schütz greifen diese zum Slogan gewordene Wortbildung ebenfalls auf. Rissa: Bemerkungen zum informellen Werk von K. O. Götz, in: Marianne Heinz (Hrsg.): K. O. Götz. Monotypien, Gemälde, Gouachen 1935–1983, Ausstellungskatalog Düsseldorf u. a., Düsseldorf 1984, S. 153–157, hier S. 153/154. Eine 2011 überarbeitete Version ist auf der Stiftungsseite des Künstlers verfügbar: https://www.ko-götz.de/images/pdf/Rissa_Informel.pdf [21. 1. 2022]. Carolin Weber: Quadriga. Die Auflösung des klassischen Formprinzips, in: dies. (Hrsg.): Quadriga. Die Auflösung des klassischen Formprinzips. Karl Otto Götz, Otto Greis, Heinz Kreutz, Bernard Schultze, Ausstellungskatalog München, München 2010, S. 9–33; Sabine Schütz: Jenseits des klassischen Formprinzips. Die Malerei des Karl Otto Götz, in: Wolfgang Thomeczek (Hrsg.): Karl Otto Götz, Wegbereiter des deutschen Informel. Gemälde und Arbeiten auf Papier, Ausstellungskatalog Grünstadt-Sausenheim, Grünstadt-Sausenheim 2009, S. 9–18.
5 Michael Leja: Abstraktion, Repräsentation und Jackson Pollocks Ästhetik des Konflikts, in: Nina Zimmer (Hrsg.): Der figurative Pollock, Ausstellungskatalog Basel, München/London/New York 2016, S. 23–37, hier S. 25.
6 Crétien van Campen: Early Abstract Art and Experimental Gestalt Psychology, in: Leonardo, 30 (1997), S. 133–36.
7 Anton Ehrenzweig und Rudolf Arnheim sind zwei Autoren, die einerseits die Gestalttheorie in ihren Schriften thematisieren und sich andererseits in Essays zu Pollocks Malerei äußern. Ehrenzweig emigrierte 1938 nach London und publiziert 1953 *The Psychoanalysis of Artistic Vision and Hearing*. Arnheim emigrierte 1940 über Umwege von Berlin in die USA, wo er u. a. bei Max Wertheimer studierte. 1954 erschien *Art and Visual Perception. A Psychology of the Creative Eye*. Beide Autoren ziehen Werke von Künstler*innen als Beispiele für ihre Wahrnehmungstheorien heran.
8 Edgar Rubin: Visuell wahrgenommene Figuren. Studien in psychologischer Analyse. Mit 13 Abbildungen. 1. Teil [Reprint der Ausgabe København/Christiania/Berlin/London 1921], Ann Arbor 1980, S. 3–5.
9 Karl Otto Götz: Bildende Kunst und Kommunikation [Ansprache zur Immatrikulationsfeier am 12. November 1963], Düsseldorf 1965, S. 20/21.
10 Syntaktisch wird bei Götz als die Art und Weise, wie sich Formen, ohne irgendeine Bedeutung zu intendieren, auf der Bildoberfläche einfügen, genannt. Diese Bedeutung von *syntaktisch* wird in der Semiotik ebenso gebraucht und bildet einen gemeinsamen Ausganspunkt der Formanalyse von Semiologie und Phänomenologie. Vgl. Oliver Robert Scholz: »Mein teurer Freund, ich rat' Euch drum/Zuerst Collegium Syntacticum« – Das Meisterargument in der Bildtheorie, in: Klaus Rehkämper/Klaus Sachs-Hombach (Hrsg.): Bildgrammatik. Interdisziplinäre Forschungen zur Syntax bildlicher Darstellungsformen, Magdeburg 1999, S. 33–45, hier: S. 36–38.
11 Götz 1965a, S. 14/15.
12 Diese Zeitschrift wurde von Klaus Jürgen-Fischer herausgegeben und erschien ebenfalls wie *Das Kunstwerk* im Agis-Verlag Baden-Baden. Jürgen-Fischer ergänzte damit das Programm der Künstlergruppe SYN, der neben ihm selbst auch Erwin

Bechtold, Bernd Berner, Rolf-Gunter Dienst und Eduard Micus angehörten, mit Texten der Gruppenmitglieder auch durch Texte von weiteren Künstler*innen und Kunsthistoriker*innen und Philosoph*innen wie Lawrence Alloway, Rudolf Arnheim, Rolf Wedewer, Franz Roh und weiteren. Siehe auch Thomas Grochowiak: Gruppe SYN. Erwin Bechtold, Bernd Berner, Rolf-Gunter Dienst, Klaus Jürgen-Fischer, Eduard Micus, Ausstellungskatalog Recklinghausen, Recklinghausen 1973 und Ekkehard Mai: Klaus Jürgen-Fischer. Gemälde, Plastiken, Zeichnungen, Heidelberg 1992, S. 13–18.

13 Im Gespräch zu diesem Thema mit Rissa, der Witwe des Künstlers, verwies sie auf folgende Zitate von Götz: »Ich versuchte aber bald eine Synthese zwischen Formabwandlungen und der schnellen Handschrift der Monotypien. Die Jahre 1951–52 sind charakteristisch für dieses Suchen. Es waren – künstlerisch gesehen – die schrecklichsten Jahre für mich. […] Denn mein Problem war: Wie kann ich die geschlossenen Formelemente auflösen und sie sozusagen zum Explodieren bringen?« und »Hans Hartung war für mich ein Pionier, dessen damaliges Werk ich hoch einschätzte. Nur wollten wir Jüngeren weitergehen und das Kulissenhafte, Versatzstückhafte *Vorn und Hinten* seiner Bilder überwinden. Wir wollten nicht mehr nur die Formelemente auflösen, sondern die Zwischenräume zwischen den Formelementen so integrieren, dass alles sich *vorne* im Bild abspielt, auch die Positiv-Negativ-Wirkungen zwischen hellen und dunklen Partien. Das spätere *Informel*, die *abstraction lyrique*, der *Tachismus* waren im Kommen.« In: Karl Otto Götz: K. O. Götz. Erinnerungen und Werk, Bd. 1a, Düsseldorf 1983, S. 487, 515.

14 Carolin Weber/Karl Otto Götz: Also für mich war »Abstrakt ist schöner« ein Programm … Antworten von Karl Otto Götz auf Fragen von Carolin Weber, in: Carolin Weber (Hrsg.): Karl Otto Götz und die Quadriga. Eine Legende wird 100, Ausstellungskatalog München, München 2014, S. 7–29, hier S. 17/18.

15 Götz 1965a, S. 18. Er schreibt auf S. 17/18 zu Pollock und Tobey: »Was würde mir das Messen von Figuren oder Gründen nützen bei einem Bild von Pollock oder Tobey oder bei einem späten Monet? Hier bricht die klassische Formanalyse vollends zusammen, auch auf der Ebene der Bildbeschreibung. Wollte ich trotzdem alle angenommenen Punkte einer Bildvorlage messen, so bekäme ich u. U. hunderttausende von Koordinaten, die ein ganzes Buch füllen würden, je nachdem, wie dicht ich die Punktverteilung vornähme, d. h. wie feinkörnig ich messen würde.«

16 Ebd., S. 15.

17 »Ich las die klassischen Werke der Informationstheorie, die in Amerika erschienen waren und beschäftigte mich auch mit der Zeichentheorie von Charles W. Morris, die bereits 1938 in Chicago erschien. Ich las alles, was von Morris zur Zeichentheorie und Kunst in den 50er Jahren erschienen war. Die Werke dieses bedeutenden Philosophen kamen in Deutschland leider erst in den 70er Jahren heraus.« In: Götz 1983b, S. 812.

18 Auf die Unzulänglichkeit der Sprache, informelle, gegenstandslose Kunst adäquat erfassen zu können, verweisen u. a. Tapié 1952a, o. S. [erster Absatz des Fließtextes]; Georges Mathieu: De la révolte à la renaissance. Au-delà du tachisme, Paris 1972, S. 172; der französische Kunsthistoriker Robert Klein sieht darin eine generelle Problematik der Phänomenologie, denn mit der Abwesenheit von sprachlicher Struktur würden auch die Bilder leer und unbedeutend, Robert Klein: Peinture moderne et phénoménologie, in: ders.: La forme et l'intelligible. Écrits sur la renaissance et l'art moderne. Articles et essais réunis et présentés par Andre Chastel, Paris 1970, S. 411–429, hier S. 412–414; Franz-Joachim Verspohl arbeitet das Problem der metaphorischen Beschreibung der Kunst von Wols bei Sartre heraus. Franz-Joachim Verspohl: Post-war debates: Wols and the German reception of Sartre, in: Irit Rogoff (Hrsg.): The divided heritage. Themes and problems in German Modernism, Cambridge 1991, S. 50–74, hier S. 55; Lambert Wiesing verweist auf den Umgang von Sartre und Merleau-Ponty angesichts der Sprache in Lambert Wiesing: Merleau-Pontys Phänomenologie des Bildes, in: Regula Giuliani (Hrsg.): Merleau-Ponty und die Kulturwissenschaften, München 2000, S. 265–282, hier S. 269–271.

19 Karl Otto Götz: Fakturenfibel. 1944–45 [Reprint, Galerie Marianne Hennemann], Düsseldorf 1995; Heinrich Röder: Vom Motiv zur Komposition. Auszug aus der »Fakturenfibel« von Karl Otto Götz, in: Das Kunstwerk, 4 (1950), S. 30–33. Ein beschreibender Text zu dieser Fibel der Jahre 1944/45 ist verloren. Eine Rekonstruktion dieses Textes von Götz ist abgedruckt in: Wilhelm Bojescul (Hrsg.): Karl Otto Götz. Bilder und Arbeiten auf Papier 1935–1988, Ausstellungskatalog Braunschweig, Braunschweig 1988, S. 89–94.

20 Karl Otto Götz: [o. T.], in: Heinz Fuchs (Hrsg.): Karl Otto Götz, Ausstellungskatalog Mannheim, Mannheim 1969, o. S.

21 Dies zeigt Evelyn Dölling beispielhaft an Verkehrszeichen auf. Evelyn Dölling: Kategorialstruktur ikonischer Sprachen und Syntax der visuellen Sprache, in: Rehkämper/Sachs-Hombach 1999, S. 123–134, hier S. 126, 129/130.

22 Zur triadischen Einteilung Index, Ikon, Symbol, vgl. Arthur W. Burks: Icon, Index, and Symbol, in: Philosophy and Phenomenological Research, 9 (1949), S. 673–689, hier S. 673–680, https://doi.org/10.2307/2103298.

23 Die Kategorie der *Ähnlichkeit* als Merkmal für das Ikon und die der *Konvention* als Merkmal für das Symbol, wurden breit diskutiert. Siehe zu *Ähnlichkeit/Ikon*: Dölling 1999, S. 125; Charles William Morris: Zeichen, Sprache und Verhalten, Frankfurt/M./Berlin 1981, S. 294–298. Zu *Symbol/Konvention*: Richard Schantz: Die Ordnung der Bilder. Nelson Goodmans syntaktische Explikation der Bildhaftigkeit, in: Rehkämper/Sachs-Hombach 1999, S. 93–102, hier S. 95/96.

24 Dietfried Gerhardus: Entgrenzen als Gestalten von Umgebung, in: ders. (Hrsg.): Das entgrenzte Bild, Ausstellungskatalog Gmunden u. a., Saarbrücken 2001, S. 8–11, hier S. 9/10; Dietfried Gerhardus: Basisprobleme der Bildgliederung. Von der Bildkomposition zur Syntax, in: Rehkämper/Sachs-Hombach 1999, S. 23–31.

25 Almut Linde: Radical Beauty. Form und Erkenntnis. Eine Künstlertheorie, Hamburg 2018, S. 56.

26 Götz 1983a, S. 515.

27 Dieser Wechsel von Technik und Bildkonzeption wird beispielsweise angeführt in: Claudia Posca: Von der Zähmung des Gestus, in: Posca/Althöfer 1999, S. 151–170, hier S. 151; Engel 2009, S. 14; Fuchs 1969, o. S; Christoph Zuschlag: »Am Kreuzweg blitzartiger Impulse«. Zur Kunst von K. O. Götz, in: ders. u. a. (Hrsg.): Karl Otto Götz zum 100. Geburtstag. Arbeiten auf Papier aus sieben Jahrzehnten, Ausstellungskatalog Kaiserslautern, Heidelberg/Berlin 2014, S. 9–23, hier S. 12.

28 Götz 1983a, S. 523.

29 Ebd., S. 464/465.

30 Eine Liste von Programmen zu Veranstaltungen des Amerika-Hauses, die US-amerikanische Malerei thematisierten oder zu denen Kunsthistoriker*innen deutsch- und/oder englischsprachig zur aktuellen Malerei in den USA sprachen, sind einsehbar im Appendix Forschungsdaten, https://doi.org/10.11588/DATA/DULHAR.

31 So vermerkt im Wochenprogramm Amerika Haus Frankfurt 5.11–18. 11. 1951, Institut für Stadtgeschichte Frankfurt am Main (im Folgenden ISG Frankfurt genannt), Archivalie V113/120. Ausgestellte Künstler*innen konnten leider nicht ermittelt werden.

32 Zu dem Vortrag von Döry, siehe ISG Frankfurt, Archivalie V113/125, Programm vom 17. 12. 1951 bis 5. 1. 1952.

33 Götz druckt einen Teil dieses Berichts in seinen Memoiren ab. Vgl. Götz 1983a, S. 486/487. Ein vollständiger Druck mit Kommentar von Sophie Collombat findet sich in: Friederike Kitschen/Martin Schieder (Hrsg.): Art Vivant. Quellen und Kommentare zu den deutsch-französischen Kunstbeziehungen 1945–1960, Berlin 2011, S. 344–350.

34 Zum Vortrag von Mellquist, siehe ISG Frankfurt, Archivalie V113/124, Einladung: Das Amerika-Haus Frankfurt veranstaltet eine Vortragsreihe des amerikanischen Kunsthistorikers Jerome Mellquist: Amerikanische Malerei, anläßlich der Ausstellung des Städelschen Kunstinstituts »100 Jahre amerikanische Malerei«.

35 Die Monografie von Janis ist unter »Bücher zur Amerikanischen Kunst aus unserer Bibliothek« des Amerika-Hauses aufgeführt, vgl. ISG Frankfurt, Archivalie V113/124. Zu einer genaueren Analyse der schriftlichen Überlieferung der *drip*-Technik, siehe hierzu das Kapitel »Kritische Anmerkungen zu einer innovationsgeleiteten Kunstgeschichte« in der vorliegenden Arbeit.

36 Ludwig Baron Döry: Zur Geschichte des Tachismus, in: ders. (Hrsg.): Tachismus in Frankfurt. Quadriga 52. Kreutz, Götz, Greis, Schultze, Ausstellungskatalog Frankfurt/M., Frankfurt/M. 1959, S. 9–22, hier S. 14.

37 Will Grohmann hielt den Vortrag *Die gegenwärtige Situation der jüngeren Künstler in Europa und Amerika* im Dezember 1952 und *Die gegenwärtige Situation der bildenden Kunst in Amerika* im Januar 1959, vgl. ISG Frankfurt, Archivalien V113/146, Wochenprogramm Amerika Haus Frankfurt 1. 12.–20. 12. 1952, und V113/223, Januarprogramm 1959. Bernard Schultze war zum 10. 7. 1956 geladen, siehe V113/196, Juliprogramm 1956. Leider ist der Vortrag Schultzes verloren. Es befindet sich kein Manuskript oder Hinweis dazu weder in seinen publizierten Schriften noch in seinem Nachlass im Deutschen Kunstarchiv des Germanischen Nationalmuseums, wie durch eine dort zuständige Mitarbeiterin auf Anfrage ermittelt wurde.

38 Vgl. Götz 1983a, S. 467. Mindestens seit Mitte Januar traf sich der Frankfurter Hotclub jeden Montagabend im Amerika-Haus. Das erste Wochenprogramm, dass dieses Treffen offiziell ankündigt, stammt vom 19.–30. 1. 1953, vgl. ISG Frankfurt, Archivalie V113/149.

39 Götz 1983a, S. 524.

40 Ebd., S. 523/524.

41 *Das Kunstwerk* berichtete erst im Heft 5, 1955/56, zum Thema Tachismus auch über die amerikanischen Künstler*innen. Erste Abbildungen informeller Künstler*innen, unter anderem von Götz, Westpfahl, Sigfried Reich (Reich an der Stolpe), Vedova, Nay werden im Doppelheft 3/4, 1953 gezeigt. *blätter + bilder. Eine Zeitschrift für Dichtung, Musik und Malerei*, herausgegeben von Horst Bienek und Hans Platschek, thematisierte ausführlicher informelle, jedoch in den ersten Ausgaben ausschließlich europäische Maler*innen wie Emil Schuhmacher, Jean Fautrier, Emilio Vedova, K.R.H. Sonderborg, Peter Brüning, und erschien zum ersten Mal im März/April 1959. Im Vergleich zu *Das Kunstwerk* sind die *blätter + bilder* mehr auf Text und wörtliche Beschreibungen und Interpretationen orientiert und zeigen fast ausschließlich Werkabbildungen, keine fotografischen Dokumentationen des Malereivorgangs. Vgl. blätter + bilder. Eine Zeitschrift für Dichtung, Musik und Malerei, 1 (1959), 2 (1959) und 3 (1959). Erst in Heft 8 (1960) werden die amerikanischen Künstler Jackson und Paul Jenkins thematisiert und nur ein Porträt von Pollock, das ihm nicht während des Malvorgangs zeigt, abgebildet.

42 Frédérique Villemur/Brigitte Pietrzak: Paul Facchetti. Le studio. Art informel et abstraction lyrique, Arles 2004, S. 14–17.

43 Er beschreibt diese Ausstellung in: Götz 1983a, S. 499 und berichtet über die weiteren Ausstellungsaktivitäten zum Informel, S. 529.

44 René Hinds Eröffnungsrede ist abgedruckt in: Weber 2010, S. 7. Zu einer Gründung des Informel durch die Ausstellung *neuexpressionisisten* bemerkt Claudia Posca: »Denn de facto erschien es [das Informel] ja zum ersten Mal programmatisch sieben Jahre nach Kriegsende mit dem gemeinsamen ›Quadriga‹-Auftritt von K. O. Götz, Otto Greis, Heinz Kreutz und Bernard Schultze in der Frankfurter Zimmergalerie Franck im Rampenlicht einer nicht gerade applaudierenden Öffentlichkeit. Und ebenfalls ist damit nicht gesagt, daß der informelle Impuls unabhängig von jedweder künstlerischen Entwicklung vor 1945 wie ein Blitz am Himmel auftauchte. Tatsache dagegen ist, daß die informelle Malerei in Deutschland 1952 gewissermaßen noch im Untergrund einzelner Künstlerpersönlichkeiten und über diese im Kontakt zur internationalen Kunstgeschichte mit besonderer Vorliebe für Paris gärte, bis sie dann schließlich zu einem günstigen Zeitpunkt ans Licht der Öffentlichkeit trat.« Claudia Posca: Zwischen 1952 und 1959, in: dies./Heinz Althöfer (Hrsg.): Informel. Der Anfang nach dem Ende, Bd. 1, Dortmund 1999, S. 46–65, hier S. 46.

45 »Ich traf Tapié bei Facchetti, und er sagte mir, daß er für Juni 1952 eine andere Ausstellung in dieser Galerie plane, wo er nur informelle Maler vorstellen wolle: Bryen, Donati, Gillet, Philippe Martin, Mathieu, Pollock, Riopelle, Serpan. Diese Ausstellung konnte ich nicht mehr sehen, denn ich mußte nach Frankfurt zurück.« Götz 1983a, S. 529.

46 Ebd., S. 499.

47 Die Rolle der Parisaufenthalte von Götz und seine Auseinandersetzung mit amerikanischen und französischen Künstlern dort erörtert genauer Martin Schieder: Stromprickelnd befeuert. K. O. Götz und die Pariser Kunstszene in den 50er Jahren, in: Ralph Melcher/Marion Vogt (Hrsg.): K. O. Götz. Impuls und Intention. Werke aus dem Saarland Museum und aus Saarbrücker Privatbesitz, Ausstellungskatalog Saarbrücken, Worms 2004, S. 67–78, hier S. 68–71.

48 Götz 1983a, S. 631–634; Weber-Schäfer 2001.

49 Götz/Lueg 1983, S. 358.

50 Eva Mongi-Vollmer u.a.: Interview mit K. O. Götz. Die Fragen für das Städel Museum stellten Eva Mongi-Vollmer und Katharina Knacker. Die Antworten wurden von K. O. Götz, gemeinsam mit Rissa erarbeitet. Oktober 2012, https://ko-goetz.de/wp-content/uploads/2017/07/Interview-12staedel.pdf [24.1.2022].

51 Jean Gorzio: K. O. Götz oder die »cool painting«, in: blätter + bilder. Eine Zeitschrift für Dichtung, Musik und Malerei, 5 (1959), S. 48.

52 Posca 1999b, S. 158, vor allem Fußnote 24, und Engel 2009.

53 Rosenberg 1952, S. 22.

54 K. O. Götz: Zu meinen Gouachen, in: Ausstellungsfaltblatt: K. O. Götz - Gouachen 1952-1977, Köln 1977, o. S, zit. n. der Version auf der Seite der Stiftung des Künstlers, https://ko-goetz.de/wp-content/uploads/2017/07/Gouachen_1977.pdf [23.8.2023].

55 Posca 1999b, S. 158.

56 Rosenberg 1952, S. 22.

57 Götz 1977, o. S.

58 Posca/Götz/Rissa 1999, S. 228.

59 Telefongespräch des Autors mit Rissa am 21. 4. 2020.

60 Jean Gorzio beschreibt dies als Besonderheit der Malerei von Götz: »Das eigentliche Problem, das Götz sich immer wieder stellt und immer wieder behandelt, ist die Wechselwirkung von Ding und Maler, von Gerät und Steuerung – kurz: von Technik und Individualität.« Gorzio 1959, S. 48.

61 K. O. Götz/Claudia Posca: »Die Zähigkeit

des Tons ist enorm …«. Ein Gespräch mit K.O. Götz von Claudia Posca, in: Bernd Hakenjos/Edgar Quadt (Hrsg.): seitensprünge. K.O. Götz. Keramik 1995–2001, Essen/München 2001, S. 9–29.

62 Götz 1977, o.S.

63 Götz 1983b, S. 850.

64 Esner/Kisters 2018, S. 12.

65 Der Film (9:34 Min) von Willi Kemp ist digitalisiert und wie die anderen beiden Beiträge des WDR, auf der Seite des Künstlers einsehbar: https://ko-goetz.de/literatur-und-filme/filme/ [23.8.2023].

66 Beide TV-Beiträge sind auf der Seite des Künstlers verfügbar: https://ko-goetz.de/literatur-und-filme/filme/ [8.9.2025].

67 Malerei mit dem Rakel, 0:7:31, produziert von Gerd Winkler (DuMont-Time für WDR), Kamera: Franz Rath, Ernstausstrahlung 7. 9. 1964.

68 Tonspur *Hierzulande – Heutzutage*, 0:4:46, Erstsendung 21. 3. 1966, ohne weitere Angaben zu Regie/Kamera. Zur Sendungsgeschichte von *Hierzulande – Heutzutage*, vgl. die Übersicht über die Sendungsentwicklung des WDR in den Nachkriegsjahrzenten, Slide 94/95: https://www1.wdr.de/unternehmen/der-wdr/profil/chronik/entwicklung-fernsehen-100.html [23.8.2023].

69 Den Ablauf dieser drei Fakturen schildert er detaillierter in zwei Texten: Karl Otto Götz: Gemaltes Bild – Kinetisches Bild, in: blätter + bilder. Eine Zeitschrift für Dichtung, Musik und Malerei, 5 (1959), S. 45–47; Karl Otto Götz: Mein Malvorgang, in: Jürgen Claus (Hrsg.): Kunst heute. Personen, Analysen, Dokumente, Reinbek 1965, S. 31/32.

70 Jones 1995.

71 Klaus Sachs-Hombach/Klaus Rehkämper: »Es haben sich in der philosophischen Bilddiskussion insbesondere zwei Stränge herausgebildet: Bilder werden entweder mit Blick auf die Semiotik primär als spezielle Zeichen verstanden oder aber mit Blick auf psychologische Theorien sehr eng an spezielle Wahrnehmungsphänomene gebunden. […] Da sich beide Standpunkte nach unserer Auffassung vereinbaren lassen, sollte eine Explikation des Bildbegriffs um eine übergreifende Theorie bemüht sein, die Aspekte beider Theorietraditionen verbindet.« in: Klaus Sachs-Hombach/Klaus Rehkämper: Aspekte und Probleme der bildwissenschaftlichen Forschung – Eine Standortbestimmung, in: Rehkämper/Sachs-Hombach 1999, S. 9–20, hier S. 13. Siehe auch Schantz 1999, S. 93/94 im selben Sammelband.

72 Klein 1970, S. 411/412.

73 Ebd., S. 413.

74 Ebd., S. 414.

75 Klein 1970, S. 415.

76 Ebd., S. 417.

77 Ebd., S. 419.

78 Zur dieser Körperlichkeit des Sehens, siehe Maurice Merleau-Ponty: L'Œuil et l'Esprit, Paris 1964, S. 16–36.

79 Lambert Wiesing: Die Sichtbarkeit des Bildes. Geschichte und Perspektiven der formalen Ästhetik, Frankfurt/M./New York 2008, S. 209–235.

80 Ebd., S. 228.

81 Fotografien, Filme und Videos zu diesen Performances sind bisher nicht strukturiert zusammengetragen und ausgwertet worden und befinden sich in vielen unterschiedlichen Archiven, Sammlungen und Bilddatenbanken. Einen Überblick zu den Fotografien bieten Giulio Carlo Argan/Georges Mathieu (Hrsg.): Mathieu. 50 ans de création, Paris 2003. Ein Film, der einige Malaktionen in Japan dokumentiert, ist im Nakanoshima Museum of Art konserviert, siehe Appendix Forschungsdaten, https://doi.org/10.11588/DATA/DULHAR.

82 Diese sozialen und kulturellen Verdichtungen wurden bei den Fotografien von Hans Namuth zu Jackson Pollock bereits vielfach erörtert, weniger bis kaum jedoch bei den Aufnahmen zu Georges Mathieu. Renn 2018; Rose 1980. Kristin Stiles stellt diese Verdichtungen bei Pollock ebenfalls heraus und überträgt dieses analytische Prinzip auf Mathieu. Jedoch fokussiert sie sich auf die Performances von Mathieu und weniger auf die kulturellen und sozialen Kontexte, die durch diese Performances entstehen: Kristine Stiles: Peinture, photographie, performance: le cas de Georges Mathieu, in: Daniel Abadie (Hrsg.): Georges Mathieu, Ausstellungskatalog Paris / Mailand, Mailand 2003, S. 75–81, hier S. 77.

83 Dies beobachtet Simon Oberholzer bei seiner Interpretation von zwei im Katalog abgedruckten, selbstdarstellerischen Fotografien: »Die von Mathieu vorbereitete Selbstdarstellung als gelehrter Maler sollte ihm zur Positionierung im transatlantischen Kunstdiskurs dienen. […] Zu stark war die zu Mathieus Künstlerbild entgegengesetzte amerikanische Version des Action painters wie Pollock, dessen Tun man Unreflektiertheit, Intuition, Unwissenheit und Archaik zuschrieb.« Simon Oberholzer: Vermittlungsformen künstlerischer Bildtheorien. Georges Mathieu und die Künstlertexte der Pariser Nachkriegszeit, Saarbrücken 2015, S. 119.

84 Anonym: DAS KUNSTWERK interviewt Mathieu, in: Das Kunstwerk, 12 (1959), S. 19–30, hier S. 20.

85 Wagner 2010, S. 50. Bereits vor dem Zweiten Weltkrieg fängt Hans Cürlis an, den Werkprozess von Künstler*innen im Film festzuhalten, wodurch der Filmzyklus

Schaffende Hände entsteht, in dem später auch Heinz Trökes und Hann Trier porträtiert wurden. Vgl. Hans Cürlis: Zu dem Filmwerk Schaffende Hände des Instituts für Kulturforschung, Berlin, Berlin 1926/1927.

86 Wagner 2010, S. 53.

87 Georges Mathieu: Triomphe de l'abstraction lyrique 1951–1956, in: Mathieu 1972, S. 113. Laut Angabe wurde der Text im August 1962 verfasst.

88 Michel Tapié: Mathieu paints a picture, in: ARTnews, 53 (1955), S. 50–53, 74/75.

89 Ann Marie Perl: Mathieu vu des États-Unis, des années 1950 à aujourd'hui/Mathieu, as Seen from the United States, from the 1950s to Today, in: Daniel Templon (Hrsg.): Georges Mathieu. Les années 1960–1970, Ausstellungskatalog Paris, Paris 2018, S. 24–35, hier S. 28.

90 Anonym: The Fox of Paris, in: Time, 7. 3. 1955: »Mathieu's own name for the school is ›lyrical abstractionism‹. In London it is 'action painting,‹ in Manhattan ›abstract expressionism.‹ By whatever name, the school stands for huge canvases covered with fervent swirls and splashes of paint.« Kathleen Morand: Post-War Trends in the École de Paris, in: The Burlington Magazine, 102 (1960), S. 187–192, hier S. 191: »Among the most spectacular manifestations of *l'art autre* in the ›École de Paris‹ are the great symbols or signs of Soulages and Mathieu. Both represent superb examples of action painting, and the calligraphic art of Mathieu, in particular, invites comparison with that of the Orient [...].«

91 Anonym 1955.

92 Jones 1995, S. 21.

93 Ágnes Berecz: Grand Slam. Histories of and by Georges Mathieu, in: Yale University Art Gallery Bulletin, 2008, S. 64–74.

94 Jones 1995, S. 22.

95 Das Kunstwerk 12 (1959), S. 20–29.

96 Juliette Evezard: Mathieu, un art autre selon Michel Tapié, in: Ligeia, 26 (2013), S. 218–228, hier S. 221, https://www.cairn.info/revue-ligeia-2013-1-page-218.htm [23.8.2023].

97 Tapié 1952a, o. S.

98 Evezard 2003, S. 223.

99 Stiles 2003, S. 77.

100 Ebd., S. 77.

101 Stiles 2003, S. 77.

102 Ebd.

103 Tapié 1955.

104 Whiteley 2007, S. 216, 226/227.

105 Ebd., S. 217.

106 Tapié 1955, S. 75.

107 Ebd.

108 Bothner 1999, S. 12.

109 Tapié 1955, S. 75.

110 Ebd., S. 75: »Mathieu had his work taken to the *Salon de Mai* in a horse-drawn farm cart, which, to meet certain requirements of the film, made the round several times from Rue Marcadet to the Seine. And since the picture was uncovered and thus exposed to view, I feel this day constituted its real *vernissage*, especially for a work so far removed from the ›democratic‹ that it could scarcely be at home in any salon.« Vgl. Perl 2018, S. 33.

111 Bosquet/Mathieu 1960, S. 91. Siehe hierzu Weber-Schäfer 2001, S. 89.

112 Ebd.

113 Berecz 2008, S. 68.

114 Die kulturpolitische Vorstellung Mathieus eines monarchischen Systems rekurriere laut Dominique Stella auf die politisch notwendige Konzentration von Historie und Kultur, Macht und Politik in einer Person, um handlungsfähig zu sein. Vgl. Stella 2011, S. 21–25.

115 Berecz 2008, S. 71.

116 Stiles 2003, S. 77; Romy Golan: L'Éternel Décoratif. French Art in the 1950s, in: Yale French Studies, 98 (2000), S. 98–118, hier S. 106–109; Stella 2011, S. 17, 25, Oberholzer 2015, S. 50; Gérard Xuriguéra: Georges Mathieu. Le destin des signes, in: Monica Maroni/Domenico Pertocoli (Hrsg.): Georges Mathieu. 1948–1969, Ausstellungskatalog Mailand/Brescia, o. O. 2011, S. 35–37, hier S. 35, 37.

117 Berecz 2008, S. 67–68; Édouard Lombard/Comité Georges Mathieu: Les Capétiens partout! (1954), https://georges-mathieu.fr/oeuvres/les-capetiens-partout/ [28. 6. 2022]; Alfred Pacquement: Les Capétiens partout, in: ders. (Hrsg.): Mathieu à Versailles, Ausstellungskatalog Versailles, Paris/Versailles 2006, S. 23/24.

118 Die Anwesenheit der *Life*-Reporter wird zwar mehrfach erwähnt, ein Artikel in *Life* schien jedoch nicht publiziert worden zu sein und wird in Bibliografien zu Mathieu nicht angeben. Vgl. Daniel Abadie: Chronologie, in: Maroni/Pertocoli 2011, S. 166–241, hier S. 179, 181; Édouard Lombard/Comité Georges Mathieu: Mathieu et Tapié, 1948–1958. Une décennie d'aventure, https://georges-mathieu.fr/publications/mathieu-et-tapie-1948-1958-une-decennie-daventure/ [28.6.2022].

119 Toni del Renzio: Chronologie de la Bataille de Hastings, in: Institute of Contemporary Arts (Hrsg.): Mathieu, Ausstellungsfaltblatt London, London 1956. Vgl. hierzu auch Oberholzer 2015, S. 51–53.

120 Eine Dokumentation dieser Performance von Rolf Wiesselmann, WDR-Redakteur und Berater der Galerie Schmela, in der Mathieu diese Werke in der Ausstellung *Structures Autres. Espaces Nouveaux* (organisiert von Michel Tapié) zeigte, liegt laut Lena Brüning

in den Schmela Records des Getty Research Institutes, https://www.getty.edu/research/collections/collection/113Y8E [9. 1. 2026], vgl. Lena Brüning: Die Galerie Schmela. Amerikanisch-deutscher Kunsttransfer und die Entwicklung des internationalen Kunstmarktes in den 1960er Jahren, Berlin/Boston 2022, S. 111.

121 Für diese Malereiperformances, siehe auch die Chronologie von Daniel Abadie, die ausgehend von der Chronologie in Marie-Claude Dane/René Héron de Villeflosse (Hrsg.): Mathieu, Ausstellungskatalog Paris, Paris 1963, o. S., erweitert wurde: Abadie 2011. Abadies Chronologie ist ebenfalls abgedruckt in Raphaëlle Pinoncély (Hrsg.): Georges Mathieu, New York 2021.

122 Georges Mathieu: IV. Diffusion et contagion mondiales: 1956–1962 [1962], in: Mathieu 1972, S. 119–155, vor allem S. 125–140, auf denen er diese Reisen und Performances beschreibt. Zu kulturellen und malereitheoretischen Lage in Buenos Aires und Sao Paulo, siehe Georges Mathieu: La chance brésilienne de l'art actuel, in: Ring des arts. Organe du cercle d'art contemporain, 1960, S. 49–53.

123 Giampietro Guiotto: Georges Mathieu et la dialectique de l'extemporanéité, in: Maroni/Pertocoli 2011, S. 41–27, hier S. 43.

124 Stella 2011, S. 17.

125 Ebd.

126 Germano Celant: Between Revolution and Reaction. Georges Mathieu, in: Pinoncély 2021, S. 9–17, hier S. 13/14.

127 Berecz 2008, S. 68; Dore Ashton: Mathieu et les autres, in: Abadie 2003, S. 53–64, hier S. 55; Perl 2018, S. 24–35.

128 Stiles 2003, S. 78. Sie nennt den Leserbrief von Clyfford Still nur mit den Hinweis auf die Märzausgabe 1955, aus deren Leserbriefen sie Still auf Französisch übersetzt zitiert: »*ArtNews* touche-t-il le fond pour consacrer ses pages au cynisme et aux mensonges propres à Mathieu, ou a-t-il simplement décidé de fouiller les égouts du journalisme pour y trouver son éthique et ses acteurs? Je rougis avec la honte que tous les artistes ressentent sûrement devant cette parodie ignoble – en particulier pour ces hommes sincères qui sont partis d'ici et de la Côte Ouest à la fin des années 1940 pour Paris et ont soumis leur travail à ce ›clochard‹ parasite et clownesque. Qu'*ArtNews* aille se faire voir!«.

129 Ebd., S. 79.

130 Barnett Newman: Selected Writings and Interviews, New York 1990, S. 199, siehe auch Ashton 2003, S. 57.

131 Celant 2021, S. 10.

132 Schmidt 2015, S. 76.

133 Vinzenz Hediger/Markus Stauff: Reine Gefühlsintensitäten. Zur ästhetischen Produktivität der Sportfotografie, in: montage AV. Zeitschrift für Theorie und Geschichte audiovisueller Kommunikation, 17 (2008), S. 39–60, hier S. 44–47.

134 Brandstetter 2013a, S. 12.

135 Für diese Art der Darstellung von Bewegung in statischen Bildern hat Solveig Aasen den Begriff *changeless movement* entwickelt. Aasen 2020, S. 10/11.

136 So der Titel der Fotografie, von dem unklar ist, ob er von Barbara Pflaum gegeben oder nachträglich verliehen wurde.

137 Aasen 2020, S. 9.

138 Hediger/Stauff 2008, S. 45–47.

139 Sabine Huschka: Das Phantasma der Anwesenheit. Bildwerdung eines Nicht-Gewesenen, in: Tessa Jahn/Eike Wittrock/Isa Wortelkamp (Hrsg.): Tanzfotografie. Historiografische Reflexionen der Moderne, Bielefeld 2015, S. 73–81, hier S. 76–80.

140 Isa Wortelkamp: Aus dem Lot. Figuren der Balance in Bild und Bewegung, in: Julia Kloss-Weber u. a. (Hrsg.): Stabilitäten//Instabilitäten. Körper – Bewegung – Wissen, Berlin 2022, S. 89–99, hier S. 90.

141 Schmidt 2015, S. 69.

142 Ebd., S. 86–88.

143 Ebd., S. 92–94.

144 Tapié 1955, S. 75. Als Mathieu in einem Interview 1960 nach seiner Verwendung der langen Pinsel gefragt wird, antwortet er schlichtweg, dass er breite Malerpinsel nutze, im Französischen *queue-de-morue* [wörtliche Übersetzung: Dorsch-Schwanz], um die großformatigen Leinwände besser ausfüllen zu können. Außerdem passe er der Größe der Leinwand die Länge des Pinsels an. Damit betont er bewusst eine funktionale Erklärung der langen Pinsel für das bessere Erreichen der unterschiedlichen Leinwandzonen und geht dezidiert nicht auf die Kampfwaffen-Ikonografie ein. Vgl. Bosquet/Mathieu 1960, S. 88.

145 Zu dieser Fotografie liegen keine weiteren Informationen vor – Fotograf*in, Entstehungskontext und Datierung sind ungewiss.

146 Bosquet/Mathieu 1960, S. 89.

147 Klaus Theweleit: Männerphantasien. 2. Männerkörper – zur Psychoanalyse des weißen Terrors, Reinbek 1984, S. 181.

148 Georges Mathieu: De l'Abstrait au Possible. Jalons pour une exégèse de l'Art Occidental, Paris/Zürich/Brüssel 1959, hier *S. 37/38.*

149 Laurence Bertrand Dorléac: L'Ordre sauvage. Violence, dépense et sacré dans l'art des années 1950–1960, Paris 2004, S. 8–11. Zur Heuristik der Gewalt bei *Gutai*, siehe Michael Lucken: L'art du Japon au vingtieme siécle. Pensée, formes, résistances, Paris 2001, S. 180–186.

150 Hille 2014, S. 29.

Tradierungen

Innovationskritische und kulturelle Trajektorien des Tropfens

Kritische Anmerkungen zu einer innovationsgeleiteten Kunstgeschichte

> In der Buchhandlung Wakefield zu New York zeigt Betty Parson zu einer Gruppenausstellung ein Gemälde von M. E. Es erregt die Neugier einiger junger Maler. Die Technik fesselte sie besonders. M. E. erklärt, es sei ein Kinderspiel.
> ›Bindet eine leere Konservendose an eine Schnur von ein oder zwei Meter Länge, bohrt ein kleines Loch in den Boden, füllt die Dose mit flüssiger Farbe. Laßt die Dose am Ende der Schnur über eine flachliegende Leinwand hin- und herschwingen, leitet die Dose durch Bewegung der Hände, Arme, der Schulter und des ganzen Körpers. Auf diese Weise tröpfeln überraschende Linien auf die Leinwand. Das Spiel der Gedankenverbindung kann dann beginnen.‹
> [...]
> Es stimmt, manche New Yorker Maler haben diese Technik, die sie ›dripping‹ tauften, übernommen und von ihr reichlichen Gebrauch gemacht. Vor allem Jackson Pollock, dem seine Freunde den Spitznamen ›Jack the Dripper‹ gaben. Die begeisterten unter ihnen haben sich nicht mit den nur optischen Resultaten dieses Abenteuers begnügt. Sie sollten die Meister des New Yorker abstrakten Expressionismus werden.[1]

Der Künstler Max Ernst, der von sich in der dritten Person und als M. E. schrieb, beschrieb diese Anleitung zu einer Tropftechnik in seinen *Biographischen Notizen*, die erstmals 1959 auf Französisch publiziert wurden, 1961 auf Englisch, 1970 erneut im Sammelband *Écritures* und daraufhin in Ausschnitten wiederum in zahlreichen Ausstellungskatalogen.[2] Sidney Janis hatte 1944 ebenfalls eine Beschreibung dieser Technik von Max Ernst in *Abstract & Surrealist Art in America* publiziert, in der sie als *Oszillation* bezeichnet wurde.[3] Aber diese Technikerörterung wird nicht nur durch verschiedensprachige Publikationen weite Verbreitung finden. Auf Ernsts Teilhabe an Pollocks Methode der *drip*-Technik wurde auch in der wissenschaftlich-theoretischen Auseinandersetzung mit dem *drip*-

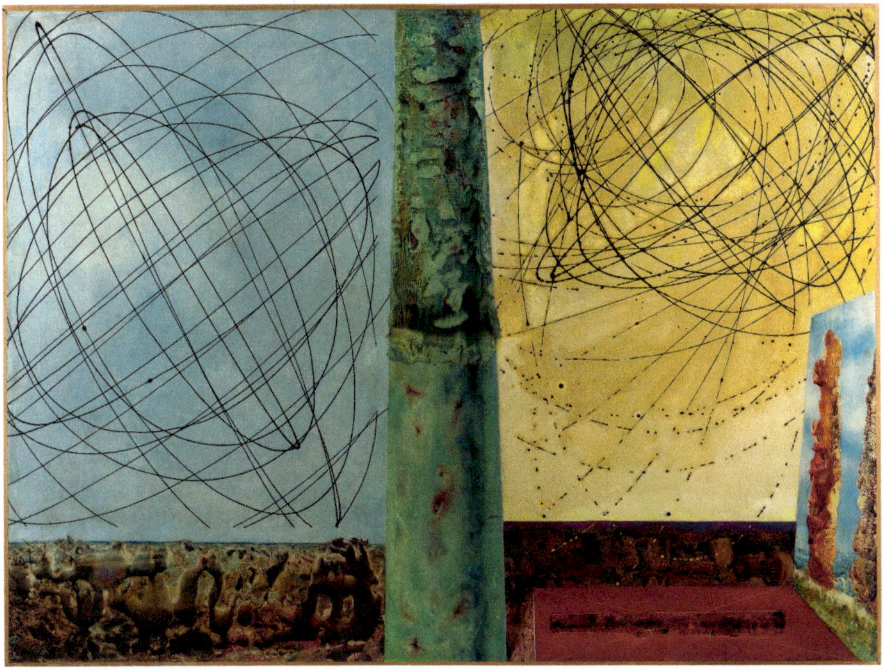

Abb. 33 | Max Ernst: *Der verwirrte Planet*, 1942, Öl auf Leinwand, 110 × 140 cm, Tel Aviv, Tel Aviv Museum of Art

ping - durch einen Fokus auf den Einfluss von surrealistischen Methoden auf den Abstrakten Expressionismus - und im Kontext von Jackson Pollock verwiesen.[4] In den Werken *Junger Mann, beunruhigt durch den Flug einer nicht-euklidischen Fliege* (1942/1947) und *Der verwirrte Planet* (1942, Abb. 33) setzte Ernst die Technik der Oszillation ein. Inwieweit diese jedoch direkt vergleichbar mit dem *drippings* von Pollock ist, bleibt fragwürdig. Welche tatsächlichen Gemeinsamkeiten bestehen zwischen der Oszillation und dem *dripping*? Mit welcher Glaubwürdigkeit kann Max Ernst behaupten, New Yorker Maler hätten diese Technik »übernommen«? Zu ernst darf die Passage nicht genommen werden, da sie einerseits retrospektiv verfasst ist - zuerst erscheinen diese Notizen 1959, also zu einem Zeitpunkt, an dem die Dominanz des Abstrakten Expressionismus unbestreitbar war, da viele abstrakt expressive Werke in Paris und 1959 auf der *II. documenta* in Kassel ausgestellt wurden - und andererseits Ernst in surrealistischer Manier gerne Zuschreibungen auf sich nahm, die eher einem »fiktiven Selbstentwurf«[5] als der Faktentreue dienten. Dennoch schien diese Passage eine legitime Ausgangslage für

Ernst darzustellen, mit der er seine Erfindung in das Diskursfeld der gestischen Malerei tragen konnte.

Werner Spies führte diese Anekdote an, um das *dripping* von Pollock im Kontext malerischer Techniken zu verorten. Dazu beschreibt Spies nicht nur die Konstruktion mit dem Faden und der Dose, sondern auch die Ausstellungen in Peggy Guggenheims New Yorker Galerie Art of this Century (1942) und Marcel Duchamps Faden-Installation in der Manhattaner *Whitelaw Reid Mansion* (1942, Abb. 34). Luftige Ausstellungsarchitekturen (Art of this Century) und ein alles verwebendes Fadennetz (*Whitelaw Reid Mansion*) hoben die physische Grenze zwischen Betrachtenden und den ausgestellten Objekten auf.[6] Der Mythos, Pollock habe die *drip*-Technik abgeschottet in seinem Atelier konzipiert und damit die Rolle eines originären Technikanwenders im Sinne einer innovationsgeschichtlichen Avantgarde angenommen, ist nach Spies nicht haltbar. In Abgrenzung zum *Namuth-Pollock* schrieb Spies: »Die klügsten und besten Kenner der Kunst Pollocks […] haben erkannt, daß die Behauptung einer Jungfernzeugung Pollocks seiner Originalität überhaupt nichts hinzufügt.«[7] Vielmehr habe Pollock mit einer Technik hantiert, die er nur

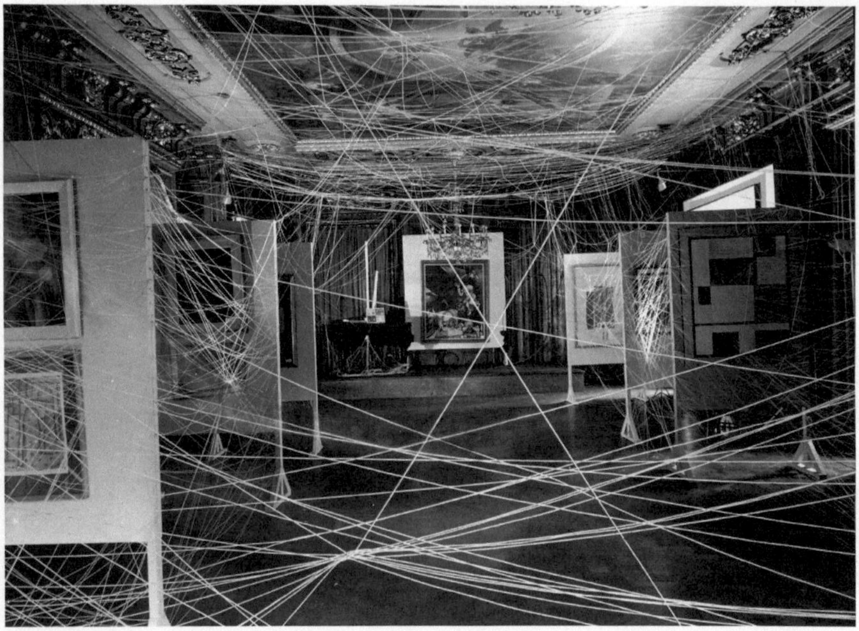

Abb. 34 | Ausstellungsansicht *First Papers of Surrealism*, 1942, Fotografie, 18 × 26 cm, Manhattan/New York City, Whitelaw Reid Mansion

kurze Zeit gemeistert habe: »[…] so wird unter den Händen Pollocks die *écriture automatique* zum Gerät des Zauberlehrlings. Er handhabt es nur kurz, offensichtlich unter großer Berührungsangst, und Berührungsangst umschreibt am besten die Dripping-Technik.«[8] Nach der Auffassung von Spies entstand diese Technik also nicht aus sich allein heraus oder nicht ausschließlich im Kontext einer formalistischen Entwicklung. Sie war stattdessen in weit diversere Kontexte verstrickt, wie beispielsweise die Auflösung der Grenze zwischen ausgestelltem Kunstobjekt und den Betrachtenden, wie Spies mit den beiden genannten Ausstellungen surrealistischer Künste anführte.

Ohne Ernst einen nur oberflächlichen Vergleich der Oszillation mit dem *dripping* in seinen Selbstaussagen bescheinigen zu wollen, ähnelt zwar das formalistische Ergebnis der Oszillation dem der *drip*-Technik, nicht jedoch seine Erzeugungsweise. Die Pollock'sche *drip*-Technik unterscheidet sich von der surrealistischen Oszillation, weil mit unterschiedlichen Kanalisierungen von Bewegungsenergie gearbeitet wurde. Pollock berührte bei der *drip*-Technik die Leinwand nicht mit dem Vermittlungswerkzeug Pinsel oder Stock (»Berührungsangst«). Farbe ließ er aus einer gewissen Höhe auf die Leinwand tropfen. Die Trajektorien der Tropfen waren dabei von seiner Gestik abhängig: Arm- und Handführung waren maßgeblich dafür, wie sich Bewegungsenergie auf das in der Hand gehaltene Instrument mit der daran haftenden Farbe übertrug und darauf so einwirkte, dass zentrifugale Kräfte zusammen mit der Gravitation die Flugbahn der Tropfen bis zum Auftreffen auf den Bildgrund mitbestimmten. Die Oszillation kanalisierte einen Bewegungsimpuls nach den Gesetzen der Pendel- und Zentrifugalkraft jedoch auf *gleichförmige* Art und Weise. Der Bewegungsimpuls übertrug sich nicht über Muskeln und menschliche Gelenke auf das Material, sondern durch eine mechanische Lenkung des Pendels. Die *drip*-Technik band die Motilität, die Bewegungsmöglichkeiten des menschlichen Körpers, in die Kanalisierung der Bewegungsenergie ein, während bei der Oszillation der Bewegungsimpuls zwar auch aus dem Körper der Künstler*innen kam, aber in eine gleichförmige, mechanische Bewegung durch das Pendel geleitet wurde. Die Gemeinsamkeit dieser Techniken bestand hauptsächlich in der materiellen Anordnung: Flüssige Farbe wurde von einem erhöhten Punkt aus auf den Bildgrund aufgetragen.

Durch Namuth wurde die *drip*-Technik zweifelsohne populär und zur Präambel einer gestischen Malweise. Dabei führt die Frage, wer diese Technik zuerst verwendete, auf eine falsche Fährte, bei der Urheber*innen als Erfinder*innen und damit als Genie verklärt werden. Wie könnte eine technisch-künstlerische Urheberschaft an einer Tröpfeltechnik ausgewiesen werden? Vor allem scheint dafür eine gesteigerte Bedeutung dem Kontext, in dem diese Technik verwendet wurde, zuzukommen. Tröpfeln, das Fallen lassen oder Gießen von Flüssigkeit auf ein tiefer liegendes Ziel, ist eine übliche Umgangsform zur Verteilung von Flüssigkeit. Das Tröpfeln von Farbe auf einen Bildgrund und das damit beabsichtigte Resultat wie auch die Achsialverschiebung von horizontaler Auftragung zu vertikaler Ansichtigkeit im Bild als künstlerischen Prozess zu verstehen, war dahingegen ein malereispezifisches Phänomen, das in der Mitte des 20. Jahrhunderts diskutiert wurde. Die Spezifizierung der historischen, theoretischen und kulturellen Kontexte ist also notwendig, um zu verstehen, wie das *dripping* zu einer vielfach angewandten Technik wird, die sich vom *bloßen* Tröpfeln unterscheidet. Die durch Namuth fotografisch verfügbar werdenden Produktionskontexte von Pollock – zeitnah wurden sie in Paris, im Nachkriegsdeutschland und Osaka wahrgenommen – erfuhren eine derart breite Rezeption, dass Pollock eine Urheberschaft an dieser Technik assoziativ zugedacht wurde. Dabei kann er nicht als der vermeintlich innovative Künstler gelten, der Bilder allein aus dem *dripping* entstehen ließ und damit die Erfolgsgeschichte einer dynamischen Malereikonzeption größtenteils prägte.[9]

Pollocks Kenntnis von Janet Sobels Gemälde *Music* (1944), das ebenfalls das Tröpfeln als grundlegende malerische Praxis – wie auch Sobels Gemälde *Milky Way*[10] (Abb. 35) – nutzte, ist nachweisbar: *Music* war nicht nur in Sidney Janis Buch *Surrealist & Abstract Art in America* (1944) abgebildet, sondern auch in einer zur Buchpublikation organisierten Wanderausstellung mit gleichem Titel zu sehen, an der auch Pollock beteiligt war.[11] Clement Greenberg hielt fest, dass Pollock und er von dem Gemälde in einer Ausstellung 1944 stark beindruckt waren, auch wenn er den Ort, an dem die beiden zwei Werke von Sobel gesehen haben, nicht korrekt angab und die Werke nicht benannte. Ausgehend von dieser eindeutigen Begegnung mit dem Werk Sobels wurde von Greenberg und dem Kunsthistoriker und Sammler William Rubin, der Greenbergs falsche Ausstellungsangaben für einen größeren Essay übernahm, ein ungenauer Einfluss von Sobels *drip*-Technik auf Pollock festgestellt.[12] Einschränkungen von Sobel, durch einen Umzug von Brooklyn nach Plainfield, New Jersey, im Jahr 1947, die damit einhergehende Einbindung in den nun größeren Haushalt und eine Allergie gegen einen Inhaltstoff ihrer Farben hätten ihre weitere Beteiligung in der New Yorker Kunstszene verhindert. Rubin und Greenberg benannten somit nur im Nachhinein Sobels *drip*-Gemälde als maßgebliche Einflussfaktoren auf

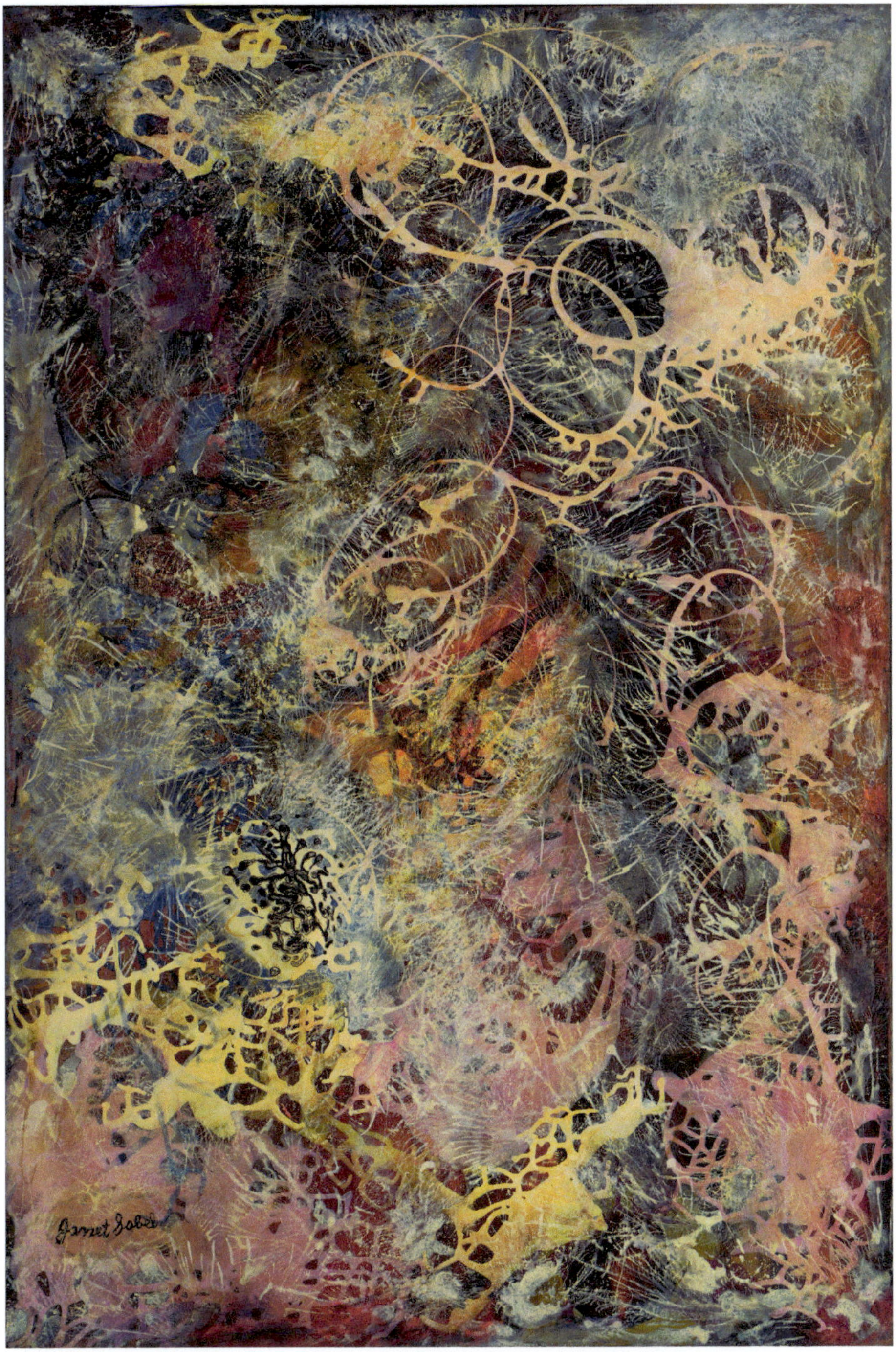

Abb. 35 | Janet Sobel: *Milky Way*, 1945, Lackfarbe auf Leinwand, 114 × 75,9 cm, New York, Museum of Modern Art

Pollocks Technik. Dabei erachteten die beiden prominenten Diskursakteure Sobels Einflüsse für wichtiger als die ersten All-over-Kompositionen von Mark Tobey, die Pollock ebenfalls bereits kannte. So wurde Janet Sobel, die schon ab den späten 1940er-Jahren keine große Aufmerksamkeit mehr in der New Yorker Kunstszene erfuhr, als wichtigere Inspiration auf Pollock inszeniert als Tobey. In dieser Geste kann von Greenberg und Rubin die innovative Mythenbildung um Pollock gestützt werden: Nicht Tobey, ein akademisch ausgebildeter, anerkannter und ebenfalls erfolgreicher – und dadurch mit Pollock konkurrierender – Künstler, habe Pollock in seiner Oberflächengestaltung inspiriert, sondern nur eine weniger bekannte, naive und nicht-professionell ausgebildete Künstlerin, die erst in ihren späten 1940er-Jahren anfängt zu malen. Greenberg führt dazu 1958 auch Sobels Hausfrauenrolle an – »[Sobel] was, and still is, a housewife living in Brooklyn«[13] – und wusste nicht, dass die Künstlerin bereits 1947 von dort weggezogen war. Sobels sozialer Status als Frau und Hausfrau wird von Greenberg genutzt, um ihre Kunst zu delegitimieren und damit ihre mögliche Wirkung auf Pollock abzumildern.

Diese schriftlichen Stellungnahmen verfestigten die mythenbildenden Inszenierungen von Pollock und die Kanonisierung der *drip*-Technik durch Pollock. Dem können aber einige Argumente entgegengehalten werden. Das Experimentieren mit dem Tropfen flüssiger Farbe lernte Pollock in einem Workshop, den der Malers David Alfaro Siqueiros 1936 leitete, kennen. Bereits hierdurch wird Pollock als vermeintlicher Erfinder der *drip*-Technik unterminiert.[14] In Siqueiros Workshop wie auch in Sobels *drip*-Gemälden wurde Lackfarbe (*enamel paint*) verwendet, noch bevor Pollock selbst 1947 zu diesem flüssigeren Material griff.[15] Pollock lernte also die *drip*-Technik schon kennen, noch bevor er sie selbst als programmatische Praxis in seiner Malerei ausführte. Auch eine materialanalytische Untersuchung von sechs Werken Siqueiros und einem von Pollock wies darauf hin, dass das Verdünnen von Farbe und Lack von Siqueiros benutzt wurde und Einfluss auf den Materialumgang von Pollock hatte.[16] Eine innovative Verwendung der *drip*-Technik ist damit keinesfalls auf den US-amerikanischen *dripper* allein zurückführbar. Édouard Lombard führt eine solche mystifizierende Vorstellung einer Innovationsgeschichte der *drip*-Technik aber erneut in das diskursive Feld der gestischen Abstraktion, in dem er zu Georges Mathieu schreibt:

> Ceux qui veulent faire de Mathieu un disciple de Pollock – un non-sens historique qu'on croise encore dans certains ouvrages – doivent ignorer qu'en 1945, deux années avant les premiers drippings de Pollock, Mathieu réalisa *Evanescence* à l'aide de cette technique: ›J'employais les moyens les plus directs

pour peindre: le jeu libre de l'essence et de la couleur, c'est-à-dire les coulures, l'arrosage de la toile à l'aide de Ripolin versé à même la boîte d'une certaine hauteur.‹ Mathieu privilégia très vite le tubisme, cette technique consistant à peindre directement avec le tube de peinture sur la toile, dont il fut l'inventeur.[17]

Mathieu könne deswegen kein Nachfolger, *disciple,* von Pollock sein, weil er die *drip*-Technik bereits vor Pollock angewandt habe. Dieser Hinweis kann der Richtigstellung einer Chronologie dienen, erweckt aber auch den Eindruck einer retrospektiven, strategischen Positionierung von Mathieu im Umfeld und Mythos von Pollock, ebenso wie Sobel und Siqueiros auch als erste Verwender*innen der *drip*-Technik angeführt werden könnten. Wer nun der oder die erste Maler*in sein könnte, der*die diese Technik als malerische Eigengestaltung im Kontext der Nachkriegsabstraktion nutzte, ist kaum beantwortbar. Die Parameter einer solchen Chronologisierung legt Lombard nicht dar. Stattdessen führt er gleich darauf an, dass Mathieu der Erfinder des *tubisme*, einer weiteren malerischen Technik, gewesen sei. Das Erheben des Anspruchs auf die Urheberschaft der *drip*-Technik bedeutet daher implizit die Vormachtstellung Pollocks infrage zu stellen. Auch Mathieu hatte sich bereits 1960 in einem Interview dahingehend geäußert, noch vor Wols und Pollock diese Technik benutzt zu haben.[18] Eine kritische Perspektive auf Mathieus Urheberschaft findet sich auch in Götz' Erinnerungen. Für das Jahr 1955 notierte er:

> Ich klapperte die Galerien in Paris ab und kam auch zu René Drouin in der Rue Visconti. [...] Er bereitete die Ausstellung von Claude Visieux vor, einem jungen Maler, mit dem er einen Vertrag geschlossen hatte [...]. Dann zeigte er mir drei kleine Bilder von Mathieu, mit denen er nicht recht zufrieden war. Er fragte mich, was ich davon hielt. Ich schätze Mathieus Malerei damals sehr. Nur hatte er diese Bilder nicht in Öl, sondern in Lackfarben gemalt. Es waren Versuche, die er kurz danach wieder aufgab. Die Lackspritzer und Fäden erinnerten zu sehr an Pollock oder Ossorio. Das hatte Mathieu nicht nötig, und Drouin war auch der Meinung und gab ihm die Bilder zurück.[19]

In dieser Darstellung wurde eine chronologische Abfolge, in der Mathieu der erste Verwender der *drip*-Technik ist, in Zweifel gezogen, da Götz die Werke Mathieus mit schon bestehenden Werken von Pollock verglich. Eine Erklärungsmöglichkeit mag darin liegen, dass Mathieus Werke im Privaten entstanden und erst später von Drouin und Götz gesehen wurden. Dies würde bedeuten, dass erst ab dem Zeitpunkt der öffentlichen Wahrnehmung, also mit dem Eintreten der Bilder in Räume von Galerien, Museen oder anderweitige Ausstellungskontexte, die Verwendung einer Technik im kunsttheoretischen Diskurs Anerkennung fand. Mathieu könnte die Bilder schlicht zu spät gezeigt haben, und zwar zu einem

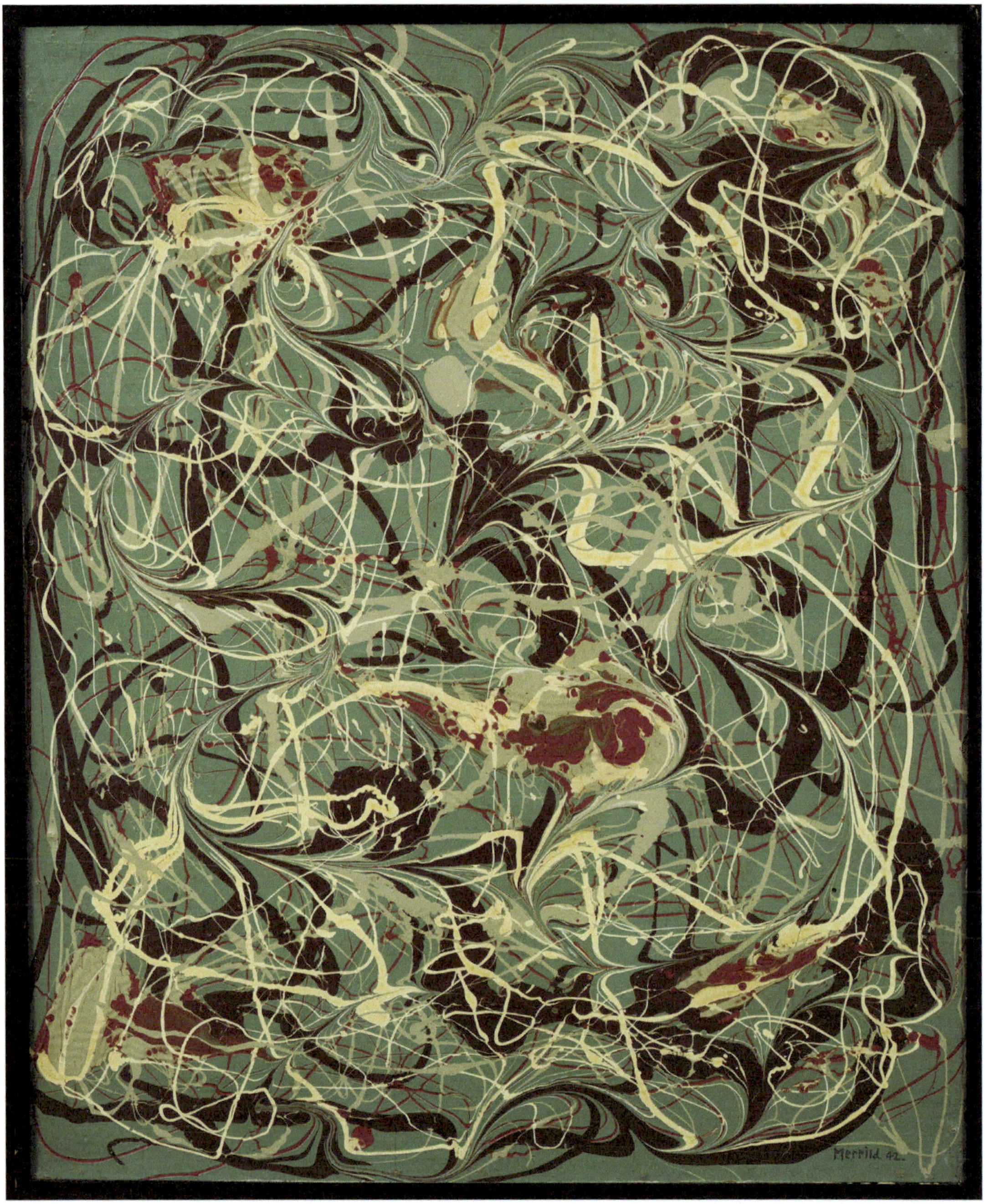

Abb. 36 | Knud Merrild: *Perpetual Possibility*, 1942, Lackfarbe auf Holz, 50,8 × 41,1 cm, New York, Museum of Modern Art

Zeitpunkt, zu dem Pollocks Ruhm durch das *dripping* in Paris schon bestand. Die Vereinnahmung der *drip*-Technik durch Pollock fand ihren Ursprung jedoch nicht in dessen strategischer Selbstpositionierung in einem innovationsgeschichtlichen Diskurs, sondern vor allem durch die starke Popularität und Verbreitung seiner Malweise, die durch die Zirkulation der Fotos und Filme von Hans Namuth bedingt war, wie auch durch die teleologische Kunstgeschichtsschreibung von Clement Greenberg. Die Fotografien und Gemälde von Pollock wurden 1952 in Paris gezeigt und von einem an informeller Bildproduktion interessiertem Publikum rezipiert. Mit diesem Zeitpunkt änderte sich die kritische Wahrnehmung für experimentelle und informelle Bildproduktionen eines westeuropäischen Publikums, das sich in Paris über solche aktuellen Tendenzen in der Malerei informierte.[20]

Der flüssige, getropfte Farbauftrag ist schließlich nicht ein Alleinstellungsmerkmal von Pollocks Werkprozess, sondern wurde in unterschiedlichen anderen künstlerischen Produktionskontexten erprobt. Werke, die diese Technik vor Pollock als malerisch-poetisches Programm zeigten, sind Sobels *Music* (1944), *Milky Way* (1945) sowie ihr Werk *Untitled* (1946), aber auch Knud Merrilds Gemälde *Perpetual Possibility* (1942, Abb. 36). Wie und ob diese Werke rezipiert wurden, hing nicht nur von Ausstellungsbeteiligungen ab, sondern auch davon, inwiefern diese Werke von Künstler*innen, Kritiker*innen und Galerist*innen der Kunstszene in den von ihnen mitgestalteten Diskurs eingebunden wurden. Die Diskursformation um Sobel wurde damals zeitnah von Greenberg und Rubin vereinnahmt, die ihr zwar Anerkennung zollten, aber keine kunsttheoretischen Grundsatzfragen an ihrem Werk erörterten, wie in ihrer Auseinandersetzung mit Pollock.[21] Anders verhielt es sich bei dem Werk von Merrild, der als Einwanderer aus Dänemark 1921 nach New York reiste und sich 1923 in Los Angeles niederließ. Im Kreis eines surrealistisch geprägten Zirkels von Irving Stone, Man Ray, Helen Lundeberg und Lorser Feitelson gelang es Merrild, an einigen Ausstellungen in den 1930er- und 1940er-Jahren in Kalifornien und in New York teilzunehmen[22], aber er konnte in der zweiten Hälfte der 1940er-Jahre kaum Aufmerksamkeit der New Yorker Diskurs-Akteur*innen der gestischen Malerei, des Abstrakten Expressionismus oder des Action-Paintings auf sich ziehen. Nach seiner Teilnahme an Ausstellungen, in denen auch Pollocks Werke gezeigt wurden, siedelte Merrild 1952 aus gesundheitlichen Gründen von Los Angeles zurück nach Dänemark.[23] In den kritischen und theoretischen Beiträgen von Greenberg oder Rubin, die sich hauptsächlich auf die Künstler*innen der New Yorker Szene konzentrieren, wurde er nicht berücksichtigt. Susan Ehrlich bemerkte zu einem möglichen künstlerischen Zusammenhang zwischen Pollock und Merrild:

> The strong resemblance of this piece [*Perpetual Possibility*] to Jackson Pollock's fabled drip paintings of 1947–1950 throws Merrild's achievement into relief. It also raises questions about Pollock's possible awareness of Merrild's paintings which appeared in New York at the Pepsi Cola Company's *Painting of the Year* in 1945 and at the Whitney Museum's Annual of 1946 as well as at the Art Institute of Chicago's *Abstract and Surrealist American Art* show of 1947 in which Pollock was represented. Merrild foreshadowed Pollock's progression from archetypal imagery to freeform abstraction [...] and also predicted his use of house-painter's tools and enamels.[24]

In den *Flux Paintings* exemplifizierte Merrild nicht nur die *drip*-Technik, sondern nutzte auch die Beweglichkeit des Bildträgers, um durch dessen Neigen die Farbe durch die Gravitationskraft verlaufen zu lassen. Dafür habe Merrild die Oberfläche, auf die die Farbe tropfte, feucht gehalten. So nehme er die Technik der *Coulage* (*couler* = fließen) des Surrealisten Gordon Onslow-Ford auf und die fünf Jahre spätere *drip*-Technik von Pollock vorweg.[25]

Das Materialverhalten von flüssiger Farbe als grundsätzliches Element in die formale Gestaltung einzubinden, wurde auch von Willi Baumeisters, Franz Krauses und Oskar Schlemmers Lackexperimenten der Jahre 1941 bis 1944 ergründet. Baumeister hatte in einem Arbeitskreis mit Schlemmer, seinem Bruder Casca (Carl) Schlemmer, Krause und Heinz Rasch, finanziert durch und im Auftrag des Lackherstellers Kurt Herberts, Tröpfeltechniken für die Lackbemalung erprobt, aus denen die Studie *Modulation und Patina* hervorging.[26] In diesem Arbeitskreis wurde die Kultur- und Materialgeschichte des Lacks recherchiert und veröffentlicht und für deren Diskursivierung auch auf japanische Lackarbeiten, die in der Sammlung von Kurt Herberts vorhanden waren, zurückgegriffen.[27] Der Fokus der Studie *Modulation und Patina* lag auf dem Materialverhalten des Lackes auf unterschiedlichen Oberflächen und mit unterschiedlichen Auftragungstechniken, bei denen auch die Tropfen und die verschiedenen Möglichkeiten seines Auftretens auf den Untergrund erörtert wurden. Zum *Tropfen* wurde notiert:

> Der fallende Tropfen wird gleichsam zum Projektil und ergibt beim Aufprall eine Projektion seiner Masse. Das Punkthafte wird durch Verformung ausgeweitet. Die Konsistenz der Farbe, das heißt ihr Flüssigkeitsgrad, die Höhe, aus der der Tropfen fällt, wirken sich im Formhaften verschiedenartig aus. Wird die Grundfläche schräg gehalten oder wird der tropfen schräg aufgeschleudert, entstehen wiederum verschiedenartige Projektionsbilder. Beim senkrecht fallenden Trop-

fen zeigen sich, entsprechend der zentralen Kraft, peripherische und axialsternförmige Bildungen, entsprechend einer nach allen Seiten gleichmäßig ausstrahlenden Energiewirkung, wie sie auch ein explosiver Vorgang aufweist. In diesem Sinne sendet die Masse der auftreffenden Farbe einen Strahlenkranz als Randbildung aus, filigranartig ziseliert.

Mit einer Schleuderbewegung wird eine gekurvte Reihe von Auftropfungsformen erzielt. Trifft der Tropfen nicht einen trockenen, sondern einen feuchten Grund, so bilden sich an Hand der erwähnten Kraft des Aufschlags Ränder, die in diesem Fall zu Ausfließungen führen. Dauert der Prozeß länger an, so verlassen die Ausfließungen das axiale System und bilden amorphe Schlieren mit feinsten Abstufungen, bis der Prozeß zur Ruhe gekommen ist. Ist das Bindemittel der auftropfenden Farbe verschieden von demjenigen Bindemittel, das die Farbe der feuchten Grundfläche enthält, so entsteht außer dem farbigen Prozeß auch ein Prozeß der verschiedenartigen Bindemittel, die durch die Auftropfung zusammenkommen. Er wirkt sich ebenfalls im Formhaften aus durch graduelle Mischung oder durch graduelle Abstoßung. Wolkige oder korallenhafte Formen können entstehen. Eine im gewissen Sinne negative Wirkung ergibt sich durch Auftropfung von Lösungsmitteln auf einen Farbgrund. Dieser wird dadurch partiell gelöst.

Erst der zur Ruhe gekommene, ausgekämpfte Prozeß und die Durchtrocknung ergeben das endgültige Farb-Form-Resultat.[28]

Die eigengestalterische Qualität des Lacks, sein Materialverhalten, das durch verschiedene Techniken des Auftragens – unter anderem wird eine »Spritztechnik«[29] mit unterschiedlich feinen bis groben Farbverläufen ausgeführt – gestaltet werden kann, bildeten das Hauptaugenmerk der Studie. Diese Lacktechniken wurden auf verschiedenen Untergründen erprobt und danach mit unterschiedlichen Energieimpulsen, wie dem Anstoßen des Bildgrunds, dem Verblasen von Farbtropfen oder dem Aufträufeln aus unterschiedlichen Höhen, auf die flüssige Lackfarbe eingewirkt (Abb. 37). Dabei entstanden im Bereich der angewandten und dekorativen Künste Objekte, die mit einer *drip*-Technik verziert waren (Abb. 38). Weite Kreise in der zeitnahen Kunsttheorie haben diese Recherchen zum Farbauftrag in *Modulation und Patina* nicht gezogen. Zu einer neuen Bewertung und Historisierung der informellen, dynamischen Bildverfahren in den 1950er-Jahre haben sie ebenfalls nicht geführt und kaum könnte mit diesen Recherchen belegt werden, dass Baumeister, Schlemmer und Krause mit dieser *drip*-Technik in einer innovationsgeschichtlichen Chronologie noch vor Pollock zu positionieren seien, denn »[a]uch wenn man das ästhetische Konzept des Kollektivs als prozessuale oder als Produktionsästhetik *avant la lettre* verstehen kann, verdankten sich die Wuppertaler Arbeiten völlig anderen historischen Zusammenhängen als die Werke Pollocks, denen sie so ähnlich scheinen.«[30]

Darüber hinaus wurde die *drip*-Technik in materieller Hinsicht durch das Experimentieren mit Lack und in theoretischer Hinsicht durch Publikationen in Herberts Schriftenreihe erfasst, aber im Werk der Künstler nicht als programmatische Gestaltung ihrer Malerei genutzt. Weder bei Schlemmer noch bei Baumeister übertrugen sich gestisch-dynamische Formalisierungen mittels des flüssigen Tropfens in eine Ansichtigkeit in ihre Bilder. Schlemmer konnte in seinem Malereiverständnis – der *drip*-Technik hatte er lediglich eine dekorative Qualität zugesprochen[31] – den Weg in die Gegenstandslosigkeit nicht einschlagen, auch wenn er den getröpfelten Farbauftrag vielfach auf den Lacktafeln erprobte. Zusätzlich beendeten eine schwere Erkrankung im Herbst 1942 und sein Tod im April 1943 eine weitere Auseinandersetzung. Auch Baumeister nutzte die Experimente mit den Lacktafeln nicht, um das Tropfen als malerische Technik in Gemälden umzusetzen. Den Weg in die Gegenstandslosigkeit schlug Baumeister zwar ein, aber nicht-figurative Farbspritzer und *drippings* gehen über die Lack-Experimente nicht in seine Werkkonzeptionen ein.[32] Diesen Experimenten fehle der Aspekt der »Kunstbedeutung«, sodass diese auch retrospektiv und »in Kenntnis der tachistischen Strömungen der Nachkriegszeit zweifellos – zumindest im Rahmen der

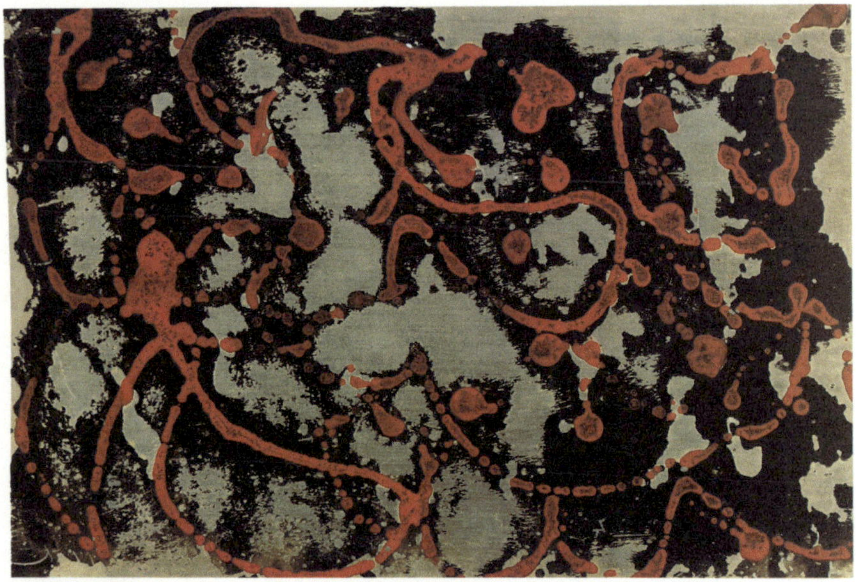

Abb. 37 | Willi Baumeister: *Tafel II/74*, Lackfarben auf Aluminiumblech, 20 × 30 cm, Stuttgart, Archiv Willi Baumeister

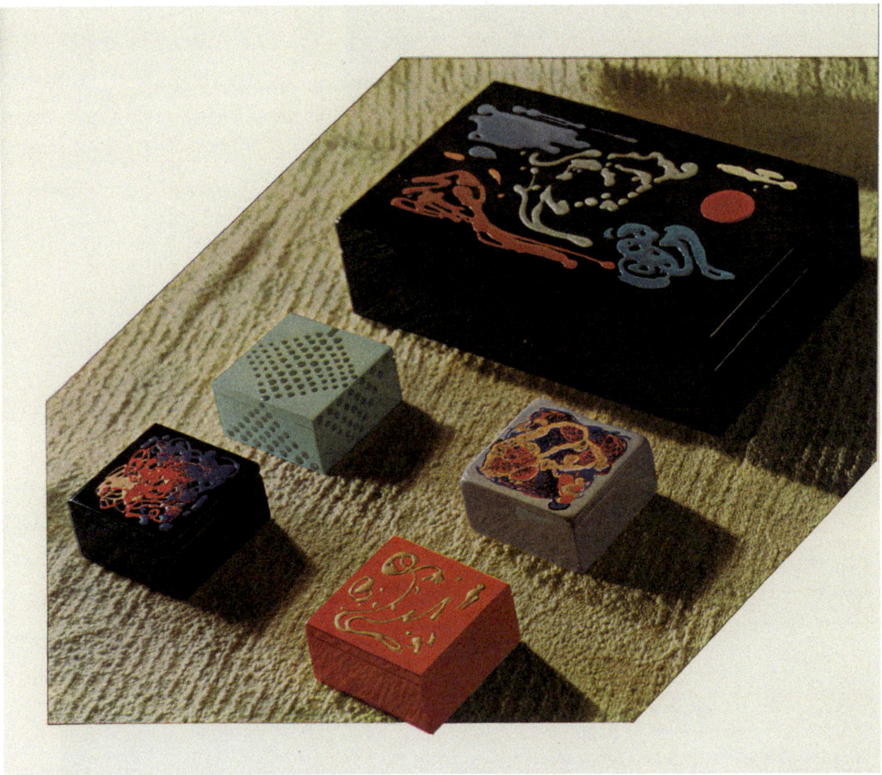

Abb. 38 | Oskar Schlemmer: *Kästen mit Tropfenlauf*, um 1939/40, Lack auf Holz, keine weiteren Angaben, aus: Kurt Herberts: Lackierkunst im technischen Zeitalter, Wuppertal-Barmen 1940, S. 85

deutschen Malerei – die Bedeutung von wegbereitenden Vorstudien«[33] erhielten.

Die Rekonstruktion eines chronologischen Ablaufs in einer Innovationsgeschichte, in der Pollock als erstes Beispiel für die gestische Malerei und ihre dynamischen Bildprozesse aufgeführt wird, verkennt durch eine Homogenisierung der Produktionskontexte die verschiedenen Zeitlichkeiten und malerei- und gestaltungstheoretische Kontexte, in denen die *drip*-Technik genutzt wurde. Anstelle eines chronologischen Ablaufs muss daher die Art und Weise der Verwendung in den Blick genommen werden. Um ein vermeintliches Novum in einem Künstlerischen Œuvre auszurufen, ist nicht allein die Verwendung auschlaggebend, vielmehr müssen das Ziel der Technikverwendung und der Modus der Handhabung dieser malerischen Technik spezifischer kontextualisiert werden. Folglich ist die starke Akzentuierung der *drip*-Technik als malerische Bildproduktion sehr prägnant im Werk von Pollock auszumachen. Gleichzeitig versteckt sich hinter der *drip*-Technik auch eine Genealogie. Ob *dripping*, *drip*-Technik, Oszillation oder Spritztechnik genannt: Gemein ist diesen Begriffen, dass sie eine mögliche Umgangsform mit in Flüssigkeit gelöstem Pigment beschreiben. Die kunsthistorische Bedeutung dieser Termini ist dabei jedoch von ihren Verwendungskontexten abhängig.

Körperlichkeit und sexualisierte Deutungen des Tropfens

> Jackson Pollock's painting Number Eleven, pictured in the Art section of TIME [Feb. 7 1949], interpreted by Sam Hunter of the New York Times as 'cathartic disintegration,‹ is nothing of the sort. Any biologist will tell him that Mr. Pollock made a subconscious endeavor to paint a jumble of spermatozoa, probably of bovine origin. He must have seen these animalcules under the microscope or in a picture at one time. That past experience in the subconscious mind of the artist has forced him to splurge them on canvas at a moment of ›high tension.‹ If there has been any disintegration, it has been in the painting of many abnormal forms, microcephalic (small-headed), acephalic (headless), atrichous (tailless) spermatozoa with a few typical specimens.
> D.A. BERBERIAN, M.D.
> Loudonville, N.Y.[34]

Während *dripping* oder Action-Painting die Art und Weise der Genese eines Gemäldes beschreiben, rekurrieren *Tachisme/Tachismus* eher auf das Endergebnis, eine kategorische Beschreibung von Bildern, die bestimmte Eigenschaften besitzen: Aus der *drip*-Technik kann eine *tachistische* Malerei resultieren. Das Beflecken des Bildgrunds kann nur aus einem Handlungsvorgang entstehen, was in den vorangegangenen Kapiteln anhand mehrerer Beispiele analysiert wurde. Hierbei haben viele Akteur*innen wie auch die Künstler*innen selbst den Handlungsvorgang als integralen Bestandteil der gestischen Malerei verstanden, wodurch das Endprodukt Gemälde innerhalb des Malereiverständnisses und im Kontext der westlichen Malerei der 1950er-Jahre an Bedeutung verlor. Werden die Produktionskontexte nicht in die kunstwissenschaftliche oder -historische Auseinandersetzung miteinbezogen, läuft ein Bildvergleich zwischen unterschiedlichen Künstler*innen der gestischen Abstraktion darauf hinaus, auf einer formalen Ebene Gemeinsamkeiten auszuweisen, die diese Produktionskontexte in den Hintergrund treten lassen und damit letztendlich die unterschiedlichen Malereien verkennen. Genau mit dieser Strategie, Bilder formal und ohne den Einbezug

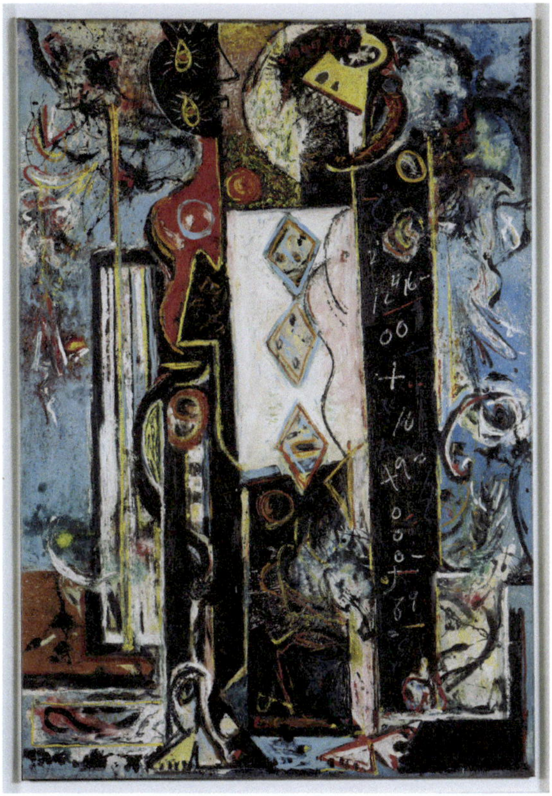

Abb. 39 | Jackson Pollock: *Male and Female*, 1942, Öl auf Leinwand, 184,4 × 124,5 cm, Philadelphia, Philadelphia Museum of Art

von Produktionskontexten zu vergleichen, wurden Kanonisierungshandlungen vollzogen, die einen vornehmlich männlichen und weißen Kanon der gestischen Nachkriegsmalerei geformt haben. Produktionskontexte, Herstellungsverfahren, kulturelle und gender-spezifische Lektüren dienten zur Konstruktion von Differenz in der damals zeitgenössischen Kritik.[35] Das männlich konnotierte Action-Painting oder *dripping* als Bildverfahren wurde dadurch ein Ausgangspunkt feministischer Lektüren, welche die heterosexuelle Norm der gestischen Nachkriegskunst kritisierten.

Die Kunsthistorikerin Elizabeth Langhorne führte in einem Aufsatz zu Jackson Pollock von 2012 die These an, dass seine *drip*-Technik auf einer sexuellen und spirituellen Sehnsucht nach Einheit beruhe.[36] Mit diesem Standpunkt analysierte Langhorne die beiden weiblich gelesenen Torsi in Pollocks Werk *Male and Female* (1946, Abb. 39): »These expressions of female sexuality are countered by the white columnar form, to the left of the red torso, that releases a vertical jet of scumbled paint upward – an evocation of male ejaculation.«[37] Sie interpretierte die Formen als männliche und weibliche Elemente im Gemälde und als Versuch, beide in Einklang zu bringen. Hierzu führte sie an, dass Pollock von der Jung'schen Psychologie beeinflusst war und mit dessen Konzept von Animus und Anima, einer archetypischen Binarität von Weiblichkeit und Männlichkeit, vertraut gewesen sei. Die Autorin argumentierte weiter, dass Pollock durch die Bewältigung der Eigenschaften seines flüssigen Malmaterials diesen tiefenpsychologischen Konflikt bewältigen könne. So könnten seine abstrakten Gemälde als eine Suche nach einer Art von geistigem und sexuellen Gleichgewicht gelesen werden.[38] Was Langhorne bei ihrer Interpretation jedoch nicht berücksichtigte, war, welche Eigenschaften des Männlichen und Weiblichen Pollock in seinen Werken und Arbeitsprozessen zum Ausdruck brachte und wie Wertungen damit einhergehen. Nachdem sie im selben Essay in *Composition with Pouring Rain II* (1943, Abb. 40) einen ejakulierenden Phallus, also eine unverblümte Darstellung des männlichen Genitals, ausmachte, die Pollocks Zugang zu Malerei konnotieren könnte, stellte sie dann fest:

> Later in life, when he was asked how he knew when he had finished one of his mature paintings of 1947–50, he replied, 'how do you know when you're finished making love?‹ Of course, Pollock is not literally making love in these canvases. He is painting. But painting and love-making rhymed for Pollock, one representing the other. And both demand a willingness to respond, as does dancing.[39]

Die Zeitlichkeit des Malakts endete mit dem Zeitpunkt des männlichen Orgasmus. Dass Pollock damit seine Haltung als Maler kommentierte, verfolgte Langhorne nicht weiter und eine Quelle zur Aussage des Künstlers gibt sie nicht an. Seine Werke seien tatsächlich gemalt und nicht das Ergebnis von »literally making love in theses canvases«, aber die Position der Leinwand auf dem Boden und die Art und Weise, wie er Pigmente auf die Leinwand aufträgt, können dennoch als Anspielung auf den Liebesakt – aus männlicher Perspektive – gelesen werden. Und wie im eingangs zitierten Leserbrief von D. A. Berberian in der *Time* vom 28. Februar 1949 wurde im Pollock'schen Farbauftrag auch eine Darstellung von Spermatozoen gesehen, die aus einer mikroskopischen Abbildung inspiriert seien müssten.[40] Die *Time* hatte dazu einen Bildvergleich publiziert.[41] Und Paul Barolsky schrieb: »Annibale Carracci may have called art his ›mistress‹ in the 17th century, but now Pollock metaphorically asks us to imagine him in a sexual frenzy of artistic activity, culminating in the orgasm

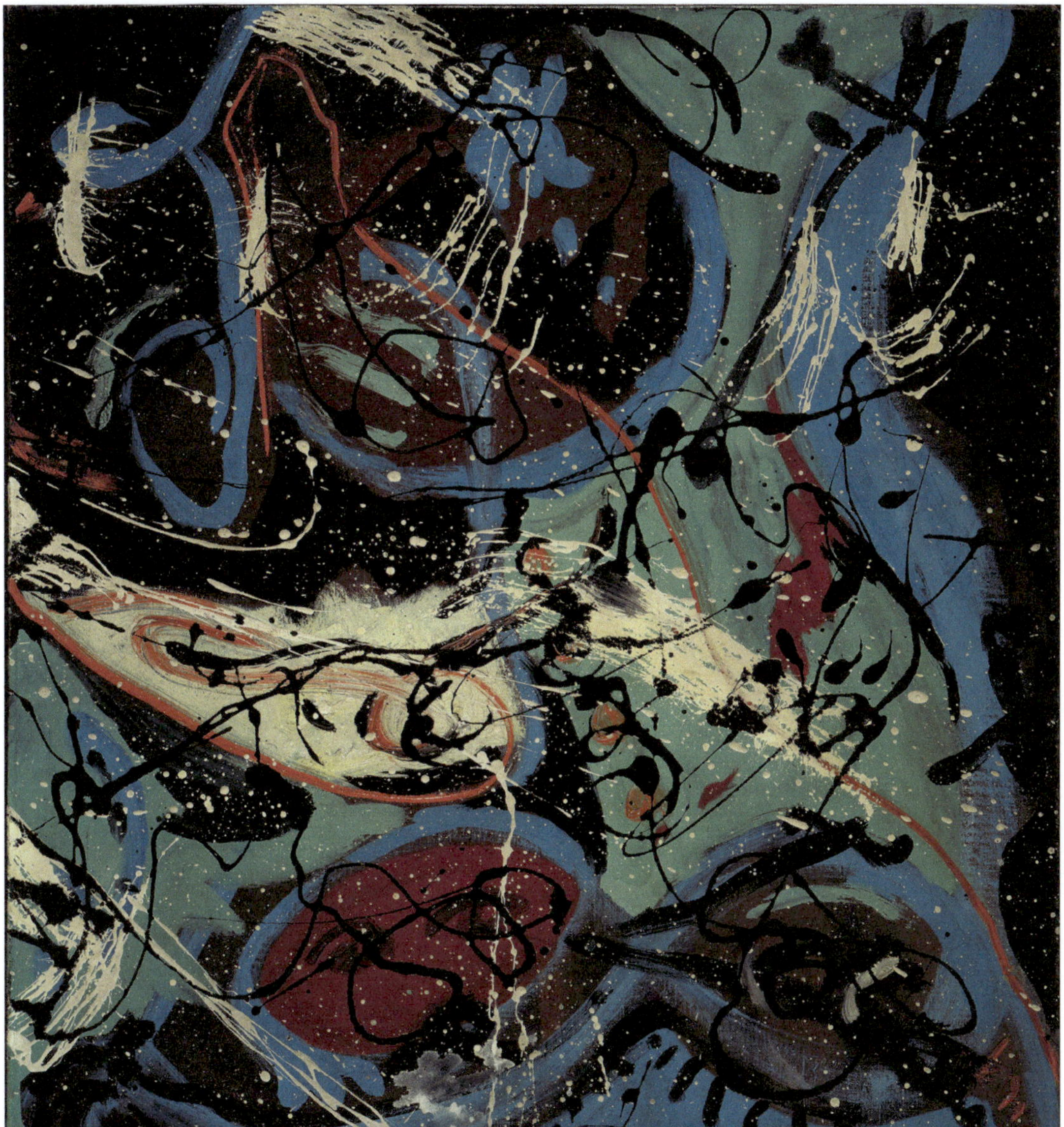

Abb. 40 | Jackson Pollock: *Ohne Titel (Composition with Pouring Rain II)*, 1943, Öl und Lackfarbe auf Leinwand, 63,8 × 56,2 cm, Washington D. C., Smithsonian Institution, Hirshhorn Museum and Sculpture Garden

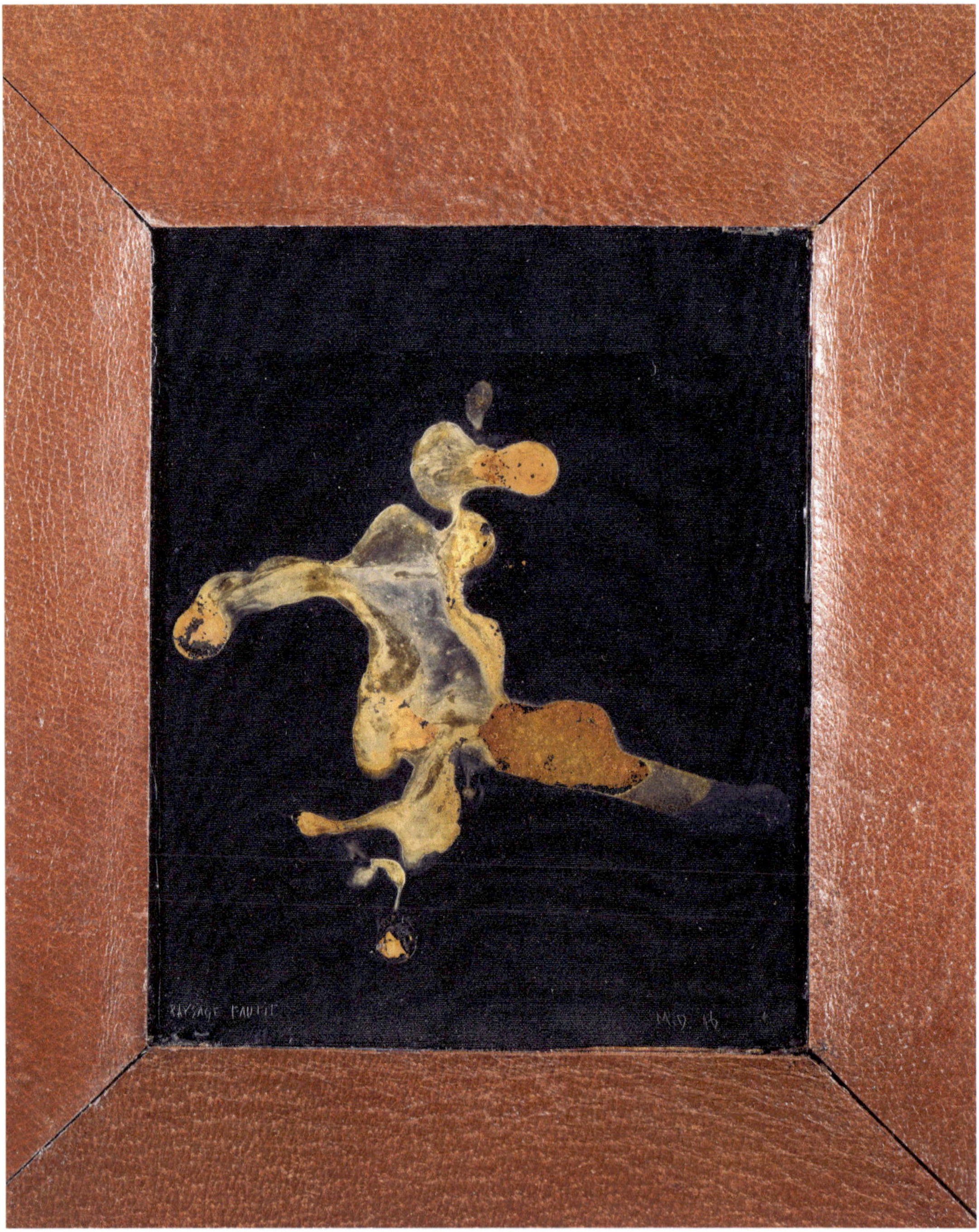

Abb. 41 | Marcel Duchamp: *Paysage fautif* from *boîte en valise (Special version)*, 1946, 21 × 16 cm, Toyama Prefectural Museum of Art and Design of his masterpiece.«[42] Eine sexualisierte Lektüre wurde damit nicht nur von Pollock selbst vorgeschlagen, sondern auch von Betrachter*innen vollzogen.

Die Materialhandhabung sowie dessen Anordnung verweisen auf eine männliche Körperlichkeit und Heterosexualität. Die Konnotation der Malerei mit dem männlichen Geschlechtsakt war kein Einzelfall bei Pollock, sondern seit Beginn der westlichen Malereigeschichte ein Gemeinplatz. Schon Cicero habe darauf hingewiesen, dass die Wörter für Pinsel, Feder und Phallus – lateinisch *penellus/penicillus*, *penna* und *penis* – ein gewisser Gleichklang wie auch eine gemeinsame Wortwurzel verbinde.[43] In der Frühen Neuzeit wurden Malerei und die Kreationsvorstellungen zunehmend durch maskuline Zeugungsvorstellungen sexualisiert.[44] Solche Vorstellungen setzten sich in der Formensprache der gestischen Abstraktion auf explizite Art und Weise fort: 1946 schuf Marcel Duchamp das Gemälde *Paysage fautif* mit Samenflüssigkeit auf schwarzem Satin, das als (Liebes-)Gabe an eine Privatperson konzipiert war (Abb. 41). Pollock malte *Male and female* im Jahr 1943, seine *Composition with Pouring Rain II* ebenfalls 1943 – nur wenige Jahre vor Duchamps fruchtbarer Landschaft. Alle drei Werke waren durch unterschiedliche Mittel mit heterosexueller Männlichkeit konnotiert: *Male and female* durch das Bildthema in Verbindung von einer malereitechnischen Bewältigung flüssiger Farbe und einer tiefenpsychologischen Auseinandersetzung mit Weiblichkeit und der eigenen Männlichkeit Pollocks; *Composition with Pouring Rain II* durch seine ambivalente, da keineswegs eindeutige Darstellung eines ejakulierenden Phallus, dessen rotbräunliche Konturlinie sich in die andersfarbigen *drippings* einfügt. Die weißen Tropfen treten genau an der Stelle der rotbraunen Rundung auf, an der eine Penisöffnung erdacht werden könnte, und ohne die weißen Tropfen könnte diese Linie auch als gekippter Notenschlüssel gelesen werden. Inwiefern hier das erdachte Vorbild eines Phallus vorlag oder ob die Art und Weise der Anordnung von weißem und rotbraunen *dripping* lediglich nachträglich einen ejakulierenden Phallus erkennbar werden lassen, ist nicht rekonstruierbar. Es sind jedoch solche Ambivalenzen, die den vieldeutigen Zugang zu dieser Malerei erst erzeugen. Dahingegen thematisierte Duchamps *Paysage fautif* Heterosexualität einerseits ganz eindeutig durch das Malmittel, indem Ciceros *penicillus* (Pinsel) und *penis* (Penis) zu ein und demselben Werkzeug werden, mit dem Ejakulat/Pigment auf der Bildfläche verteilt wurde, und andererseits durch die Schenkung an die brasilianische Bildhauerin Maria Martins.[45] Der Bildträger trug durch diese Konstellation den Samen des männlichen Künstlers an sein weibliches Ziel. Das flüssige Pigment werde damit in der *Boîte-en-valise* Duchamps, in der das Bild enthalten war, eine Extension des männlichen Künstlerkörpers.[46] Die Leinwand ist, insofern sie auch die Projektionsfläche für Handlungen der malenden Künstler*innen-Körper ist, kein neutrales Objekt, sondern Austragungsort sexualisierter Metaphern der Kreativität.[47]

Aus dieser Perspektive heraus hat Lisa Saltzman geschlechtliche Differenzierungen in der Sprache von formalistischen Kritikern zur Malerei der New York School nachgezeichnet. Einerseits wies sie nach, wie in der Modulation der Bildfläche und dem Farbauftrag formale Charakteristika als weiblich oder männlich beschrieben wurden, andererseits würden anhand des Fleckens, dem *stain*, kulturelle und körperliche Deutungen der Malerei vorgenommen: »Whether through metaphors of urination, ejaculation, or menstruation, the body, male and female, is inscribed in multiple and various ways in the drips, spills, sprays, and stains that coat the majority of the canvases of the New York School painters.«[48] Die formalistische Kunstgeschichte der 1960er- und 1970er-Jahre, von Autoren wie Greenberg oder Fried, habe mit dem formenanalytischen Fokus auf malereispezifische Eigenschaften und auf *opticality* die körperlichen Aspekte der gestischen Malerei ausgegrenzt, obwohl diese immer schon in der schriftlichen Auseinandersetzung mit dieser Malerei thematisiert wurden:

> For although painting, rather than the painter, was the expressed subject of nascent formalist criticism, and opticality, rather than corporeality, was its privileged object, it seems that the analysis of modernist painting was in fact repeatedly suffused with discussions of the body, of masculinity and femininity, locating and displacing gender and artistic subjectivity in and upon the purportedly pure, self-reflexive, autonomous surfaces of high modernist painting.[49]

Körper, Körperlichkeit oder Künstler*innen-Subjektivitäten waren also in der gestischen Malerei, so autonom diese auch schienen, nie abwesend, sondern über andere Mittel erschließbar als über die Deutung von Bildthemen oder figurativen Darstellungen von Körpern. In der nicht-figurativen, gestischen Malerei wurde die Darstellung des Körpers im medialen Referenzsystem der perspektivischen Darstellung aufgegeben und in diesem Zug die Aktivierung des realen, lebenden Körpers, der Künstler*innen wie der Betrachtenden, durch das Medium Bild erzielt. Die Bezüge von drei möglichen Körperkonzepten – Künstler*innenkörper, Figuration/figurative Körper, Körper der Betrachtenden – ist als *Körperlichkeit* begreifbar.

In der modernen Kunst wurde der Platz des weiblich gelesenen Körpers vor allem der Abbildung und Darstellung oder der musischen Inspiration zugeordnet und daher in einer passiven Rolle für die Kunst gedacht – weniger in einer aktiven Rolle der Kunstproduktion.[50] Wenn nun in der nicht-figurativen Malerei Körper der Abbildung in Auflösung inbegriffen sind, dann ist nach Griselda Pollock dieser Vorgang nahezu als Tötungsprozess an weiblichen Körpern begreifbar. In *Killing Men & Dying Women,* das diesen Figurationsdiskurs im Titel spiegelt, führte sie aus:

> Such painting is a palimpsest of three orders defining Western artmaking in the modern era. It generates a sexual hierarchy figured by this juxtaposition of two bodies in space – the painter's body (art) and the feminine body (its other: matter or nature). The first signifies the act of creation, the other mere matter in a creative process moving from materiality or nature to art. Tradition lacks the image of *the creative woman's body at work*.[51]

Der verschwindende weibliche Körper wurde als das Materielle der Malerei, also hauptsächlich als Pigment, begriffen. Im Zuge der ikonoklastischen Entwicklung der westlichen Moderne, in der das Bildsujet an Bedeutung verliere, wie Griselda Pollock unter Verweis auf Clement Greenberg (*liberation of subject matter*) und Georges Bataille (*obliteration/cancellation*) argumentierte, sei der weibliche Körper nur noch über semiotische Reste in der nicht-figurativen Malerei vorhanden.[52] Das Feminine konnte daher nur in der Abhängigkeit zur Maskulinität und den männlichen Künstlern bestehen. Diese Asymmetrie drückte sich in unterschiedlichen Aspekten in der gestischen Abstraktion der 1950er-Jahre aus.

Linda Nochlin beantwortete ihre Frage *Why have there been no great women artitsts?* in ihrem Essay von 1971 unter anderem mit zwei Argumenten: einerseits habe es im System Kunst einen institutionsgeschichtlichen Mechanismus gegeben, der von einem männlichen Blick geprägt war und somit eine gleichwertige Beteiligung von Künstlerinnen verhindert habe, da sie von Ausbildungen an Kunstakademien ausgeschlossen waren und ihnen hierdurch Fachwissen vorenthalten wurde.[53] Andererseits reflektiere sich dieser Ausschluss auch in Begriffen zu Kunst und Kunstproduktion wie dem Begriff des Genies, der nur männlichen Künstlern vorbehalten sei, diese mythisiere und ihnen eine semi-religiöse Aura verleihe. Institutionell-männliche Perspektiven haben viele Begriffe und Bewertungsmaßstäbe historisch so sehr geprägt, dass auch die kunstkritische Sprache von geschlechtsspezifischen Valorisierungen gefärbt sei.[54] Darauf, dass diese valorisierende, geschlechtsdifferenzierende Sprache auch in den 1950er-Jahren in der Auseinandersetzung mit dem

Abstrakten Expressionismus genutzt wurde, wurde mehrfach hingewiesen.[55] Nachdem Nochlin so die institutionellen und intellektuellen Benachteiligungen von Frauen nachzeichnete, richtete sie sich mit einem Aufruf an Künstlerinnen, denn in ihrer Position als »underdogs« könnten sie die Aufmerksamkeit auf patriarchal bedingte Defizite lenken:

> What is important is that women face up to the reality of their history and of their present situation, without making excuses or puffing mediocrity. Disadvantage may indeed be an excuse; it is not, however, an intellectual position. Rather, using as a vantage point their situation as underdogs in the realm of grandeur, and outsiders in that of ideology, women can reveal institutional and intellectual weaknesses in general […].[56]

Benachteiligung nicht als eigene intellektuelle Position, sondern als eine gesellschaftlich konstruierte Positionszuweisung zu verstehen, hat in den 1950er-Jahren Konflikte im Selbstverständnis von Künstlerinnen des Abstrakten Expressionismus erzeugt. Auf ähnliche Weise hatte knapp 20 Jahre vor Nochlin Simone de Beauvoirs zweibändiges Werk *Le Deuxième Sexe* (Erstpublikation 1949) die gesellschaftliche Fremdbestimmung von Frauen vor Augen geführt. De Beauvoir thematisiert darin die Immanenz, in der Frauen gefangen seien und die von der Gesellschaft und Normvorstellungen bedingt sei. Bereits 1951 erschien eine deutsche Übersetzung und 1952 eine Übersetzung ins Englische, die jedoch wegen zahlreicher Auslassungen die Brisanz des Originaltexts nicht mehr enthielt.[57] Sowohl de Beauvoirs als auch Nochlins Text theoretisierte die Rolle der Frau beziehungsweise der Künstlerin auf einer psychologischen und sozialen Ebene. Sich als Frau in der Welt oder als Künstlerin in der Kunstwelt zu behaupten, bedeutete einen Teil des Selbst aufzugeben. Die Kunsthistorikerin Griselda Pollock hat diesen Konflikt anhand der beiden populären Stereotype von Männlichkeit und Weiblichkeit der 1950er-Jahre – anhand von Jackson Pollock und Marilyn Monroe – tiefgreifender nachgezeichnet und kommt in ihrer Gegenüberstellung zu folgendem Schluss:

> In the pre-1968 (if also post-1928) feminist moment that was the 1950s it was clear that to aspire to be an artist meant the total negation, not of being a woman, but of being Woman, while, at the same time, being a woman meant it was not likely that anyone would recognize you as an artist, however much or well you painted.[58]

Frau und Künstler zu sein, so argumentiert Griselda Pollock, war nicht nur ein Konflikt, sondern eine gesellschaftliche Unmöglichkeit. Auf diese

Unmöglichkeit reagierten Künstlerinnen durch Selbstreflexion und Selbstmodifikationen, die sich bedingt nachzeichnen lassen.

Corinne Michelle West unterzeichnete ihre Gemälde auch als Michael West. Mit der Umdeutung ihres Namens in ein unterzeichnendes, männliches Subjekt war West kein Einzelfall: Nicht nur Lena Krassner hatte habe sich aus Gründen einer erwünschten, wertschätzenderen Wahrnehmung in das neutralere, also weniger weibliche Lee Krasner umgetauft, nachdem sie Lena erst zu Leonore gemacht hatte und das ethnografisch wirksame zweite s aus ihrem Familiennamen Krassner gestrichen hatte.[59] Während Krasner und Elaine de Kooning nur mit ihren Initialen unterschrieben, hat Grace Hartigan für eine gewisse Zeit auch den Namen George verwendet.[60] Huguette Arthur Bertrand signierte ihre Werke ebenso mit einem alterierten Namen: Ihr Bild *La famille* (1947) unterzeichnete sie auf der Vorderseite mit »Hug. A. Betrand«, auf der Rückseite mit »Huguette Bertrand 1947«.[61] Die Abkürzung des Vornamens Huguette erzeugte ein Namenskürzel, an dem keine eindeutige Geschlechtlichkeit mehr abgelesen werden konnte. Später veränderte sie ihren Zweitnamen Aimée, der im Französischen sowohl männlich als auch weiblich gelesen werden kann, in das eindeutig männlich konnotierte Arthur. Die durch das abgekürzte Huguette gewonnene, neutrale Geschlechtlichkeit wurde durch Arthur zu einer eindeutig männlichen gewandelt. Ihr Werk *La famille* ist dennoch auf der Rückseite mit ihrem bürgerlichen Namen Huguette Bertrand unterzeichnet, was als Hinweis darauf gesehen werden kann, dass die ansichtige Seite des Werkes der männlich konstruierten Künstlersubjektivität zugedacht wurde, während auf der Rückseite, vermutlich auch zwecks eindeutiger Zuordnung, diese Namensmodifikation unterminiert wurde.

Über den transformativen Sprechakt durch eine neue Selbstbezeichnung wird die eigene, normativ zugeschriebene Geschlechtlichkeit modifiziert. Somit ist dieser sprachliche Akt der Selbstbezeichnung auch einer, der eine geschlechtliche Performativität ausübt, wie Judith Butler bemerkt:

> Wir alle werden benannt [...]; die Benennung eröffnet eine wesentliche Dimension des Sprechaktes. Bereits in unserer ersten, radikal angewählten Exposition gegenüber der Sprache werden wir benannt und bekommen ein bestimmtes Geschlecht zugeschrieben. Als einem bestimmten Geschlecht, einer bestimmten Nation oder einer bestimmten Minderheit zugehörig benannt zu werden, zieht gewisse prägende Wirkungen nach sich. Manchmal handelt es sich um einen Namen, mit dem man sehr früh im Leben konfrontiert wird, aber man kann auch reichlich spät auf die Bedingungen stoßen, unter denen man selbst gesehen wird – Bedingungen, die man selbst nicht gekannt hat.[62]

Eine prägende Wirkung in der Kunstwelt der 1950er-Jahre war, so lässt sich aus den Namensmodifikationen ableiten, dass Kunst von weiblich und männlich gelesenen Namen unterschiedlich bewertet wurde. Die geschlechtliche Etikettierung von Namen war ein Machtakt der Selbst- wie auch der Fremdermächtigung und somit eine transformative Praxis.[63] Künstler*innen-Namen, die sich von bürgerlichen Namen unterscheiden, bieten damit das Potential einer authentischeren Selbstdarstellung oder auch der Erzeugung einer notwendigen Subjektkonfiguration jenseits von Vermarktung und Authentizität, um einer Benachteiligung zu entgehen. Die Namensmodifikationen von West, Krasner, Hartigan und Bertrand, die ihre weibliche Persönlichkeit im Signum, wenn auch auf unterschiedliche Art und Weise zurücknahmen, wiesen darauf hin, dass schon allein die Distanzierung von einer weiblichen Künstlerinnensubjektivität als Möglichkeit gesehen wurde, einen weniger diskriminierenden Blick auf die eigenen Werke zu erzeugen. Mit anderen Worten: der normative Künstler*innen-Typus wurde von West, Krasner, Hartigan und Bertrand schon in der Nachkriegszeit als ein männlicher aufgefasst und war darüber hinaus im westlichen Kunstsystem auch in den Abbildungen von Kunstmagazinen und Fachzeitschriften meistens weiß.[64]

Diskursive Wirkungsräume des Tropfens

Trajektorien von Art autre in Frankreich und den USA

Michel Tapié war der Akteur im Kunstbetrieb der 1950er-Jahre, um den sich viele Förderungen von Georges Mathieu, Jackson Pollock und Kazuo Shiraga, unter anderem durch Ausstellungen und publizistische Tätigkeiten, verdichteten. K. O. Götz hingegen grenzte sich vom Wirkungsbereich Tapiés ab. Er war in der Tapié'schen Kanonisierung der Art autre kaum vertreten, aber es lässt sich nachvollziehen, dass sich beide spätestens 1953 persönlich kennengelernt hatten. Auf einen gemeinsam verbrachten »bon après-midi chez notre ami commun Jaguer«[65] verweist eine Widmung Tapiés auf Götz hin, die sich in einem Exemplar der Publikation von Tapiés *Un art autre. Où il s'agit d'autre dévidages du réel* (1952) befindet. Zudem sind zwei Faltblätter von Götz-Ausstellungen aus dem Jahr 1954 (eines von der Zoe Dusanne Gallery, Seattle, das an Tapié adressiert ist, und ein anderes von der Galerie Werthmüller, Basel) in Tapiés Nachlass enthalten wie auch die zehnte Ausgabe der von Götz herausgegeben Zeitschrift *Meta* (März 1953), der eine Lithografie des deutschen Künstlers beilag.[66] Götz stellte außerdem Werke in Galerien aus, mit denen Tapié als Berater, Ausstellungsorganisator oder -vermittler verbunden war, wie mit dem Studio Paul Facchetti (*Première Exposition Phases*, 1954) oder der Zoe Dusanne Gallery (1955 Einzelausstellung und Gruppenausstellung *Götz, Greis, Schultze*, 1956). Tapié erwähnte Götz in *Un art autre* zwar gar nicht und in seiner zweiten Schrift *Esthétique en devenir* aus dem Jahr 1956 nur beiläufig und ohne eine Abbildung des Malers zu zeigen.[67] Juliette Evezard führt Götz auch nicht in einer Zusammenstellung der Künstler*innen der Art autre auf, die sie im Zuge von umfassenden Recherchen zu Michel Tapie publiziert hat.[68] Dass die Malerei von Götz eigentlich nahtlos in Tapiés Konzept der Art autre zu passen schien, wurde von Götz selbst kritisch bemerkt:

> Diese Mischung aus Surrealismus, Expressionismus, abstrakter, informeller und figurativer Malerei war typisch für Tapiés Vorliebe, die Karten zu mischen und für Konfusion zu sorgen. Sein neues Buch [Un art autre, 1952, Anm. des Verf.] bezeugte es. Um dieser Konfusion ein Etikett zu geben, nannte er von nun an alles, was ihm an neuer Malerei gefiel und fortschrittlich erschien: Un Art Autre. Die Informellen waren für ihn nun nicht mehr informel, sondern autre. Autre waren auch seine pseudo-philosophischen Texte in den Katalogen. Als in den folgenden Jahren die Flut der informellen Epigonen anschwoll und Tapié viele von ihnen in Paris vorstellte, bediente er sich oft derselben Texte und wechselte nur die Namen und Daten der jeweiligen Maler aus.[69]

Das Konzept der Art autre blieb nicht nur für Götz, sondern auch für weitere Kritiker*innen und Theoretiker*innen unverständlich.[70] Hinter deren diffusen Bedeutung vermutete der Künstler Sam Francis sogar ein ökonomisches Interesse.[71] Künstler*innen wurden vor allem durch Ausstellungsbeteiligungen der Art autre zugeordnet, ohne dass der Begriff für diese klar definiert war. Im Zuge dessen implementierte Tapié, wie die Kunsthistorikerin Juliette Evezard formulierte, mit der Art autre ein eigenes »System«[72] in ein bestehendes Pariser Kunstsystem. Tapié konnte summarisch Werke von Künstler*innen, die er theoretisch, kritisch oder in Ausstellungen vertreten hatte, für sich gewinnen, akkumulieren und verwalten.[73] Seine unterschiedlichen Tätigkeiten und Rollen ermöglichten ihm, ein Netzwerk aufzubauen, das ihm später für die Zirkulation der Art autre diente. War Tapié um 1952/53 noch als Berater und Kurator für die Pariser Galerien Nina Dausset, Lydia Conti und das Studio Paul Facchetti tätig und publizierte für deren Ausstellungen diverse Texte als Autor und

Kritiker, füllte er 1956 die Funktion als *conseiller artistique,* wie er sich auf einem Briefkopf selbst bezeichnete, bereits für die Galerien Spazio (Rom), Rive Droite und Stadler (beide Paris), Martha Jackson (New York City) und Lew Fox (Chicago) aus. Schon 1950 wurde er von Alexander Iolas, der zu dieser Zeit die Hugo Gallery in New York bespielte, gebeten, Werke von Wols in Paris zu guten Preisen anzukaufen.[74] Im selben Atemzug bat Iolas Tapié, dem informellen Maler Mathieu ein Ausstellungsangebot zu unterbreiten. Diese Ausstellung wurde zwar umgesetzt, aber auch, weil Tapié den New Yorker Galeristen mit seiner Strategie durchaus bedrängte.[75] Tapié war aber nicht nur *conseiller artistique* mehrerer Galerien, sondern auch, wie Julie Verlaine zeigt, einer der ersten »critique-théoricien[s]« der Nachkriegszeit mit französisch-amerikanischer Ausrichtung. Hierdurch bezog er eine Sonderstellung im Galeriewesen der 1950er-Jahre, wie die Kunsthistorikerin analysierte: Im Dreigespann Künstler*in, Galerist*in, Kritiker*in füllte er die beiden letzteren Funktionen für die Künstler*innen der Art autre aus. So schrieben unterschiedliche Institutionsmitarbeiter*innen Tapié an, die eine Auswahl der *artistes autre* in ihren Ausstellungen zeigen wollten.[76] In diesen Funktionen – als Kritiker, als Theoretiker, als Sammler von Werken der von ihm selbst verteidigten Künstler*innen, als Ausstellungsorganisator und -initiator – besaß er eine beachtliche Machtposition im Pariser und später auch internationalen Kunstbetrieb der 1950er-Jahre.

Tapiés Ausstellungsaktivitäten nahmen ihren Anfang in Pariser Galerien, die zu Beginn der 1950er-Jahre noch weniger bekannt waren und nur ein interessiertes, aber kein breites Publikum anziehen konnten.[77] Im Laufe des Jahrzehnts änderten sich jedoch die Aufmerksamkeitsbekundungen, die Tapié mit internationalen Ausstellungen erfuhr, sodass er 1960, nach Ausstellungsorganisationen in Paris, Rom, Barcelona, Osaka, Tokio, London und New York, die Institutionalisierung des eigenen Schaffens mit seinem Turiner Centro Internazionale di Ricerche Estetiche vornahm.[78] Künstler wie Götz oder, nach deren enger Zusammenarbeit, auch Mathieu kritisierten Tapié.[79] Der Kritiker-Galerist wurde also von mehreren Seiten in einem Diskurs der abstrakten Kunst verortet, wodurch sich Austausch- und Ablehnungsprozesse von Ideen der Art autre und der gestischen Malerei nachzeichnen lassen. Im Hinblick darauf, wie seine Theorie von einer *anderen Kunst* außerhalb von Paris präsentiert, vermittelt und bewertet wurde, ist es notwendig, die Art autre und ihre Konzeption genauer zu erörtern, um deren Verhandlungen in anderen kulturellen Orten, Ausstellungsräumen und Kritiken analysieren zu können.[80]

Mit der Publikation *Un art autre* gab Tapié der Kunst einer jungen Künstler*innen-Generation einen prägnanten Namen, ein editorisches Format und eine philosophisch-theoretische Verortung. Die Publikation des Textes begleitete eine Ausstellung im Studio Paul Facchetti, in der aber nur 20 Künstler*innen gezeigt wurden, während die Abbildungen in seiner Monografie insgesamt 42 Künstler*innen umfassten.[81] Gerade dieses Publikationsformat, überwiegend Abbildungen mit einem Text, der nur auf jeder vierten Seite den Seitenspiegel einnimmt, zielte nicht nur auf ein französischsprachiges Publikum ab, sondern konnte durch die reiche Bebilderung auch Lesende ohne französisches Sprachverständnis adressieren.

Tapié verschickte seine Publikation weltweilt, unter anderen an den britischen Kunsthändler Arthur Jeffress[82] und an einen Mitarbeiter des Museu de Arte Moderna do Rio de Janeiro.[83] Neben dem Exemplar mit Widmung an Götz erhielt auch der Kunstkritiker und Fotograf Franz Roh ein Exemplar. In seiner Replik reflektierte er die konzeptuell angelegte, internationale Ausrichtung der Art autre:

> Mein Freund R. Charles von Ripper brachte mir Ihr schönes Buch ›une art autre‹. Es hat mich sehr bewegt, und ich danke Ihnen ausserordentlich. Vielleicht sehen wir uns einmal in Paris oder in München. Aber mein Französisch ist sehr schlecht, etwas besser mein Englisch. Vielleicht können wir uns aber mit internationalen Bewegungen und Zeichen verständigen wie die Maler der ›art autre‹.[84]

Sprachliche Barrieren, so verstand Roh bereits, seien kein Hindernis für die Auseinandersetzung mit der Art autre und auch die bildnerische Sprache der Künstler*innen, die in Publikation gezeigt wurden, verstand Roh bereits in dem internationalen Framing Tapiés. Herbert Read, Philosoph und Gründungsmitglied des Londoner Institute of Contemporary Arts, das 1953 Tapiés Ausstellung *Véhémences confrontées* unter dem Titel *Opposing Forces* in London zeigte, antwortete auf Tapiés Zusendung der Publikation mit einer Kritik.[85] Das Konzept der Art autre war so von Beginn an neben einer ausstellungspraktischen auch von einer publizistischen Strategie begleitet, die erfolgreich internationales Publikum adressierte.

Tapié bot damit eine Zusammenstellung über unterschiedliche, jüngere Entwicklungen der hauptsächlich westeuropäischen Malereiszene an: Seine Künstler*innen-Auswahl reichte von gegenstandsloser bis zu figurativer Malerei und abstrakter Skulptur.[86] Für ihn war die Formulierung einer stilistischen Kohärenz jedoch weniger von Belang. Sein erstes Anliegen mit der Publikation *Un art autre* sei nicht eine Gruppenzusammenstellung gewesen, sondern zuallererst eine Rezeptionstheorie, wie Juliette Evezard erörtert: »Tapié réclame l'affection des sens, l'excitation du corps et de l'esprit qui sont les fondements de l'art ›Autre‹ qui est alors davantage une théorie de la réception de l'œuvre d'art que la définition d'un groupe d'artistes et d'une peinture.«[87] Eine spezifische, neuartige Einbindung der Sinne und des Körpers der Betrachtenden werde also in der Art autre evoziert.

Den Ausgangspunkt für Tapiés Rezeptionstheorie bildeten zwei Ausstellungen in der Galerie René Drouin: die Ausstellung von Jean Fautrier, *Les otages. Peintures et sculptures de Fautrier* (26.10.–17.11.1945) und die Ausstellung von Jean Dubuffet, *Mirobolus, Macadam et Cie. Hautespates* (Mai bis Juni 1946). Anhand dieser beschrieb Tapié, wie er selbst vor diesen Werken durch deren vehemente, künstlerische Geste erschüttert und sprichwörtlich umgeworfen wurde. In der Verarbeitung seiner Erfahrung führte er aus, dass durch die Vehemenz dieser Werke der Mensch seine aufrechte Körperachse aufgeben müsse: Man »verlor den Boden unter den Füßen mit nichts, um sich festzuhalten« und »versank hoffnungslos« oder »ging zugrunde«, sind die Phrasen, die er in der Beschreibung der Gemäldeserie der *Otages* von Jean Fautrier benutzte. Außerdem habe sich die aktuelle Kunst wie »eine Steilwand«, die nur die fähigsten Künstler wagen anzugehen, präsentiert oder die Kunst verlange vom Menschen »die schwindelerregende Prüfung, sich ohne ein Halt gebendes Geländer über sich selbst zu beugen«.[88] Durch diese Phrasen wurde eine Körperlichkeit der *art autre*, sowohl aufseiten der Betrachtenden als auch aufseiten der Künstler*innen, thematisiert:

> Il réclame une réaction physique. Loin de défendre la »contemplation«, position qui implique que le corps est immobile mais l'âme au sommet de son activité, Michel Tapié parle d'une expérience qui se joue donc dans le corps et par le corps, chez le spectateur comme chez l'artiste (Tapié prenant bien soin de ne jamais définir les frontières entre l'artiste et le spectateur).[89]

Die Auseinandersetzung mit Werken der Art autre hatte nach Tapié körperliche Folgen, sowohl für die Künstler*innen als auch die Betrachtenden. In diesem Hinblick befragte er auch das Motiv der Aufrichtung des Menschen als moralischen Anspruch in der Kunst: sofern die Künstler*innen aufrichtig waren und wahrhaftige Werke schufen, konnten sie die Achsialität des Menschen stören. Eine solche Wirkung zu erzielen, wurde für Tapié ein Qualitätsmerkmal der aktuellen Kunst. In seinen Ausführungen fand sich so das Motiv der Aufrichtung und Versenkung des Menschen als mögliche, posttraumatische Verarbeitung von Kriegserlebnissen wieder. Diese körperaxiale Dramatik beschrieb Tapié jedoch nur metaphorisch. Sie fand nicht Eingang in seine Analysen von Werkprozessen und -konzeptionen, anders als knapp 40 Jahre später bei Rosalind Krauss, die diese körperaxiale Thematik mit Erwin Straus *aufrechter Haltung* in Bezug auf Pollocks Werkkonzeption kulturhistorisch analysierte.[90]

Durch die Andersartigkeit der Werke Dubuffets und Fautriers dermaßen umgeworfen, weil keine der bisherigen ästhetischen Kategorien eine Hilfestellung dazu bieten konnten, setzte sich Tapié mit der Kunst dieser beiden und von vielen weiteren, die auf ähnliche Art und Weise eine neue Erfahrungsdimension greifbar werden ließen, auseinander. An unterschiedlichen Stellen wurde immer wieder festgestellt, wie schwierig es sei, Informel, Art autre oder den Abstrakten Expressionismus trotz ihrer engen Bezüge untereinander mit einem gemeinsamen Ausgangspunkt zu betrachten. Diese Schwierigkeit liegt darin begründet, dass sich in den Künstler*innenschaften eine Individualisierung der Herangehensweise oder eine subjektive Gestaltung der Produktionsverhältnisse abzeichnete und gerade dieser Aspekt es erschwerte, trotz teilweise starker formaler Ähnlichkeit eine Gemeinsamkeit festzustellen.[91] Dieser Aspekt der Individualisierung spiegelte sich auch in Tapiés Theorie. Die vielen, diversen Positionen – figurative wie nicht-figurative, malerische und plastische – betrachtete Tapié unter der gemeinsamen Abgrenzung zum bisher Bestehenden. Der individualistische Ansatz und eine damit einhergehende Kritik an Kunstbewegungen oder Schulbildungen war dabei zentral und ähnelte in dieser Hinsicht Harold Rosenbergs Ausführungen in *The American action painters*, denn Tapié verstand seine Ausführungen zu diversen Künstler*innen als einzelne Fallstudien und betonte, dass auch er keine Kategorie oder Schule bilden wolle.[92]

Tapié formulierte sein individualistisches Kunstverständnis folgendermaßen: »Pour nous ce ne sont plus les mouvements qui sont intéressants, mais combien plus rares, les authentiques Individus.«[93] Die in *Un art autre* aufgeführten Künstler*innenpositionen wurden als Einzelbeiträge gewürdigt. Sie vollzögen alle eine radikale Abgrenzung zu den bestehenden Konventionen der Kunst. Hierzu seien nur Künstler*innen fähig, die sich als authentisches und selbstgewisses »individu« (Individuum) ausdrücken könnten und nicht in einem »troupeau« (Herde) tätig seien. So würden diese »digne de ce nom«, ihres Namens als Künstler*in würdig und damit wahrhaftig.[94] Das vermeintlich authentischere Programm seines neuen Kunstverständnisses, das an den »Gründungsgestus«[95] eines Manifests erinnert, stellte Tapié mit der negativen Bewertung mittelmäßiger Künstler*innen heraus. Sie könnten nur Betrüger*innen und Kopist*innen sein, weil sie einem aktuellen Stil nacheiferten, ohne einen individuellen Wahrheitsanspruch in ihrer Kunst anzulegen.[96] Dahingegen war das leitmotivische Herausstellen der Besonderheit der von ihm vertretenen Künstler*innen und deren für glaubwürdiger erachtetem Wahrheitsanspruch eine positive Neuheit. Diese Künstler*innen seien *autre* (anders) und außerhalb der Konvention: *en dehors* (außerhalb) und *ailleurs* (woanders).

Dabei beruhte Tapiés (Kunst-)Geschichtsbild, also das Verhältnis dieser neuen Kunst zur Tradition, auf einem Paradox: Einerseits sollte die Art autre eine neue Wahrnehmungs- und Erfahrungsimplikation der Kunst und Künstler*innen aufweisen, die gar nichts mehr mit den bisherigen, ästhetischen Werten zu tun habe:

> On peut dire que depuis l'Impressionnisme ces notions de Beauté, de Forme, d'Espace, d'Esthétique, étaient plus on moins remises en question, mais jusqu'à maintenant les œuvres les plus agressives malmenaient ces notions, leur tournant le dos ou les attaquant, voire les niant, en tous cas allant *contre* (ce qui est encore une façon de les reconnaître). Les œuvres actuelles existent *en dehors* de ces notions, avec une totale indifférence vis-à-vis d'elles comme les ignorants, comme si elles n'avaient pas été.[97]

Andererseits konnte Tapié diese neue Implikation dennoch nur in der Abgrenzung von einer älteren Generation und ihren bisherigen Werten der Schönheit, der Form, des Raumes oder der Ästhetik verdeutlichen, womit er die Künstler*innen der Art autre doch wieder in ein Verhältnis zur Tradition setzte. Neben längeren philosophischen und ästhetischen Ausführungen ist gerade das von ihm entworfene Kunstgeschichtsbild eine Eigenschaft des Textes, mit dem *Un art autre* auch als Manifest verstanden werden kann. Nach Robert Seyfert thematisieren avantgardistische Manifeste eine unterstützenswerte Veränderung des Bisherigen und seien immer von einem notwendigen Umgang mit der Geschichte geprägt. Diesen Umgang teilt Seyfert in einen anti-historischen, retro-historischen oder trans-historischen auf.[98] Tapié wollte den traditionellen, auf der Ästhetik fußenden Umgang mit der Kunst gänzlich außen vor lassen. Deshalb kann sein Geschichtsbild als anti-historisch beschrieben werden, da er die Geschichte negieren und nur auf das absolut Aktuelle in der Gegenwart verweisen wollte. Dieser anti-historische Umgang mit dem Vergangenen sei nach Seyfert ein Phänomen der Manifeste der historischen Avantgarde, wie er am Beispiel des futuristischen Manifests verdeutlicht. Bei den Futuristen erweise sich der absolute Bruch mit Tradition jedoch als unmöglich und stehe gerade sinnbildlich für deren starke

Fixierung auf die Geschichte.[99] Durch den absoluten Bruch mit der Tradition, den er auch von einem US-amerikanischem Kunstverständnis übernommen hatte, rekurrierte Tapiés Argumentation somit implizit auf einen totalen Neuanfang.[100] Diese Stunde Null hat sich als Zeitlichkeitsmodell beziehungsweise Neuanfang einer Geschichtsschreibung in der späteren Auseinandersetzung mit dem Informel als Mythos entlarvt, ist jedoch seitens der Künstler*innen und Kritiker*innen deshalb ein notwendiges Konstrukt, um Freiräume für eigene Entwicklungsmöglichkeiten schaffen zu können.[101] Explizit erwähnte Tapié einen »départ à zéro« nur im Hinblick auf die amerikanische Kunst, weil diese weniger von traditionellen, festen Denkmustern geprägt gewesen sei.[102] So zeige seine Argumentation für die westeuropäische, künstlerische Aktualität zumindest das Bedürfnis auf, die Vergangenheit auslöschen zu wollen.[103] Die Unmöglichkeit dieses Geschichtsbildes thematisierte er jedoch, anders als die Futuristen, nicht.[104] Letztlich lässt sich durch dieses anti-historische Geschichtsbild sein Text als Manifest im Sinne der historischen Avantgarde lesen.

Aber wie konstruierte Tapié diese Andersartigkeit, diese Kategorie der Heterogenität, ausgehend von einem unmöglichen, absoluten Bruch mit der Tradition? Zuerst erklärte er bereits im Vorwort die Frage nach einer neuen Kunst, die das dringlich Zeitgemäße bezeugen soll, zu einer Generationenproblematik: So würden die gestrigen Generationen würden eine nur scheinbare Ehrbarkeit fortführen; das Aktuelle spiele sich jedoch fernab dieser gängigen Gemeinplätze ab, die Tapié im Laufe des Textes benennt.[105] Diese Generationenfrage, in der es nach Tapié zwei Pole gebe, nämlich diejenigen, die etwas Neues wagen und die anderen, die nur nach traditionellen und äußeren Kriterien handelten, wurden zu Leitmotiven des Textes.[106] Nur Marcel Duchamp und Francis Picabia seien als Vertreter der älteren Generation noch von Belang für die aktuellen Künstler*innen – Tapié erwähnt Picasso zwar respektvoll, aber nur beiläufig[107] –, denn Duchamps und Picabias Werke von 1913 bis 1917 hätten durch ihre formellen Forschungen die Transzendierung der Form vorbereitet.[108] Einen Formalismusstreit zeichnet Tapié nach diesen Ausführungen nach, denn alle bisherigen Ismen hätten zwar die klassische Form variiert, hinterfragt oder zerbersten lassen, aber hätten immer noch eben diese Form damit kommentiert und somit auch als künstlerisches Konzept anerkannt:

> ›L'éclatement de la forme‹: dans cette formulation, de quelle forme est-il réellement question? Ou bien de la forme classique, et alors, éclatée ou non, elle est encore classique, et penser la détruire par éclatement est lui faire beaucoup d'honneur, avouer malgré tout une encore bien grande considération pour cette forme prétendument périmée.[109]

Die Verneinung, Leugnung oder Zerstörung der Form war laut Tapié eine formalistische Verhaltensweise, die das klassische Formkonzept noch einbezog. Dahingegen würden die anderen Künstler*innen diese Form gar nicht mehr benutzen: »[…] les peintres, avec l'apparente liberté d'une technique multipliable à l'infini en nouvelles investigations, agissent délibérément sans elle […].«[110] Damit würden die Künstler*innen eine neue Erfahrungsdimension erschaffen, mit der die Art autre jenseits bisheriger Wahrnehmungskriterien und ästhetisch-bildnerischen Problemen, wie »ordre, composition, équilibre, rythmes«[111] agieren könne. Mit dem Charme einer radikalen Erneuerung der Kunst öffnete Tapié den Kunstbegriff, bei dem alte, traditionelle, ästhetische Regeln nicht mehr galten, hin zu einem Kunstwerksbegriff, der nicht mehr durch die Expression funktionierte, sondern vielmehr als eine Dokumentation der *»activité de l'esprit»*[112] zu verstehen sei. An diesem argumentativen Schritt, der Erhöhung der Aktion und Handlungen der Künstler*innen über das daraus resultierende Kunstwerk, zerstritten sich Tapié und Mathieu. Mathieu habe dem Werk immer mehr Bedeutung beigemessen als dem Werkprozess und die Transzendierung der Form ins Gegenstandslose, anders als Tapié, abgelehnt.[113]

Im Laufe der 1950er-Jahre schritt eine Vernetzung Tapiés in mehrere, auch außereuropäische Regionen fort: Eine zunächst binationale Ausrichtung, durch die Thematisierung von vor allem Künstler*innen aus Frankreich und den USA, brach ab der zweiten Hälfte der 1950er-Jahre in ein multinationales Verständnis auf. Das Konzept der Art autre reiste nicht nur mit Tapié zu den Künstler*innen von *Gutai* nach Osaka. Ferner belegen seine Reisetätigkeiten sowie publizistischen und kuratorischen Aktivitäten in Städten wie New York, Chicago, Rom, Turin, Barcelona, Osaka, Tokio oder Wuppertal, aber auch später mit der iranischen Botschaft in Paris, dass er die Art autre nicht mehr theoretisch postulierte, sondern dass er sie bereits in mehreren Orten umgesetzt sah.[114] Durch welche medialen oder materiellen Bedingungen die Art autre eigentlich in Kunstwerken belegt werden könnte, blieb eine offene Frage, die Tapiés Konzept diffus erscheinen ließ. Mit der Zirkulation der Art autre in kulturell unterschiedlich geprägte Regionen gehen Wertveränderungen und -zuschreibungen einher. Durch Annahme oder Ablehnung erfuhr sie in diesen unterschiedlichen Orten eine jeweilige Neukonfiguration und kann daher als »konzeptionelle Kohärenz«[115] fungieren, mit der diese unterschiedlichen Bewertungen nachgezeichnet werden können. Hierarchiebildungen zur gestischen Abstraktion können so in den Handlungsspielräumen Tapiés historisch-kritisch ausdifferenziert werden.

Tapié organisierte Ausstellungen, in denen er hauptsächlich französische – beziehungsweise westeuropäische Künstler*innen mit Wirkungsort Paris[116] – zusammen mit US-amerikanischen ausstellte. Nicht allein solche internationalen Ausstellungen, die eine binationale Polarität offenbaren, zeugen jedoch von einem internationalen Selbstverständnis seiner Theorie. Gerade der Beginn dieser binationalen Ausstellungen wurde zu einer produktiven Ausgangssituation für eine breiter verstandene Internationalität der Abstraktion.

In den 1930er-Jahren hatte Tapié nach eigenen Angaben Philosophie und Ästhetik studiert und zu dieser Zeit den Maler Camille Bryen kennengelernt, den er später zu seiner Künstlerriege zählte und den Götz schon 1951 für eine Ausstellung in der Zimmergalerie Franck in Frankfurt gewinnen konnte.[117] Über diesen Kontakt nach Frankfurt haben sich die Quadriga-Künstler bereits mit Tapiés Art autre auseinandersetzten können.[118] Nach kurzen Aktivitäten in der Gruppe *Les Réverbères*, unter anderem mit Bryen, ab Ende der 1940er-Jahre engagierte sich Tapié vollends in der Kunstszene und schrieb zwei Beiträge für Kataloge der Galerie René Drouin, in der die *Otages* und die *Hautepâtes* gezeigt worden waren.[119] In diese Zeit fielen auch erste Kontakte von Georges Mathieu in die USA, um dort die junge Kunstwelt von New York kennen zu lernen. Mathieu habe nach eigenen Angaben schon 1946 von »Jackson Pollock, de Kooning, Reinhardt, Rothko, Still etc.«[120] gewusst. Tapié erschloss sich Kontakte in die New Yorker Galerieszene ab 1952 unter anderem durch die Mathieu-Ausstellung in der Alexander Iolas Gallery, über den Kontakt zu dem Künstler und Sammler Alfonso Ossorio, der ein enger Bekannter Pollocks war und über die Galeristin Martha Jackson, mit der Tapié in den folgenden Jahren eine enge Geschäftsbeziehung entwickelte. Frédérique Villemur und Agatha Pietrzak schreiben, dass Mathieu und Tapié schon seit Ende der 1940er-Jahre gemeinsam in die USA gereist seien.[121] Die zu dieser Zeit bereits engen Geschäftsbeziehungen Tapiés in die New Yorker Galerieszene lassen das zwar vermuten, tatsächlich trat Tapié seine erste USA-Reise aber erst im Januar 1957 an.[122]

Mathieu arbeitete zu diesem Zeitpunkt in der Werbeabteilung der United States Lines, mit deren Schiff Tapié die Reise antrat und über deren Dienstleistungen er zudem Kunstwerke über den Atlantik schickte. Für dieses Reise- und Frachtunternehmen gab Mathieu außerdem die *Paris Review* heraus. So konnte er im Zuge der Vorbereitungen der Zeitschrift französische und englische Textbeiträge zu Tanz und Theater, Kunst und Architektur gegenüberstellen.[123] In der Pariser Galerie du Montparnasse plante Mathieu bereits 1948 Werke von De Kooning, Gorky, Pollock,

Reinhardt, Rothko, Russel, Tobey sowie von Bryen, Hartung, Picabia, Sauer, Wols und von sich selbst zu zeigen. Allerdings konnte wegen unklarer Lieferungen nur ein Teil der Ausstellung realisiert werden.[124] Welche Werke letztendlich zu sehen waren, ist nicht mehr rekonstruierbar.[125] Diese erste französisch-amerikanische Ausstellung hatte Mathieu ohne Tapié organisiert und ihn daraufhin überzeugt, seine eigenen bildnerischen Versuche ruhen zu lassen, um in die Kunstkritik und das Pariser Galeriewesen einzusteigen.[126] Darauf folgten die beiden gemeinsam kuratierten Ausstellungen *Signifiants de l'informel,* (1951, Studio Paul Facchetti) und *Véhémences confrontées* (1951, Galerie Nina Dausset). Im Februar 1952 veranstaltete Tapié die erste Einzelausstellung Pollocks in Paris im Studio Paul Facchetti, deren Katalog einen Text zu Pollock enthält, den er für die Publikation von *Un art autre* im Dezember desselben Jahres verwendete.[127] Zum einen versammelten diese Ausstellungen Künstler*innen vornehmlich jüngerer Generationen, die vor dem Zweiten Weltkrieg noch kaum etabliert waren. Zum anderen bildeten die an diesen Ausstellungen beteiligten Künstler*innen durch ihre individualistische Expression einen Gegenpol zu der geometrischen und von einigen Kritikern als kalt empfundenen Abstraktion.

Während man der vermeintlich kalten geometrischen Abstraktion in den 1950er-Jahren vorwarf, sie verdränge das Menschliche aus der Kunst, so warf man der Kunst der vermeintlich heißen Lyrischen Abstraktion beziehungsweise der individualistischen Expression vor, dass diese Kunst ein bloßes Geschmiere sei, Scharlatanerie, und gab ihr den zuerst pejorativen Beinamen Tachismus (*la tache* = der Fleck).[128] In diesem national gefärbten Kunststreit in Paris wurde die Frage diskutiert, ob die geometrische oder lyrische Abstraktion aussagekräftiger über das Aktuelle der Nachkriegszeit sei.[129] Im Rahmen dieser kunstkritischen Zuspitzung positionierte sich Tapié mit seinen Ausstellungen auf der Seite der *chaudes*[130], der *heißen* Abstraktion, und versammelte Künstler*innen unterschiedlicher Nationalitäten, um die Relevanz der individualistischen Expression und der Art autre zu unterstreichen. Die Ausstellungen *Art autre, Signifiants de l'informel* und *Véhémences confrontées* führten das binationale, französisch/US-amerikanische Programm, das mit der Ausstellung Georges Mathieus für die Galerie de Montparnasse begonnen hatte, weiter. Die Teilnahme von Künstler*innen aus unterschiedlichen Ländern spielte Tapié in die Hände, denn damit konnte er eine Relevanz der Art autre nicht nur allein im Kunstzentrum Paris belegen. Der Streit um die Geltung der Art autre gegenüber den geometrischen Positionen in der Kunst und Kunstkritik bildete den Kontext, in dem sich die internationalen Bezüge, also der von Tapié exemplifizierte Zusammenschluss des Informel, der Lyrischen Abstraktion mit dem Abstrakten Expressionismus analysieren lassen.

Tapiés Kontakt nach New York entstand über den Künstler und Sammler Alfonso Ossorio, den er um 1951 kurz nach Beginn seiner Beschäftigung im Studio Paul Facchetti kennengelernt hatte, und über Mathieu, dessen Werke er 1950 für einen erfolgreichen Verkauf an die New Yorker Hugo Gallery von Alexander Iolas vermittelte.[131] Weitere Liefer- und Rechnungsscheine zu internationalen Kunsttransporten ab 1951 belegen Leihgaben und eine händlerische Tätigkeit in New York.[132] 1952 fand Georges Mathieus erste Ausstellung in New York in der Alexander Iolas Gallery statt, zu der Tapié und Mathieu für den Katalog jeweils einen Text beitrugen. Tapié publizierte auch einen Text im Katalog zur Ausstellung Karel Appels in der Martha Jackson Gallery im Jahr 1954.[133] Beide Texte des Katalogs der Alexander Iolas Gallery sind ins Englische übersetzt. Paul Jenkins, den Tapié 1954 in Paris kennenlernte, berichtete ihm regelmäßig über Aktuelles aus der New Yorker Kunstszene und ab 1955 standen Martha Jackson und Tapié in engem Geschäftskontakt.[134]

In seiner Monografie *Un art autre* belegt Tapié bereits 1952 eine genaueste Kenntnis des stilistischen Werdegangs von Pollock, den der Kritiker bereits 1951 kontaktierte, um dem Künstler die eigenen Ideen und Tätigkeiten im Studio Paul Facchetti schmackhaft zu machen.[135] Während Tapié in der Ausstellung *Véhémences confrontées* Werke Pollocks durch die Vermittlung von Alfonso Ossorio zeigen konnte, geht aus einem zweiten an Pollock adressierten Brief hervor, dass er für die monografische Ausstellung Werke direkt vom Künstler erhielt.[136] In *Un art autre* beschreibt er Pollocks *The She-Wolf* (1943) in Hinblick auf seine informellen Aspekte und bemerkt, dass es durch Reproduktionen das bekannteste Werk Pollocks in Europa sei.[137] Daraufhin unterscheidet er verschiedene Werkphasen Pollocks, die sich von *She-Wolf* hin zu seinen farbigen *drippings* entwickeln, worauf gegenstandslose, nur schwarz-weiße Werke folgten, die dann von einer Werkphase abgelöst wurden, in der wieder figurative Aspekte Einzug in seine Kunst hielten.[138] Die Einbindung von Pollock in das Konglomerat der Art autre ist als einseitig zu bewerten, ging sie doch von Tapié aus. In Pollocks privater Bibliothek sind nur zwei Publikationen Tapiés aus der Zeit vor dem Tod des Künstlers im Jahr 1956 aufzufinden: der Katalog zur Dubuffet-Ausstellung *Mirobolus Macadam & Cie. Hautespates de J. Dubuffet* (1946) und die kurzen, aphoristischen *Observations Of … Michel Tapié*, die der Maler Paul Jenkins zusammen mit Tapié 1955 herausgegeben hatte. Pollock war, im Gegensatz zu seinen

Werken, nie nach Europa gereist, obwohl er von Lee Krasner dazu ermuntert wurde – Geld für die seine verkauften Werke und die nicht verkauften Werke hatte Pollock, wie Sigrid Ruby ausführt, jedoch nicht zurückerhalten.[139] In einem Brief vom 24. August 1954 schlug Martha Jackson Tapié sogar vor, Pollock nach Paris einzuladen, um ihn schließlich auch für einen Vertrag in Paris gewinnen zu können. Im selben Brief beschreibt sie den psychisch kritischen Zustand Pollocks und eine Reise nach Europa kam nicht zustande.[140] Die Zirkulation seiner Werke wurde von Pollock somit nicht aktiv mitinitiiert, stattdessen nahmen dieses Anliegen die Galerien (Martha Jackson), Bekannte (B. H. Friedman), Freunde und Förderer Pollocks (Alfonso Ossorio) in die Hand und Tapié trat zusammen mit Mathieu als derjenige Akteur auf, der die Pollock-Rezeption in Europa dirigierte.

Tapié beschrieb die Präsentation von Pollocks Werken in Paris martialisch: »Il m'a plu de lancer une telle bombe dans le monde artistique parisien trop souvent sûr, quant à lui, d'une garantie de tout repos [...].«[141] Er funktionalisierte Pollock zu einem strategischen Schachzug, um starke Reaktionen der Ablehnung und Zustimmung auf sich zu ziehen und nutzte die Werke als Argument in der erhitzten Debatte um die abstrakte Kunst in Paris. So fanden weitere institutionelle Begegnungen amerikanischer Künstler*innen mit den französischen Kolleg*innen statt, in die Tapié involviert ist: die Ausstellung *Tendences actuelles 3* (1955) in der Kunsthalle Bern zeigte Werke von Bryen, Mathieu, Michaux, Wols, Tancredi neben Werken von Riopelle, Sam Francis, Tobey und Pollock. Im Katalog erschien Tapié als Autor und Leihgeber.

In Tapiés zweiter Monografie *Esthétique en devenir* (1956), die im Verhältnis von Bild zu Text *Un art autre* (1952) gleicht, aber insgesamt kürzer ist, steigt der Anteil US-amerikanischer Künstler*innen deutlich an. Der Inhalt ging noch von ähnlichen Prämissen wie in *Un art autre* aus, wobei Tapié auf Kritik an der Art autre einging. Hinzu kamen Künstler*innen, die mit dem Abstrakten Expressionismus assoziiert werden und die die Ausführungen exemplifizieren sollten – Clyfford Still, Willem de Kooning, Mark Tobey, Franz Kline, Ruth Francken, Jean-Paul Riopelle, John Hultberg, Sam Francis und Paul Jenkins.[142] Künstler*innen unterschiedlicher Verortung wurden bis zu diesem Zeitpunkt noch auf Augenhöhe der Pariser Künstler*innen gesehen. Viele US-amerikanische Maler*innen hielten sich zudem in Paris auf und nahmen am Galerieleben teil.[143] Die Ausstellung Mathieus 1948, in der US-amerikanische Maler*innen an der Seite von französischen zu sehen waren, wurde von Tapié aufgegriffen. In *Une esthétique en devenir* war der Anteil US-amerikanischer Maler*-

innen ebenso wie in den von Tapié konzipierten Ausstellungen deutlich angewachsen. Nach Tapiés erster USA-Reise folgten weitere und der künstlerische Austausch zwischen Paris und New York verdichtet sich auf vielen Wegen zu einem engen Geflecht.[144] In den Jahren 1957 und 1958 weitete Tapié diese bisher vorwiegend binationale Ausrichtung seiner Aktivitäten auf eine weitere Kunstszene aus, indem er ab 1957 erste Projekte mit den *Gutai*-Künstler*innen aus Japan begann. Wenn die Art autre einen Internationalitätsanspruch verfolgte, dann in einer Reihenfolge, indem die Theorie zuerst an den Künstlern Jean Dubuffet und Jean Fautrier entwickelt wurde, dann US-amerikanische Künstler*innen (zusammen mit weiteren europäischen) mit einbegreift und schließlich auch auf *Gutai*-Künstler*innen rekurrierte. Ein Teil der *Gutai*-Kunst durchlief ab 1958 Ausstellungsstationen in den USA und Paris, die Tapiés binationale Kooperationen abbildeten, bevor die *Gutai*-Gruppe im Westen als Pioniere postmoderner Kunstformen bezeichnet wurde.

Die Kunst von *Gutai* in Europa und den USA findet in der zweiten Hälfte des 20. Jahrhundert viel Nachhall. Einerseits wurden die Künstler*innen als Vorläufer »in the making of a Happening type performance«[145] durch Allan Kaprows *Assemblage, Environment, and Happenings* (1966) eingestuft. Andererseits hätten sie mit ihrer Werkästhetik die Arte povera beeinflusst[146] oder gelten als Innovateur*innen schlechthin, wenn der Künstler Ben (Benjamin Vautrier) 1977 in seinem im Musée National d'Art Moderne in Paris aufgestellten Kunstlädchen erklärt »Ils avaient tout fait avant«[147] – die *Gutai*-Künstler*innen hätten schon alles vorweggenommen. Eigentlich müssten jedoch zwei Rezeptionsgeschichten von *Gutai* im Westen konturiert werden: die eine, in der diese innovativen Aspekte von Performance, Happening und Land Art in den Aktivitäten der Gruppe aus den Jahren 1954 bis 1958 als Vorausweisung auf die westlichen, postmodernen Kunstformen verdeutlicht werden. In dieser Rezeptionsgeschichte liegen die Werke im Fokus, bei denen die ephemeren und performativen Aspekte über der Herstellung eines transportablen Objekts stehen. Und eine weitere, in der eben der Export von Werken, hauptsächlich der Malerei, in einer Tapié'schen Laufbahn als Ausgangspunkt zu nehmen wäre. Zumindest werde die Auseinandersetzung mit *Gutai* laut dem Kunsthistoriker Shinichiro Osaki auf diese beiden Aspekte reduziert, sodass eine mediale Trennung des Kunstschaffens der Gruppe auf einerseits Performance/Happening und andererseits Malerei zwei unterschiedliche Bewertungen produziere.[148] Teilweise wurde in der Begegnung mit Tapié eine »unmittelbare Schmälerung des kreativen Potentials«[149] festgestellt. Auch Atsuo Yamamoto resümiert:

> Tapié betrachtete GUTAI als Vereinigung von Künstlern, die zweidimensionale Werke schufen. In der Tat hatten die meisten Werke, die man heute als Aktionskunst oder Installation verstehen kann, ihre Wurzeln in der Zweidimensionalität. Kaprow wiederum richtete sein Augenmerk auf die Aktionen, mit denen GUTAI die Demarkationslinien zwischen Kunst und Alltag auflöste, und sah darin die Vorläufer des Happenings.[150]

Osaki hält einer solchen Lektüre aus westlicher Perspektive entgegen, dass diese Auftrennung die konzeptionelle Verbundenheit von Aktion und Malerei von *Gutai* missachte und somit eine ungenaue Lektüre bedinge.[151] Für die malerischen Aktionen der Künstler*innengruppe wurden so die agentialen Kontexte zugunsten einer verbesserten Vergleichbarkeit ausgeblendet, ebenso wie die historischen, kulturellen und sozialen Kontexte der japanischen Avantgarden, um die Malerei von *Gutai* dem Informel und Abstrakten Expressionismus des Westens anzufügen und damit eine Vergleichbarkeit auf einer formalistischen Ebene herzustellen.[152] Die Auseinandersetzung mit *Gutai* in westlichen Ländern, hauptsächlich in Frankreich/Paris, den USA/New York und später auch in der BRD/Rhein-Ruhrgebiet, erfolgte schließlich zuerst in Bahnen, in denen Eurozentrismus und eine westliche Kunsthegemonie die Perspektive auf die Werke der japanischen Gruppe bestimmten.

Die Ankunft von *Gutai*-Kunst im westlichen Kunstsystem kam durch die Initiative von Einzelpersonen zustande: Jirō Yoshihara, Gründer, Theoretiker und Kopf von Gutai, stand in Kontakt mit dem Künstler Hisao Domoto und dem Kritiker Sōichi Tominaga, die die *Gutai*-Zeitschrift in Paris an westliche Künstler*innen, Kurator*innen und Kritiker*innen weiterreichten. Die Zeitschrift war von Anfang an auch an westliches Publikum adressiert, da sie die Namen der abgebildeten Künstler*innen in römischen Buchstaben zeigte und die Paginierung ebenfalls dem westlichen Buchsystem, dem Weiterblättern nach links, angeglichen war, wie Ming Tiampo ausweist.[153] Der japanische Künstler Toshimitsu Imai war, wie Domoto auch, zu Beginn der 1950er-Jahre zum Studium an privaten Akademien in Paris eingeschrieben.[154] Beide Künstler lernten in den folgenden Jahren Tapié kennen und besonders Imai nahm eine Vermittlerrolle zwischen Paris und Osaka ein: Eine erste Ausstellung informeller Werke, unter anderem von Georges Mathieu, war im September 1956 in der jährlich stattfindenden Ausstellung *Nika* (*Nikaten*) zusammen mit weiteren französischen, zeitgenössischen Künstler*innen vorgesehen. Das Ausstellungskomitee habe die Auswahl jedoch zu zeitgenössisch befunden und lehnte die Werke ab, woraufhin Imai spontan eine Wanderausstellung organisierte, die durch Tokio, Osaka, Kyoto und Fukuoka tourte.[155]

Über die Verbindung von Tominaga, Imai und Domoto zur Pariser Kunstszene fand der erste Informationsaustausch zwischen Michel Tapié und Jirō Yoshihara statt. Die Beteiligung europäischer und amerikanischer informeller und abstrakt-expressiver Künstler auf der Wanderausstellung belegt dabei, dass das Pariser Informel und die US-amerikanische Abstraktion aus New York zuerst von den japanischen Kunstschaffenden entdeckt und ausgestellt wurden.

Die japanisch-französischen Kunstbeziehungen in den 1950er-Jahren waren vor Tapiés und Mathieus Japanreise im August/September 1957 vorwiegend einseitig: Während sich zu Beginn der 1950er-Jahre japanische Künstler*innen wie Toshimitsu Imai, Hisao Domoto, Kumi Sugai oder aber auch Künstler*innen der Gruppenausstellung *Artistes Japonais de Paris*[156] und viele weitere in Paris aufhielten[157], sind Aufenthalte von französischen Künstler*innen der gestischen Abstraktion und in der ersten Hälfte der 1950er-Jahre in Japan bisher nicht bekannt.

Am 29. August 1957 landete Mathieu in Tokio, am 2. September performte er eine Malaktion in Sofū Teshigaharas Ikebana-Schule, vom 3. bis 8. September fand eine Ausstellung seiner Arbeiten im Tokioter Kaufhaus Shirokiya statt,[158] vom 12. bis 15. September im Kaufhaus Daimaru in Osaka, auf dessen Dach am ersten Tag der Ausstellung Mathieu auch vor Publikum malte (Abb. 24) und am 12. September beteiligten sich Georges Mathieu, Michel Tapié und Toshimitsu Imai auf einer von der *Asahi*-Zeitung organisierten Konferenz mit dem Thema *L'art dans le monde d'aujourd'hui et l'Extrême-Orient*.[159] Am 19. September 1957 reiste Mathieu ab und am 20. September 1957 landete Sam Francis in Japan und führte mehrere Malerei-Aufträge aus.[160] Aus diesen ersten Reisen entstanden kollaborative Projekte zwischen Gutai und Michel Tapié und der Martha Jackson Gallery in New York.

Bereits vor der ersten Japanreise gestaltete Tapié die 8. Ausgabe der *Gutai*-Zeitschrift zusammen mit Yoshihara, die am 29. September 1957 publiziert wurde und seit ungefähr März desselben Jahres in Vorbereitung gewesen sei.[161] In diesem gemeinschaftlichen Publikationsprojekt, das den Blick auf 16 Künstler*innen von *Gutai* und 6 nicht *Gutai* zugehörige Künstler*innen richtete, zeichnete sich eine Aushandlung ab, auf welche Art und Weise die japanischen Künstler*innen dem Tapié'schen Informel beigefügt wurden: »Gutai and Yoshihara were sandwiched between the Informal artists and Tapié's text. The structure of the issue itself symbolized that Gutai had been ›discovered‹ as a wing of Informel and positioned within it.«[162] In der Folge fanden noch weitere Ausstellungen von informellen, abstrakt-expressiven Künstler*innen zusammen mit *Gutai* statt: So wurden vom 11. Oktober bis 10. November 1957 europäische, informelle Werke in der Ausstellung *International Contemporary Art Exhibition – Informel: Genesis of an Other Art* im Bridgestone Museum of Art in Tokio gezeigt und vom 16. bis 22. Dezember 1957 im Daimaru in Osaka.[163] Und die von Tapié und Yoshihara organisierte und von der Galeristin Martha Jackson unterstützte Großausstellung *International Art of a New Era, USA, Japan, Europe* fand vom April bis September 1958 in mehreren Städten, beginnend in Osaka statt.[164] Als deren Ausstellungskatalog diente die 9. Ausgabe der *Gutai*-Zeitschrift. In seinem dort publizierten Text formulierte Tapié, dass er eine Gleichgewichtung in der Beteiligung der Künste aus Europa, Japan und den USA sehe, da alle drei ungefähr ein Drittel der Ausstellung einnähmen.[165] Gleich darauf wurden alle in der Ausstellung gezeigten Werke von ihm als Art autre bezeichnet.[166] Im Katalog wurde jede*r Künstler*in auf einer Seite vorgestellt (eine Werkabbildung, ein fotografisches Porträt, Kurzbiografie auf Japanisch und Englisch) und keine erkennbare Sortierung gliedert den Katalog. So zeigt *Gutai No. 9* keine Hierarchisierung der Künstler*innen aus Japan, den USA und Europa und unterschied sich in dieser Publikationsstrategie von vorherigen Ausgaben der Zeitschrift.

Nach diesen gemeinsamen Ausstellungs- und Publikationstätigkeiten in Japan folgt die Ankunft der *Gutai*-Kunst in Europa und der USA unter Tapiés Regie. Zusammen mit Martha Jackson organisierte er eine Wanderausstellung von Werken der Gruppe durch die USA. Auf die erste Station in der Martha Jackson Gallery in New York, wo die Ausstellung vom 25. 9. bis 25. 10. 1958 gezeigt wurde, folgten weitere Stationen.[167] Die Auswahl der Werke »represents the Japanese section of an exhibition currently touring Japan entitled ›International Art of A New Era‹«[168], wie auf dem Ausstellungsplakat verzeichnet wurde. Als Katalog sandte Yoshihara insgesamt 500 Exemplare von *Gutai No. 9* an die Galeristin.[169] Auch wenn auf dieser Ausstellung in den USA ausschließlich Gemälde gezeigt wurden, so verweisen Kritiken in unterschiedlichen Zeitschriften jedoch mehrfach darauf, dass die Gemälde von *Gutai* nicht ohne die diversen Installationen, Performances und Bühnenprogramme denkbar seien. Die Kritiken zu den gezeigten Werken haben oft einen nachdenklichen bis ablehnenden Ton. So schrieb beispielsweise Robert M. Coates, der anhand von Werken Hans Hofmanns den Begriff des Abstrakten Expressionismus entwickelt hatte, in *The New Yorker*:

> It is as if the old Bauhaus had been transported to the Orient and then spurred on to feverish activity, for, in addition to painting, the Gutai not only practice ballet, theatre, architecture, and so on, more or less communally, but do it in a

> mixture of the imitative and experimental that borders on the frenzied, frankly borrowing anything from Pollock's dribble techniques to those of the Tachistes in the haste to get started. The disconcerting thing is that in spite of this crash-program approach, the work on view is generally pretty good, and one can't help wondering whether it is, after all, as easy as this to produce passable modern paintings. I don't think so myself, but I am sure the show will leave some people worried and a lot of others triumphant.[170]

Coates reflektiert einerseits die Mentalität der *Gutai*-Gruppe, die mit Experimentierfreude Neues schaffen wolle, andererseits sieht er etwas Beunruhigendes darin, was die *Gutai*-Werke veranschaulichen: Nämlich dass mit malerischen Mitteln, die gleichermaßen auf »the imitative and experimental« beruhen, »passable« moderne Gemälde entstehen können. Damit klang Verunsicherung durch, ob nun bloße experimentelle Techniken nicht schon für gute Werke ausreichten, und ob daher die mythische Aura des Kunstschaffens, auf der das Renommee Pollocks und auch seine (US-)Americanness beruhen, nicht eigentlich überflüssig seien. Noch expliziter und negativer formuliert das ein mit dem Kürzel G.S. gezeichneter Artikel in *ARTnews*:

> Gutai [Jackson] group, a number of Japanese artists much influenced by New York Abstract Expressionism, and much in awe of Europe, were introduced in a fancy exhibition that was generally disapproved of as derivative and trivial. About five years ago, the Gutais sent some copies of their magazine to New York: it illustrated their extra-pictorial activities – creating earth sculpture by dancing and sliding in lakes of mud, busting through layers of paper stretched in front of a door; balloons were filled with liquids, the soles of some one's feet were painted – all highly esthetic in California 1930s Frat-Rush-Week way. Their paintings showed no such verve, but a similar schizoid approach. The man splits himself in two – one half artist, one half Japanese intellectual. The artist half is kicked out of the personality and set to work flinging or blotting paint, after examples found in black-and-white reproductions from Paris or New York. The intellectual sits back and decides policy questions (a bit less Pollock, a bit more Still, add Kandinsky, what about Tobey … there is even a Mike Goldberg influence, I think). The artist is left to push himself through the wringers. The results are without personality. As such they will be interesting to many interior decorators who seek exactly this sort of chintz.[171]

Die Beobachtung, dass es neben der künstlerischen Sphäre auch eine integrale soziale und politische Verankerung der *Gutai*-Kunst in der öffentlichen Sphäre gebe, ist für den*die Autor*in nicht in Einklang zu bringen. Dabei ist die Feststellung an sich nicht falsch, denn aus heutiger Sicht plädiert Aya Kunii dafür, genau die Verbindung von Kunst und Öffentlichkeit bei *Gutai* als das Merkmal ihre Originalität zu erkennen.[172] Der

Grund für die negative Kritik scheint also ein Wissensdefizit zu sein: Ohne den Einbezug des historischen, politischen und sozialen Kontexts, der in der Ausstellung 1958 in den USA scheinbar nicht ausreichend nachvollziehbar war, weil die Werke von *Gutai* aus ihren Entstehungskontexten enthoben wurden, sahen deren Malereien informellen oder abstrakt expressiven Malereien formal so ähnlich, dass sie als Nachbildungen angesehen wurden. Erneut erweist sich in dieser negativen Rezeption, dass die agentialen Kontexte, die privaten, öffentlichen, sozialen oder politischen Sphären der gestischen Malerei mit einzubeziehen sind, um ein umfassenderes Bild der malerischen Ansätze von *Gutai* zu erhalten.

Nach dieser Gruppenausstellung in den USA beteiligte Tapié einzelne Künstler*innen von *Gutai* in Ausstellungen der Galerie Stadler in Paris: Im November/Dezember 1959 wurden Jirō Yoshihara und Kazuo Shiraga in der Gruppenausstellung *Métamorphismes* gezeigt, im Januar/Februar 1962 fand eine Einzelausstellung Shiragas statt und von November 1965 bis Januar 1966 wurde die *Gutai*-Gruppe in der Pariser Galerie ausgestellt.[173] In der Galerie Stadler wurden ebenfalls schon 1957 weitere Künstler wie Paul Jenkins, Hisao Domoto und Toshimitsu Imai präsentiert, die unter anderem den Kontakt von Tapié zu *Gutai* hergestellt hatten oder die mit *Gutai* in Verbindung standen – Jenkins dankte *Gutai* für die an Pollock gesandten Zeitschriften und informierte die japanischen Künstler über Pollocks Tod. Imai und Domoto bereiteten Tapiés Japanreise 1957 und die Ausstellung informeller Kunst in Japan vor und informierten den französischen Akteur über die Kritiken, die zu diesen Ausstellungen erschienen, über die An- und Ablehnung dieser Kunst und die Besucherzahlen von *International Art of a New Era*.[174] Aber auch in Italien und im deutschsprachigem Raum wurden zeitnah einzelne *Gutai*-Künstler*innen ausgestellt: in Italien vorwiegend in Turin, wo Tapié das International Center of Aesthetic Research mit eigenen Ausstellungsräumlichkeiten gründete, und 1966 im Kölnischen Kunstverein und 1971 in der Galerie Heide Hildebrandt in Klagenfurt.[175] Diese Ausstellungen zeigten vorwiegend die Gemälde von *Gutai*. Alle übrigen Kunstformen der japanischen Gruppe – die Outdoorausstellungen, das Bühnenprogramm und die Performances ohne Malereimaterialien – waren nur durch Begleitmaterial wie Pressemitteilungen oder durch in den Ausstellungen gezeigte Fotografien rekonstruierbar. Aufgrund dieser Informationslage trat *Gutai* also in diesen westlichen Ausstellungen vorwiegend als Malereigruppe auf, ohne dass die prägenden, öffentlichkeitswirksamen Initialansätze ihres erweiterten Kunstbegriffs als zusätzliche zentrale Bestandteile wahrgenommen wurden. *Gutai* verstand die gestische Nachkriegsabstraktion als international komplex verwobenes Phänomen, das heute als transkulturell beschreibbar ist, wie im Kapitel »*Gutai* und westliche Malerei« ausgeführt wurde. Zugleich sahen westliche Kritiker*innen die Dualität von Ost/West oder Orient/Okzident jedoch nicht aufgelöst, sondern allenfalls ein *Bauhaus im Orient*. Durch ein solches Beharren auf einem interkulturellen oder internationalen Verständnis der Abstraktion konnten euro- und US-zentrische Grenzziehungen fortgesetzt werden.

Trajektorie westliches Nachkriegsdeutschland, *Informel*

Einige Künstler*innen widmeten sich in den 1950er-Jahren der gestischen, informellen Malerei und einem flüssigen Farbauftrag mit sehr unterschiedlichen Erfolgsgeschichten. Die Körperlichkeit solcher Werke wurde auch von einigen Maler*innen im Nachkriegsdeutschland theoretisch reflektiert. Neben K. O. Götz setzten sich auch Peter Brüning, Hans Platschek und Hann Trier mit dem Ereignisraum, den die Leinwand für die körperliche Malerei bieten konnte, auseinander. So erklärte Brüning: »Die Farbe soll Vorgänge unterscheiden und kenntlich machen. Sie verdeutlicht den geleisteten Prozeß, das zeitliche Nacheinander, die Folgen der Gesten.«[176] Unterschiedliche Farben markierten somit unterschiedliche Arbeitsphasen, die in der Betrachtung seiner Werke als zeitlicher Ablauf verstanden werden konnten. Eine Funktion für die mimetische Darstellung spielte keine Rolle mehr. Auch sah Brüning mit den »Folgen der Gesten« in seinen Werken eine Zeitlichkeit, die auf die Ereigniszeit des Malprozesses hindeutete. Er fasste seinen Malprozess als einen performativen, körperlichen Vorgang auf. Das Bild war eine Dokumentation dieser Vorgänge, mit dem die Bewegungen von der Zweckbindung zur Darstellung von der Figuration befreit wurden und eigene Modalitäten ausdrücken konnten:

> Die Linie notiert in einer unmittelbaren Übersetzung meine Körper- und Handbewegungen, sie reflektiert Leben. Die Hand, gewohnt sich in allen Richtungen ihres Radius zu bewegen, läßt in der Zeichnung auf der starren Fläche ihr Wissen um die mehrdimensionalen Bewegungen mitschwingen. Es entsteht ein elastischer Raum, eine Raumspanne, des Vor und Zurück, die die starre Fläche auflöst zugunsten eines Spielraumes reicher und verfeinerter Beziehungen zwischen den Spuren.[177]

Brüning begriff die Leinwand nicht mehr als starre Fläche oder als Koordinatensystem, das einen Querschnitt zum Blickkegel bildete, sondern als

Ausgangspunkt für einen »elastischen Raum«[178]. Dieser musste jedoch in der Betrachtung rekonstruiert werden, denn das fertige Bild besaß materiell gesehen statische Eigenschaften, die auf die Bewegungen der Hand, die durch die Linie notiert wurden, nur verweisen konnten, diese aber transportierbar und damit überlieferbar machten. Die Werke, die durch Brünings Werkkonzeption entstanden, funktionierten daher auch als ein Aufzeichnungsmedium der körperlichen Bewegung, welches die Bewegung in eine materielle Verfestigung versetzte.[179]

In einer ähnlichen Perspektive setzte sich auch Platschek mit der Malerei als Aktion auseinander. In *Neue Figurationen. Aus der Werkstatt der heutigen Malerei* (1959) unterzog er die gestische Malerei einer systematischen, materialorientierten Analyse:

> Denn das ist Malerei: ein Handhaben von Dingen, von Materialien. Eine Farbe ist ein Ding, eine Linie ist ein Ding -sie enthalten nichts anders als ihre eigene Stofflichkeit und erst viel später kann man von Wasser sprechen, wenn man blaue Farbe oder von Holz, wenn man Van-Dyck-Braun benutzt hat.[180]

Ausgehend von diesen Materialien teilte Platschek den darauffolgenden Malvorgang in zwei Handlungen auf. Zuerst wurde die Leinwand zerstört, da zwangsläufig die Ausgangssituation, ein Bildgrund getrennt von Farben, überwunden werden müsse. Daran schließe sich der eigentliche Malvorgang an, der sich zu einer »zweifachen Bewegung« entwickle: »[…] einmal die Niederschrift, die Geste des Malers, das was Michel Tapié eine ›transzendentale Kalligraphie‹ genannt hat« und danach »geraten die Materialien, die dieser Gestik ausgesetzt sind, ebenfalls in Bewegung«[181]. Zur ersten Bewegung, dem Farbauftrag mit der Hand, der Künstler*innengeste, merkte Platschek vorab an, dass diese Bewegung nur aus einer explorativen Haltung gelesen werden könne. Denn Malen aus einer explorativen Geste heraus hieß »dem Ding seinen Willen zu lassen und wenn man es in Bewegung setzt, diese Bewegung erst einmal physisch zu verstehen«.[182] Dezidiert grenzte er damit psychische Implikationen aus und verstand die abstrakte Malerei zuerst durch ihre Implikation des malenden Körpers.

Diesen körperlichen Aspekt sah Platschek auch in der Malerei Pollocks, der zu einer dynamischen Bildkonzeption jedoch durch eine polemische Auffassung komme. Aus einer Abneigung gegen Werke von Georges Braque, Henri Matisse oder Raoul Dufy habe er seine eigene stilistische Forschung begonnen und schließlich führe seine *drip*-Technik konstruktiv über diese polemische Haltung hinaus. Mit dieser Technik sei es Pollock gelungen, den Raum dynamisch aufzufassen, ihn zeitlich durch das Maß seiner Bewegungen zu begreifen, sodass dem Blick auf seine Werke keine Ruhe mehr gestattet werden könne.[183] »Was übrig bleibt ist ein Stück freier Bewegung, flüssiger Stoff und ein schwereloser, körperloser Raum, dessen geistiger Anspruch dadurch entsteht, daß er nur imaginär, nie optisch zu durchdringen ist.«[184] Dieses zeitliches Maß der Bewegung gehörte für Platschek zu einem Grundelement in der Rezeption informeller Malerei, das er hauptsächlich auf Mathieus Technik der Geschwindigkeit zurückführte: »Mathieus Signaturen sind mithin weniger bedeutsam als der zeitliche Ablauf dieser Schrift – gerade durch das gehetzte Tempo wird reale Zeit zwischen den Lettern und Zeichen aufgefangen.«[185] In Brünings und Platscheks Theoretisierungen zeigten sich eine choreografisch gefasste, materielle und raum-dynamische Auffassung des Ablaufs der Malerei.

Diese Art und Weise der Auseinandersetzung mit der Malerei, der eigenen wie der von anderen Künstler*innen, war gefärbt von den Werken, die Platschek und Brüning dabei vor Augen hatten. Beide Maler waren zu Beginn der 1950er-Jahre in der französischen Hauptstadt. Brüning hielt sich von 1952 bis 1954 mit einem UNESCO-Stipendium in Soisy-sur-Seine bei Paris auf, besuchte regelmäßig Pariser Galerien und kannte das Studio Facchetti und Michel Tapié.[186] Platschek kehrte 1953 aus dem lateinamerikanischen Exil zurück nach Europa und lebte in Paris auf, bevor er sich 1955 in München niederließ.[187] In die Zeit dieser Parisaufenthalte fielen auch die Ausstellungen, die Tapié in dortigen Galerien mit Werken von Pollock und Mathieu organisiert hatte und die auch Götz gesehen hatte. Das informell-gestische Bildkonzept, das eine erfassbare Zeitlichkeit in den Werken veranschaulichte, ist durch solche individuellen Künstler*innenreisen mitbestimmt.

Auch wenn Platschek dieses Bildkonzept 1959 bei Pollock und Mathieu in einer schriftlichen Ausführung nachvollzog, nutzte er selbst in seiner Malerei weniger die Leinwand als Ereignisraum mit notationellen Qualitäten. Figurative Anspielungen blieben in nahezu allen Werken Platscheks der 1950er-Jahre – mindestens durch die Titel – vorhanden, auch wenn sie zunehmend dynamischer wurden. Platscheks Malerei sei daher ambivalent: einerseits sei sie stilistisch durchaus dem Werk anderer informeller Künstler*innen ähnlich und andererseits auch immer mit einer kritischen Distanz dazu versehen.[188] Ab 1964 zog wieder eine eindeutige Figuration in seine Werke ein. Brünings Werk entwickelte sich ähnlich: Nach figurativen Frühwerken, wie die Serie *Bäume* oder die kubistische *Komposition XII/54*, entwickelte er ab 1955 unterschiedliche Formen der gestischen Malerei. Auf *Komposition XVI/55* (1955, WV89) sind opake, klar umrissene Pinselstriche erkennbar, die mit einigen Tropfenschlieren zusammengefügt wurden. *Komposition VI/55* (1955, WV77, Abb. 42) ist in der malerischen Technik vergleichbar mit den *drippings* von Pollock, wie auch anderen Werke aus dieser Zeit.[189] Darauf folgten bis 1957 Werke, in denen die ganze Bildfläche mit einem scheinbar gleichmäßigen Muster aus sich ineinander verschiebenden Rakel und Pinselstrichen eingenommen wurde. In den späten 1950er-Jahren verdünnte sich das Muster wieder; der weiße, helle Bildgrund wurde zunehmend als konstruktiver Teil der Kompositionen genutzt. Brüning experimentierte mit unterschiedlichen, tachistischen Techniken des gestischen Farbauftrags, woran die Autorin des Werkverzeichnisses, Marie-Luise Otten, einen »in mehrere Richtungen geteilten Zeitstil der 50er Jahre« ablas.[190] Die stilistische Phase Brünings von 1955 bis 1963 überschrieb sie mit dem Schlagwort »informelle Phase«[191]. Ab 1963 entwickelte sich sein Werk weg von einer gestischen Malerei und hin zu kartografischen Themen und fotografischen Momenten. Ein informell, gestischer »Zeitstil« wurde im Werk mehrerer Künstler*innen in den 1950er-Jahren konjugiert. Die Theoretisierung eines solchen, bei dem in diesem Falle eine Reflexion und Änderung einer malerischen Technik einherging, erfolgte von der künstlerischen Seite erst mit zeitlicher Distanz: Brüning veröffentlicht seine Ausführungen *Entstehung eines Bildes* 1959 im vierten Heft der Zeitschrift *blätter + bilder*, Platscheks *Neue Figurationen* mit seinen zitierten Ausführungen zu Pollock erschienen ebenfalls 1959. Götz publizierte in den 1960er-Jahren seine Aufsätze zu den Problemen von Form und Inhalt, die er über eine dynamische Auffassung von Struktur zusammenführte. Eine kritische Theorie zum informellen Bildprozess, erfolgte demnach erst nach einer körperlichen Auseinandersetzung mit dieser Malweise durch das Erproben von unterschiedlichen Techniken.

Unter welchen Umständen hat sich aber nun dieser »Zeitstil«, der sich in Brünings *Komposition VI/55* (1955, WV77, Abb. 42) zeigt, entwickelt und wie setzten Künstler*innen diesen um? In früheren Recherchen zu den Umständen dieses Bildkonzepts wurde häufig eine Einflussgeschichte des Abstrakten Expressionismus oder des Action-Painting als Vorreiter für die informell gestische Malerei in der BRD genannt. So stellte Peter Brüning fest: »Ohne sagen zu können, daß ich in ihrer Nachfolge arbeite, sehe ich, daß ich der Schule des ›action painting‹ die direkte malerische Aktion verdanke.«[192] Oder, wie Roland Bothner argumentierte, einzelne Künstler*innen wie K. R. H. Sonderborg, die auf authentische Weise das Action-Painting entdeckten, wirkten einen Einfluss auf Nachfolgende aus. Die gefundene Technik für sich beanspruchen zu können, stellte dann eine avantgardistische Qualität dar, die über andere »spätere« Künst-

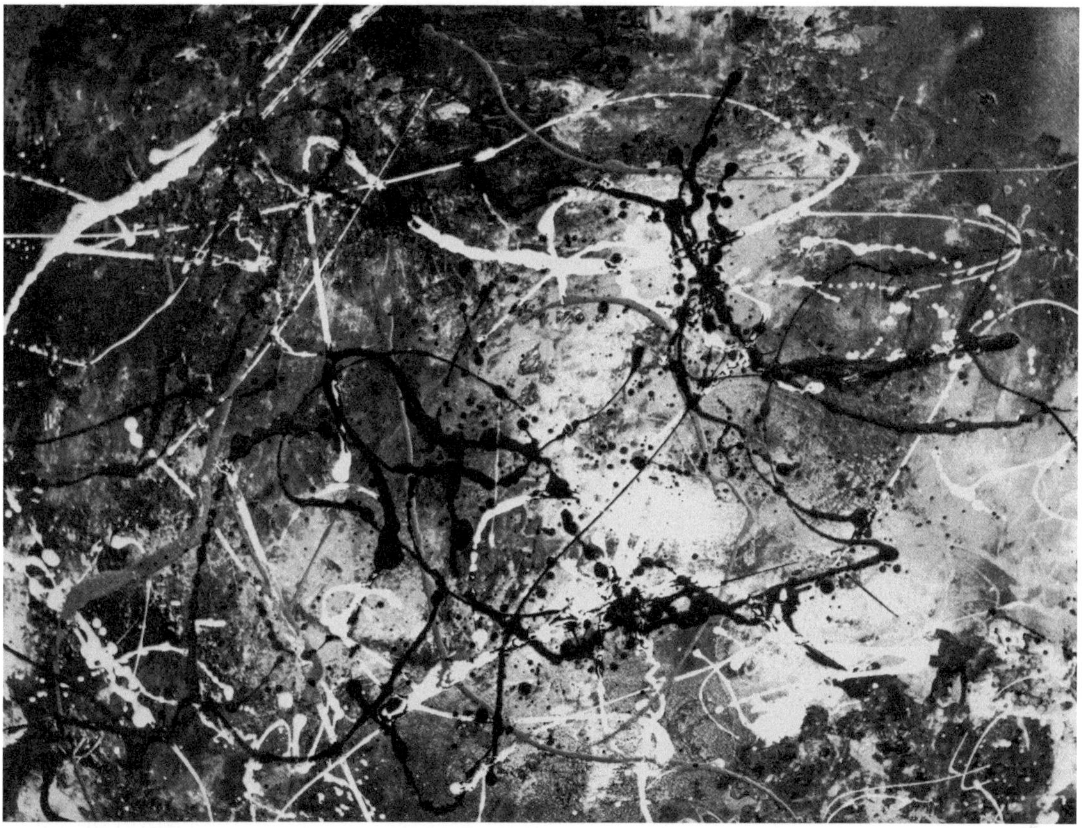

Abb. 42 | Peter Brüning: *Komposition IV/55*, 1955, Öl auf Hartfaser, 70,5 × 85 cm, WVZ Otten 077

ler*innen erhaben war. Dabei führte Bothner ein kritisierbares Narrativ zu Hans Hartung und Sonderborg aus. Hartung habe nämlich Sonderborg mit den Worten »Man kratzt und schabt nicht. Das ist ein Verrat an der Malerei«[193] zurechtgewiesen, als dieser ihm seine Action-Paintings gezeigt habe. Kurz darauf habe Hartung selbst angefangen zu kratzen und zu schaben. Bothner resümierte:

> Wenn man somit die Sparte der action painter betrachtet, bleiben nur wenige authentische übrig. Meistens ist an den Werken eine Mischung von Komposition und action painting zu beobachten, wie am Beispiel von Karl-Otto Götz bereits dargelegt. Das gilt auch für Gianni Bertini und Antonio Saura, die Sonderborg maßgeblich beeinflußte.[194]

Auf eine differenziertere Art führte Dieter Ronte an, dass beispielsweise über die Begegnung Ernst Wilhem Nays mit Hans Hofman, der in den

1920er-Jahren bereits in die USA emigriert war und den freien Gebrauch der Farbe weiterentwickelt und gelehrt hatte, sich eine neue Quellenlage für Nay eröffnete:

> Gedanken eines amerikanischen Künstlers, der durch die europäische Schule gegangen ist. Hier ist Hofmann von tragender Bedeutung, weil Ernst Wilhelm Nay, der Gründervater des deutschen Informel, der wie Hofmann noch aus dem Expressionismus herauswuchs, ihn 1948 auf seiner ersten USA-Reise kennen gelernt hat. Nay war einer der Ersten, dem die Quellen dieses neuen Denkens zugänglich wurden und die er somit auch in sehr eigenständige Bilder, in eine sehr eigenständige Kunsttheorie unmittelbar umsetzte.[195]

Begegnungen von Künstler*innen mit anderen Künstler*innen oder mit Kunstwerken standen im Mittelpunkt von beiden Beispielen (Bothner und Ronte), aber der wissenschaftliche Umgang mit diesen Begegnungen ist unterschiedlich. Während Bothner die Authentizität von Sonderborg und den Einfluss seines Werks auf weitere Künstler*innen betonte und damit auch wertend argumentierte, war Ronte bemüht, den historischen Kontext und die kunsttheoretischen Gedanken, die zwischen Nay und Hofmann thematisiert wurden, in seine Analyse mit einzubeziehen, um nicht valorisierende Aussagen zum künstlerischen Austausch treffen zu können. Eine Zeitlichkeit der Innovation – wer waren die ersten und somit authentischen Künstler*innen dieses informellen »Zeitstils«? – bekräftigte dabei die Narration, dass die New York School einen Triumph über die europäischen Modernen, über das Informel und über die École de Paris erlangt hatte. Dass ein künstlerischer Austausch über National- und Kulturgrenzen hinweg stattfand, der maßgeblich von Reiseaktivitäten einzelner Individuen abhing, ist gewiss. Die inter- und transregionalen Bezüge der informellen Malerei und das Zirkulieren eines informellen Bildkonzepts wurden bereits in Ausstellungstexten der 1950er-Jahre reflektiert und können Aufschluss über das damalige Verständnis von einer Internationalisierung geben.

Arnold Rüdlinger, Kurator der Ausstellung *Tendances actuelles 3*, die im Februar 1955 in der Kunsthalle Bern stattfand, nannte den Umgang mit einer sich ähnelnden Technik eine Bearbeitung von künstlerischen Problemen, denen sich Künstler*innen gleichzeitig stellten:

> In den vierziger Jahren traten plötzlich einige Künstler in Erscheinung, die sich durch die Eigenwilligkeit ihrer Zielsetzung auszeichneten. Rückblickend erkennt man, dass einige von ihnen – de Kooning und Pollock in New York, Tobey in Seattle, die Mitglieder der Pacific School in San Francisco – Probleme aufgegriffen hatten, die zur selben Zeit in Paris von Wols, Hartung, Michaux, Mathieu, Bryen

> und anderen diskutiert wurden. Man könnte den Engländer Philip Martin zitieren, den Deutschen Winter, die Italiener Burri und Crippa, um die Simultaneität des Phänomens zu illustrieren. Die bildende Kunst ist heute an einem Punkt angelangt, wo in Europa und Amerika eine Sprache gesprochen wird, die sich des selben Vokabulars bedient und zwar nicht eines angelernten, abgeleiteten, sondern eines simultan geschaffenen.[196]

Rüdlinger stellte sich 1955 noch aus einer transregionalen Perspektive die Frage nach den Bedingungen dieser Synchronizität. Den Sprachraum begrenzt er auf die USA und Europa, und teilweise genauer auf spezifische Regionen, zwischen den durch individuelle Künstlerreisen, Galeriehandel und internationale Ausstellungen bereits Verbindungen bestanden. In diesem Sprachraum sah er keine Dominanzen einzelner Regionen, von denen sich andere ein Vokabular ableiten oder anlernen, sondern ein simultan geschaffenes Vokabular.

In den folgenden vier Jahren, bis zur *II. documenta* (1959), wurden geopolitische Kontexte jedoch so bestimmend, dass sich die Organisation der Großausstellung in Kassel zu einer politischen Stellungnahme im Hinblick auf diese simultane Sprache gezwungen sah. Die simultane Sprache einzelner Regionen Europas und der USA wurde zur Weltsprache deklariert und in eine politische Funktion gefügt. Zuvor wies noch eine Ausgabe zum Tachismus der Zeitschrift *Das Kunstwerk* auf die internationalen Bezüge hin. Dort wurde ein Beitrag gedruckt, in dem Rike Wankmüller das dem Französischen entlehnte Wort Tachismus auf US-amerikanische Künstler Mark Tobey, Jackson Pollock, Franz Kline, Robert Motherwell, Willem de Kooning, Bradley Walker Tomlin, Mark Rothko und Arshile Gorky anwandte. Formalästhetische Analysen stellten die malerischen Ansätze der Künstler vor. Wankmüller, die auch Vorträge am Amerika-Haus Frankfurt hielt, fasste zusammen:

> Das Gemeinsame dieser verschiedenen Künstler ist ihr Thema: Raumdarstellung. Aber weder der auf den Menschen bezogene Raum, noch der durch das Verhältnis der Gegenstände zueinander bestimmte, sondern ein in Fluß geratener Raum ist es, den sie zu gestalten versuchen. Bewegung beherrscht die Bilder so ausschließlich, daß diese alles, auch die Gegenstände[,] an sich zieht. Die Trennung von Raum und Figur entfällt. [...] Da Bewegung schwer zu fassen ist, macht die Beschreibung der Bilder Schwierigkeiten und läßt sich eigentlich nur in negativer Weise durchführen: wir sehen bewegte komplexe Kompositionen ohne Grenzen und ohne Mittelpunkt.[197]

Wankmüller erkannte nicht nur die Bewegung in den Werken als Bildthema, sondern sah auch deren Verankerung im Raum. Das gestisch-informelle Bildkonzept beschrieb sie mit dem Begriff Tachismus, womit eine dynamische, den Raum durch körperliche Bewegung befragende Bildkonzeption gemeint war. So wurde deutlich, dass durchaus eine Gemeinsamkeit zwischen den deutschen und US-amerikanischen Künstler*innen bestand, die regionale oder fremdsprachliche Namensgebung (New York School, Abstract Expressionism, Action-Painting) aber zugunsten eines konstruktiven Vergleichs aufgegeben wurde. Die Autorin identifizierte eine konzeptionelle Kohärenz und nannte diese Tachismus. In anderen Orten trug diese Kohärenz zwar andere Namen, ging aber mit ähnlichen theoretischen Problemstellungen am Bild und Praxeografien einher. *Das Kunstwerk* zeigte vor dieser Ausgabe nur selten gestisch-informelle Arbeiten.[198] Die beiden Textbeiträge von Rüdlinger und Wankmüller belegen, dass in der ersten Hälfte der 1950er-Jahre eine a-hierarchische Auseinandersetzung mit informeller, tachistischer oder abstrakt-expressiver Kunst aus den USA und Europa möglich war, in der die jeweiligen Künstler*innen und ihre Werke in ihren Ursprungskontexten betrachtet und nicht in einen kompetitiven Vergleich überführt wurden, der die zweite Hälfte der 1950er-Jahre bestimmen würde.

In der Einführung im Katalog zur Malerei der *II. documenta* schrieb Werner Haftmann 1959 zur modernen Kunst:

> Im letzten Jahrzehnt ist gerade sie es gewesen, die über all die hemmenden Besonderheiten von Sprache, Sitte, Geschichte, Rassegefühl und Folklore hinweg ein menschheitliches Bewußtsein hat herstellen können. Ihre Ausdrucksformen und Erlebnisweisen haben zum erstenmal der seit der Romantik aufleuchtenden Idee einer Weltkultur eine gewisse Wirklichkeit gegeben. Von Europa über die beiden Amerika, über Afrika und Asien bis hin zum Fernen Osten hat sie innere Übereinstimmungen wachrufen können und diese Übereineistimmung in eine Sprachform einbetten können, die eine unmittelbare Kommunikation möglich macht. Sie kann als erster Modellfall von Menschheitskultur gelten.[199]

In seiner Eröffnungsrede zur Ausstellung schlug er ganz ähnliche Töne an: »Die moderne Kunst lebt aus zwei sittlichen Grundimpulsen, die ich für die künftige Wohlfahrt des menschlichen Geschlechts für die wahrhaft entscheidenden halte: Sie lebt aus dem Grundimpuls der Freiheit und dem der Liebe.«[200] Aus einer gemeinsamen Notsituation durch den Zweiten Weltkrieg sei der Ruf nach diesem Bedürfnis in der ganzen Welt vernehmbar gewesen:

> Aus diesen sich schnell verdichtenden Rufen und Gegenrufen entstand ein gemeinsames Schaffensklima, das sich so stark erwies, daß es in kurzer Zeit die alten großen Leitbilder der einzelnen Regionalkulturen überwand oder veränderte. Gerade diese Ausstellung zeigt Ihnen, wie die Form- und Empfindungs-

> weise der modernen Kunst heute bereits um den ganzen Erdball reicht. Sie ist der erste Modellfall von Weltkultur.[201]

Mindestens schwärmerisch, aber wohl doch eher stark verklärt wirken diese Äußerungen Haftmanns mit dem heutigen Wissen, dass er Mitglied des NSDAP war und die Rehabilitierung der Moderne in Deutschland nach dem Krieg ebenso aus dem Bedürfnis heraus betrieb, seine eigene NS-Vergangenheit zu kaschieren.[202] Aber auch aus einer anderen, heutigen Sicht ist Haftmanns Vorstellung einer »Weltkultur«, die durch die auf der *II. documenta* ausgestellten Werke greifbar werden sollte, problematisch: Die ausstellenden Künstler*innen kamen vorwiegend aus westlichen Kulturräumen, sodass seine These der alle Kontinente umfassenden Übereinstimmung von modernen »Ausdrucksformen« und »Ereignisweisen« der abstrakten Kunst nicht wirklich in den Ausstellungsräumen exemplifiziert war. Susanne Leeb identifizierte in Haftmanns Einführungstext eine »Feier des europäischen Imperialismus«[203], da er an mehreren Stellen die Vorreiterrolle Europas für diese Weltkultur - im oben angeführten, ersten Zitat beispielsweise die der Romantik - markierte. Den »Modellfall«, den er in der Abstraktion der Nachkriegskunst erkannte, transferierte er auf alle anderen Kontinente, »den ganzen Erdball« und reflektierte dabei nicht, dass er ein schematisches Denken ohne Übersetzungsprobleme global ausweitete. »Selbst alles, was sich heute im Osten, in den arabischen Ländern, in Afrika und Amerika an Widerstand gegen diesen Modellfall zeigt, ist genau besehen doch nur Modifikation und folkloristische Einbindung dieses Grundmodells in andersgeartete Lebensumstände«[204], argumentierte Haftmann schon zwei Jahre vor der *II. documenta* in einem Vortrag zur Tagung der Europäischen Kulturstiftung 1957.

Entsprechend dieses globalen Anspruchs stellte Sabine Flach die *Abstraktion als Weltsprache* als Paradigma heraus, das Haftmann selbst auf die Künste projizierte und somit maßgeblich von ihm selbst geprägt sei.[205] Geradezu auffällig übereinstimmend lässt sich Monica Junejas Kritik an dem Begriff der *Global Art History* auf Haftmanns »Weltkultur« übertragen. Juneja schreibt: »›Global‹ kann sowohl einen konzeptionellen Imperialismus kennzeichnen als auch einen multikulturellen Eklektizismus.«[206] Sie kritisiert an David Summers *Real Spaces. World Art History and the Rise of Western Modernism* (2003), dass darin eine *World Art History* mit Konzepten aus unterschiedlichen Kulturräumen der Welt belegt werde, die, obwohl sie immer reduktionistisch und selektiv sei, von Summers »als universal« gedeutet werden und dadurch »die Gefahr des Verlusts von historischer Spezifität«[207] in sich trage. Zudem könne der westlich geprägte Kunstbegriff nicht ohne Weiteres auf nicht-westliche Kulturen angewandt werden, ohne spezifische Kenntnisse zum Kontext und Historizität der jeweiligen Kulturen heranzuziehen.[208] Zugespitzt und übertragen auf Haftmann entsteht daraus die Frage: Was wusste Haftmann über die Kultur Afrikas, Asiens und des Fernen Ostens, um einen historischen Weltanspruch in der *II. documenta* glaubhaft belegen zu können?

Haftmann scherte alle anderweitigen Ausdrucksformen der nicht-westlichen, modernen Kunst über seinen eigenen Kamm, sodass sich ein eurozentristisches Kunstbild in viele seiner Äußerungen einschrieb. Dieser Eurozentrismus war auch in der Maler*innen-Auswahl der *II. documenta* ablesbar: Nur 33 von insgesamt 218 ausgestellten Maler*innen stammten aus nicht-westeuropäischen Ländern oder nicht aus den USA.[209] Auch wenn die politische Situation durch den Kalten Krieg zugespitzt war und als nicht-westlich hier vereinfacht diejenigen Länder begriffen werden können, die östlich der innerdeutschen Grenze lagen und einen Kontrapunkt zum kapitalistisch-freiheitlichen Selbstverständnis des Westens bildeten, ist eine solche Zuspitzung durch ein Zahlenverhältnis dennoch problematisch, da die nationale Herkunft nicht mit kultureller Identität als statische Größe gleichgesetzt werden kann. Kulturelle oder künstlerische Ortszugehörigkeiten und Selbstverständnisse können sich von einer nationalen Herkunft unterscheiden.[210] Gegen dieses schematisierende Denken einer statischen Kulturauffassung richten sich der transkulturelle Ansatz und Forschungen zur Mobilität von Künstler*innen in der Moderne.[211] Haftmann sprach in seinem Einleitungstext die arabischen Länder, Afrika und den fernen Osten an. Ein genauer Blick auf die biografischen Angaben im Katalog der Malerei offenbart: Der einzige arabisch-afrikanische Maler der *II. documenta* war der 1909 in Tunis geborene Antonio Corpora – zusammen mit den im Katalog zur Skulptur aufgeführten Ibram Lassaw und André Bloc.[212] Im kurzen biografischen Hinweis zu Corpora wurde jedoch gleich vermerkt: »1930–37 Aufenthalt in Paris. Lebt seit 1939 in Rom.«[213] Künstler*innen mit außereuropäischen oder außer-US-amerikanischen Geburtsorten waren Wilfredo Lam (Kuba), Rufino Tomayo (Mexiko), Matta (Chile), Arshile Gorky (Armenien), André Bloc (Algerien), der bereits genannte Ibram Lassaw (Ägypten), Alicia Penalba (Argentinien), Anton Heyboer (Indonesien) und Arthur Luiz Piza (Brasilien). Diese als Vertreter*innen der Kulturen ihrer Geburtsländer zu verstehen, mit denen eine »Modifikation und folkloristische Einbindung«[214] eines europäischen Kulturverständnisses verhandelt wurde, wird nicht nur den Künstler*innen und ihren Wirkungsorten nicht gerecht, sondern zeigt auch, wie mit der Betonung Haftmanns einer den gesamten Globus umfassenden Bewegung doch nur die Idee einer hegemonialen, westlichen Leitkultur fortgesetzt wurde. Arabische Maler*-innen waren also im Katalog der Malerei kaum vertreten und Fernost war mit vier Malern aus Japan, Yûichi Inoue, Kumi Sugai, Yûkei Teshima und Taihô Yamazaki, abgedeckt (Anton Heyboer wurde in Indonesien als niederländischer Staatsbürger geboren). Wurden Maler*innen aus weiteren asiatischen Ländern wegen ihren Beziehungen zu China oder dem politischen Osten gemieden? Kein weiteres fernöstliches Land wurde in der Auswahl der Malerei bedacht. Und selbst für die japanischen Künstler ließ Arnold Bode den Kurator Atsuo Imaizumi, Direktor des National Museum of Modern Art Tokio, anfragen, ob er nicht jeweils drei Werke von japanischen Künstler*innen für die *II. documenta* auswählen könnte.[215] Die japanische Beteiligung war einerseits notwendig, um den Fernen Osten abzudecken, andererseits wirkte der Ablauf der Auswahl aber wie eine Pro-Forma-Beteiligung.

Lag der Ferne Osten, mit der Ausnahme Japans, also außerhalb des Interessensbereichs Haftmanns, fand eine erste zaghafte Annäherung durch die BRD dennoch fast zeitgleich zur *II. documenta* durch die Ausstellung *Art d'aujourd'hui en Allemagne* im vietnamesischen Saigon, dem heutigen Ho-Chi-Minh-Stadt, 1959 statt, vollzogen allerdings im Rahmen einer politisch-diplomatischen Legitimation: Aufgrund der stärkeren Präsenz des Ostblocks in Südostasien solle hauptsächlich figurative Kunst gezeigt werden, da sich das dortige Kunstverständnis mehr auf figurative Kunst stützte. Gerade durch den Kulturaustausch von asiatischen Ländern mit den anderen Ostblockstaaten sei die Ausstellung der BRD in Vietnam wichtig, um sich in diesem Feld zu positionieren und in Konkurrenz zur DDR treten zu können: »Dass die DDR Ausstellungen in Südostasien organisierte, deutete man in Bonn als Risiko, die ›Deutungshoheit‹ über Kunst und Kultur zu verlieren.«[216] Haftmann und Bode sahen sich dazu legitimiert, eine Deutungsmacht zur westlichen Kunst in Anspruch zu nehmen, mit der sie eindeutige Grenzen zogen, die auch im nationalen, auslandsdiplomatischen und kulturpolitischen Rahmen der BRD galten. Die *Weltsprache Abstraktion* wurde in Saigon also abgewandelt und schien im Fernen Osten, zumindest aus geopolitischer Sicht der Bonner Politik, Übersetzungsprobleme zu haben – der Modellfall von Weltkultur war also selbst aus politisch-diplomatischer Sicht inkonsistent.

Haftmanns These der Weltverträglichkeit der Abstraktion lag die Annahme zugrunde, die moderne Kunst könne einen versöhnlichen, völkerverständigenden Aspekt, ein »menschheitliches Bewußtsein«

bilden. Kritisch betrachtet offenbarte sich darin aber ein unverhohlener Eurozentrismus durch die Auswahl der Künstler*innen, von denen die große Mehrheit aus einem westlichen Kunstmilieu hervorging, auch wenn die Geburtsorte vielfältig waren.[217] Auf der *II. documenta* zeichneten sich somit hierarchische Verhältnisse ab: Einerseits wurde Westeuropa mit Paris als dem kulturellen Zentrum der Malerei inszeniert, indem der Ausstellungsraum zwar mit internationalen Künstler*innen gefüllt wurde, die jedoch vorwiegend aus Westeuropa stammten und häufig einen Bezug nach Paris hatten. Gleichzeitig boten die Betonung und Präsenz der Abstraktion und gegenstandslosen Malerei die Möglichkeit, sich kontrapunktisch zu den sozialistischen Staaten des Ostens zu positionieren. Die *II. documenta* machte damit einen Überlegenheitsanspruch geltend. Dazu diente der *false universalism* Haftmanns: Die Weltsprachlichkeit der Abstraktion zeigte sich zwar global, nur im Ostblock stehe sie unter Verschluss.[218] Die *II. documenta* proklamierte eine immanente hegemoniale Tendenz, die Vorherrschaft der westlichen abstrakten Kunst trotz der als Weltsprache gemeinten Abstraktion. Daher gilt das abstrakt-expressive und informelle Programm der *II. documenta* aus heutiger Sicht als geopolitisches Zeichen der Westintegration Deutschlands in die freiheitlich-kapitalistische Staatengemeinschaft.[219] Die Trajektorie des Tropfens wurde in der BRD durch geopolitische Bahnen gelenkt.

1 Max Ernst: Biographische Notizen. Wahrheitsgewebe und Lügengewebe, in: Werner Spies (Hrsg.): Max Ernst. Retrospektive zum 100. Geburtstag, Ausstellungskatalog London, München 1991, S. 281-339, hier S. 322.
2 Julia Drost: »Biographische Notizen«. Max Ernsts Spiel mit einer literarischen Gattung, in: Werner Spies: Max Ernst. Leben und Werk, Köln 2005, S. 17-31, hier S. 17-19, Fußnote 1.
3 »He has recently invented a new method of chance - oscillation - and in this technique has painted several large gyrating compositions. They are produced by means of color flowing freely from a swinging container operated with a long cord by the artist.« Sidney Janis: American Paintings by Artists in Exile, in: ders.: Abstract & Surrealist Art in America [Reprint by Arno Press 1969], New York 1969, S. 123-127, hier S. 125.
4 Carola Giedion-Welcker/Ernst Scheyer: Max Ernst. Irony-Myth-Structure, in: Criticism, 6 (1964), S. 105-113, hier S. 11, https://www.jstor.org/stable/23094202 [17. 2. 2022]; Robert Storr: A Piece of the Action, in: Kirk Varnedoe/Pepe Karmel (Hrsg.): Jackson Pollock. New approaches, New York 2000, S. 33-69, hier S. 38; Pepe Karmel: Der Ringkampf. Pollock und Picasso, in: Delia Ciuha (Hrsg.): Action painting. Jackson Pollock, Ausstellungskatalog Riehen / Basel, Ostfildern 2008, S. 22-36, hier S. 23. David L. Sweet führt nicht die Methode der Oszillation an, beschreibt aber eine anteilige Übernahme des psychischen Automatismus in die Malerei des Abstrakten Expressionismus: David L. Sweet: Parodic Nostalgia for Aesthetic Machismo. Frank O'Hara and Jackson Pollock, in: Journal of Modern Literature, 23 (2000), S. 375-391, hier S. 376/377.
5 Drost 2005, S. 20.
6 Werner Spies: Amerika wird Avantgarde. Jackson Pollocks Leinwand als Arena, in: ders.: Zwischen Action Painting und Op Art, Berlin 2008, S. 53-66, hier S. 63/64.
7 Ebd., S. 57.
8 Ebd., S. 66.
9 Dass beispielsweise auch die Malerin Helen Frankenthaler erst als Innovateurin einer malerischen Technik galt, nachdem ihre männlichen Kollegen Kenneth Noland und Morris Louis eine ähnliche Technik verwenden, argumentiert Whitney Chadwick: Frauen, Kunst und Gesellschaft, Berlin 2013, S. 328. Sie schließt sich damit einer Kritik des Innovators/Genies aus einer feministischen Perspektive auf die Kunstgeschichte, wie Linda Nochlin angeführt hat, an. Vgl. Linda Nochlin: Why have there been no great women artists, in: dies.: Women, Art, and Power and Other Essays, New York/London 2019, S. 145-178, hier S. 154/155, 157.
10 Da Janet Sobels *Music* (1944) als verloren gilt und nur in schwarz-weißen Abbildungen verfügbar ist, wird hier *Milky way* (1945) gezeigt, da es sich in der malerischen Technik stark ähnelt, auch wenn dieses Gemälde aufgrund der späteren Entstehungszeit nicht in der Ausstellung präsentiert werden konnte.
11 In Sidney Janis Publikation ist nur eine Schwarz-Weiß-Abbildung vorhanden, das Werk *Music* gilt als verschollen. Die Ausstellungen wanderte durch New York, Mortimer Brandt Gallery, 29. 11.-30. 12. 1944 und San Francisco, Cincinnati, Denver, Seattle, Santa Barbara. Siehe hierzu Sandra Zalman: Janet Sobel. Primitive Modern and the Origins of Abstract Expressionism, in: Woman's Art Journal, 36 (2015), S. 20-29, hier S. 23; Gail Levin: Janet Sobel: Primitivist, Surrealist, and Abstract Expressionist, in: Woman's Art Journal, 26 (2005), S. 8-14.
12 Greenberg behauptet *Music* sei in Peggy Guggenheims Galerie 1944 ausgestellt worden, wo er und Pollock es gesehen hätten. Tatsächlich war das Gemälde aber erst 1946 in Sobels Einzelausstellung von Guggenheim zu betrachten, siehe Peggy Guggenheim (Hrsg.): Paintings by Janet Sobel, Ausstellungskatalog New York, New York 1946, Katalog-Nr. 16. Wie Judith Kays aufwändig rekonstruiert, ist am naheliegendsten, dass Greenberg die Ausstellung in der Galerie Art of this Century fälschlicherweise mit der Ausstellung Sobels in der Galerie Fernando Puma vertauscht, die 1944 stattfand. Dort werde zwar in der Ausstellungsliste das Werk *Music* nicht aufgeführt, aber zwei Rezensionen in den *ARTnews* besprechen dieses Werk in der *Puma Galerie*-Ausstellung, sodass sicher sein kann, das dieses Werk 1944 dort zu sehen war. Judith Kays: Jackson Pollock and Mark Tobey. Setting the Record Straight, in: Kosme de Barañano/Matthias Bärmann (Hrsg.): Mark Tobey, Ausstellungskatalog Madrid, Barcelona 1997, S. 91-114. Siehe auch Clement Greenberg: American Type Painting, in: ders.: Art and Culture. Critical Essays, Boston 1961/1989, S. 324-358, hier S. 339/340 sowie William Rubin: Jackson Pollock and the Modern Tradition, in: Pepe Karmel (Hrsg.): Jackson Pollock. Interviews, Articles, and Reviews, New York 1999, S. 118-175, hier S. 163. Rubins Aufsatz wurde zuerst in mehreren Teilen in *Artforum* 1967 publiziert. Werner Spies bezieht sich bei der Bedeutung von *Music* für Pollock, jedoch ohne Angabe, auf den Essay von Rubin oder auf die Abbildung von *Music* in Sidney Janis *Abstract & Surrealist Art in America*.
13 Greenberg 1961/1989, S. 340. Greenberg scheint nicht gewusst zu haben, dass Sobel bereits nach New Jersey gezogen war.

14 Stephen Polcari führt an, dass Pollock diese Technik bei David Alfaro Siqueiros kennengelernt habe: Stephen Polcari: Jackson Pollock's Maguey Shorthand, in: Source. Notes in the History of Art, 32 (2013), S. 30–36, hier S. 36.

15 Levin 2005, S. 8 führt an, dass Pollock 1947 das erste Mal Öl- und auch Lackfarbe im Gemälde *Lucifer* nutzte.

16 Chris McGlinchey u. a.: David A. Siqueiros. His Modification of Oil and Cellulose Nitrate-Based Paint and his Advocacy for Innovation, in: Journal of the American Institute for Conservation, 52 (2013), S. 278–289.

17 Édouard Lombard/Comité Georges Mathieu: Ce qu'on doit à Georges Mathieu, https://georges-mathieu.fr/publications/ce-quon-doit-a-georges-mathieu/ [23. 3. 2021]. Binnenzitat aus: Bosquet/Mathieu 1960.

18 Ebd., S. 82–101.

19 Götz (Bd. 1b) 1983, S. 699.

20 Vgl. hierzu auch Tapiés Worte zu den ersten von Tapié in Paris ausgestellten Werken Pollocks: »Il m'a plu de lancer une telle bombe dans le monde artistique parisien […].« Tapié 1952a, o. S. und das Kapitel »Trajektorien von art autre in Frankreich und den USA« in der vorliegenden Arbeit.

21 Viele Artikel Greenbergs zu Pollock wie auch William Rubins detaillierter, vierteiliger Essay für die *ARTNews,* in dem er auch auf Sobel eingeht, befinden sich gesammelt in: Karmel 1999, https://assets.moma.org/documents/moma_catalogue_226_300198614.pdf [18.2.2022].

22 Beispielsweise Einzelausstellungen 1948 im Modern Institute of Art, Beverly Hills (Kalifornien), 1944 in der American Contemporary Gallery, Hollywood, (Kalifornien) oder 1952 in der Bertha Schaefer Gallery, New York City und Gruppenausstellungen 1941 im Whitney Museum of American Art, New York City, 1942 im MoMA, New York City, 1942 in der American Federation of Arts, Washington, D. C., 1943 im MoMA, New York City, 1945 in der Pepsi Cola Company's Paintings of the Year, New York City, 1946 im Whitney Museum of American Art, New York City, 1947 im Art Institute of Chicago, 1949 Whitney Museum of American Art, New York City und 1950 in der Los Angeles Art Association, Kalifornien. Siehe hierzu den Eintrag zu Knud Merrild von Sullivan Goss. An American Gallery: https://www.sullivangoss.com/artists/knud-merrild-1894-1954 [18. 2. 2022] und Jules Langsner/Knud Merrild: biographical notes, in: Richard F. Brown (Hrsg.): Knud Merrild 1894–1954. Paintings, constructions, collages, watercolors and drawings, Los Angeles, Los Angeles 1965, S. 9.

23 Keith Cushman: Lawrence and Knud Merrild: New Materials, New Perspectives, in: ders./Earl G. Ingersoll: D. H. Lawrence. New Worlds, Teaneck/London 2003, S. 68–95, hier S. 89.

24 Susan Ehrlich: Knud Merrild, in: dies./Paul J. Karlstrom (Hrsg.): Turning the Tide: Early Los Angeles Modernists, 1920–1956, Ausstellungskatalog Santa Barbara, Santa Barbara 1990, S. 138–141, hier S. 140.

25 Susan M. Anderson: Post-Surrealism and the Flux: Lorser Feitelson, Helen Lundeberg, and Knud Merrild, in: Paul J. Karlstrom (Hrsg.): On the Edge of America. California Modernist Art 1900–1950, Berkeley/Los Angeles/Oxford 1996, S. 183–191, hier S. 191.

26 Diese Studie wurde in den frühen 1940er-Jahre erarbeitet, aber erstmals 1989 publiziert: Kurt Herberts (Hrsg.): Modulation und Patina. Ein Dokument aus dem Wuppertaler Arbeitskreis um Willi Baumeister, Oskar Schlemmer, Franz Krause. 1937–1944, Stuttgart 1989, S. 26–143. Proben und Arbeiten dieser Studie wurden erst ab den 1970er-Jahren in Ausstellungen gezeigt, siehe Günter Aust: Chronik 1937–1944, in: Herberts 1989, S. 11–25, hier S. 25. Der Print von 1989 ist die erste vollständige Veröffentlichung. Dem Arbeitskreis gehörten darüber hinaus auch Ernst Oberhoff, der Alfred Löcher und Georg Muche an. Heinz Rasch übernahm die Gründungskoordination, Franz Krause war als Architekt eingebunden. Vgl. Gerda Breuer: Der Wuppertaler Arbeitskreis. Oskar Schlemmer, Willi Baumeister, Franz Krause, in: Antje Birthälmer/Beate Eickhoff (Hrsg.): Oskar Schlemmer. Komposition und Experiment. Das Wuppertaler Maltechnikum, Ausstellungskatalog Wuppertal, Bönen 2019, S. 69–83.

27 Vera Wolff: Lackflüsse. Willi Baumeisters und Oskar Schlemmers japonistische Materialästhetik aus der Lackfabrik, 1937–1944, in: Kijan Malte Espahangizi/Barbara Orland (Hrsg.): Stoffe in Bewegung. Beiträge zu einer Wissensgeschichte der materiellen Welt, Zürich/Berlin 2014, 257–274; Alexandra Dern: Zur Entstehung und zum Wirken des Wuppertaler Arbeitskreises. Willi Baumeister, Oskar Schlemmer, Franz Krause, Heinz Rasch und Carl Schlemmer, in: dies. (Hrsg.): Modulation und Patina. Willi Baumeister, Oskar Schlemmer, Franz Krause, Ausstellungskatalog Münster, Münster 2004, S. 6–18, hier S. 10/11. Publikationen des Arbeitskreises unter der Herausgeberschaft von Kurt Herberts: *Lackierkunst im technischen Zeitalter* (1940), *Anfänge der Malerei. Die Fragen ihrer Maltechniken und der Rätsel der Erhaltung* (1941), *Aus der Maltechnik geboren. Eine Studie* (1942), alle bei Wuppertal Bädeker erschienen.

28 Herberts 1989, S. 79.

29 Ebd., S. 82.
30 Wolff 2014, S. 261 [Fußnote 17].
31 Eickhoff 2019, S. 100.
32 Dennoch finden die Oberflächenmodulationen der Lack- und Materialexperimente, nur nicht die expliziten *drip*-Techniken, Eingang in Baumeisters Gemälde. Vgl. Peter Beyle: Einführung, in: ders./Felicitas Baumeister (Hrsg.): Willi Baumeister. Werkkatalog der Gemälde, Bd. 1, Ostfildern 2002, S. 9–27, hier S. 15.
33 Karin von Maur: Oskar Schlemmer. Auf dem Weg zum Informel, in: Herberts 1989, S. 146–151, hier S. 147. Zumindest als experimentelle Vorstudien zu einer informellen Malerei werden diese Experimente auch im Katalog der französischen Ausstellung *1945–1949. Repartir à zéro. Comme si la peinture n'avait jamais existé* aufgeführt, siehe Eric de Chassey/Sylvie Lecoq-Ramond (Hrsg.): 1945–1949. Repartir à zéro. Comme si la peinture n'avait jamais existé, Ausstellungskatalog Lyon, Paris 2008, vgl. den Tafelteil »Expérimenter« mit Abbildungen der Lacktafeln von Baumeister und Krause, S. 172–178.
34 D. A. Berberian: Microscopic Animalcules [Leserbrief], in: Time, 28. 2. 1949, http://content.time.com/time/magazine/article/0,9171,799818,00.html [7.6.2023].
35 Als Vergleichsbeispiele nennt Saltzman Helen Frankenthaler und Morris Louis. Während das Werk beider Künstler*innen formale, starke Ähnlichkeiten in ihrem Werk aufweise, seien diese sehr unterschiedlich bewertet worden. Lisa Saltzman: Reconsidering the Stain. On Gender and the Body in Helen Frankenthaler's Painting, in: Norma Broude/Mary D. Garrard (Hrsg.): Reclaiming Female Agency. Feminist Art History after Postmodernism, Berkeley/Los Angeles/London 2005, S. 373–283, hier S. 379.
36 Langhorne 2012, S. 265–276.
37 Ebd., S. 267.
38 Ebd., S. 265–268.
39 Langhorne 2012, S. 271. Langhorne gibt keine Quellen zur Aussage Pollocks an.
40 Dass Pollocks *drippings* auch naturwissenschaftliches Sehen implizieren, wie Berberians mikroskopisches Sehen, hat auch Werner Haftmann impliziert. Siehe Nicolas Hepp: Das nicht-relationale Werk: Jackson Pollock, Barnett Newman. Ansätze zu einer Theorie handelnden Verstehens, Mühlheim 1982 S. 62. Werner Haftmann: Malerei im 20. Jahrhundert. Eine Entwicklungsgeschichte, München 1976, S. 479.
41 Kalb 2012, S. 4/5.
42 Paul Barolsky: Fables of Art, in: The Virginia Quarterly Review, 71 (1995), S. 280–287, hier S. 286.
43 Ulrich Pfisterer: Kunst-Geburten. Kreativität, Erotik, Körper in der frühen Neuzeit, Berlin 2014, S. 48/49.
44 Siehe vor allem Kapitel »Zeugungsakte«, S. 46–62 in: Pfisterer 2014.
45 Thierry Davila: Duchamp with Mallarmé, in: October, 171 (2020), S. 3–26, hier S. 9/10.
46 T. J. Demos: Duchamp's Boîte-en-valise: Between Institutional Acculturation and Geopolitical Displacement, in: Grey Room, 8 (2002), S. 7–37, hier S. 26/27.
47 Ebenso kann die Leinwand auch gedacht werden, als Aushandlungsort weiblicher Kreativität und Sexualität, wie Susan Gubar die weiße, leere Seite, *the blank page*, am Beispiel einer Kurzgeschichte von Isak Dinseken/Karen Blixa erläutert. Gubar interpretiert in der Kurzgeschichte beschriebene, ausgestellte, blutbefleckte Tücher nach der Hochzeitsnacht: »[...] the objects of art in ›The Blank Page‹ are quite literally made out of the bodies of the royal princesses whose internal fluids are the print and the paint. Not only are artist and art object physically linked but also the canvases in the nuns' gallery are a direct response to the princesses' private lives.« Susan Gubar: »The Blank Page« and the Issues of Female Creativity, in: Critical Inquiry, 8 (1981), S. 243–263, hier S. 248.
48 Saltzman 2005, S. 379.
49 Ebd., S. 378/379.
50 Linda Nochlin zeichnet nach, wie Künstlerinnen im 19. Jahrhundert in der Ausbildung aus moralischen Gründen nicht nach männlichen Modellen malen durften, umgekehrt in der Aktmalerei der weiblich gelesene Körper aber hauptsächlich objektifiziert und abgebildet wurde. Nochlin 2019, S. 158–164.
51 Griselda Pollock: Killing Men & Dying Women: Imagining difference in 1950s New York painting, Manchester 2022, S. 70.
52 Zu Bataille und Greenberg, Pollock 2022, S. 48/49, zur Konnotation des Malmaterials mit Weiblichkeit, S. 72.
53 Nochlin 2019, S. 158–164.
54 Ebd., S. 153–158.
55 Beispielsweise von Jaon Marter: Missing in Action. Abstract Expressionist Women, in: dies. (Hrsg.): Women of Abstract Expressionism, Ausstellungskatalog Denver, New Haven 2016, S. 18–29, hier S. 28 oder Chadwick 2013, S. 319.
56 Nochlin 2019, S. 176.
57 Margaret A. Simons: The silencing of Simone de Beauvoir. Guess what's missing from *The Second Sex*, in: Women's Studies International. Forum, 6 (1983), S. 559–564 und Toril Moi: While we wait: the English translation of *The Second Sex*, in: Signs, 27 (2002), S. 1005–1035.
58 Pollock 2022, S. 74.
59 Ellen G. Landau: Space poetry. The Action

Paintings of Michael West. in: dies./Hollis Taggart (Hrsg.): Space poetry. The Action Paintings of Michael West, Ausstellungskatalog New York, 2019, S. 10–29, hier S. 10.

60 Chadwick 2013, S. 328.

61 *La famille*, 1947, Öl auf Leinwand, 95 × 70 cm, siehe den Eintrag zur Signatur in der Collection du Centre national des arts plastiques (CNAP), https://www.cnap.fr/collection-en-ligne/#/artwork/140000000033845?filters=query%3AHuguette%20arthur%20bertrand%20la%20famille&page=1&layout=grid&sort=by_author [24.8.2023].

62 Judith Butler: Wenn die Geste zum Ereignis wird, Wien 2019, S. 26/27.

63 Mary Stone Hanley: The Name Game. Naming in Culture, Critical Theory, and the Arts, in: Journal of Thought, 39 (2004), S. 53–74, hier S. 53–55.

64 Nur wenige Beiträge thematisieren die Intersektion von *race* in der gestischen Malerei der 1950er-Jahre: Chadwick 2013, vor allem das Kapitel 11 »Gender, Hautfarbe und Moderne nach dem Zweiten Weltkrieg«, S. 316–354.

65 Der vollständige Text lautet: »à KARL OTTO GÖTZ, aujourd'hui, en faisant [?] un bon après-midi chez notre ami commun Jaguer. Amicalement, Michel TAPIÉ, année 54.« Widmung auf der Titelseite des Exemplars in der Bibliothek des Deutschen Forum für Kunstgeschichte, Paris.

66 Die Archivalien des Archive Michel Tapié in der Bibliothèque Kandinsky, Paris, sind noch nicht vollständig bearbeitet. Die angegebenen Signaturen beziehen sich daher jeweils auf die Box/die Mappe/den Ordner, welche mehrere Dokumente enthalten. Die Ausgabe *Meta 10* ist enthalten in Archive Tapié (TAPIE 103), Faltblatt Zoe Dusanne Gallery: Archive Tapié (TAPIE 118.7), Faltblatt Galerie Werthmüller: Archive Tapié (TAPIE 121.10).

67 Michel Tapié: Esthétique en devenir, Barcelona 1956, o. S: »Le classement le plus simple est évidemment celui qui met en avant le fait de figuration ou de non-figuration, tout au moins dans les intentions des créateurs. Mais est-on si sûr de la totale volonté de non-figuration chez la plupart de nos authentiques abstraits? Je pense, comme ils me viennent, à Wols, Clyfford Still, Spazzapan, Pollock, Mathieu, Capogrossi, Reinhardt, Riopelle, Sam Francis, Soulages Tworkow, Serpan, Hofmann, Bryen, Claire Falkenstein, Fontana, Accardi, Dova, Hartung, Lassaw, San Filippo, Mitchel, K. O. Goetz, Klein, Mc Kay, Deebenkorn, Rihmann, Rothko, Claude Georges, Fred Martin, Enard, Norman Blhum [sic!] et quelques autres.«

68 Juliette Evezard: Un Art Autre. Le rêve de Michel Tapié, Dijon 2023, S. 201–309.

69 Götz 1983a, S. 556.

70 Die französische Kunsthistorikerin Alice Truc hat die Konfusion von Tapiés Theorien in der damals zeitgenössischen Kritik weiter aufgearbeitet und in einem bisher nicht publizierten Vortrag auf der Tagung *Kunst des Informel – Bilanz und Perspektiven der Forschung* (30.3.–1.4.2022) vorgestellt. Siehe auch Weber-Schäfer 2001, S. 162/163.

71 Sam Francis äußerte sich in einem Interview 1988: »Lui [Michel Tapie], c'etait un type très actif, genre entrepreneur. Je n'ai jamais rien compris a ce qu'il voulait dire par ›Un art autre‹.« Sam Francis/Yves Michaud: Sam Francis. Paris, années 50. Interview par Yves Michaud, in: Art Press,127 1988, S. 18–21, hier S. 20.

72 Juliette Evezard: »Un art autre«: Une épopée, in: Frédéric Hessler (Hrsg.): Un art autre. L'Aventure de Michel Tapié, Ausstellungskatalog Luxemburg, Luxemburg 2016, S. 6–13, hier S. 11/12; Juliette Evezard zeichnet auch die vielen verteilten und verschränkten Kooperation von Michel Tapié mit den Galerien detaillierter nach in Evezard 2023, S. 149–191.

73 Im Nachlass Tapiés sind einige Inventarlisten, die unter dem Titel *Collection privée* geführt werden, und Rechnungen zu Ankäufen von Gemälden direkt bei den Künstlern erhalten, Archive Tapié (TAPIE 35.2).

74 Alexander Iolas an Michel Tapié, Brief vom 5. 10. 1950, Archive Tapié (TAPIE 35.2).

75 Evezard 2023, S. 89–96.

76 Vgl. Brief von Dr. Werner Gramberg (Hamburger Kunsthalle) an die »Galérie Michel Tapié« vom 12. 7. 1956, Archive Tapié (TAPIE 11.2). Wilhelm Wessel hoffte eine Auswahl Tapiés von französischen und amerikanischen Künstler*innen in Iserlohn zeigen zu können, vgl. Brief von Wessel an Tapié vom 4. 1. 1956, Archive Tapié (Carton 23 (1)). Siehe auch eine Rechnung für Versand und Versicherung von 85 Gemälden nach Rio de Janeiro, ohne Datum, Archive Tapié (TAPIE 35.1) – vermutlich Biennale 1957 oder 1959. Élise Lanoë schreibt über diese Biennalen: »Déjà, celle de 1957 avait fait connaître Jackson Pollock et celle de 1959 introduit l'offensive tachiste et informelle.« Élise Lanoë: Arts plastiques et rivalités internationales. Les contributions allemandes et françaises aux Biennales de São Paulo, de la fin des années 1950 au début des années 1970, in: Cahiers des Amériques latines, 67 (2011), S. 163–182, hier S. 165, https://doi.org/10.4000/cal.316. Siehe auch die Leihanfrage von Ludwig Baron Döry im Brief vom 15. 6. 1959 an Tapié, Archive Tapié (TAPIE 34.1).

77 Die Pariser Galerien sind: Studio Paul Facchetti, Galerie Nina Dausset und Galerie Lydia Conti. Die Ausstellungen in diesen sind häufig in Beiträgen zum Informel herangezogen worden und werden daher hier nicht weiter thematisiert. Vgl. Villemur/Pietrzak 2004; Martin Schieder: Im Blick des anderen. Die deutsch-französischen Kunstbeziehungen 1945-1959, Berlin/Boston 2005, S. 184; Giovanni Casini: Allendy, Colette (born Colette Nel-Dumouchel), in: The Modern Art Index Project, Leonard A. Lauder Research Center for Modern Art, The Metropolitan Museum of Art, August 2021, https://doi.org/10.57011/BEPE1369; Bettina von Meyenburg-Campell: Kunst und Kunstvermittlung. Die freie Abstraktion der 1950er Jahre. Paris - New York und die Schweiz, in: Kunst + Architektur in der Schweiz, 52 (2001), S. 15-23.

78 Tapié eröffnete in Turin in der Via della Basilica 3 am 3. 3. 1960 das International Center of Aesthetic Reserach (ICAR/I. C. A. R., auch Centro Internazionale di Ricerche Estetiche) und fokussiert seine Ausstellungstätigkeiten zunehmend auf die eigenen Räume in Turin. Vgl. Bulletino n. 1 des I. C. A. R, Juni 1960, Archive Tapié (Tapie 118.4) und Evezard 2023, S, 265-280. Zahlreiche weitere Ausstellungen, unter anderem von *Gutai*-Künstler*innen, fanden dort statt.

79 Zur Differenz nach enger Zusammenarbeit mit Georges Mathieu, siehe Juliette Evezard: Georges Mathieu. Un amie de combat, in: Hessler Luxemburg 2016, S. 66/67.

80 Monica Juneja und Michael Falser formulieren, dass für eine historisch-kritische Aufarbeitung von Hierarchien eine »konzeptionelle Kohärenz« erfasst werden müsse, um deren An- und Ablehnungen beziehungsweise Hierarchiebildungen bestimmen zu können. Falser/Juneja 2013, S. 24.

81 Einladungskärtchen zur Ausstellung: »À l'occasion de la sortie de son livre UN ART AUTRE Michel Tapié présente quelques œuvres récentes de Dubuffet, Mathieu, Michaux, Bryen, Pollock, Appel, Wolds, Ruth Francken, Gillet, Arnal, Ronnet, Riopelle, Glasco, Guiette, Ossorio, Serpan, Claire Falkenstein, Sam Francis, Kopac, Etienne Martin«, in: Archive Tapié (TAPIE 28.6). Vgl. *Historique des activités de la Galerie*, S. 208, in: Villemur/Pietrzak 2004, S. 208/209. Die 42 Künstler*innen seiner Monografie mit ihren Herkunftsländern listet Evezard auf: Evezard 2016a, S. 10.

82 Der ihm mit einem Schreiben vom 2. 4. 1953 dankt, Archive Tapié (TAPIE 35.2).

83 Absender nicht identifiziert, Schreiben vom 24. 7. 1956 an Michel Tapié, Archive Tapié (TAPIE 28.6).

84 Franz Roh an Michel Tapié, Brief vom 6. 3. 53, Archive Tapié (TAPIE 100 / 34.2).

85 Herbert Read an Michel Tapié, Brief vom 2. 9. 1952 Archive Tapie (TAPIE 100 / 34.2).

86 Alle in der Publikation Tapiés abgebildeten Künstler*innen sind: Jean Dubuffet, Henri Michaux, Jean Fautrier, Wols, (Victor) Brauner, Maria, Sironi, Georges Mathieu, Ubac, Mark Tobey, Hans Hartung, Capogrossi, Matta, Etienne Martin, Riopelle, Ossorio, Sutherland, Jackson Pollock, Arnal, Gillet, Russell, Germaine Richier, Dova, Serpan, Pierre Soulages, Camille Bryen, Glasco, Baskine, Ruth Francken, Guiette, Marini, Karel Appel, Sam Francis, Butler, Ronet, Philip Martin, Paolozzi, Hans Hofmann, Bonet, Kopac. Die Künstlerauswahl Tapiés wurde im Nachhinein als beeindruckend erfolgreich von Wilhelm Wessel gewürdigt, der in einem Ausstellungskatalog zu Claire Falkenstein schreibt: »Es tippte schon mancher Kunstkritiker während der letzten zwei Jahrzehnte auf diesen oder jenen Namen eines Malers oder Bildhauers. Gäbe es ein Namen-Lotto im Werte steigender Künstlernamen, nun, Michel Tapié hätte alle, die seit 1950 die rasanteste Wertsteigerung erfahren haben mit allen '6' richtig angekreuzt. Beweis, seine Publikationen seit 1946, die sich fast ausschließlich mit dem Werk derer beschäftigten, deren Namen sogar nun auch in der Bundesrepublik Starwertung erhalten haben. Nennen wir die ›sechs‹: Wols, Pollock, Fautrier, Dubuffet, Mathieu, Antonio Tapiés.« Zit. n. dem Text im Faltblatt: Wilhelm Wessel [zur Ausstellung Claire Falkensteins in der Galerie Parnass, 10. 5.-26. 5. 1960], in: Will Baltzer/Alfons W. Biermann (Hrsg.): Treffpunkt Parnass Wuppertal 1949-1965, Ausstellungskatalog Wuppertal, Köln/Bonn 1980, S. 164/165.

87 Evezard 2013, S. 218-228.

88 Im Originaltext heißt es: »l'on perdait pied tout de suite, avec rien à quoi se raccroche«, »on coulait irrémediablement«, »couler à pic«, »C'est au lendemain de la dernière guerre que commencèrent à se révéler quelques Individus aptes à affronter cet *à pic*«, »de se pencher sur soi-même sans le moindre garde-fou«, in: Tapié 1952a, o. S.

89 Evezard 2013, S. 218/219.

90 Vgl. Erwin Straus: Die aufrechte Haltung [1949], in ders.: Psychologie der Menschlichen Welt. Gesammelte Schriften, Berlin/Heidelberg 1960, S. 224-235, Krauss 2011 sowie das Kapitel »Der Bildgrund als Gegenüber und als Bodenfläche« in dieser Arbeit.

91 Claudia Posca: Das offene Kunstwerk, in: dies./Heinz Althöfer (Hrsg.): Informel. Der Anfang nach dem Ende, Bd. 1, Dortmund 1999, S. 73-78, hier S. 73. Christoph

Zuschlag macht ebenfalls auf die Differenzen aufmerksam, die zwischen den Begriffen Informel, Tachismus, Lyrische Abstraktion und Abstrakten Expressionismus, Action-Painting und New York School bestehen. Christoph Zuschlag: Zur Kunst des Informel, in: Hans-Jürgen Schwalm/Ellen Schwinzer/Dirk Steimann (Hrsg.): Informel. Zeichnung, Plastik, Malerei, Ausstellungskatalog Recklinghausen / Witten, Bönen 2010, S. 9–17, hier S. 9/10. Auch Harold Rosenberg sieht im Action-Painting eine Individuation, also eine biografische Selbstvergewisserung.

92 Tapié 1956, S. o. S.: »[…] il est toujours dangereux de faire des énumérations trop hâtives, qui sont toujours trop longues en même temps qu'incomplètes […]« und »Au diable toutes ces ›écoles de …‹ qui sous des apparences de facilités de classements donnent quelques misérables chances à tant de médiocres avec qui l'art n'a que faire.«

93 Tapié 1952a, o. S.

94 Ebd. Die Phrasen »individu« und »digne de ce nom« wiederholen sich vielfach im Text.

95 Zum »Gründungsgestus« des futuristischen Manifests, siehe Friedrich Wilhelm Malsch: Künstlermanifeste. Studien zu einem Aspekt moderner Kunst am Beispiel des italienischen Futurismus, Weimar 1997, S. 153–160.

96 Wiederholt bezeichnet Tapié diejenigen, »qui, par dizaines de milliers, installent leur nullité aussi tricheuse que paresseuse derrière quelques authentique pionniers« als »imposteurs« (Hochstapler) oder »tricheurs« (Betrüger), siehe Tapié 1952a, o. S.

97 Ebd.: »Je pense que, pour des expériences sincères et profondes de la non-figuration, l'Amérique aura bénéficié d'un climat spécialement propice, dû à un départ à zéro réel, hors de toute proposition facile à des poncifs et autres démarcages bien en cours que nous ne connaissons que trop dans nos paniers de crabes traditionnalo-historiques […].«

98 Robert Seyfert: Avantgardistische Manifeste: Anti-Historismus, Retro-Historismus, Trans-Historismus, in: Ralph J. Poole/Yvonne Katharina Kaisinger (Hrsg.): Manifeste. Speerspitzen zwischen Kunst und Wissenschaft, Heidelberg 2014, S. 23/34.

99 Seyfert 2014, S. 24–26.

100 Sigrid Ruby: Have we an American Art? Präsentation und Rezeption amerikanischer Malerei in Westdeutschland und Westeuropa der Nachkriegszeit, Weimar 1999, S. 173/174.

101 Vgl. Thomas Ebers: Geländebefreite Kunst. Informelle Kunst und ihre Bedeutung für das Hier und Jetzt, in: Susanne Kleine (Hrsg.): Geste. Informel. Privat. Werke aus einer Privatsammlung. Works from a Private Collection, Ausstellungskatalog Werther, Köln 2020, S. 16–25, hier S. 18/19. Nicola Carola Heuwinkel: Entgrenzte Malerei. Art informel in Deutschland, Heidelberg/Berlin 2010, S. 40; Hans Belting: Das Ende der Kunstgeschichte. Eine Revision nach 10 Jahren, München 2002, S. 54; Enwezor/Siegel/Wilmes: Ausstellungskapitel 1. Nachwirkungen: Die Stunde Null und das Atomzeitalter, in: Enwezor/Siegel/Wilmes 2016, S. 132–209; Gottfried Boehm: A New Beginning: Abstraction and the Myth of the »Zero Hour«, in: Joan Marter (Hrsg.): Abstract Expressionism. The International Context, New Brunswick 2007, S. 99–107. Boehm konturiert diese Neuanfänge durch eine Nullstunde anhand von bildimmanenten Aspekten und damit anders als die zuvor genannten Beiträge.

102 Tapié 1952a, o. S. Zu US-Amerika führt er aus: »Je pense que, pour des expériences sincères et profondes de la non-figuration, l'Amérique aura bénéficié d'un climat spécialement propice, dû à un départ à zéro réel, hors de toute proposition facile à des poncifs et autres démarcages bien en cours que nous ne connaissons que trop dans nos paniers de crabes traditionnalo-historiques, à un comportement très libre vis-à-vis de cette non-figuration, hors de tout sectarisme insupportable et de tout purisme hors de propos […].«

103 Villemur/Pietrzak 2004, S. 13–17.

104 Seyfert 2014, S. 25/26.

105 Ebd.: »Il est temps de témoigner pour cet Actuel qui est le nôtre, de ne plus perdre son temps à chanter à travers les poncifs bien en cours les louanges dont n'ont que faire les générations d'hier de qui eux ne continuent qu'une apparente honorabilité en passant à côté de l'Aventure d'une envergure pour laquelle ils n'ont jamais été taillés.«

106 Warum Tapié seine Eingrenzung mit einem solchen Generationenmodell trifft, ist unklar. Ein bipolares Generationenmodell, in dem sich eine Generation in zwei Richtungen aufteile, geht zumindest auf den deutschen Kunsthistoriker Wilhelm Pinder zurück und wurde trotz Pinders Nähe zum Nationalsozialismus in der unmittelbaren Nachkriegszeit als Methode in Deutschland diskutiert, vgl. Sabine Fastert: Pluralismus statt Einheit. Die Rezeption von Wilhelm Pinders Generationenmodell nach 1945, in: Nikola Doll u. a. (Hrsg.): Kunstgeschichte nach 1945. Kontinuität und Neubeginn in Deutschland, Köln 2006, S. 51–65. Inwieweit eine ähnliche Diskussion zum Generationenmodell in der Kunstgeschichte in Frankreich in der Nachkriegszeit stattfand,

ist unklar. Durch den Zweiten Weltkrieg, der bestimmte Altersgruppen spezifisch affektierte, drängen sich jedoch die Generationeneinteilungen als zeitlich strukturierendes Denkmodell der Nachkriegszeit auf.

107 Tapié 1952a, o. S.

108 Ebd.

109 Ebd.

110 Ebd.

111 Ebd.

112 Tapié entlehnt Begriffe von Tristan Tzara, um den Wechsel von einer Ordnung in die andere, neue zu verdeutlichen: »Tristan Tzara, dans un magistral article sur la poésie, a touché à quelque chose de cet ordre, en substituant à l'habituel *art-moyen d'expression* un *art-activité de l'esprit*. Depuis, quelques peintres sont passés d'un ordre à l'autre, et les querelles d'esthéticiens comptent pour moins que zéro en regard de celà.« Tapié 1952a, o. S. [Hervorhebung entspricht dem Originaltext].

113 Evezard 2013, S. 223; Evezard 2016b, S. 66/67.

114 Michel Tapié: The Significant Message of Georges Mathieu, Ausstellungskatalog New York, New York 1952 (im Folgenden Tapié 1952b); Michel Tapié/Herbert Read (Hrsg.): Rome-New York Art Foundation, Rom 1957; Michel Tapié: Otro arte. Exposicion internacional de pintura y escultura presentada por Sala Gaspar. Con la colaboracion de la Galeria Stadler de Paris y patrocinada por Club 49, Ausstellungskatalog Barcelona, Barcelona 1957; Michel Tapié/Tôre Haga: Continuité et Avant-Garde Au Japon, Turin 1961. Den iranischen Künstler Zenderoudi stellte Tapié in der Galerie Stadler aus (4. 3.–5. 4. 1971), woraufhin sich eine Kollaboration zwischen Tapié, der iranischen Botschaft in Paris und der Galerie Cyrus entwickelt: Michel Tapié (Hrsg.): 17 artistes iraniens d'aujourd'hui présentés par Michel Tapié à la Galerie Cyrus, Paris, novembre 1971, Ausstellungskatalog Paris, Paris 1971, Archive Tapié (TAPIE 100 / 34.2; TAPIE 2.4). Die Galerie Parnass in Wuppertal druckt regelmäßig kurze Texte von Tapié in den Ausstellungsfaltblättern, und zwar zu den Ausstellungen von François Arnal, 17. 5.–18. 6. 1955; Iaroslav Serpan, 16. 12. 1955–16. 1. 1956 [Auszug aus Tapiés *Serpan in zwei Tempi. Dezember 1955* in: Blätter und Bilder. Zeitschrift für Dichtung, Musik und Malerei, 5 (1959)]; Ruth Francken, 6. 3.–30. 3. 1958; Wilhelm Wessel, 21. 3.–25. 4. 1959; Hans Platschek, 6. 5.–5. 7. 1963. Außerdem wurden seine Texte verwendet in: Michel Tapié: Francesco Somaini. Umbro Apollonio, Neuchâtel-Suisse 1960; Michel Tapié: Novoa, Schwarzenacker 1973; Gerd-Niels Wötzel (Hrsg.): »Ich bin Maler – und basta«. Rudi Baerwind. Ein Bildband, Mannheim 1974 und eine kurze Ausführung über Jean Delahaye erscheint in: Das Kunstwerk, 5/6 (1962), S. 94.

115 Falser/Juneja 2013, S. 24.

116 Interessen-, Sammlungs- und Ausstellungsschwerpunkte Tapiés sind auch informelle Künstler*innen spanischer und italienischer Herkunft, die er zuerst hauptsächlich in Paris ausstellte.

117 Michel Tapié: Préface pour une esthétique essentielle. Biographie et bibliographie de Michel Tapié. Introduction à la connaissance esthétique, 1971, S. 20–23, hier S. 20 beziehungsweise der Abschnitt *Notice biographique et bibliographique de Michel Tapié*.

118 Am 26. 10. 1952 bittet Carl Buchheister, Tapié in Paris besuchen zu dürfen, die Adresse habe er von K. O. Götz erhalten. Klaus Franck von der Zimmergalerie Franck hat über Otto Greis von Tapiés Publikation erfahren und bittet in einem Schreiben vom 1. 5. 1953 um Exemplare als Auslage in seiner Galerie, Archive Tapié (TAPIE 35.1).

119 1946 den Text *Mirobolus, Macadam (J. Dubuffet)*, in: René Drouin (Hrsg.): Mirobolus Macadam & Cie. Hautepates de J. Dubuffet, Ausstellungskatalog Paris, Paris 1946 und 1949 den Text *Henri Michaux: aquarelles et textes choisis*, in: René Drouin (Hrsg.): Henri Michaux, Ausstellungskatalog Paris, Paris 1948. 1951 begleitet Tapié als Autor kurzer Texte die Ausstellung *Véhémences confrontées*, vgl. Michel Tapié/Nina Dausset (Hrsg.): Véhémences confrontées. Bryen, Capogrossi, de Kooning, Hartung, Mathieu, Pollock, Riopelle, Russell, Wols, Ausstellungsfaltblatt Paris, Paris 1951, und deren Übernahme in das Institute of Contemporary Arts, vgl. Michel Tapié/Peter Watson (Hrsg.): Opposing Forces, Ausstellungskatalog London, London 1953. 1952 erscheint *Un art autre* und dessen Textauszug im Katalog der Pollock-Ausstellung im Studio Paul Facchetti, vgl. Michel Tapié/ Alfonso Ossorio (Hrsg.): Jackson Pollock, Ausstellungskatalog Paris, Paris 1952.

120 Mathieu [1952] 1972, S. 185 und Fußnote 2.

121 Villemur/Pietrzak 2004, S. 87.

122 Anhand der Dokumente aus dem Archive Stadler können die genauen Reisedaten erfasst werden, die Tapié Martha Jackson, Nelson Rockefeller und Alfonso Ossorio mitteilte. Hinsichtlich seiner Reise vom 29. 1. bis zum 15. 2. 1957 antwortet Martha Jackson an Tapié, dass sie Alfred Barr und J. J. Sweeney von seinem Besuch berichten und ihn am Tag seiner Ankunft vom Schiff abholen werde. Zudem plane sie, mit ihm am gleichen Tag eine Adolph-Gottlieb-Vernissage zu besuchen. Sie fragt auch, ob er eine Einladung nach Chicago annehmen

wolle, um die dortige Kunstszene kennen zu lernen. Brief von Michel Tapié an Martha Jackson vom 18. 12. 1956, Brief von Michel Tapié an M[onsieur]. Rockefeller vom 18. 12. 1956 und Brief von Michel Tapié an Alfonso Ossorio vom 18. 12. 1956 (alle drei im Archiv Galerie Stadler, E4 Correspondance USA). Vgl. auch: Juliette Evezard: L'œil de Michel Tapié »amateur d'art«, in: Franck Prazan (Hrsg.): Le grand Œil de Michel Tapié, Ausstellungskatalog Paris, Paris 2018, S. 8–29, hier S. 19.

123 Siehe die Artikel in: United States Lines, Paris Review, 1953, Archive Tapié (TAPIE 28.9). Tapié publizierte ebenfalls in dieser Zeitschrift, siehe auch Michel Tapié: Devenir d'un art autre, in: Manfred de la Motte (Hrsg.): Die Würde und der Mut. »L'art moral«, Berlin 1991, S. 231–233.

124 Die Ausstellung fand im November 1948 statt. Die Galerie du Montparnasse war, wie die Galerie Nina Dausset auch, ebenfalls eine Bücherei. Mathieu bemerkt zu dieser Ausstellung: »1948, zu einer Zeit also, wo niemand an eine solche Gegenüberstellung dachte, plante ich eine Ausstellung, die französische und amerikanische Künstler derselben Richtung miteinander vereinigte. Sie sollte Bryen, de Kooning, Hartung, Gorky, Mathieu, Picabia, Pollock, Reinhardt, Rothko Russel, Sauer und Wols umfassen und in der Galerie du Montparnasse stattfinden. Leider wurde diese Ausstellung nicht als Ganzes verwirklicht, denn es traten Schwierigkeiten bei der Beschaffung der Werke aus den amerikanischen Galerien auf.« Zit. n.: Laszlo Glozer (Hrsg.): Westkunst. Zeitgenössische Kunst seit 1939, Ausstellungskatalog Köln, Köln 1981, S. 123 (originalsprachliche Version). Siehe auch Ruby 1999, S. 174.
Mathieu [1952] 1972, S. 185.

125 Jean Laude weist darauf hin, dass die Ausstellung in der Galerie du Montparnasse unvollständig gewesen sei, aber kann nicht die fehlenden Werke nicht benennen. Jean Laude: Art et Idéologie. L'Art en Occident 1945–1949, Université de Saint Etienne 1978, S. 54.

126 Villemur/Pietrzak 2004, S. 87.

127 Tapié/Ossorio 1952.

128 Pierre Guéguen: Le Bonimenteur de l'Académisme Tachiste, in: Art d'aujourd'hui. Revue d'art contemporain, 7 (1953), S. 29–39; Pierre Guéguen: Matière et maîtrise d'une évolution: le tachisme, in: Art d'aujourd'hui. Revue d'art contemporain, 2/3 (1954), S. 52/53 [?]; Charles Estienne: Une Révolution: Le Tachisme, in: Combat Art, 1. 3. 1954 sowie Klaus Jürgen-Fischer: Was ist Tachismus?, in: Das Kunstwerk, 5 (1955/56), S. 17–21.

129 Dieser Streit zwischen geometrischer oder lyrischer Abstraktion wird ausführlicher thematisiert in: Weber-Schäfer 2001.

130 Evezard 2016a, S. 8.

131 Brief von Alexander Iolas an Michel Tapié vom 5. 10. 1950. Iolas bittet Tapié auch Werke von Wols für ihn zu kaufen, um eine geplante Ausstellung zu füllen, Archive Tapié (TAPIE 35.2).

132 Die Versandscheine wurden ausgestellt von Kunsttransport Maurice Robinot, der Rancheraye & Cie, Schenker sowie den United States Lines. Dokumente hierzu befinden sich verstreut im Archive Tapié.

133 Tapié 1952b, Michel Tapié/Martha Jackson (Hrsg.): Karel Appel. First American Exhibition, Ausstellungskatalog New York, New York 1954.

134 Vgl. Korrespondenz von Michel Tapié mit Paul und Esther Jenkins wie auch mit Martha Jackson, Archive Tapié (HIJ boite n°13 (- 1)).

135 Archive Tapié (Boite n°13, Classeur 5 [Correspondance P]).

136 Brief von Michel Tapié an Jackson Pollock vom 29. 2. 1952, Archive Tapié (Boite n°13, Classeur 5 [Correspondance P]).

137 Tapié 1952a, o. S.

138 Ebd., o. S.

139 Ruby 1999. S. 177.

140 Brief von Martha Jackson an Michel Tapié vom 24. 8. 1954, Archive Tapié (HIJ boite n°13 (- 1)). Lee Krasner ist dann alleine nach Europa gereist und erfuhr dort vom Tod ihres Mannes durch einen Autounfall.

141 Tapié 1952a, o. S.: »Es hat mir gefallen eine solche Bombe in die Pariser Kunstwelt zu werfen, die sich, was sie selbst betrifft, zu oft einer Bequemlichkeitsgarantie sicher ist [...].« [Übersetzung DE].

142 Im Text werden noch weitere Künstler*innen genannt und auch die Frage gestellt, warum es eigentlich keine École de Barcelone gebe, um die Schulidee zu kritisieren, vgl. Tapié 1956. Alle auf Abbildungen gezeigten Künstler*innen sind: Claire Falkenstein, Clyfford Still, Georges Mathieu, Alberto Burri, Willem de Kooning, Giuseppe Capogrossi, Mark Tobey, Eduardo Paolozzi, Karel Appel, Franz Kline, Etienne Martin, Ruth Franken, Wols, Antoni Tàpies, Jean-Paul Riopelle, Jean Dubuffet, Mattia Moreni, Toshimitsu Imaï, Jaroslav [Iaroslav] Serpan, John Hultberg, Sam Francis, Jean Fautrier, Jacques Delahaye, Horia Damian, [?] Sallès, Paul Jenkins, sowie auf den Rückseiten des Covers die Vorreiterrolle einehmenden Künstler Umberto Boccioni, Antoni Gaudí, Francis Picabia, Joan Miró, Marcel Duchamp, Giorgio de Chirico.

143 Sam Francis, Joan Mitchell, Jean-Paul Riopelle, Mark Tobey und Paul Jenkins sind

nur einige wenige Maler*innen, die in Paris aktiv waren. Siehe hierfür auch Melanie Rachael Arauz u. a.: United States of abstraction. Artistes américains en France, 1946-1964, Ausstellungskatalog Nantes / Montpellier, Gent 2021.

144 Eine zweite Reise Tapiés in die USA kann durch einen Brief vom 2. 5. 1957 von Michel Tapié an einen nicht identifizierten Adressaten festgestellt werden, Archiv Galerie Stadler, E4 Correspondance USA. Darin schreibt Tapié, dass er kaum drei Tage in New York sei, also am 30. 4. 1957 angekommen sein muss. Der Brief endet mit »PS: Je suis ici jusqu'au 22 mai«.

145 Allan Kaprow: Assemblages, Environment, and Happenings, New York 1965, S. 212.

146 Barbara Bertozzi: Am Ursprung der Neuen Avantgarden: die japanische Künstlervereinigung Gutai, in: dies./Wolbert 1991, S. 17-63, hier S. 57-61.

147 Ein Einladungskärtchen der Galerie Ben doute de tout von Benjamin Vautrier, der seinen Kunstkiosk und Ausstellungsraum im Centre Pompidou kuratierte, befindet sich im Nachlass Michel Tapié (TAPIE?.2). Darauf wird die Ausstellung *Documents Gutai (1955-1956) (Ils avaient tout fait avant)* vom 1.-28. 2. 1977 angekündigt.

148 Osaki 1991. Siehe hierzu auch Yoshiaki Tono: Jackson Pollock et le groupe Gutaï, in: Daniel Abadie (Hrsg.): Jackson Pollock, Ausstellungskatalog Paris, Paris 1982, S. 83-92.

149 Bertozzi 1991, S. 57; siehe auch Shinichiro Osaki: Körper und Ort: Japanische Aktionskunst nach 1945, in: Paul Schimmel (Hrsg.): Out of actions. Zwischen Performance und Objekt 1949-1979, Ausstellungskatalog Los Angeles/Wien, Ostfildern 1998, S. 121-157, hier S. 138.

150 Atsuo Yamamoto: Zero - Gutai - Zero, in: Barbara Til/Elke Dichter (Hrsg.): ZERO. Internationale Künstler-Avantgarde der 50er/60er Jahre, Ausstellungskatalog Düsseldorf / Saint-Etienne, Ostfildern 2006, S. 86-99, hier S. 98.

151 Osaki 1991, S. 65-79. Diese zweiteilige Bewertung stellt auch Pierre Restany fest, Pierre Restany: Le groupe Gutai ou le Japon précurseur, in: XXe siècle 46 (1976), S. 96-103.

152 Kōichi Kawasaki: Le séjour de Georges Mathieu au Japon, in: Abadie 2003, S. 89-95, hier S. 95. Kazuo Yamawaki: Gutai - The First Assault, in: Shiraishi Masami (Hrsg.): Gutai 1955/56. A Restarting Point of Japanese Contemporary Art, Ausstellungskatalog Tokio, o. O. 1993, S. 50-53, hier S. 53.

153 Tiampo 2011, S. 80/81.

154 Toshimitsu Imai wie auch Hisao Domoto, der zusammen mit seinem Onkel Insho Domoto nach Paris gereist war, hatten beide Kurse an der Académie de la Grande Chaumière belegt. Ulrike Middendorf: Dōmoto, Hisao, in: Allgemeines Künstlerlexikon Online/Artists of the World Online, 2009, https://www.degruyter.com/database/AKL/entry/_10192460/html [23. 8. 2023]; Antje Papist-Matsuo: Imai, Toshimitsu, in: Allgemeines Künstlerlexikon Online/Artists of the World Online, 2009, https://www.degruyter.com/database/AKL/entry/_00021875/html [23.8.2023].

155 Die Ausstellung trug den Titel *L'art dans le monde d'aujurdhui/Sekai konnichi no bijutsu ten*, vgl. Kawasaki 2003, S. 89/90, Evezard 2023, S. 242/243.

156 Die Ausstellung fand vom 19. 3. bis 2. 4. 1955 im Cercle Volney, 7, rue Volney in Paris statt. Es nahmen mit Gemälden AOYAMA Yoshio, Mme AOYAMA (YODA, Tuyako), AOYAMA Masa, DOBASHI Junichiki, EMI Kinuko, FUJIMOTO Toichiro, HASEGAWA Kiyoshi, HAMAGUCHI Yozo, HIRONO Shigeo, HARADA Rihaku, IMI Toshimitsu [sic, gemeint ist Toshimitsu Imai], ITAYA Fusaki, KITO Nabesaburo, KITO Akira, KOMAI Tetsuro, KORA Maki, MIGISHI Setouko, MIGISHI Kotaro, MINAMI Keiko, MIYAKE Mizuho, MURAYAMA Shizuka, NAKAMURA Naondo, NAGATA Seiji, NAMEKI Masayoshi, NOMIYAGA Gyoji, NISHIYAMA Shinich[i], OGUISS [OGISU] Takanori, OKAMOTO Hanzo, ONO Hikosaburo, OMURA Tsuranu, ONO Haruyoshi, SATO Kei, SATOMI Katsuzo, SEKIGUCHI Shungo, SUZUKI Ryuichi, SUNAMI Matsuo, SUEMATSU Masaki, SHINBO Hyojiro, TABUCHI Yasukazu, TANAKA Shu, TSUJIMURA Hachigoro, TAKAMITSU Kazuya, TAKATA Hiroatsu, TORII Masataka, TSUZAWA Matsue, YAMADA Eiji, YAMADA Yoshiko, YAMAGUCHI Hiroshi teil und mit Skulpturen FUTAKUCHI Yukiko, MIZUI Yasuo, MUKAI Chukichi, SAKAGAMI Masakatsu, TATEHATA Kakuzo, TAKATA Hiroatsu und YANAGIHARA Yoshitatsu. Die Namen sind teilweise falsch transkribiert und die Liste daher fehlerhaft. Vgl. Ambassade du Japon, Association des artistes japonais de Paris (Hrsg.): Artistes Japonais de Paris, Ausstellungsfaltblatt Paris, Paris 1955.

157 Masateru Nakagawa/Kimiko Niizeki (Hrsg.): De Kuroda à Foujita. Peintres japonais à Paris, Ausstellungskatalog Paris, Paris 2007.

158 Kawasaki 2003, S. 89; vgl. auch die Liste der Ausstellungen Mathieus, die das Comité Georges Mathieu führt: https://georges-mathieu.fr/references/expositions/ [23.8.2023].

159 Kawasaki 2003, S. 89.

160 Richard Speer: The space of effusion. Sam

Francis in Japan/Shinshutsu no kukan. Nihon ni okeru Samu Furanshisu, Zürich 2020, S. 35–49.

161 Mizuho Kato: Bibliographical Information on Each Issue, in: Chinatsu Kuma (Hrsg.): Gutai. Facsimile Edition, Tokio 2010, S. 77–88, hier S. 84.

162 Ebd.

163 Tiampo 2011, S. 175.

164 Die Stationen waren der Takashimaya Department Store in Osaka, der Okamasa Department Store in Nagasaki, der Fukuya Department Store in Hiroshima, der Takashimaya Department Store in Tokio und der Marumono Department Store in Kyoto, vgl. Kuma 2010 S. 75.

165 Michel Tapié: The International Art of a New Era. U. S. A., Japan, Europe, in: Gutai, 9 (1958), S. 1–3, hier S. 1. Die als europäisch bezeichneten Künstler*innen des Katalogs stammen jedoch hauptsächlich aus einem französischen oder italienischen Kunstkontext. Aus der BRD sind beispielsweise nur Emil Schumacher und Wilhelm Wessel vertreten.

166 »Nous avons volou representer l'actuel moment de cet art autre«, in: Tapié 1958, S. 2.

167 University of Minnesota, The University Gallery im Januar 1959, vgl. Briefe von Sidney Simon an Martha Jackson vom 3. 12. 1958 und vom 17. 12. 1958; Oakland Municipal Art Museum, vgl. Brief von John Richard an Martha Jackson vom 4. 8. 1959; Museum of Fine Arts of Houston im November 1959, vgl. Brief vom Registrar des Museums an Martha Jackson, 19. 11. 1959; Bennington College Vermont, vgl. Brief von E. C. Geesen an Martha Jackson vom 19. 11. 1958. Leihanfragen zur Übernahme der *Gutai*-Ausstellung: Henry Gallery University of Washington, Seattle, vgl. Brief von Gerevais [?] Reed an Martha Jackson vom 19. 11. 1959; Galerie Artek, Montréal, vgl. Brief von Michel Lortie an Martha Jackson vom 20. 11. 1958. Die Korrespondenz ist archiviert in den Martha Jackson Gallery records, 1954–1964, Archives of American Art, Smithsonian Institution, Reel D246 (Material Relating to Gutai Exhibition, 1958–1960).

168 Ausstellungsplakat in der UB Anderson Gallery, Martha Jackson Archive, Folder Gutai Exhibition – Sept 25 – Oct 25 1958.

169 Brief von Jirō Yoshihara an Martha Jackson vom 4. 8. 1958, Martha Jackson Gallery records, Reel D246.

170 Robert M. Coates [Rezension ohne Titel], The New Yorker, 11. 10. 1958, in: UB Anderson Gallery, Martha Jackson Archive, Folder Gutai Exhibition – Sept 25 – Oct 25 1958.

171 G. S. [keine weiteren Angaben], in: ARTnews, November 1958, in: UB Anderson Gallery, Martha Jackson Archive, Folder Gutai Exhibition – Sept 25 – Oct 25 1958, hier S. 17.

172 Kunii 2022, S. 272.

173 In *Métamorphismes* waren auch Luigi Boille, Jacques Brown, Fritz Bultman, Dixon, Claire Falkenstein, Insho Domoto, Franz Kline, Lee Krasner, Jeanne Laganne, Onishi [?], Alfonso Ossorio, Iaroslav Serpan, Kazuo Shiraga, Antoni Tàpies, Sofu Teshigahara, Jirō Yoshihara, Wilhelm Wessel beteiligt. Zu den Ausstellungen wurden Faltblätter mit Texten von Michel Tapié publiziert.

174 Brief von Toshimitsu Imai an Michel Tapié, undatiert, Poststempel Airmail vom 12.XI.57, Dossier E – Michel Tapié, E3 Correspondance Japon, Archive Stadler, Musée Abattoirs FRAC Occitanie Toulouse.

175 Ausstellung *Gruppe Gutaï*, Kölnischer Kunstverein, 25. 1.–27. 2. 1966. In einem Brief schreibt Heide Hildebrand an Jirō Yoshihara: »As you know, I did send the Gutai-Paintings to several exhibitions in Austria and once in Suisse – always hoping to sell a painting and to send back then the other oeuvres with that money to Osaka. Unfortunately – and I do not know, why – I did not sell anything.« Brief von Heide Hildebrand an Jirō Yoshihara vom 30. 10. 1971, A021-S3 Box 5 Folder 9, Nakanoshima Museum of Art Osaka.

176 Peter Brüning: [o. T.], in: Heinz Fuchs: Peter Brüning, Ausstellungskatalog Mannheim, Mannheim 1962, o. S.

177 Ebd.

178 Peter Brüning: Entstehung eines Bildes, in: blätter + bilder. Eine Zeitschrift für Dichtung, Musik und Malerei, 4 (1959), S. 70/71, hier S. 71. Den Begriff »elastischer Raum« habe Brüning von dem Kritiker John Anthony Thwaites übernommen, bemerkt Heuwinkel 2010, S. 209.

179 Heuwinkel 2010, S. 209/210.

180 Hans Platschek: Neue Figurationen. Aus der Werkstatt der heutigen Malerei, München 1959, S. 31.

181 Ebd., S. 37. In Platscheks *Neue Figurationen* wird an vielen Stellen eine deutliche Rezeption von Michel Tapiés *Un art autre* markant.

182 Ebd., S. 32.

183 Ebd., S. 41–45.

184 Ebd., S. 45.

185 Ebd., S. 47.

186 »Von jetzt an werden kleinere oder auch längere Paris-Aufenthalte für Brüning zur ständigen Einrichtung, zumal er nun auch über genügend Kontakte verfügt, zu Künstlern aber auch zum Studio Facchetti, zu Jaguer, Drouin, Alvard oder Tapié.« Marie-Luise Otten: Peter Brüning. Studien zu Entwicklung und Werk. Werkverzeichnis, Köln 1988, S. 37.

187 Die Mobilität Platscheks ist nicht genau erfasst. Auf der Stiftungsseite heißt es: »1953 kehrte er nach Europa zurück und unternahm zunächst ausgedehnte Reisen. In Paris lernte er Max Ernst kennen und Raoul Hausmann, Tristan Tzara, Hans Arp und Asger Jorn«, siehe die Biografie, https://www.hans-platschek-stiftung.de/?portfolio=biografie_tl [5.10.2021].

188 Lothar Romain: Verwandlung und Rückverwandlung, in: Jens Christian Jensen (Hrsg.): Hans Platschek. Bilder 1949–1988, Ausstellungskatalog Kiel / Essen, Münster 1989, S. 12–20, hier S. 15.

189 Den Pollock-Bezug von Platschek stellt Marie-Luise Otten im Werkverzeichnis her, siehe Otten 1988, S. 128.

190 Ebd., S. 131.

191 Ebd., S. 124.

192 Brüning 1959, S. 70.

193 Bothner gibt für diesen Ausspruch Hartungs keinerlei Beleg an. Bothner 1999, S. 78.

194 Ebd., S. 88.

195 Dieter Ronte: USA und Deutschland: eine informelle Begegnung, in: Heinz Althöfer (Hrsg.): Informel. Begegnung und Wandel, Bd. 2, Dortmund 2002, S. 121–132, hier S. 125.

196 Arnold Rüdlinger: Vorwort, in: ders. (Hrsg.): Tendences actuelles 3. Bryen, Sam Francis, Mathieu, Tobey, Wols, Michaux, Pollock, Riopelle, Tancredi, Ausstellungskatalog Bern, Bern 1955, o. S.

197 Rike Wankmüller: Tachisten in den USA, in: Das Kunstwerk, 5 (1955/56), S. 23–26, hier S. 26.

198 Zuvor thematisierte das Kunstwerk kaum informelle Malerei. Nur in Band 2 (1955/56) wurden ein Werk von Hans Hartung und eins von Hann Trier groß abgebildet, die beide 1955 auf der *documenta* zu sehen waren. In einer zweiseitigen Bildübersicht zu den Ausstellung *Zen 49* (München/Hamburg) und *Ungegenständliche Malerei und Plastik in Deutschland* (Paris) sind auch kleinformatige Abbildungen gestischer Malerei von K. O. Götz, K. R. H. Sonderborg und Bernard Schultze zu sehen. Die erste Abbildung Pollocks zusammen mit einer Fotografie Namuths wird im Heft 8/XI (Februar 1958) gezeigt.

199 Werner Haftmann: Malerei nach 1945, in: Arnold Bode (Hrsg.): II. documenta '59. Malerei, Ausstellungskatalog Kassel, Köln 1959, S. 11–19, hier S. 14.

200 Werner Haftmann: Von den Inhalten der modernen Kunst. Rede anläßlich der Eröffnung der »II. documenta« am 11. 7. 1959. Proceedings of the Congress of the Foundation Européene [sic] de la Culture, Amsterdam 1958 [1959], in: ders./Evelyn Haftmann/Wouter Wirth (Hrsg.): Das antwortende Gegenbild. Ausgewählte Texte 1947–1990, München 2012, S. 41–58, hier S. 48.

201 Haftmann 1959/2012, S. 49/50.

202 Im Entnazifizierungsbogen der Spruchkammerakte (1946) hat Haftmann angegeben, er sei 1934 SA-Anwärter gewesen und 1939/40 Parteimitglied der NSDAP. Diese Angaben weißt Mirl Redmann als falsch nach. Auch wenn Haftmann in der späteren Zeit seines Auslandsdienstes (bis 1939 Assistent am Kunsthistorischen Institut Florenz, ab 1941 Verbindungsoffizier der deutschen Verbindungsdelegation zur italienischen Waffenstillstandskommission mit Frankreich) in Italien sein Parteibuch nicht abgeholt und seine Beiträge nicht gezahlt hatte, vermutet Redmann einen Fall von Entwindung aus der Parteimitgliedschaft im Nachhinein. Vgl. Mirl Redmann: Das Flüstern der Fußnoten. Zu den NS-Biografien der documenta-Gründer*innen, in: documenta studien, Nr. 9 (2020), S. 1–20, hier S. 4–8.

203 Susanne Leeb: Abstraktion als internationale Sprache, in Stephanie Barron/Sabine Eckmann (Hrsg.): Kunst und Kalter Krieg. Deutsche Positionen 1945–1989, Ausstellungskatalog Los Angeles/Nürnberg/Berlin, Köln 2009, S. 118–133, hier S. 120.

204 Werner Haftmann: Einheit und Vielfalt der europäischen Künste [Vortrag anläßlich der Tagung der Europäischen Kulturstiftung in Amsterdam 22.–24. 11. 1957], in: ders./Evelyn Haftmann/Wouter Wirth (Hrsg.): Das antwortende Gegenbild. Ausgewählte Texte 1947–1990, München 2012, S. 13–30, hier S. 21.

205 Sabine Flach: Abstrakt/Abstraktion, in: Ästhetische Grundbegriffe, Bd. 7, Stuttgart 2005, S. 27–31, das Teilkapitel »Abstraktion als Weltsprache« hier auf den Seiten 27–31.

206 Juneja 2012, S. 6.

207 Ebd., S. 7.

208 Ebd., S. 6–8.

209 Als Grundlage zu diesen Zahlen diente die Angabe des Geburtsortes der Maler*innen im Katalog der Malerei der *II. documenta*. Daher musste beispielsweise Marc Chagall als russischer und Hans Hartung als deutscher Künstler gezählt werden, auch wenn ihre Biografien eine solche Zuschreibung kaum halten können. Das Verhältnis von den US-amerikanischen und westeuropäischen Künstler*innen zu den nicht-westlichen würde noch ungünstiger für Haftmanns Weltanspruch ausfallen, wenn dabei die künstlerische Sozialisierung und nicht der Geburtsort berücksichtigt werden würde.

210 Will Grohmann plädiere daher viel feinsinniger als Haftmann für ein Weltsprache der Abstraktion, da er nicht einen schematischen Universalismus in der

Abstraktion sehe und »abstrakte Kunst nie explizit als supranationale Sprache oder Kunstform bezeichnete, sondern sie nur mit Künstlern, d.h. mit ›Namen‹ in Verbindung brachte: Seine Ästhetik scheint letztendlich mehr auf dem Individuellen, auf dem Menschen zu ruhen, als auf der Form […].« Michel Gribenski: National, international, supranational: Will Grohmann und Europa, in: Konstanze Rudert (Hrsg.): Zwischen Intuition und Gewissheit. Will Grohman und die Rezeption der Moderne in Deutschland und Europa 1918–1968, Dresden 2013, S. 34–39, hier S. 39.

211 Falser/Juneja 2013, S. 19/20.

212 Die Kataloge *Bd. 2, Skulptur (Orangerie)* und *Bd. 3, Druckgrafik (Bellevue-Schloß)*, diversifizieren die Künstler*innenauswahl Haftmanns nur geringfügig: Der Bereich Skulptur umfasste 80 Künstler*innen, davon 14 *nicht-westlich*. Die Druckgrafik 108 Künstler*innen, davon 11 *nicht-westlich*.

213 Bode 1959a [Bd. Malerei], S. 134.

214 Haftmann [1959] 2012, S. 21.

215 Im *Protokoll der III. Hauptausschußsitzung der II. documenta '59 im Schloßhotel Wilhelmshöhe, Kassel, am 1. und 2. März 1959* wird auf S. 13 zur japanischen Beteiligung von Maler*innen bemerkt: »Mr. Imaizumi wählt drei Arbeiten von Inoué, Yamasaki und Teshima aus.« documenta archiv, AA, d02, 34, Blatt 155.

216 Dorothea Schöne: Konstruierte (Kunst-) Geschichte. Anspruch und Realität in den westdeutschen Auslandsausstellungen nach 1945, in: Meike Hoffmann/Dieter Scholz (Hrsg.): Unbewältigt? Ästhetische Moderne und Nationalsozialismus. Kunst, Kunsthandel, Ausstellungspraxis, Berlin 2020, S. 268–281, hier S. 277.

217 Bei 50 der insgesamt 218 Maler*innen der *II. documenta*, die nicht in Frankreich geboren wurden, wird im kurzen biografischen Text im Katalog darauf verwiesen, dass sie einen Aufenthalt, Ausbildung oder ihren aktuellen Lebensmittelpunkt in Paris hatten. So zeichnet sich trotz der nationalen Vielfalt einerseits Paris als kulturelles Zentrum ab. Andererseits ist die starke Präsenz der amerikanischen Maler*innen, die insgesamt 10 % der gesamten Werke der *II. documenta* gestellt haben sollen, ein eindeutiges Zeichen für das andere künstlerische Zentrum, das sich in die Weltsprache der Abstraktion einschreibt und ihr einen westlichen Grundton gibt. Siehe Patrice Neau: Abstraktion: Weltsprache oder Ausdruck der »dekadenten westlichen Moderne«?, in: ILCEA. Revue de l'Institut des langues et cultures d'Europe, Amérique, Afrique, Asie et Australie, 16 (2012), S. 7, https://doi.org/10.4000/ilcea.1489. Insofern die *II. documenta* ein »Forum der abstrakten Malerei« darstellte, war sie vor allem ein Forum für Künstler*innen mit künstlerischer Zugehörigkeit zu Paris oder New York. Marianne Heinz: Abstraktion und Gegenständlichkeit. Die documenta II – ein Forum der abstrakten Malerei, in: Franz-Joachim Verspohl: Die Moderne auf dem Prüfstand. Pollock, Wols, Giacometti, in: Franz-Joachim Verspohl/Monika Wagner/Hubertus Gaßner (Hrsg.): Moderne Kunst. Das Funkkolleg zum Verständnis der Gegenwartskunst, Bd. 2, Reinbek 2000, S. 533–551, hier S. 516/517.

218 Haftmann [1959] 2012, S. 50: »Wir erleben aber auch, wie in den uns verschlossenen Bereichen des sogenannten Ostblocks gleiche Stimmen laut werden, ein gleiches Beiseitetreten sich ereignet, die gleiche Botschaft im gleichen uns vertrauten Formausdruck aufklingt. Das gibt uns eine große Hoffnung.«

219 Neau 2012, S. 7, 12 sowie Leeb 2009, S. 125.

Schluss: Tradierungen choreografierter Malerei

Die Arbeit ging der Frage nach, welche Funktionen körperliche Bewegung, Körperlichkeit und Choreografie in der malerischen Produktion von Jackson Pollock, K. O. Götz, Georges Mathieu und Kazuo Shiraga hatten. Diese Funktionen wurden anhand der vier Künstler für den Zeitraum von 1952 bis 1959 und unter dem Rückgriff auf eine vergleichende, medienhistorische und diskursgeschichtliche Methode diskutiert. Es hat sich gezeigt, dass sich die Malerei hier mithilfe von Konzepten aus der Analyse von Bewegungen (Choreografie, Notation) untersuchen lässt. Durch diesen Fragehorizont von historischen Choreografie- und der Notationskonzepten haben sich neue Perspektiven eröffnet: Malerei wurde zunächst mehrheitlich und historisch als ein physisches Objekt untersucht. Auf den Bildträgern zeigten sich Dinge wie gestaltete Bildobjekte, Figurationen oder auch nur Pigmente und Farben, die physisch präsent und bis in die zweite Hälfte des 20. Jahrhunderts weitestgehend stabil waren. Während in den physischen Objekten Bewegung gezeigt werden konnte, blieb das Material der Bewegung jedoch für die Malerei vorerst unzugänglich. Bewegung ist ephemer. Sie kann notatorisch verschriftlicht, also in Zeichen sowie fotografische Medien oder Film übersetzt werden, aber das eigentliche Bewegungsmaterial besitzt keine stabile physische Präsenz, sondern ist nur während der Aufführung oder der Performance durch den Körper präsent. Das verbindende Element und der Ausgangspunkt der Analysen dieser Arbeit waren die visuell wahrnehmbaren und überlieferten Merkmale in den Malereien von Götz, Mathieu, Pollock und Shiraga. Entscheidend war dabei die malereigenerierende, körperliche Bewegung, die den Produktionsprozess und den Betrachtungsprozess ihrer Malereien miteinander verbindet. Wie sich choreografische Prozesse, Körperlichkeit und Bewegung in den Gemälden Pollocks, Götz, Mathieus und Shiragas sowie in den fotografischen, filmischen und textuellen Dokumentationen rekonstruieren lassen, bildete die Leitfrage dieser Arbeit.

Das erste Hauptkapitel »Choreografie« hat gezeigt, dass Choreografie und Malerei in unterschiedliche Zusammenhänge gesetzt wurden. Der körperliche Umgang mit einer planen Fläche, die ebenso das Blatt Papier der Tanznotation sein kann wie das Bildfeld der horizontalen Malerei, bedingten deren Praxeografie – die Beschreibung des möglichen, körperlichen Umgangs mit dieser Fläche. Dieser Zusammenhang wurde in der Arbeit anhand der Arbeiten Pollocks näher untersucht: Aus der Gegenüberstellung von Pollocks Malprozess und seiner fotografischen und filmischen Dokumentation mit den räumlichen Voraussetzungen der Notation von Raoul Auger Feuillets *Chorégraphie* (1700) folgte, dass die Art und Weise, wie sich ein handelnder Körper zu den Kanten einer Bildfläche verhält, wesentlich bestimmt, wie sich Körper auf dieser Bildfläche einschreiben können. Es konnte nachgewiesen werden, dass die Bildfläche nicht erst in der Malweise von Pollock zum Aktionsfeld körperlicher Athletik oder Betätigung geworden ist, sondern schon in der Notation von Feuillet als Möglichkeit erkannt wurde, einen abstrahierten, nicht-mimetischen Raum in körperliche-tänzerischer Manier und deren grafischer Fixierung zu erkunden.

Über diesen medienhistorischen Vergleich von Notation und horizontaler Malerei hinaus konnten weitere, enge theoretische Zusammenhänge zwischen Malerei und Choreografie nachgewiesen werden: Jean Georges Noverre formulierte in seinen *Lettres sur la danse, et sur les ballets* (1760) bereits ein transdisziplinäres Verständnis von Choreografie und Malerei. Kompositionen von Schlachtenmalerei seiner Zeit verstand er als mögliches Korrektiv für statische Figurenanordnungen auf der Bühne. Auch die Noverre'sche Metapher der lebenden Pinsel fand darüber hinaus bei Yves Kleins *Anthropométries* um 1958/59 eine praxeografische Umsetzung. *Tanzende Pinsel* konnten zudem auch bei Hann Trier als grundlegende Poetologie seiner Malerei ab der zweiten Hälfte der 1950er-Jahre nachgewiesen werden. Aus den Analysen von Pollock, Feuillet, Noverre, Klein und Trier folgte, dass Choreografie und Malerei in den 1950er-Jahren nicht in einem abstrakten, theoretischen Verhältnis zueinander standen, sondern durch konkrete medienhistorische Bezüge (Feuillet und Pollock), poetologische Vorstellungen (lebende/tanzende Pinsel bei Noverre, Klein, Trier) und praxeografische Zusammenhänge, die expliziter in den folgenden Kapiteln zu den vier Künstlern Pollock, Götz, Mathieu und Shiraga ausgeführt wurden, in Verbindung miteinander standen.

Im zweiten Hauptkapitel »Körperlichkeit« konnte aufgezeigt werden, dass diese Zusammenhänge von Malerei und Choreografie eine historisch spezifische Vorstellung von Körperlichkeit in der Kunst der 1950er-Jahre konfigurierten: Die erste Hälfte des 20. Jahrhunderts und damit die Klassischen Modernen zeigten Bewegung im Bild vorwiegend über verschiedene Darstellungsformen. In den 1950er-Jahren traten dann die performativen Aspekte der Materialgestaltung, mit Pigment auf Bildträgern, in den Vordergrund – oftmals ohne figurative Aspekte in diese Gestaltungen mit aufzunehmen. Entlang einer Achsialverschiebung der Bildfläche von der Vertikalen zur Horizontalen wurde eine Dichotomie von Natur und Kultur als Vorbild der Malerei diskutiert. Im Tanz gab es wiederum bis zu den 1950er-Jahren eine korrelierende Entwicklung, da auch hier die Naturnachahmung durch den Ausdruckstanz hinterfragt wurde, um neue Fundamente für den Tanz zu gründen, die ihren Fokus auf ein kulturelles Verständnis legen und nicht mehr auf eines, dass die Natur nachbildet. Tanz und Malerei wurden zunehmend abstrakter und Tanz ebenso aufteilbar in seine verschiedenen bisher fest zusammengefügten Theoreme. Eine »Lösung vom Mimesis-Konzept«[1] beschränkte sich nicht nur auf die bildnerischen Künste der Moderne. Wie die Forschung bereits umfänglich dargelegt hat, verloren Narrative und figurative Elemente in Malerei und Choreografie an Bedeutung und bezeugten ein visuelles Abstraktionsbedürfnis. Auf diese kollektiven Diskursformationen griffen Künstler*innen – bewusst oder unbewusst – in ihrer gestischen, nicht-figurativen Malerei der 1950er-Jahre zurück. Eine Körperlichkeit, so konnte nachgewiesen werden, schrieb sich nicht mehr über die Darstellungen von Körpern qua Figuration ein, sondern war bei den hier untersuchten Künstlern in ein abstrahiertes, praxeografisches Körperverständnis umgeschlagen.

Die Klassischen Modernen als eine der Nachkriegszeit vorangegangene, dem Kunst- und Abstraktionsdiskurs immanente Diskurstruktur spielten nicht nur in der eurozentrischen Internationalität der modernen Kunst eine Rolle, sondern konnten auch als Material zur Auseinandersetzung mit Originalitätsvorstellungen bei Shiraga und den Künstler*innen von *Gutai* rekonstruiert werden. Insbesondere die Art und Weise, wie der Körper und der Malerei unübliche Werkzeuge und Instrumente in die künstlerische Praxis von Shiraga eingebunden wurden, stand nicht allein unter dem Vorzeichen einer Distanzierung zu einer avantgardistischen, westlichen und modernen Malerei. Die Untersuchung der Äußerungen Shiragas, der fotografischen Dokumentation seiner (nicht nur) Malperformances und der Konzeption seiner Fußmalereien konnte veranschaulichen, dass kollektive und individuelle Kriegserfahrungen und -traumata durch das Konstruieren und Einbinden einer verletzlichen Körperlichkeit

(*Please push strong/Red liquid*) und einer verletzenden, erschöpfenden Körperlichkeit (*Challenging Mud*) die Fußgemälde präfigurierten. Exemplarisch war bei Shiraga ein transitives Moment hin zum Bedeutungsgewinn der Performanz der Malerei begreifbar: Die Objektgebundenheit (Figuration) von körperlicher Bewegung, Körperlichkeit und abstrakt-figurativer Malerei nahm ab, bis in Performance Art oder Happenings dann die tatsächlichen Handlungen schließlich zum künstlerischen Medium wurden. An diesem Übergangspunkt, an dem die Performanz der Malerei an Bedeutung gewann, das Material der Malerei aber noch nicht aufgegeben wurde, ist die horizontale Malerei begreifbar. Die Beantwortung der Frage, ob und inwiefern die Kunst Shiragas auf performative oder theatrale Präfigurationen in der japanischen Kulturgeschichte zurückgriff, lag außerhalb der disziplinären Kompetenz dieser Arbeit.

Im dritten Hauptkapitel »Malerei« hat die Arbeit rekonstruiert, durch welche Stationen hindurch sich ein internationaler Diskurs der gestischen Abstraktion unter Rückgriff auf Werke und Ausstellungen von Pollock, Mathieu und Shiraga konstruierte, was auf der Basis von Archivrecherchen zu Michel Tapié möglich wurde. Die Arbeit hat gezeigt, dass Tapié mit seinen vielfältigen Geschäftsbeziehungen, strategischen Publikationen und Reisetätigkeiten eine zentrale Figur war, um den Diskurs über die gestische Abstraktion international zu homogenisieren. Die Aktivitäten des französischen Kunstkritikers und Theoretikers wurden im Hinblick darauf analysiert, wie sich Verbindungen zur gestischen Nachkriegsabstraktion um ihn und weitere Akteur*innen wie der US-amerikanischen Galeristin Martha Jackson und ihrer Galerie in New York City knüpften. Durch diese Verbindungen konnten Künstler*innen wie Jirō Yoshihara, Shiraga oder Mathieu an einem US-amerikanischen Diskurs beteiligt werden. Aus diesen unterschiedlichen Beziehungsgeflechten gingen Ausstellungsaktivitäten und -beteiligungen sowie, besonders im Falle Mathieus, medial inszenierte Malperformances hervor, die unterschiedliche Konzeptionen von verkörperlichter Malerei greifbar werden ließen.

Eine auf Formalismus verengte Perspektive stand einem körperlichen Verständnis der in dieser Arbeit untersuchten Malerei entgegen. Körperliche – also nicht schriftliche oder mündliche – Überlieferung von Malerei konnte nachgezeichnet werden. Insbesondere anhand von Mathieus Inszenierungsstrategien als Schwertkämpfer und Athlet in unterschiedlichen Kostümierungen, die komplexe Zeit- und Kulturverweise verdichteten, ließ sich aufzeigen, dass die Dokumentationen seines Malprozesses auch auf komplexe Zeitlichkeiten und tradierte Ikonografien verwiesen. Während die Schlachtengemälde bei Noverre noch als kompositorisches Korrektiv der Choreografie dienen konnten, wurden bei Mathieu Schlachten als historischer Kontext genutzt, um die Körperlichkeit und Intensität seines Malprozesses zu belegen und gleichzeitig in ein nachkriegspolitisches Bedürfnis nach der vergangenen Grandeur Frankreichs einzubetten. Anhand der Analyse von Künstleraussagen wurde deutlich, dass für Mathieu das Endprodukt Malerei nicht mehr gegenüber dem Herstellungsprozess priorisiert wurde. Durch die Analyse der Sprungfotografien aus seinem Malvorgang stellte sich heraus, dass für den Maler eine explizite Körperbeherrschung während der Malperformance notwendig war, um die verkörperlichte, gestische Malerei erfolgreich zu bestreiten. Eine athletische Körperpolitik hat seine Malerei somit wesentlich bestimmt.

Götz wagte im Herbst 1952, als Harold Rosenbergs *The American action painters* erschien, einen gestischen Schritt, den Pollock nicht mehr ging. Im vierten Hauptkapitel »Tradierungen« konnte dargestellt werden, dass Götz eine Maltechnik entwickelte, die ohne jeden Zweifel nicht-figurative Malereien erzeugen sollte. Damit vollzog sich in seinem Werk ein Paradigmenwechsel: Das Zeichen, das durch eine Aufteilung der Bildfläche in Figur und Grund lesbar war und als bisheriges Grundverständnis von Malerei galt, hat Götz in seiner malerischen Praxis ab 1952 durch einen dynamischen Farbauftrag und mit einer neuen Materialität – Kleisteremulsion auf gehärteter, glatter Fläche, die kein visuelles Aufteilen in Figur und Grund mehr erlauben – und dann auch schriftlich durch von ihm verfasste Texte in den 1960er-Jahren hinterfragt. Durch die Analyse von *Bild vom 7. 9. 1952 (letztes Ölbild)* und die darauffolgenden dynamischen Malereiprozesse, die unter anderem von Sigfried Kühl fotografiert und in TV-Beiträgen des WDR erfasst wurden, konnte aufgezeigt werden, dass die Malerei von Götz aus einer phänomenologischen Perspektive betrachtet werden muss, um die körperliche Bewegung, die in ihr Ausdruck findet, visuell zu erfassen und zu verstehen. Damit, so zeigte die Arbeit, hatte Götz einen fundamentalen Schritt weg von der Figuration vollzogen. Pollock habe sich dahingegen nie ganz von figurativer Malerei gelöst, wie Michael Leja argumentierte. Dieser bewertete Pollocks Malerei am Scheidepunkt zwischen Figuration und Abstraktion, ohne dass eine Positionierung entweder auf der einen oder der anderen Seite möglich wäre und plädierte dafür, Pollocks Kunst eher mit einer graduellen Verschiebung zwischen diesen beiden Polen zu beschreiben.[2] Durch den choreografie- und notationshistorischen Ansatz der vorliegenden Arbeit konnte dieses Problem der Zuspitzung, inwiefern die Malerei nun gänzlich nicht-figurativ ist oder nicht, neu formuliert werden. Figuration beschreibt Körperlichkeit als abgebildete, in malerische Darstellungen transformierte Körper. Darüber hinaus lässt sich Körperlichkeit aber in nicht-figurativen Werken erkennen, wenn deren Produktionsprozesse mit einbezogen werden. Eine strukturelle, nicht-figurative Körperlichkeit ist greifbar, da Körperlichkeit der Darstellung entzogen wurde, aber dem handelnden, malenden Künstler*innen produktionsästhetisch transferiert wurde. In den teils öffentlichen und manchmal dokumentierten Malperformances sind die tatsächlichen Körper anwesend, die ihre Spuren auf den Bildfeldern hinterlassen. Die Unterscheidung in figurative und nicht-figurative Malerei ist, für die Analyse dieser Werke, wie die Arbeit gezeigt hat, demnach keine hilfreiche. Figuration und Körper haben sich in dieser Malerei nicht aufgelöst, sondern werden durch andere Mittel im Werkprozess erfahrbar. Hierdurch ließ sich nachweisen, in welches Verhältnis sich Choreografie, Körperlichkeit und Malerei setzten.

Die abstrakte, gestische Malerei formalistisch zu verstehen, also in einer Tradierung von Darstellungen und Stilwandel, hat den Blick auf die Transdisziplinarität der Nachkriegsabstraktion verwehrt. Auch hier muss ein Fokus auf die agentialen Kontexte der Bildproduktion die Analyse von gestischer, nicht-figurativer Malerei ergänzen. In der Diskussion von Shiragas Werken konnte nachgewiesen werden, dass ein formalistisches Verständnis seinem Werk nicht gerecht werden kann. Hier hat sich die Arbeit von einem Diskurs über die gestische Abstraktion abgesetzt: Die Auseinandersetzung mit der gestischen Abstraktion in den 1950er-Jahren führte dazu, dass vor allem formale Gemeinsamkeiten zur Weltsprache der Abstraktion erklärt wurden. Diese Entscheidung, so wurde hier argumentiert, hatte politische Konsequenzen: Geopolitische Vereinnahmungen haben in der zweiten Hälfte der 1950er-Jahre einen Kontext geprägt, in dem die Künstler*innen von *Gutai* nur Kopist*innen in einer formalistischen Entwicklungsgeschichte sein konnten. Dagegen zeigte sich in einer praxeologischen Perspektive, wie Shiragas Kunst in jeweils lokalen Kontexten zu verstehen ist und jenseits der formalen Weltsprache einen eigenständigen Zugang entwickelte. Dieser Fokus auf die handlungstheoretischen, praxeografischen Bedingungen, aus denen Shiragas Malereien mit den Füßen entstanden, wurde in dieser westlichen Rezeption bis vor einigen Jahren ausgeblendet.

Darüber hinaus wurde die Körperlichkeit und das Beflecken der Leinwand auch im Prisma von Männlichkeits- und Weiblichkeitsdiskursen der Künste aufgearbeitet. Hierbei ließ sich insbesondere durch eine genderkritische Lektüre der Produktionskontexte und einiger Gemälde herausstellen, dass die Bildproduktion mittels des Tropfens im gesellschaftlichen Kontext der 1950er-Jahre als eine heteronorme und männliche Bildproduktion konnotiert war. Werke des Abstrakten Expressionismus, des Informel, der Art autre, des Tachismus oder der Lyrischen Abstraktion von Künstlern sind nicht nur gleichzeitig mit historisch-gesellschaftlichen, peripheren Positionszuweisungen an Künstlerinnen kanonisiert worden, vielmehr handelte das Action-Painting beziehungsweise die Art und Weise der Bildproduktion dieser Malerei auch selbst Männlichkeit und Männlichkeitsbilder aus.

Durch den Gesamtzusammenhang dieser Arbeit konnte ein wenig bearbeiteter Knotenpunkt ausgeleuchtet werden: Auch wenn die physisch stabilen, nahezu traditionellen Gemälde von Götz, Mathieu, Pollock und Shiraga körperliche Bewegung tradieren, geschieht dies nicht nur durch ihre Anschaulichkeit aufgrund der Hängung an der Wand, sondern auch durch die Produktionskontexte, die anhand von Fotografien und Filmen überliefert sind, wie auch durch schriftliche Ausführungen zu diesen Werken. Die Frage nach der Rolle der körperlichen Einbindung in die gestische Malerei der vier untersuchten Künstler wurde in vielerlei Hinsicht beantwortet. Der Zusammenhang von Choreografie und Malerei konnte weder entlang des Gerüsts von motivischen Analysen oder Kollaborationen von Künstler*innen und Choregraf*innen erörtert werden, noch über ein Kunstverständnis, das explizit Handlungen, wie bei Performances oder Happenings, als künstlerisches Medium nutzt. Stattdessen resultierte aus den Analysen, dass eine (motivische/figurative) Darstellung von Bewegung sich in die Nutzbarmachung von choreografierter Bewegung und Räumlichkeit für die Malerei gewandelt hat. So konnte die Arbeit konkrete und enge medienhistorische sowie praxeografische Bezüge zwischen Malerei und Choreografie nachweisen. Die körperliche Tradierung dieser Malerei und ihrer Praxeografien war maßgeblich durch dokumentarische und künstlerisch gestaltete Fotografien und Filmen aus den Produktionszusammenhängen bestimmt, die mit ihrer medienspezifischen Gestaltung die Körperlichkeit dieser Malerei verstärkten. So wurde eine körperliche Tradierung und Internationalisierung der gestischen Malerei ermöglicht. Wird dieser Zusammenhang von Choreografie, Körperlichkeit und Malerei nun weiter berücksichtigt, nachdem eine Transdisziplinarität von Malerei und Choreografie von kunsthistorischer Seite veranschaulicht wurde, könnte in Zukunft in umgekehrter Weise die Frage verfolgt werden, wie spezifische Malerei oder Malereiverständnisse in choreografischen beziehungsweise tänzerischen Produktionen genutzt wurden und werden.

1 Brandstetter 2013b, S. 416.

2 Leja 2016; Karmel 1998, S. 131.

Quellen- und Literaturverzeichnis

Nicht publizierte Quellen

Archives of American Art, Washington D.C.

Dore Ashton Papers, 1849, circa 1928–2014, Dore Ashton: Position of Abstract Art in Europe, Box 5, Folder 50

Institut für Stadtgeschichte, Frankfurt (ISG Frankfurt), Bestand Amerika Haus Frankfurt

Wochenprogramm Amerika Haus Frankfurt 5.11–18.11.1951, ISG Frankfurt, Bestand Amerika Haus Frankfurt, V113/120

Bücher zur Amerikanischen Kunst aus unserer Bibliothek [1952], ISG Frankfurt, Bestand Amerika Haus Frankfurt, V113/124

Einladung: Das Amerika-Haus Frankfurt veranstaltet eine Vortragsreihe des amerikanischen Kunsthistorikers Jerome Mellquist: Amerikanische Malerei, anläßlich der Ausstellung des Städelschen Kunstinstituts »100 Jahre amerikanische Malerei«, ISG Frankfurt, Bestand Amerika Haus Frankfurt, V113/124

Wochenprogramm Amerika Haus Frankfurt 1.12.–20.12.1952, ISG Frankfurt, Bestand Amerika Haus Frankfurt V113/146

Wochenprogramm 19. bis 30.1.1953, ISG Frankfurt, Bestand Amerika Haus Frankfurt V113/149

Juliprogramm 1956, ISG Frankfurt, Bestand Amerika Haus Frankfurt V113/196

Programm vom 17.12.1951 bis 5.1.1952, ISG Frankfurt, Bestand Amerika Haus Frankfurt V113/125

Januarprogramm 1959, ISG Frankfurt, Bestand Amerika Haus Frankfurt V113/223

Archive Michel Tapié, Bibliothèque Kandinsky, CGP Paris

Alexander Iolas an Michel Tapié, Korrespondenz vom 5.10.1950, Archive Tapié, TAPIE 35.2

Archive Tapié, Boite n°13, Classeur 5 [Correspondance P]
United States Lines, Paris Review, 1953, Archive Tapié, TAPIE 28.9
Alexander Iolas an Michel Tapié, Korrespondenz vom 5. 10. 1950, Archive Tapié, TAPIE 35.2
Dr. Werner Gramberg (Hamburger Kunsthalle) an die »Galérie Michel Tapié«, Korrespondenz vom 12. 7. 1956, Archive Tapié, TAPIE 11.2
Martha Jackson an Michel Tapié, Korrespondenz vom 24. 8. 1954, Archive Tapié, HIJ boite n°13 (- 1)
Michel Tapié an Jackson Pollock, Korrespondenz vom 29. 2. 1952, Archive Tapié, Boite n°13, Classeur 5 [Correspondance P]
Wilhelm Wessel an Michel Tapié, Korrespondenz vom 4. 1. 1956, Archive Tapié, Carton 23 (1)
Bulletino n. 1, I. C. A.R, Juni 1960, Archive Tapié, Tapie 118.4
Arthur Jeffress an Michel Tapié, Korrespondenz vom 2. 4. 1953, Archive Tapié, TAPIE 35.2
Meta 10, Archive Tapié, TAPIE 103
Faltblatt Zoe Dusanne Gallery, Archive Tapié, TAPIE 118.7
Faltblatt Galerie Werthmüller, Archive Tapié, TAPIE 121.10
Einladungskärtchen der Galerie Ben doute de tout von Benjamin Vautrier, Archive Tapié, TAPIE?.2
Einladungskärtchen zur Ausstellung, Archive Tapié, TAPIE 28.6
Franz Roh an Michel Tapié, Korrespondenz vom 6. 3. 53, Archive Tapié, TAPIE 100 / 34.2
Herbert Read an Michel Tapié, Korrespondenz vom 2. 9. 1952 Archive Tapie, TAPIE 100 / 34.2
Korrespondenz von Michel Tapié mit Paul und Esther Jenkins und mit Martha Jackson, Archive Tapié, HIJ boite n°13 (- 1)
Ludwig Baron Döry an Michel Tapié, Korrespondenz vom 15. 6. 1959, Archive Tapié, TAPIE 34.1
Rechnung für Versand und Versicherung von 85 Gemälden nach Rio de Janeiro, ohne Datum, Archive Tapié, TAPIE 35.1
Klaus Franck an Michel Tapié, Korrespondenz vom 1. 5. 1953, Archive Tapié, TAPIE 35.1
Absender nicht identifiziert an Michel Tapié, Korrespondenz vom 24. 7. 1956, Archive Tapié, TAPIE 28.6
Michel Tapié (Hrsg.): 17 artistes iraniens d'aujourd'hui présentés par Michel Tapié à la Galerie Cyrus, Paris, novembre 1971, Ausstellungskatalog Paris (Galerie Cyrus), Paris 1971, Archive Tapié, TAPIE 100 / 34.2 und TAPIE 2.4

Les Abattoirs, Musée – Frac Occitanie Toulouse

Michel Tapié an einen nicht identifizierten Adressaten, Korrespondenz vom 2. 5. 1957, Dossier E, E4 Correspondance USA

Michel Tapié an Martha Jackson, Korrespondenz vom 18. 12. 1956, Dossier E, E4 Correspondance USA

Michel Tapié an M[onsieur]. Rockefeller, Korrespondenz vom 18. 12. 1956, Dossier E, E4 Correspondance USA

Michel Tapié an Alfonso Ossorio, Korrespondenz vom 18. 12. 1956, Dossier E, E4 Correspondance USA

Toshimitsu Imai an Michel Tapié, Korrespondenz undatiert, Poststempel Airmail vom 12.XI.57

Dossier E, E3 Correspondance Japon

Nakanoshima Museum of Art, Osaka

Heide Hildebrand an Jirō Yoshihara, Korrespondenz vom 30. 10. 1971, Gutai Archive, 大阪中之島美術館, A021-S3 Box 5 Folder 9

Shiraga, Kazuo: »Greetings«, undatiertes Redemanuskript, ca. 1967–69, Gutai Archive, 大阪中之島美術館, A021-S3 Box 5 Folder 9

Smithsonian Archive, Washington D. C.

Jirō Yoshihara an Martha Jackson, Korrespondenz vom 4. 8. 1958, Martha Jackson Gallery Records, Reel D246 Reel D246 (Material Relating to Gutai Exhibition, 1958–1960)

Sidney Simon an Martha Jackson, Korrespondenz vom 3. 12. 1958 und 17. 12. 1958, Martha Jackson Gallery Records, Reel D246 Reel D246 (Material Relating to Gutai Exhibition, 1958–1960)

John Richard an Martha Jackson, Korrespondenz vom 4. 8. 1959, Martha Jackson Gallery Records, Reel D246 Reel D246 (Material Relating to Gutai Exhibition, 1958–1960)

Registrar des Museum of Fine Arts of Houston an Martha Jackson, Korrespondenz vom 19. 11. 1959, Martha Jackson Gallery Records, Reel D246 Reel D246 (Material Relating to Gutai Exhibition, 1958–1960)

E. C. Geesen an Martha Jackson, Korrespondenz vom 19. 11. 1958, Martha Jackson Gallery Records, Reel D246 Reel D246 (Material Relating to Gutai Exhibition, 1958–1960)

Gerevais [?] Reed an Martha Jackson, Korrespondenz vom 19. 11. 1959, Martha Jackson Gallery Records, Reel D246 Reel D246 (Material Relating to Gutai Exhibition, 1958–1960)

Michel Lortie an Martha Jackson, Korrespondenz vom 20. 11. 1958,

Martha Jackson Gallery Records, Reel D246 Reel D246 (Material Relating to Gutai Exhibition, 1958–1960)

UB Anderson Gallery, Buffalo

G. S. in ARTnews, November 1958, Martha Jackson Archive, Folder Gutai Exhibition – Sept 25 – Oct 25 1958

Robert M. Coates [Rezension ohne Titel], The New Yorker, 11. 10. 1958, Martha Jackson Archive, Folder Gutai Exhibition – Sept 25 – Oct 25 1958

Fotodokumentation The International Sky Festival Osaka, Martha Jackson Archive, Folder International Sky Festival Osaka, Japan, April 1960

documenta archiv, Kassel

Protokoll der III. Hauptausschußsitzung der II. documenta '59 im Schloßhotel Wilhelmshöhe, Kassel, am 1. und 2. März 1959, documenta archiv, AA, d02, 34

Literatur

Aagesen 2021

Dorthe Aagesen u. a. (Hrsg.): Kirchner und Nolde. Expressionismus. Kolonialismus, Ausstellungskatalog Kopenhagen / Amsterdam/Berlin, München 2021

Aasen 2020

Solveig Aasen: Depicting Movement, in: Australasian Journal of Philosophy, 2020, S. 1–14

Abadie 2011

Daniel Abadie: Chronologie, in: Monica Maroni/Domenico Pertocoli (Hrsg.): Georges Mathieu. 1948–1969, Ausstellungskatalog Mailand/ Brescia, o. O. 2011, S. 166–241

A. I. D. 1933

Archives Internationales de la Danse. Revue trimestrielle, Nr. 5 (Numéro spécial) »La danse dans la peinture«, 15. 12. 1933, http://mediatheque.cnd.fr/outils/visualiseurPdf/FlexPaperViewer.php?idRac=aid&idRep=AID33_05&idDoc=AID33_05.swf [3. 6. 2025]

A. I. D. 1934

Archives Internationales de la Danse. Revue trimestrielle,

Nr. 5 (Numéro spécial) »Les expositions des Archives Internationales de la Danse«, 30. 11. 1934, http://mediatheque.cnd.fr/outils/visualiseurPdf/FlexPaperViewer.php?idRac=aid&idRep=AID34_05&idDoc=AID34_05.swf [16. 11. 2020]

Alarcón 2009
Mónica Alarcón: Die Ordnung des Leibes. Eine tanzphilosophische Betrachtung, Würzburg 2009

Ambassade du Japon 1955
Ambassade du Japon, Association des artistes japonais de Paris (Hrsg.): *Artistes Japonais de Paris*, Ausstellungsfaltblatt Paris, Paris 1955

Anderson 1996
Susan M. Anderson: Post-Surrealism and the Flux: Lorser Feitelson, Helen Lundeberg, and Knud Merrild, in: Paul J. Karlstrom (Hrsg.): On the Edge of America. California Modernist Art 1900–1950, Berkeley/Los Angeles/Oxford 1996, S. 183–191

Anonym 1959
Anonym: DAS KUNSTWERK interviewt Mathieu, in: Das Kunstwerk, 12 (1959), S. 19–30

Anonym 1955
Anonym: The Fox of Paris, in: Time, 7. 3. 1955

Apostolou-Hölscher 2015
Stefan Apostolou-Hölscher: Vermögende Körper. Zeitgenössischer Tanz zwischen Ästhetik und Biopolitik, Bielefeld 2015, S. 112

Arauz 2021
Melanie Rachael Arauz u. a.: United States of abstraction. Artistes américains en France, 1946–1964, Ausstellungskatalog Nantes / Montpellier, Gent 2021

Arbeau 1589
Thoinot Arbeau: Orchesographie. Et traicte en forme de dialogue, par lequel toutes personnes peuvent facilement apprendre & practiquer l'honneste exercice des dances. Par Thoinot Arbeau demeurant a Lengres, 1589, https://gallica.bnf.fr/ark:/12148/btv1b8610761x [22. 6. 2022]

Arène 1538
Antoine Arène [Antonius Arena]: Provincialis de bragardissima villa de Soleriis, ad suos compagnones studiantes, qui sunt de persona friantes, bassas dansas in gallanti stilo bisognatas et de novo per ipsum correctas et joliter augmentalas : cum guerra Romana totum

ad longum sine require, et cum guerra Neapolitana et cum revolta Gennuensi et guerra Avenionensi, et epistola ad falotissimam garsam, pro passando lo tempus alegramentum mandat, 1538, https://gallica.bnf.fr/ark:/12148/bpt6k71525c [22. 6. 2022]

Argan 2003
Giulio Carlo Argan/Georges Mathieu (Hrsg.): Mathieu. 50 ans de création, Paris 2003

Ashton 2003
Dore Ashton: Mathieu et les autres, in: Daniel Abadie (Hrsg.): Georges Mathieu, Ausstellungskatalog Paris / Mailand, Mailand 2003, S. 53–64

Aust 1989
Günter Aust: Chronik 1937–1944, in: Kurt Herberts (Hrsg.): Modulation und Patina. Ein Dokument aus dem Wuppertaler Arbeitskreis um Willi Baumeister, Oskar Schlemmer, Franz Krause. 1937–1944, Stuttgart 1989, S. 11–25

Barolsky 1995
Paul Barolsky: Fables of Art, in: The Virginia Quarterly Review 71 (1995), S. 280–287

Barthes 1983
Roland Barthes: Cy Twombly, Berlin 1983

Baxmann 2008
Inge Baxmann: Einleitung. Zwischen Volksfront und Vichy. Die Archives Internationales de la Danse und ein neues Imaginäres der Kultur, in: dies. (Hrsg.): Körperwissen als Kulturgeschichte. Die Archives Internationales de la Danse (1931–1952), München 2008, S. 9–14

Bellenger 2018
Sylvain Bellenger u. a. (Hrsg.): Picasso et les Ballets russes. Entre Italie et Espagne. Voyages imaginaires, Ausstellungskatalog Marseille (Musée des Civilisations de l'Europe et de la Méditerranée (Mucem)), Arles 2018

Bellow 2013
Juliet Bellow: Modernism on Stage. The Ballets Russes and the Parisian Avant-Garde, London 2013

Belting 2002
Hans Belting: Das Ende der Kunstgeschichte. Eine Revision nach 10 Jahren, München 2002

Belting 2013
Hans Belting: Spiegel der Welt. Die Erfindung des Gemäldes in den Niederlanden, München 2013

Benjamin 1977
Walter Benjamin: Ästhetische Fragmente [Malerei und Graphik], in: ders./Rolf Tiedemann/Hermann Schweppenhäuser (Hrsg.): Walter Benjamin. Gesammelte Schriften, Bd. II.2, Frankfurt/M. 1977, S. 599-632
Berberian 1949
D. A. Berberian: Microscopic Animalcules [Leserbrief], in: Time, 28. 2. 1949, http://content.time.com/time/magazine/article/0,9171,799818,00.html [7. 6. 2023]
Berecz 2008
Ágnes Berecz: Grand Slam. Histories of and by Georges Mathieu, in: Yale University Art Gallery Bulletin, 2008, S. 64–74
Bertozzi 1991
Barbara Bertozzi: Am Ursprung der Neuen Avantgarden: die japanische Künstlervereinigung Gutai, in: dies./Klaus Wolbert (Hrsg.): Gutai. Japanische Avantgarde 1954–1965, Ausstellungskatalog Darmstadt, Darmstadt 1991, S. 17–63
Bertozzi/Wolbert 1991
Barbara Bertozzi/Klaus Wolbert (Hrsg.): Gutai. Japanische Avantgarde 1954–1965, Ausstellungskatalog Darmstadt, Darmstadt 1991
Bertrand Dorléac 2004
Laurence Bertrand Dorléac: L'Ordre sauvage. Violence, dépense et sacré dans l'art des années 1950–1960, Paris 2004
Beyle 2002
Peter Beyle: Einführung, in: ders./Felicitas Baumeister (Hrsg.): Willi Baumeister. Werkkatalog der Gemälde, Bd. 1, Ostfildern 2002, S. 9–27
Bienek/Platschek 1959a
blätter + bilder. Eine Zeitschrift für Dichtung, Musik und Malerei, Heft 1 (März/April 1959)
Bienek/Platschek 1959b
blätter + bilder. Eine Zeitschrift für Dichtung, Musik und Malerei, Heft 3 (Juli/August 1959)
Bienek/Platschek 1960
blätter + bilder. Eine Zeitschrift für Dichtung, Musik und Malerei, Heft 8 (Mai/Juni 1960)
Birkner 2019
Thomas Birkner: Medialisierung und Mediatisierung, Baden-Baden 2019
Blechinger-Talcott 2010
Verena Blechinger-Talcott: Eine Amerikanisierung Japans? Der Einfluss der Besatzungsmacht Amerika (1945–1952), in: Ulrike Gehring/Anne Hoffmann (Hrsg.): kritische berichte, 38 (2010), S. 5–13

Bode 1959a
Arnold Bode (Hrsg.): II. documenta '59. Malerei, Bd. Malerei, Ausstellungskatalog Kassel, Köln 1959

Bode 1959b
Arnold Bode (Hrsg.): II. documenta '59. Skulptur, Bd. Skulptur, Ausstellungskatalog Kassel, Köln 1959

Bode 1959c
Arnold Bode (Hrsg.): II. documenta '59. Druckgrafik, Bd. Druckgrafik, Ausstellungskatalog Kassel, Köln 1959

Boehm 2007
Gottfried Boehm: A New Beginning: Abstraction and the Myth of the »Zero Hour«, in: Joan Marter (Hrsg.): Abstract Expressionism. The International Context, New Brunswick 2007, S. 99–107

Boehm 2008
Gottfried Boehm: Die Form des Formlosen. Abstrakter Expressionismus und Informel, in: Delia Ciuha (Hrsg.): Action painting. Jackson Pollock, Ausstellungskatalog Riehen / Basel, Ostfildern 2008, S. 38–46

Boehm/Burioni 2012
Gottfried Boehm/Matteo Burioni (Hrsg.): Der Grund. Das Feld des Sichtbaren, München 2012

Bois 1999
Yve-Alain Bois: Missing in Action. The Art of Gutaï, in: Artforum, 37 (1999), https://www.artforum.com/print/199905/missing-in-action-the-art-of-gutai-32297 [23. 3. 2021]

Bois 2016
Yve-Alain Bois: 1947b. The publication of *Possibilities* in New York marks the coalescence of Abstract Expressionism as a movement, in: Hal Foster u. a. (Hrsg.): Art since 1900. Modernism, Antimodernism, Postmodernism, London 2016, S. 404–410

Bojescul 1988
Wilhelm Bojescul (Hrsg.): Karl Otto Götz. Bilder und Arbeiten auf Papier 1935–1988, Ausstellungskatalog Braunschweig, Braunschweig 1988

Bosquet/Mathieu 1960
Alain Bosquet/Georges Mathieu: Cent questions discrètes et indiscrètes posées à Georges Mathieu, in: Ring des Arts, 1 (1960), S. 82–101

Bothner 1999
Roland Bothner: Action-Painting. Das Ende der Malerei. K. R. H. Sonderborgs Chicago-Wabash-Serie, Heidelberg 1999

Boulbès 2017
Carole Boulbès: Relâche. Dernier coup d'éclat des Ballets suédois, Dijon 2017
Bracker 1963
Milton Bracker,: Armory Art Show of 1913 Revived, Revered, in: The New York Standard, 10. 3. 1963, https://www.duchamparchives.org/amd/archive/component/SBK2_1961-63_20/ [15. 11. 2022]
Brandl-Risi 2012
Bettina Brandl-Risi,: Das Leben des Bildes und die Dauer der Pose. Überlegungen zum Paradox des Tableau vivant, in: dies./Gabriele Brandstetter/Stefanie Diekmann (Hrsg.): Hold it! Zur Pose zwischen Bild und Performance, Berlin 2012, S. 52-67
Brandstetter 2004
Brandstetter, Gabriele: The Code of Terpsichore. Carlo Blasis Tanztheorie zwischen Arabeske und Mechanik, in: dies./Gerhard Neumann (Hrsg): Romantische Wissenspoetik. Die Künste und die Wissenschaften um 1800, Würzburg 2004, S. 49–72
Brandstetter 2013a
Gabriele Brandstetter: Bild-Sprung: TanzTheaterBewegung im Wechsel der Medien, Berlin 2005
Brandstetter 2013b
Gabriele Brandstetter: Tanz-Lektüren: Körperbilder und Raumfiguren der Avantgarde, Freiburg i. Br./Berlin/Wien 2013
Brandstetter 2021
Gabriele Brandstetter: Tanz und Fotografie. Ein Dialog der Künste. Vera Skoronel und Charlotte Rudolph, in: Brygida Ochaim (Hrsg.): Der absolute Tanz. Tänzerinnen der Weimarer Republik, Ausstellungskatalog Berlin, Berlin 2021
Breuer 2019
Gerda Breuer: Der »Wuppertaler Arbeitskreis. Oskar Schlemmer, Willi Baumeister, Franz Krause«, in: Antje Birthälmer/Beate Eickhoff (Hrsg.): Oskar Schlemmer. Komposition und Experiment. Das Wuppertaler Maltechnikum, Ausstellungskatalog Wuppertal, Bönen 2019, S. 69–83
Brinkmann 2008
Charlotte Brinkmann: Claire Holt und die Anfänge einer modernen Tanzethnologie im Umfeld der A. I. D.-Expeditionen nach Niederländisch-Indien, in: Inge Baxmann (Hrsg.): Körperwissen als Kulturgeschichte. Die Archives Internationales de la Danse (1931–1952), München 2008, S. 117–136

Brüning 2022
Lena Brüning: Die Galerie Schmela. Amerikanisch-deutscher Kunsttransfer und die Entwicklung des internationalen Kunstmarktes in den 1960er Jahren, Berlin/Boston 2022
Brüning 1959
Peter Brüning: Entstehung eines Bildes, in: blätter + bilder. Eine Zeitschrift für Dichtung, Musik und Malerei, 4 (1959), S. 70/71
Brüning 1962
Peter Brüning: [o. T.], in: Heinz Fuchs: Peter Brüning, Ausstellungskatalog Mannheim, Mannheim 1962, o. S.
Burks 1949
Arthur W. Burks: Icon, Index, and Symbol, in: Philosophy and Phenomenological Research, 9 (1949), S. 673–689, https://doi.org/10.2307/2103298
Butler 2019
Judith Butler: Wenn die Geste zum Ereignis wird, Wien 2019
Casini 2021
Giovanni Casini: Allendy, Colette (born Colette Nel-Dumouchel), in: *The Modern Art Index Project,* Leonard A. Lauder Research Center for Modern Art, The Metropolitan Museum of Art, August 2021, https://doi.org/10.57011/BEPE1369
Celant 2021
Germano Celant: Between Revolution and Reaction. Georges Mathieu, in: Raphaëlle Pinoncély (Hrsg.): Georges Mathieu, New York 2021, S. 9–17
Chadwick 2013
Whitney Chadwick: Frauen, Kunst und Gesellschaft, Berlin 2013
Chassey/Lecoq-Ramond 2008
Eric de Chassey/Sylvie Lecoq-Ramond (Hrsg.): 1945–1949. Repartir à zéro. Comme si la peinture n'avait jamais existé, Ausstellungskatalog Lyon, Paris 2008
Chong 2013
Doryun Chong u. a. (Hrsg.): From Postwar to Postmodern. Art in Japan 1945–1989, New York 2013
Kuma 2010
Chinatsu Kuma (Hrsg.): Gutai. Facsimile Edition, Tokio 2010
Clark 2015
Christina Clark u. a. (Hrsg.): Kinesis. The Ancient Depiction of Gesture, Motion, and Emotion, Ann Arbor 2015

Claus 1986
Jürgen Claus: Malerei als Aktion. Selbstzeugnisse der Kunst von Duchamp bis Tàpies, Frankfurt/M./Berlin 1986
Claustres 2007
Annie Claustres: Die verborgene Werkstattpraxis Hans Hartungs, in: Hans-Werner Schmidt/Dirk Luckow (Hrsg.): Hans Hartung. Spontanes Kalkül, Ausstellungskatalog Leipzig / Kiel, Bielefeld/Leipzig 2007, S. 220–230
Collins 1991
Bradford R. Collins: Life Magazine and the Abstract Expressionists, 1948–51. A Historiographic Study of a Late Bohemian Enterprise, in: The Art Bulletin, 73 (1991), S. 283–308
Cramer 2008
Franz Anton Cramer: Technik, Körper, Vielfalt: Die Archives Internationales de la Danse und das Projekt einer enzyklopädischen Erfassung des Tanzes am Beispiel der »conférences-démonstrations«, in: Inge Baxmann (Hrsg.): Körperwissen als Kulturgeschichte. Die Archives Internationales de la Danse (1931–1952), München 2008, S. 65–88
Cürlis 1926/27
Hans Cürlis: Zu dem Filmwerk »Schaffende Hände« des Instituts für Kulturforschung, Berlin, Berlin 1926/27
Cushman 2003
Keith Cushman: Lawrence and Knud Merrild: New Materials, New Perspectives, in: ders./Earl G. Ingersoll: D. H. Lawrence. New Worlds, Teaneck/London 2003, S. 68–95
Dahms 2010
Sibylle Dahms: Der konservative Revolutionär. Jean Georges Noverre und die Ballettreform des 18. Jahrhunderts, München 2010
Dalrymple Henderson 1995
Linda Dalrymple Henderson: Die moderne Kunst und das Unsichtbare. Die verborgenen Wellen und Dimensionen des Okkultismus und der Wissenschaften, in: Veit Loers/Pia Witzmann (Hrsg.): Okkultismus und Avantgarde. Von Munch bis Mondrian 1900–1915, Ausstellungskatalog Frankfurt / M., Ostfildern 1995, S. 13–31
Dane/Héron de Villeflosse 1963
Marie-Claude Dane/René Héron de Villeflosse (Hrsg.): *Mathieu*, Ausstellungskatalog Paris, Paris 1963
Davenport/Sargeant 1948
Russel W. Davenport/Winthrop Sargeant: A Life Round Table

on Modern Art. Fifteen Distinguished Critics and Connoisseurs Undertake to Clarify the Strange Art of Today, in: Life, 11. 10. 1948, S. 56–79

Davila 2020
Thierry Davila: Duchamp with Mallarmé, in: October, 171 (2020), S. 3–26

De la Motte 1986
Manfred de la Motte: »Der besoffene Besen«. 1938–1983. Anmerkungen zu Informel und Tachismus, in: Georg Költzsch (Hrsg.): Deutsches Informel. Symposion Informel, Berlin 1986, S. 261–268

Del Renzio1956
Toni Del Renzio: Chronologie de la Bataille de Hastings, in: Institute of Contemporary Arts (Hrsg.): Mathieu, Ausstellungsfaltblatt London, London 1956

Delaplanche 2004
Jérôme Delaplanche: La touche et la tache, in: Emmanuelle Delapierre/Mathieu Gilles/Hélène Portiglia (Hrsg.) Roubens contre Poussin. La querelle du coloris dans la peinture française à la fin du XVIIe siècle, Ausstellungskatalog Arras / Épinal, Amsterdam 2004, S. 61–69

Demos 2002
T. J. Demos: Duchamp's Boîte-en-valise: Between Institutional Acculturation and Geopolitical Displacement, in: Grey Room, 8 (2002), S. 7–37

Denana 2014
Malda Denana: Ästhetik des Tanzes. Zur Anthropologie des tanzenden Körpers, Bielefeld 2014

Dern 2004
Alexandra Dern: Zur Entstehung und zum Wirken des Wuppertaler Arbeitskreises. Willi Baumeister, Oskar Schlemmer, Franz Krause, Heinz Rasch und Carl Schlemmer, in: dies. (Hrsg.): Modulation und Patina. Willi Baumeister, Oskar Schlemmer, Franz Krause, Ausstellungskatalog Münster, Münster 2004, S. 6–18

Dickmann 2015
Jens-Arne Dickmann u. a.: Praxeologie, in: Thomas Meier/Michael R. Ott/Rebecca Sauer (Hrsg.): Materiale Textkulturen. Konzepte – Materialien – Praktiken, Berlin 2015, S. 135–145

Dobrez 2013
Livio Dobrez: The Perception of Depicted Motion, in: Arts, 2 (2013), S. 383–446

Dölling 1999
Evelyn Dölling: Kategorialstruktur ikonischer Sprachen und Syntax der visuellen Sprache, in: Klaus Rehkämper/Klaus Sachs-Hombach (Hrsg.): Bildgrammatik. Interdisziplinäre Forschungen zur Syntax bildlicher Darstellungsformen, Magdeburg 1999, S. 123–134

Döry 1959
Ludwig Baron Döry: Zur Geschichte des Tachismus, in: ders. (Hrsg.): Tachismus in Frankfurt. Quadriga 52. Kreutz, Götz, Greis, Schultze, Ausstellungskatalog Frankfurt / M, Frankfurt/M. 1959, S. 9–22

Doss 2001
Erika Doss: Introduction. Looking at Life. Rethinking America's Favorite Magazine, 1936–1972, in: dies. (Hrsg.): Looking at Life Magazine, Washington DC/London 2001, S. 1–21

Dresser 1870
Christopher Dresser: Principles of Decorative Design, London/Paris/New York 1870

Drost 2005
Julia Drost: »Biographische Notizen«. Max Ernsts Spiel mit einer literarischen Gattung, in: Werner Spies: Max Ernst. Leben und Werk, Köln 2005, S. 17–31

Drouin 1946
René Drouin (Hrsg.): Mirobolus Macadam & Cie. Hautepates de J. Dubuffet, Ausstellungskatalog Paris, Paris 1946

Drouin 1948
René Drouin (Hrsg.): Henri Michaux, Ausstellungskatalog Paris, Paris 1948

Duncan 1903
Isadora Duncan: Der Tanz der Zukunft (The Dance of the Future). Eine Vorlesung, Leipzig 1903, https://archive.org/details/dertanzderzukunf00dunc/page/n5/mode/2up [3. 6. 2025]

Ebers 2020
Thomas Ebers: Geländebefreite Kunst. Informelle Kunst und ihre Bedeutung für das Hier und Jetzt, in: Susanne Kleine (Hrsg.): Geste. Informel. Privat. Werke aus einer Privatsammlung. Works from a Private Collection, Ausstellungskatalog Werther, Köln 2020, S. 16–25

Eco 1996
Umberto Eco: Das offene Kunstwerk, Frankfurt/M. 1996

Ehrlich 1990
Susan Ehrlich: Knud Merrild, in: dies./Paul J. Karlstrom (Hrsg.): Turning the Tide: Early Los Angeles Modernists, 1920–1956, Ausstellungskatalog Santa Barbara, Santa Barbara 1990, S. 138–141

Eickhoff 2019
Beate Eickhoff: Das Maltechnikum. Schlemmer in Wuppertal, in: Antje Birthälmer/Beate Eickhoff (Hrsg.): Oskar Schlemmer. Komposition und Experiment. Das Wuppertaler Maltechnikum, Ausstellungskatalog Wuppertal, Bönen 2019, S. 85–105

Engel 2009
Nadine Engel: German Action, in: dies. (Hrsg.): German Action, Ausstellungskatalog München, München 2009, S. 4–11

Enwezor/Siegel/Wilmes 2016
Okwui Enwezor/Katy Siegel/Ulrich Wilmes (Hrsg.): Postwar. Kunst zwischen Pazifik und Atlantik 1945–1965, Ausstellungskatalog München, München 2016

Ernst 1991
Max Ernst: Biographische Notizen. Wahrheitsgewebe und Lügengewebe, in: Werner Spies (Hrsg.): Max Ernst. Retrospektive zum 100. Geburtstag, Ausstellungskatalog London u. a., München 1991, S. 281–339

Esner/Kisters 2018
Rachel Esner/Sandra Kisters (Hrsg.): The Mediatization of the Artist, Cham 2018

Estienne 1954
Charles Estienne: Une Révolution: Le Tachisme, in: Combat Art, 1. 3. 1954

Evelzard 2013
Juliette Evezard: Mathieu, un art autre selon Michel Tapié, in: Ligeia, 26 (2013), S. 218–228, https://www.cairn.info/revue-ligeia-2013-1-page-218.htm [23. 8. 2023]

Evezard 2016a
Juliette Evezard: »Un art autre«: Une épopée, in: Frédéric Hessler (Hrsg.): Un art autre. L'Aventure de Michel Tapié, Ausstellungskatalog Luxemburg, Luxemburg 2016, S. 6–13

Evezard 2016b
Juliette Evezard: Georges Mathieu. Un amie de combat, in: Frédéric Hessler (Hrsg.): Un art autre. L'Aventure de Michel Tapié, Ausstellungskatalog Luxemburg, Luxemburg 2016, S. 66/67

Evezard 2018
Juliette Evezard: L'œil de Michel Tapié »amateur d'art«, in: Franck Prazan (Hrsg.): Le grand Œil de Michel Tapié, Ausstellungskatalog Paris, Paris 2018, S. 8–29

Evezard 2023
Juliette Evezard: Un Art Autre. Le rêve de Michel Tapié, Dijon 2023

Farese-Sperken 1969
Christine Farese-Sperken: Der Tanz als Motiv in der bildenden Kunst des 20. Jahrhunderts (Stilkunst, Expressionismus, Fauvismus, Futurismus), München 1969

Faster 2006
Sabine Fastert: Pluralismus statt Einheit. Die Rezeption von Wilhelm Pinders Generationenmodell nach 1945, in: Nikola Doll u. a. (Hrsg.): Kunstgeschichte nach 1945. Kontinuität und Neubeginn in Deutschland, Köln 2006, S. 51–65

Feuillet 1700
Raoul Auger Feuillet: Chorégraphie, ou L'art de décrire la dance par caractères, figures et signes démonstratifs, Paris 1700, https://gallica.bnf.fr/ark:/12148/btv1b86232407 [12. 1. 2022]

Figal 2012
Günter Figal: Der Grund und die Räumlichkeit des Grundes, in: Gottfried Boehm/Matteo Burioni (Hrsg.): Der Grund. Das Feld des Sichtbaren, München 2012, S. 151–162

Fischer-Lichte 2001
Erika Fischer-Lichte: Ästhetische Erfahrung. Das Semiotische und das Performative, Tübingen/Basel 2001

Flach 2005
Sabine Flach: Abstrakt/Abstraktion, in: Ästhetische Grundbegriffe, Bd. 7, Stuttgart 2005, S. 1–40

Foster 2016
Hal Foster u. a.: Art since 1900. Modernism, Antimodernism, Postmodernism, London 2016

Foster 2009
Susan Leigh Foster: Inventories and Taxonomies. Arbeau, Feuillet, and the Project of Dance Notation, in: Gabriele Brandstetter (Hrsg.): Notationen und choreographisches Denken, Freiburg i. Br. 2009, S. 237–254

Francis/Michaud 1988
Sam Francis/Yves Michaud: Sam Francis. Paris, années 50. Interview par Yves Michaud, in: Art Press, 27, (1988), S. 18–21

Franco 2018
Susanne Franco: »Jeder Mensch ist ein Tänzer!« Rudolf Labans Ausdruckstanz und die neuen Dimensionen des Körpers, in: Mona de Weerdt/Andreas Schwab (Hrsg.): Monte Dada. Ausdruckstanz und Avantgarde, Bern 2018, S. 43–55

Fricke 2021
Anna Fricke u. a. (Hrsg.): Global Groove. Art, Dance, Performance & Protest, Ausstellungskatalog Essen, München 2021
Gerhardus 1999
Dietfried Gerhardus: Basisprobleme der Bildgliederung. Von der Bildkomposition zur Syntax, in: Klaus Rehkämper/Klaus Sachs-Hombach (Hrsg.): Bildgrammatik. Interdisziplinäre Forschungen zur Syntax bildlicher Darstellungsformen, Magdeburg 1999, S. 23–31
Gerhardus 2001
Dietfried Gerhardus: Entgrenzen als Gestalten von Umgebung, in: ders. (Hrsg.): Das entgrenzte Bild, Ausstellungskatalog Gmunden u. a., Saarbrücken 2001, S. 8–11
Gerlach-Laxner 2015
Ute Gerlach-Laxner: Hann Trier tanzt mit den Pinseln, in: Hannelore Fischer (Hrsg.): Hann Trier. Ich Tanze mit den Pinseln. Aquarelle und Zeichnungen der 50er + 60er Jahre, Ausstellungskatalog Köln, Köln 2015, S. 9–25
Giedion Welcker/Scheyer 1964
Carola Giedion-Welcker/Ernst Scheyer: Max Ernst. Irony-Myth-Structure, in: Criticism, 6 (1964), S. 105–113
Gilbertson/Gulick 2020
Leanne Gilbertson/Walter B. Gulick: An Exemplary Critic in the Tradition of American Aesthetics. Harold Rosenberg, in: Walter B. Gulick/Gary Slater (Hrsg.): American Aesthetics: Theory and Practice, Albany 2020, S. 606–641
Gilman 2013
Sander Gilman: »Stand Up Straight«. Notes Toward a History of Posture, in: The Journal of medical humanities, 35 (2013), S. 57–83
Giordano/Burckhardt/Denby 2003
Joe Giordano/Rudy Burckhardt/Edwin Denby: The Cinema of Looking. Rudy Burckhardt and Edwin Denby in Conversation with Joe Giordano, in: Jacket2, 21 (1976/2003), http://jacketmagazine.com/21/denb-giord.html [3. 6. 2025]
Gitelman 2003
Claudia Gitelman (Hrsg.): Liebe Hanya. Mary Wigman's Letters to Hanya Holm, Madison 2003
Glozer 1981
Laszlo Glozer (Hrsg.): Westkunst. Zeitgenössische Kunst seit 1939, Ausstellungskatalog Köln, Köln 1981

Godzik 2006
Maren Godzik: Avantgarde Männersache? Künstlerinnen im Japan der 50er und 60er Jahre des 20. Jahrhunderts, München 2006
Golan 2000
Romy Golan: L'Éternel Décoratif. French Art in the 1950s, in: Yale French Studies, 98 (2000), S. 98–118
Gombrich 1984
Ernst Gombrich: Bild und Auge. Neue Studien zur Psychologie der bildlichen Darstellung, Stuttgart 1984
Gombrich 2002
Ernst Gombrich: Kunst und Illusion. Zur Psychologie der bildlichen Darstellung, Berlin 2002 [1959]
Goodman 1997
Nelson Goodman: Sprachen der Kunst. Entwurf einer Symboltheorie, Frankfurt/M. 1997
Goodnough 1951
Robert Goodnough: Pollock Paints a Picture, in: ARTnews, 50 (1951), S. 38–41, 60/61
Gorzio 1959
Jean Gorzio: K. O. Götz oder die »cool painting«, in: blätter + bilder. Eine Zeitschrift für Dichtung, Musik und Malerei, 5 (1959), S. 48
Götz 1959
Karl Otto Götz: Gemaltes Bild – Kinetisches Bild, in: blätter + bilder. Eine Zeitschrift für Dichtung, Musik und Malerei, 5 (1959), S. 45–47
Götz 1965a
Karl Otto Götz: Was ist am Bild messbar? Möglichkeiten und Grenzen der Informationstheorie, in: SYN. Internationale Beiträge zur neuen Kunst, 2 (1965 [?]), S. 14–23
Götz 1965b
Karl Otto Götz: Bildende Kunst und Kommunikation [Ansprache zur Immatrikulationsfeier am 12. November 1963], Düsseldorf 1965
Götz 1965c
Karl Otto Götz: Mein Malvorgang, in: Jürgen Claus (Hrsg.): Kunst heute. Personen, Analysen, Dokumente, Reinbek 1965, S. 31/32
Götz 1969
Karl Otto Götz: [o. T.], in: Heinz Fuchs (Hrsg.): Karl Otto Götz, Ausstellungskatalog Mannheim, Mannheim 1969, o. S.
Götz 1977
Karl Otto Götz: Zu meinen Gouachen, in: Galerie Wintersberger (Hrsg.): K. O. Götz – Gouachen 1952–1977, Ausstellungsfaltblatt Köln,

Köln 1977, o. S, https://ko-goetz.de/wp-content/uploads/2017/07/Gouachen_1977.pdf [3. 6. 2025]
Götz 1983a
K. O. Götz. Erinnerungen und Werk, Bd. 1a, Düsseldorf 1983
Götz 1983b
K. O. Götz. Erinnerungen und Werk, Bd. 1b, Düsseldorf 1983
Götz 1995
Karl Otto Götz: Fakturenfibel. 1944–45 [Reprint, Galerie Marianne Hennemann], Düsseldorf 1995
Götz/Lueg 1983
Karl Otto Götz/Gabriele Lueg: Interview: Karl Otto Götz – Gabriele Lueg. Niederbreitbach-Wolfenacker, 8. Oktober 1981, in: Gabriele Lueg: Studien zur Malerei des deutschen Informel (zugl. Aachen, Rheinisch-Westfälische Technische Hochschule, Dissertation), Aachen 1983, S. 353–363
Götz/Posca 2001
Karl Otto Götz/Claudia Posca: »Die Zähigkeit des Tons ist enorm …«. Ein Gespräch mit K. O. Götz von Claudia Posca, in: Bernd Hakenjos/Edgar Quadt (Hrsg.): seitensprünge. K. O. Götz. Keramik 1995–2001, Essen/München 2001, S. 9–29
Greenberg 1946/1993
Clement Greenberg: The Camera's Glass Eye: Review of an Exhibition of Edward Weston [1946], in: ders.: The Collected Essays And Criticism, Bd. 2, Chicago/London 1993, S. 60–63
Greenberg 1961/1989
Clement Greenberg: American Type Painting, in: ders.: Art and Culture. Critical Essays, Boston 1961/1989, S. 324–358
Greenberg 2009
Clement Greenberg: Die Krise des Staffeleibildes, in: ders.: Die Essenz der Moderne. Ausgewählte Essays und Kritiken, Hamburg 2009, S. 149–155
Grenier 2016
Catherine Grenier: Modernités plurielles: Die Geschichte einer weltumspannenden Moderne, in: Okwui Enwezor/Katy Siegel/Ulrich Wilmes (Hrsg.): Postwar. Kunst zwischen Pazifik und Atlantik 1945–1965, Ausstellungskatalog München, München 2016, S. 566–569
Gribenski 2013
Michel Gribenski: National, international, supranational: Will Grohmann und Europa, in: Konstanze Rudert (Hrsg.): Zwischen Intuition und Gewissheit. Will Grohman und die Rezeption der

Moderne in Deutschland und Europa 1918–1968, Dresden 2013, S. 34–39
Grochowiak 1973
Thomas Grochowiak: Gruppe SYN. Erwin Bechtold, Bernd Berner, Rolf-Gunter Dienst, Klaus Jürgen-Fischer, Eduard Micus, Ausstellungskatalog Recklinghausen, Recklinghausen 1973
Gubar 1981
Susane Gubar: »The Blank Page« and the Issues of Female Creativity, in: Critical Inquiry, 8 (1981), S. 243–263
Guéguen 1953
Pierre Guéguen: Le Bonimenteur de l'Académisme Tachiste, in: Art d'aujourd'hui. Revue d'art contemporain, 7 (1953), S. 29–39
Guéguen 1954
Pierre Guéguen: Matière et maîtrise d'une évolution: le tachisme, in: Art d'aujourd'hui. Revue d'art contemporain, 2/3 (1954), S. 52/53[?]
Guggenheim 1964
Peggy Guggenheim (Hrsg.): Paintings by Janet Sobel, Ausstellungskatalog New York, New York 1946
Guiotto 2011
Giampietro Guiotto: Georges Mathieu et la dialectique de l'extemporanéité, in: Monica Maroni/Domenico Pertocoli (Hrsg.): Georges Mathieu. 1948–1969, Ausstellungskatalog Mailand/Brescia, o. O. 2011, S. 41-27
Haftmann 1957/2012
Werner Haftmann: Einheit und Vielfalt der europäischen Künste [Vortrag anläßlich der Tagung der Europäischen Kulturstiftung in Amsterdam 22.–24. November 1957], in: ders./Evelyn Haftmann/Wouter Wirth (Hrsg.): Das antwortende Gegenbild. Ausgewählte Texte 1947–1990, München 2012, S. 13–30
Haftmann 1959
Werner Haftmann: Malerei nach 1945, in: Arnold Bode (Hrsg.): II. documenta '59. Malerei, Bd. Malerei, Ausstellungskatalog Kassel, Köln 1959, S. 11–19
Haftmann 1959/2012
Werner Haftmann: Von den Inhalten der modernen Kunst. Rede anläßlich der Eröffnung der »II. documenta« am 11. 7. 1959. Proceedings of the Congress of the Foundation Européene [sic] de la Culture, Amsterdam 1958 [1959], in: ders./Evelyn Haftmann/Wouter Wirth (Hrsg.): Das antwortende Gegenbild. Ausgewählte Texte 1947–1990, München 2012, S. 41–58

Haftmann 1976
Werner Haftmann: Malerei im 20. Jahrhundert. Eine Entwicklungsgeschichte, München 1976
Haitzinger 2009
Nicole Haitzinger: Vergessene Traktate. Archive der Erinnerung. Zu Wirkungskonzepten im Tanz von der Renaissance bis zum Ende des 18. Jahrhunderts, München 2009
Harootunian 2013
Harry Harootunian: Japan's Postwar and After, 1945–1989: An Overview, in: Doryun Chong u. a. (Hrsg.): From Postwar to Postmodern. Art in Japan 1945–1989, New York 2013, S. 17–21
Hartung 2016
Hans Hartung: Autoportrait, Dijon 2016
Hayashi 2013
Michio Hayashi: Introduction, in: Doryun Chong u. a. (Hrsg.): From Postwar to Postmodern. Art in Japan 1945–1989, New York 2013, S. 24–27
Hediger/Stauff 2008
Vinzenz Hediger/Markus Stauff: Reine Gefühlsintensitäten. Zur ästhetischen Produktivität der Sportfotografie, in: montage AV. Zeitschrift für Theorie und Geschichte audiovisueller Kommunikation, 17 (2008), S. 39–60
Heinz 2000
Marianne Heinz: Abstraktion und Gegenständlichkeit. Die documenta II - ein Forum der abstrakten Malerei, in: Franz-Joachim Verspohl/ Monika Wagner/Hubertus Gaßner (Hrsg.): Moderne Kunst. Das Funkkolleg zum Verständnis der Gegenwartskunst, Bd. 2, Reinbek 2000, S. 533–551
Hengst 2022
Lutz Hengst: Das Unding der Kraftverschwendung. Erscheinungsweisen und Grenzen von Verausgabung in der Kunst nach 1945, in: Frank Fehrenbach/Cornelia Zumbusch (Hrsg.): Form- und Bewegungskräfte in Kunst, Literatur und Wissenschaft, Berlin/ Boston 2022, S. 303–327
Hepp 1981
Nicolas Hepp: Das nicht-relationale Werk: Jackson Pollock, Barnett Newman. Ansätze zu einer Theorie handelnden Verstehens, Mühlheim 1982
Herberts 1940
Kurt Herberts: Lackierkunst im technischen Zeitalter, Wuppertal 1940

Herberts 1941
Kurt Herberts: Anfänge der Malerei. Die Fragen ihrer Maltechniken und der Rätsel der Erhaltung, Wuppertal 1941
Herberts 1941
Kurt Herberts: Aus der Maltechnik geboren. Eine Studie, Wuppertal 1942
Herberts 1989
Kurt Herberts (Hrsg.): Modulation und Patina. Ein Dokument aus dem Wuppertaler Arbeitskreis um Willi Baumeister, Oskar Schlemmer, Franz Krause. 1937–1944, Stuttgart 1989
Heuwinkel 2010
Nicola Carola Heuwinkel: Entgrenzte Malerei. Art informel in Deutschland, Heidelberg/Berlin 2010
Hildebrandt 2017
Toni Hildebrandt: Entwurf und Entgrenzung. Kontradispositive der Zeichnung 1955–1975, Paderborn 2017
Hille 2014
Christiane Hille: Matthew Barney – vir heroicus sublimis. Einleitung zum Begriff einer künstlerischen Athletik, in: dies./Julia Stenzel (Hrsg.): Cremaster Anatomies. Beiträge zu Matthew Barneys Cremaster Cycle aus den Wissenschaften von Kunst, Theater und Literatur, Bielefeld 2014, S. 17–56
Hirai 2012
Shoichi Hirai u. a. (Hrsg.): 「具体」：ニッポンの前衛18年の軌跡. *Gutai*. Gutai. The Spirit of an Era, Ausstellungskatalog Tokio, Tokio 2012
Huschka 2015
Sabine Huschka: Das Phantasma der Anwesenheit. Bildwerdung eines Nicht-Gewesenen, in: Tessa Jahn/Eike Wittrock/Isa Wortelkamp (Hrsg.): Tanzfotografie. Historiografische Reflexionen der Moderne, Bielefeld 2015, S. 73–81
Huschka/Böhme 2009
Sabine Huschka/Hartmut Böhme: Prolog, in: dies. (Hrsg.): Wissenskultur Tanz. Historische und zeitgenössische Vermittlungsakte zwischen Praktiken und Diskursen, Bielefeld 2009, S. 7–22
Hutchinson Guest 1989
Ann Hutchinson Guest: Choreo-Graphics. A Comparison of Dance Notation Systems from the Fifteenth Century to the Present, Amsterdam 1989
Inachin 2010
Kyra T. Inachin: Die linke Hand, in: Mariacarla Gadebusch Bondio

(Hrsg.): Die Hand. Elemente einer Medizin- und Kulturgeschichte, Berlin 2010, S. 335–355

Jäger 2013

Frank Jäger: Die Biomechanik der menschlichen Wirbelsäule in Abhängigkeit vom Grad der Ventralflexion (zugl. Bochum, Ruhr-Universität, Dissertation), Bochum 2013 https://hss-opus.ub.ruhr-uni-bochum.de/opus4/frontdoor/index/index/year/2018/docId/1106 [3. 6. 2025]

Jahn/Wittrock/Wortelkamp 2015

Tessa Jahn/Eike Wittrock/Isa Wortelkamp (Hrsg.): Tanzfotografie. Historiografische Reflexionen der Moderne, Bielefeld 2015

Janis 1969

Sidney Janis: American Paintings by Artists in Exile, in: ders.: Abstract & Surrealist Art in America [Reprint by Arno Press 1969], New York 1969, S. 123–127

Jeschke 1983

Claudia Jeschke: Tanzschriften, ihre Geschichte und Methode. Die illustrierte Darstellung eines Phänomens von den Anfängen bis zur Gegenwart, Bad Reichenhall 1983

Jeschke 2019a

Claudia Jeschke: Zur Theorie der Körperbewegung in der zweiten Hälfte des 18. Jahrhunderts, in: Vera Grund/Claire Genewein/Hans Georg Nicklaus (Hrsg.): Naturalezza – Simplicité. Natürlichkeit im Musiktheater, Bielefeld 2019, S. 139–151

Jeschke 2019b

Claudia Jeschke: Bewegungswelten: Schaukünste. Akademismus und Avantgarde im Tanz zu Beginn des 20. Jahrhunderts, in: Annika Weise/Nicole Fritz/Petra Lewey (Hrsg.): Tanz! Max Pechstein: Bühne, Parkett, Manege, Ausstellungskatalog Zwickau / Tübingen, München 2019, S. 28–33

Jones 1995

Amelia Jones: »Clothes Make the Man«. The Male Artist as a Performative Function, in: Oxford Art Journal, 18 (1995), S. 18–32

Jooss 2000

Birgit Jooss: Das »Neue Sehen«. Extreme Perspektiven in der Photographie, in: Brigitte Salmen (Hrsg.): Perspektiven. Blicke, Durchblicke, Ausblicke in Natur und Leben, in Kunst und Volkskunst, Murnau 2000, S. 84–90

Juneja 2012

Monica Juneja: Kunstgeschichte und kulturelle Differenz. Eine Einleitung, in: kritische berichte, 40 (2012), S. 6–12

Junk 1990
Victor Junk: Grundlegung der Tanzwissenschaft, Hildesheim/Zürich/New York 1990
Jürgen-Fischer 1955/56
Klaus Jürgen-Fischer: Was ist Tachismus?, in: Das Kunstwerk, 5 (1955/56), S. 17–21
Kachur 2007
Lewis Kachur: The View from the East. The Reception of Jackson Pollock among Japanese *Gutai* Artists, in: Joan Marter (Hrsg.): Abstract Expressionism. The International Context, New Brunswick 2007, S. 152–162
Kaizen 2003
William Kaizen: Framed Space. Allan Kaprow and the Spread of Painting, in: Grey Room, 13 (2003), S. 80–107
Kaizuka 2015
Tsuyoshi Kaizuka: Shōjirō Ishibashi and the Bridgestone Museum of Art, in: Beate Marks-Hanßen (Hrsg.): Japan's Love for Impressionism. From Monet to Renoir, Ausstellungskatalog Bonn, Müchen/London/New York 2015, S. 222/223
Kalb 2012
Peter R. Kalb: Picturing Pollock. Photography's Challenge to the Historiography of Abstract Expressionism, in: Journal of Art Historiography, 7 (2012), S. 1–17
Kaprow 1965
Allan Kaprow: Assemblages, Environment, and Happenings, New York 1965
Kaprow 1993
Allan Kaprow: The Legacy of Jackson Pollock, in: ders.: Essays on the Blurring of Art and Life, Berkely/Los Angeles/London 1993, S. 1–9
Karmel 1998
Pepe Karmel: Pollock at Work. The Films and Photographs of Hans Namuth, in: Kirk Varnedoe (Hrsg.): Jackson Pollock, Ausstellungskatalog New York, New York 1998, S. 87–137
Karmel 1999
Pepe Karmel (Hrsg.): Jackson Pollock. Interviews, Articles, and Reviews, New York 1999, https://assets.moma.org/documents/moma_catalogue_226_300198614.pdf [18. 2. 2022]
Karmel 2008
Pepe Karmel: Der Ringkampf. Pollock und Picasso, in: Delia Ciuha

(Hrsg.): Action painting. Jackson Pollock, Ausstellungskatalog Riehen / Basel, Ostfildern 2008, S. 22–36
Kato 2010
Mizuho Kato: Bibliographical Information on Each Issue, in: Chinatsu Kuma (Hrsg.): Gutai. Facsimile Edition, Tokio 2010, S. 77–88
Kawasaki 2003
Kōichi Kawasaki: Le séjour de Georges Mathieu au Japon, in: Daniel Abadie (Hrsg.): Georges Mathieu, Ausstellungskatalog Paris / Mailand, Mailand 2003, S. 89–95
Kays 1997
Judith Kays: Jackson Pollock and Mark Tobey. Setting the Record Straight, in: Kosme de Baranaño/Matthias Bärmann (Hrsg.): Mark Tobey, Ausstellungskatalog Madrid, Barcelona 1997, S. 91–114
Kee 2003
Joan Kee: Situating a Singular Kind of »Action«. Early Gutai Painting, 1954–1957, in: Oxford Art Journal, 26 (2003), S. 121–140
Kitschen/Schieder 2011
Friederike Kitschen/Martin Schieder (Hrsg.): Art Vivant. Quellen und Kommentare zu den deutsch-französischen Kunstbeziehungen 1945–1960, Berlin 2011
Klant/Walch 2004
Michael Klant/Josef Walch: Malerei als Ereignis, in: dies. (Hrsg.): Grundkurs Kunst 4. Aktion, Kinetik, neue Medien, Braunschweig 2004, S. 27–40
Klein 1970
Robert Klein: Peinture moderne et phénoménologie, in: ders.: La forme et l'intelligible. Écrits sur la renaissance et l'art moderne. Articles et essais réunis et présentés par Andre Chastel, Paris 1970, S. 411–429
Klein 2003
Yves Klein: Yves le monochrome 1960. Le vrai devient réalité, in: ders.: *Yves Klein. Le dépassement de la problématique de l'art et autres écrits*, Paris, 2003
Koddenberg 2016
Matthias Koddenberg: Das grösste Studio der Welt, in: ders. (Hrsg.): Yves Klein. in/out studio, Dortmund 2016, S. I–VI
Krauss 2011
Rosalind Krauss: Das optische Unbewusste, Hamburg 2011
Kunii 2022
Aya Kunii: Beyond Originality: The Goals of Gutai, in: dies./Takashi

Fukumato (Hrsg.): すべて未知の世界へ-GUTAI分化と統合：大阪中之島美術館 国立国際美術館 共同企画. In the Unknown World. GUTAI: Differentiation and Integration, Ausstellungskatalog Osaka, Osaka 2022, S. 271–276

Kunii/Fukumato 2022
Aya Kunii/Takashi Fukumato (Hrsg.): すべて未知の世界へ-GUTAI分化と統合：大阪中之島美術館 国立国際美術館 共同企画. In the Unknown World. GUTAI: Differentiation and Integration, Ausstellungskatalog Osaka, Osaka 2022

Laban 1950
Rudolf Laban: The Mastery of Movement on the Stage, London 1950

Laban 1991
Rudolf von Laban: Choreutik. Grundlagen der Raum-Harmonielehre des Tanzes, Wilhelmshaven 1991

Lai 2021
Laetitia Lai: Der Cakewalk, in: Dorthe Aagesen u. a. (Hrsg.): Kirchner und Nolde. Expressionismus. Kolonialismus, Ausstellungskatalog Kopenhagen / Amsterdam/Berlin, München 2021, S. 170–171

Landau 2019
Ellen G. Landau: Space poetry. The Action Paintings of Michael West, in: dies./Hollis Taggart (Hrsg.): Space poetry. The Action Paintings of Michael West, Ausstellungskatalog New York, 2019, S. 10–29

Langhorne 2012
Elizabeth Langhorne: »The effort of the dance«. Gravity and Levity in the Poured Paintings of Jackson Pollock, in: Mary D. Edwards/ Elizabeth Bailey (Hrsg.): Gravity in Art. Essays on Weight and Weightlessness in Painting, Sculpture and Photography, Jefferson N.C. 2012, S. 265–276

Langsner/Merrild 1965
Jules Langsner/Knud Merrild: biographical notes, in: Richard F. Brown (Hrsg.): Knud Merrild 1894–1954. Paintings, constructions, collages, watercolors and drawings, Los Angeles, Los Angeles 1965, S. 9

Lanoë 2011
Élise Lanoë: Arts plastiques et rivalités internationales. Les contributions allemandes et françaises aux Biennales de São Paulo, de la fin des années 1950 au début des années 1970, in: Cahiers des Amériques latines, 67 (2011), S. 163-82, https://doi.org/10.4000/cal.316

Laude 1978
Jean Laude: Art et Idéologie. L'Art en Occident 1945–1949, Université de Saint Etienne 1978

Leeb 2009

Susanne Leeb: Abstraktion als internationale Sprache, in: Stephanie Barron/Sabine Eckmann (Hrsg.): Kunst und Kalter Krieg. Deutsche Positionen 1945–1989, Ausstellungskatalog Los Angeles/Nürnberg/Berlin, Köln 2009, S. 118–133

Leja 2016

Michael Leja: Abstraktion, Repräsentation und Jackson Pollocks Ästhetik des Konflikts, in: Nina Zimmer (Hrsg.): Der figurative Pollock, Ausstellungskatalog Basel, München/London/New York 2016, S. 23–37

Lenßen-Wahl 2022

Gerda Lenßen-Wahl u. a. (Hrsg.): The Art Kite Collection, Verkaufskatalog Stuttgart, o. O. 2022

Leonhardt 2002

Nic Leonhardt: Sehnsucht und Dansomanie. Überlegungen zu einer Verknüpfung von Bildforschung und Tanzgeschichtsschreibung am Beispiel ikonographischer Quellen des 19. Jahrhunderts, in: Gabriele Klein/Christa Zipprich (Hrsg.): Tanz, Theorie, Text, Münster/Hamburg/London 2002, S. 257–272

Levin 2005

Gail Levin: Janet Sobel: Primitivist, Surrealist, and Abstract Expressionist, in: Woman's Art Journal, 26 (2005), S. 8–14

Linares 2010

Marina Linares: Kunst an der Grenze: Grenzgänger der Kunst – Grenzgänge in die Kunst, in: kunsttexte.de, 1. 3. 2010, https://doi.org/10.18452/7433

Linde 2018

Almut Linde: Radical Beauty. Form und Erkenntnis. Eine Künstlertheorie, Hamburg 2018

Lipp 2015

Nele Lipp: Tanz + Bildende Kunst. Aspekte der Wechselbeziehung, Oberhausen 2015

Lizza 1982

Richard William Lizza: A Review of the Critical Approaches of Clement Greenberg and Harold Rosenberg to Abstract Expressionism, in: Athanor, 2 (1982), S. 53–55, https://journals.flvc.org/athanor/article/view/125421 [26. 7. 2022]

Lohse-Claus 1974

Elli Lohse-Claus: Tanz in der Kunst, 2. Aufl., Leipzig 1974

Lombard/Comité Georges Mathieu [o. J.]a

Édouard Lombard/Comité Georges Mathieu: Les Capétiens partout!

(1954), https://georges-mathieu.fr/oeuvres/les-capetiens-partout/ [28. 6. 2022]
Lombard/Comité Georges Mathieu [o. J.]b
Édouard Lombard/Comité Georges Mathieu: Ce qu'on doit à Georges Mathieu, o. S., https://georges-mathieu.fr/publications/ce-quon-doit-a-georges-mathieu/ [23. 3. 2021]
Lombard/Comité Georges Mathieu [o. J.]c
Édouard Lombard/Comité Georges Mathieu: Mathieu et Tapié, 1948–1958. Une décennie d'aventure, https://georges-mathieu.fr/publications/mathieu-et-tapie-1948-1958-une-decennie-daventure/ [28. 6. 2022]
Lucken 2001
Lucken, Michael: L'art du Japon au vingtieme siécle. Pensée, formes, résistances, Paris 2001
Mai 1992
Ekkehard Mai: Klaus Jürgen-Fischer. Gemälde, Plastiken, Zeichnungen, Heidelberg 1992
Maletic 1987
Vera Maletic: Body – Space – Expression. The Development of Rudolf Laban's Movement and Dance Concepts, Berlin/New York 1987
Malsch 1997
Friedrich Wilhelm Malsch: Künstlermanifeste. Studien zu einem Aspekt moderner Kunst am Beispiel des italienischen Futurismus, Weimar 1997
Marey 1868
Étienne-Jules Marey: Du mouvement dans les fonctions de la vie. Leçons faites au Collège de France, Paris 1868, http://vlp.mpiwg-berlin.mpg.de/references?id=lit4270 [25. 7. 2022]
Marter 2016
Jaon Marter: Missing in Action. Abstract Expressionist Women, in: dies. (Hrsg.): Women of Abstract Expressionism, Ausstellungskatalog Denver, New Haven 2016, S. 18–29
Masheck 1976
Joseph Masheck: The Carpet Paradigm: Critical Prolegomena to a Theory of Flatness, in: Arts Magazine, 51 (1976), S. 82–109
Masheck 1991
Joseph Masheck: Alberti's »Window«. Art-Historiographic Notes on an Antimodernist Misprision, in: Art Journal, 50 (1991), S. 35–41
Mathieu 1952/1972
Georges Mathieu: Déclaration aux peintres d'avantgarde américains

[1952], in: ders.: De la révolte à la renaissance. Au-delà du tachisme, Paris 1972, S. 183–188

Mathieu 1959

Georges Mathieu: De l'Abstrait au Possible. Jalons pour une exégèse de l'Art Occidental, Paris/Zürich/Brüssel 1959

Mathieu 1960

Georges Mathieu: La chance brésilienne de l'art actuel, in: Ring des arts. Organe du cercle d'art contemporain, 1960, S. 49–53

Mathieu 1972

Georges Mathieu: De la révolte à la renaissance. Au-delà du tachisme, Paris 1972

Maur 1989

Karin von Maur: Oskar Schlemmer. Auf dem Weg zum Informel, in: Kurt Herberts (Hrsg.): Modulation und Patina. Ein Dokument aus dem Wuppertaler Arbeitskreis um Willi Baumeister, Oskar Schlemmer, Franz Krause. 1937–1944, Stuttgart 1989, S. 146–151

McCarthy 1959

Mary McCarthy: An Academy of Risk. [Rezension zu:] The Tradition of the New. By Harold Rosenberg, in: Partisan Review, 26 (1959), S. 476–480

McElroy 2010

Steven McElroy: At the Pollock House, Photos of the Painter, in: The New York Times, 24. 7. 2010, https://www.nytimes.com/2010/07/25/nyregion/25spotli.html [5. 3. 2021]

McGlinchey 2013

Chris McGlinchey u. a.: David A. Siqueiros. His Modification of Oil and Cellulose Nitrate-Based Paint and his Advocacy for Innovation, in: Journal of the American Institute for Conservation, 52 (2013), S. 278–289

Mégard 2016

Nolwenn Mégard: From Verticality to Horizontality. Tilting the Gaze and Learning How to See, in: Michael F. Zimmermann: Vision in Motion. Streams of Sensation and Configurations of Time, Zürich 2016, S. 183–200

Merleau-Ponty 1964

Maurice Merleau-Ponty: L'Œil et l'Esprit, Paris 1964

Meyenburg-Campell 2001

Bettina von Meyenburg-Campell: Kunst und Kunstvermittlung. Die freie Abstraktion der 1950er Jahre. Paris – New York und die Schweiz, in: Kunst + Architektur in der Schweiz, 52 (2001), S. 15–23

Falser/Juneja 2013
Michael Falser/Monica Juneja (Hrsg.): Kulturerbe und Denkmalpflege transkulturell: Grenzgänge zwischen Theorie und Praxis, Bielefeld 2013
Middendorf 2009
Ulrike Middendorf: Dōmoto, Hisao, in: Allgemeines Künstlerlexikon Online/Artists of the World Online, 2009, https://www.degruyter.com/database/AKL/entry/_10192460/html [23. 8. 2023]
Miura 2015
Atsushi Miura: Japan and the Impressionists. The Collections of French Painting and the Interrelation between French and Japanese Art, in: Beate Marks-Hanßen (Hrsg.): Japan's Love for Impressionism. From Monet to Renoir, Ausstellungskatalog Bonn, Müchen/London/New York 2015, S. 12–27
Moi 2002
Toril Moi: While we wait: the English translation of *The Second Sex*, in: Signs, 27(2002), S. 1005–1035
Mongi-Vollmber 2012
Eva Mongi-Vollmer u. a.: Interview mit K. O. Götz. Die Fragen für das Städel Museum stellten Eva Mongi-Vollmer und Katharina Knacker Die Antworten wurden von K. O. Götz, gemeinsam mit Rissa erarbeitet. Oktober 2012, https://www.ko-götz.de/images/pdf/Interview12staedel.pdf [24. 1. 2022]
Morand 1960
Kathleen Morand: Post-War Trends in the »École de Paris«, in: The Burlington Magazine, 102 (1960), S. 187–192
Morris 1981
Charles William Morris: Zeichen, Sprache und Verhalten, Frankfurt/M./Berlin 1981
Müller-Helle 2016
Katja Müller-Helle: Zeitliche Unschärfe. Die Lebensmetapher im Fotodynamismus Anton Giulio und Arturo Bragaglias, in: Adina Lauenburger u. a. (Hrsg.): Waking Life. Kino zwischen Technik und Leben, Berlin 2016, S. 98–118
Muybridge 1901
Eadweard Muybridge: The Human Figure in Motion. An Electro-Photographic Investigation of Consecutive Phases of Muscular Actions, London 1901, https://purl.stanford.edu/jf437nt9771 [25. 7. 2022]
Nakagawa/Niizeki 2007
Masateru Nakagawa/Kimiko Niizeki (Hrsg.): De Kuroda à Foujita. Peintres japonais à Paris, Ausstellungskatalog Paris, Paris 2007

Nakajima 2019
Izumi Nakajima: アンチ・アクション. 日本戦後絵画と女性画家 [Anti-Action. Post-War Japanese Art and Women Artists], Tokio 2019
Nakamori 2016
Yasufumi Nakamori: Die Stadt durch die Fotografie imaginieren: Japan zwischen 1945 und 1968, in: Okwui Enwezor/Katy Siegel/Ulrich Wilmes (Hrsg.): Postwar. Kunst zwischen Pazifik und Atlantik 1945–1965, Ausstellungskatalog München, München 2016, S. 134–139
Namuth 1978
Hans Namuth: L'atelier de Jackson Pollock, Suppl. Nr. 2, Paris 1978
Namuth 1980
Hans Namuth: Photographing Pollock [A Memoir by Hans Namuth], o. S., in: Barbara Rose (Hrsg.): Pollock painting. Photographs by Hans Namuth, New York 1980, o. S.
Neau 2012
Patrice Neau: Abstraktion: Weltsprache oder Ausdruck der »dekadenten westlichen Moderne«?, in: ILCEA. Revue de l'Institut des langues et cultures d'Europe, Amérique, Afrique, Asie et Australie, 16 (2012), https://doi.org/10.4000/ilcea.1489
Newman 1990
Barnett Newman: Selected Writings and Interviews, New York 1990
Nochlin 2019
Linda Nochlin: Why have there been no great women artists, in: dies.: Women, Art, and Power and Other Essays, New York/London 2019, S. 145–178
Noel Robbins 2012
Christa Noel Robbins: Harold Rosenberg on the Character of Action, in: Oxford Art Journal, 35 (2012), S. 195–214
Noverre 1760
Jean Georges Noverre: Lettres sur la danse, et sur les ballets, Lyon 1760, https://gallica.bnf.fr/ark:/12148/bpt6k108204h [22. 8. 2023]
Noverre/Stabel 2010
Jean Georges Noverre/Rolf Stabel (Hrsg.): Briefe über die Tanzkunst, Leipzig 2010
O'Connor 1979
Francis V. O'Connor: Hans Namuth's Photographs of Jackson Pollock as Art Historical Documentation, in: Art Journal, 39 (1979), S. 48–49
O'Hara 1959
Frank O'Hara: Jackson Pollock, New York 1959

Oberholzer 2015
Simon Oberholzer: Vermittlungsformen künstlerischer Bildtheorien. Georges Mathieu und die Künstlertexte der Pariser Nachkriegszeit, Saarbrücken 2015

Osaki 1991
Shinichiro Osaki: Malerei zwischen Aktion und Materialsprache, in: Barbara Bertozzi/Klaus Wolbert (Hrsg.): Gutai. Japanische Avantgarde 1954–1965, Ausstellungskatalog Darmstadt, Darmstadt 1991, S. 65–79

Osaki 1997
Shinichiro Osaki: Gravity – Axis of Contemporary Art, in: ders. (Hrsg.): 重力. 戦後美術の座標軸. Gravity – Axis of contemporary art, Ausstellungskatalog Osaka, Suita-shi 1997, S. 186–193

Osaki 1998
Shinichiro Osaki: Körper und Ort: Japanische Aktionskunst nach 1945, in: Paul Schimmel (Hrsg.): Out of actions. Zwischen Performance und Objekt 1949–1979, Ausstellungskatalog Los Angeles/Wien, Ostfildern 1998, S. 121–157

Osaki/Yamamura/Shiraga 1985/2015
Shin'ichirō Osaki/Tokutarō Yamamura/Kazuo Shiraga: Interview with Shiraga Kazuo [1985], in: Gabriel Ritter/Koichi Kawasaki (Hrsg.): Between Action and the Unknown. The art of Kazuo Shiraga and Sadamasa Motonaga, Yale 2015, S. 125–133

Otten 2006
Marie-Luise Otten: Peter Brüning. Studien zu Entwicklung und Werk. Werkverzeichnis, Köln 1988

Pacquement 2006
Alfred Pacquement: Les Capétiens partout, in: ders. (Hrsg.): Mathieu à Versailles, Ausstellungskatalog Versailles, Paris/Versailles 2006, S. 23–24

Paech 2000
Joachim Paech: Bilder von Bewegung – bewegte Bilder. Film, Fotografie und Malerei, in: Franz-Joachim Verspohl/Monika Wagner/Hubertus Gaßner (Hrsg.): Moderne Kunst. Das Funkkolleg zum Verständnis der Gegenwartskunst, Bd. 2, Reinbek 2000, S. 237–264

Papist-Matsuo 2009
Antje Papist-Matsuo: Imai, Toshimitsu, in: Allgemeines Künstlerlexikon Online/Artists of the World Online, 2009, https://www.degruyter.com/database/AKL/entry/_00021875/html [23. 8. 2023]

Pawel 2019
Anja Pawel: Abstraktion und Ausdruck. Bildende Kunst und Tanz im frühen 20. Jahrhundert, Berlin 2019

Peirce 1903
Charles S. Peirce: A Syllabus of Certain Topics of Logic, Boston 1903
Peirce 1983
Charles S. Peirce: Phänomen und Logik der Zeichen, Frankfurt/M. 1983
Perl 2018
Ann Marie Perl: Mathieu vu des États-Unis, des années 1950 à aujourd'hui/Mathieu, as Seen from the United States, from the 1950s to Today, in: Daniel Templon (Hrsg.): Georges Mathieu. Les années 1960–1970, Ausstellungskatalog Paris, Paris 2018, S. 24–35
Pevsner 1986
Nikolaus Pevsner: Die Geschichte der Kunstakademien, München 1986
Pfisterer 2014
Ulrich Pfisterer: Kunst-Geburten. Kreativität, Erotik, Körper in der frühen Neuzeit, Berlin 2014
Pichler 2012
Wolfram Pichler: Zur Kunstgeschichte des Bildfeldes, in: Gottfried Boehm/Matteo Burioni (Hrsg.): Der Grund. Das Feld des Sichtbaren, München 2012, S. 441–472
Piecha 2005
Alexander Piecha: Bild.Körper. Ein Plädoyer für die Körperlichkeit der Kunst, in: Winfried Nöth/Anke Hertling (Hrsg.): Körper. Verkörperung. Entkörperung, Kassel 2005, S. 105–120
Pinoncély 2021
Raphaëlle Pinoncély (Hrsg.): Georges Mathieu, New York 2021
Platschek 1959
Hans Platschek: Neue Figurationen. Aus der Werkstatt der heutigen Malerei, München 1959
Platschek 1964
Hans Platschek: Nays Scheiben – Ein repräsentativer deutscher Maler genauer betrachtet, in: Die Zeit, 4. 9. 1964
Platschek 1982/1998
Hans Platschek: Congo oder die Heftigkeit [1982], in: ders.: Die Dummheit der Malerei, Hamburg 1998, S. 141–154
Polcari 1990
Stephen Polcari: Martha Graham and Abstract Expressionism, in: Smithsonian Studies in American Art, 4 (1990), S. 3–27
Polcari 2013
Stephen Polcari: Jackson Pollock's Maguey Shorthand, in: Source. Notes in the History of Art, 32 (2013), S. 30–36

Pollock 2020
Griselda Pollock: Abstraction? Cocréation?, in: Christine Macel/ Karolina Ziębińska-Lewandowska (Hrsg.): Elles font l'abstraction, Ausstellungskatalog Paris, Paris 2020, S. 25–30
Pollock 2022
Griselda Pollock: Killing Men & Dying Women: Imagining difference in 1950s New York painting, Manchester 2022
Pollock 2023
Griselda Pollock: Between a Rock and Hard Place. Strategies for Histories of Abstraction with Women on Your Mind, in: Laura Smith (Hrsg.): Action – Gesture – Paint. Women Artists and Global Abstraction 1940–70, London 2023, S. 13–21
Posca 1999a
Claudia Posca: Das offene Kunstwerk, in: dies./Heinz Althöfer (Hrsg.): Informel. Der Anfang nach dem Ende, Bd. 1, Dortmund 1999, S. 73–78
Posca 1999b
Claudia Posca: Von der Zähmung des Gestus, in: dies./Heinz Althöfer (Hrsg.): Informel. Der Anfang nach dem Ende, Bd. 1, Dortmund 1999, S. 151–170
Posca 1999c
Claudia Posca: Zwischen 1952 und 1959, in: dies./Heinz Althöfer (Hrsg.): Informel. Der Anfang nach dem Ende, Bd. 1, Dortmund 1999, S. 46–65
Posca/Götz/Rissa 1999
Claudia Posca/Karl Otto Götz/Rissa: Gespräch mit Karl Otto Götz und Rissa: »Das Informel ist ein Prinzip«, in: dies./Heinz Althöfer (Hrsg.): Informel. Der Anfang nach dem Ende, Bd. 1, Dortmund 1999, S. 228–249
Puttarken 2004
Thomas Puttarken: Les origines de la controverse »*disegno-colorito*« dans l'Itlalie du cinquecento, in: Emmanuelle Delapierre/ Mathieu Gilles/Hélène Portiglia (Hrsg.) Roubens contre Poussin. La querelle du coloris dans la peinture française à la fin du XVIIe siècle, Ausstellungskatalog Arras / Épinal, Amsterdam 2004, S. 11–20
Redmann 2020
Mirl Redmann: Das Flüstern der Fußnoten. Zu den NS-Biografien der documenta-Gründer*innen, in: documenta studien, 9 (2020), S. 1–20
Renn 2018
Melissa Renn: Life's Pioneer Painters: Dorothy Seiberling and

American Art in Life Magazine, 1949–1968, in: Rachel Esner/Sandra Kisters (Hrsg.): The Mediatization of the Artist, Cham 2018, S. 79–95

Restany 1976

Pierre Restany: Le groupe Gutai ou le Japon précurseur, in: XXe siècle, 46 (1976), S. 96–193

Ringbom 2022

Sixten Ringbom: The Sounding Cosmos. A Study in the Spiritualism of Kandinsky and the Genesis of Abstract Painting, Stockholm 2022

Rissa 1984

Rissa: Bemerkungen zum informellen Werk von K. O. Götz, in: Marianne Heinz (Hrsg.): K. O. Götz. Monotypien, Gemälde, Gouachen 1935–1983, Ausstellungskatalog Düsseldorf u. a., Düsseldorf 1984, S. 153–157

Ritter 2015

Gabriel Ritter: Between Action and the Unknown, in: ders./Koichi Kawasaki (Hrsg.): Between Action and the Unknown. The art of Kazuo Shiraga and Sadamasa Motonaga, Yale 2015, S. 22–38

Robertson 1960

Bryan Robertson: Jackson Pollock, New York 1960

Röder 1950

Heinrich Röder: Vom Motiv zur Komposition. Auszug aus der »Fakturenfibel« von Karl Otto Götz, in: Das Kunstwerk, 4 (1950), S. 30–33

Rodtschenko 2010

Alexander Rodtschenko: Wege der zeitgenössischen Fotografie, in: Bernd Stiegler (Hrsg.): Texte zur Theorie der Fotografie, Stuttgart 2010, S. 181–186

Romain 1989

Lothar Romain: Verwandlung und Rückverwandlung, in: Jens Christian Jensen (Hrsg.): Hans Platschek. Bilder 1949–1988, Ausstellungskatalog Kiel / Essen, Münster 1989, S. 12–20

Ronte 2002

Dieter Ronte: USA und Deutschland: eine informelle Begegnung, in: Heinz Althöfer (Hrsg.): Informel. Begegnung und Wandel, Bd. 2, Dortmund 2002, S. 121–132

Rose 1980

Barbara Rose: Pollock Painting. Photographs by Hans Namuth. New York 1980, o. S.

Rosenberg 1952

Harold Rosenberg: The American action painters, in: ARTnews, 51 (1952), S. 23–24, 48–50

Rosenthal 2010
Stephanie Rosenthal: Choreographing You. Choreographies in the Visual Arts, in: Susan Leigh Foster u. a. (Hrsg.): Move. Choreographing You. Art and Dance since the 1960s, Ausstellungskatalog London / München/Düsseldorf, Köln 2010, S. 8–21
Rosenthal/Zachary 1951
George S. Rosenthal/Frank Zachary (Hrsg.): Portfolio. The Annual of the Graphic Arts, 2 (1951)
Rubin 1921/1980
Edgar Rubin: Visuell wahrgenommene Figuren. Studien in psychologischer Analyse. Mit 13 Abbidungen. 1. Teil [Reprint der Ausgabe København/Christiania/Berlin/London 1921], Ann Arbor 1980
Rubin 1999
William Rubin: Jackson Pollock and the Modern Tradition, in: Pepe Karmel (Hrsg.): Jackson Pollock. Interviews, Articles, and Reviews, New York 1999, S. 118–175
Ruby 1999
Sigrid Ruby: Have we an American Art? Präsentation und Rezeption amerikanischer Malerei in Westdeutschland und Westeuropa der Nachkriegszeit, Weimar 1999
Rüdlinger 1955
Arnold Rüdlinger: Vorwort, in: ders. (Hrsg.): Tendences actuelles 3. Bryen, Sam Francis, Mathieu, Tobey, Wols, Michaux, Pollock, Riopelle, Tancredi, Ausstellungskatalog Bern, Bern 1955, o. S.
Rehkämper/Sachs-Hombach 1999
Klaus Rehkämper/Klaus Sachs-Hombach: Aspekte und Probleme der bildwissenschaftlichen Forschung – Eine Standortbestimmung, in: dies. (Hrsg.): Bildgrammatik. Interdisziplinäre Forschungen zur Syntax bildlicher Darstellungsformen, Magdeburg 1999, S. 9–20
Sailer/Mose 1958
Anton Sailer/Mose: Wie malt man abstrakt? Eine leichtfassliche Anleitung. Methode Sailer/Mose, Feldafing 1958
Saltzman 2005
Lisa Saltzman: Reconsidering the Stain. On Gender and the Body in Helen Frankenthaler's Painting, in: Norma Broude/Mary D. Garrard (Hrsg.): Reclaiming Female Agency. Feminist Art History after Postmodernism, Berkeley/Los Angeles/London 2005, S. 373-283
Satsuma 2015
Masato Satsuma: The Reception of Western Oil Painting in modern Japan. The Example of the Tokyo School of Fine Arts, in: Beate

Marks-Hanßen (Hrsg.): Japan's Love for Impressionism. From Monet to Renoir, Ausstellungskatalog Bonn, Müchen/London/New York 2015, S. 150–157

Schantz 1999
Richard Schantz: Die Ordnung der Bilder. Nelson Goodmans syntaktische Explikation der Bildhaftigkeit, in: Klaus Rehkämper/Klaus Sachs-Hombach: Bildgrammatik. Interdisziplinäre Forschungen zur Syntax bildlicher Darstellungsformen, Magdeburg 1999, S. 93–102

Schieder 2004
Martin Schieder: Stromprickelnd befeuert. K. O. Götz und die Pariser Kunstszene in den 50er Jahren, in: Ralph Melcher/Marion Vogt (Hrsg.): K. O. Götz. Impuls und Intention. Werke aus dem Saarland Museum und aus Saarbrücker Privatbesitz, Ausstellungskatalog Saarbrücken, Worms 2004, S. 67–78

Schieder 2005
Martin Schieder: Im Blick des anderen. Die deutsch-französischen Kunstbeziehungen 1945–1959, Berlin/Boston 2005

Schmidt 2015
Gunnar Schmidt: Visualisierungen des Ereignisses. Medienästhetische Betrachtungen zu Bewegung und Stillstand, Bielefeld 2015, S. 76, http://nbn-resolving.de/urn:nbn:de:0168-ssoar-70775-2 [18. 7. 2022]

Schmitz 2000
Norbert M. Schmitz: Bewegung als symbolische Form. Die Ikonologie und der Kunstbegriff der Medienwissenschaften, in: Heinz-Bernd Heller (Hrsg.): Über Bilder sprechen: Positionen und Perspektiven der Medienwissenschaft, Marburg 2000, S. 79–95

Scholz 1999
Oliver Robert Scholz: »Mein teurer Freund, ich rat' Euch drum/ Zuerst Collegium Syntacticum« – Das Meisterargument in der Bildtheorie, in: Klaus Rehkämper/Klaus Sachs-Hombach (Hrsg.): Bildgrammatik. Interdisziplinäre Forschungen zur Syntax bildlicher Darstellungsformen, Magdeburg 1999, S. 33–45

Schöne 2020
Dorothea Schöne: Konstruierte (Kunst-)Geschichte. Anspruch und Realität in den westdeutschen Auslandsausstellungen nach 1945, in: Meike Hoffmann/Dieter Scholz (Hrsg.): Unbewältigt? Ästhetische Moderne und Nationalsozialismus. Kunst, Kunsthandel, Ausstellungspraxis, Berlin 2020, S. 268–281

Schütz 2009
Sabine Schütz: Jenseits des klassischen Formprinzips. Die Malerei

des Karl Otto Götz, in: Wolfgang Thomeczek (Hrsg.): Karl Otto Götz, Wegbereiter des deutschen Informel. Gemälde und Arbeiten auf Papier, Ausstellungskatalog Grünstadt-Sausenheim, Grünstadt-Sausenheim 2009, S. 9–17

Schwalm 1990
Hans-Jürgen Schwalm: Die Linie als Ereignis bei Hann Trier, in: Hans M. Schmidt: Hann Trier. Im Handumdrehen. Zeichnungen und Druckgraphik von 1947–1990, Ausstellungskatalog Bonn u. a., Köln 1990, S. 9–19

Schwarze 2009
Dirk Schwarze: Die Kunst der Inszenierung oder als Arnold Bode Ernst Wilhelm Nay in den Himmel hob, Berlin 2009

Seiberling 1949
Dorothy Seiberling: Jackson Pollock: Is He the Greatest Living Painter in the United States?, in: Life, 8. 8. 1949, S. 42–45

Seiberling 1959a
Dorothy Seiberling: Baffling U. S. Art: What It Is About-Beginning of the Rebellious Career of Jackson Pollock, in: Life, 9. 11. 1959, S. 66–80

Seiberling 1959b
Dorothy Seiberling: The Varied Art of Four Pioneers, Part II, in: Life, 16. 11. 1959, S. 74–86

Seyfert 2014
Robert Seyfert: Avantgardistische Manifeste: Anti-Historismus, Retro-Historismus, Trans-Historismus, in: Ralph J. Poole/Yvonne Katharina Kaisinger (Hrsg.): Manifeste. Speerspitzen zwischen Kunst und Wissenschaft, Heidelberg 2014, S. 23–34

Shiraga 2010a
Kazuo Shiraga: Some Thoughts, in: Kuma (Gutai. Facsimile Edition Edition [Gutai No. 2]) 2010, S. 12

Shiraga 2010b
Kazuo Shiraga: The Very Act, in: Chinatsu Kuma (Hrsg.): Gutai. Facsimile Edition, Tokio 2010, S. 17

Shunsuke 2013
Matsumoto Shunsuke: Proposal to the Artists of Japan (1946), in: Doryun Chong u. a. (Hrsg.): From Postwar to Postmodern. Art in Japan 1945–1989, New York 2013, S. 27–30

Simons 1983
Margaret A. Simons: The silencing of Simone de Beauvoir. Guess what's missing from *The Second Sex*, in: Women's Studies International. Forum, 6 (1983), S. 559–564

Skrandies 2011
Timo Skrandies: Bewegungsmaterial, in: ders./Katharina Weisheit/ Henrike Kollmar (Hrsg.): Bewegungsmaterial: Produktion und Materialität in Tanz und Performance, Bielefeld 2016, S. 12–62
Slifkin 2011
Robert Slifkin: The Tragic Image. Action Painting Refigured, in: Oxford Art Journal, 34 (2011), S. 227–246
Speer 2020
Richard Speer: The space of effusion. Sam Francis in Japan/Shinshutsu no kukan. Nihon ni okeru Samu Furanshisu, Zürich 2020
Spies 2008
Werner Spies: Amerika wird Avantgarde. Jackson Pollocks Leinwand als Arena, in: ders.: Zwischen Action Painting und Op Art, Berlin 2008, S. 53–66
Steinberg 1972
Leo Steinberg: Other Criteria, in: ders.: Other Criteria. Confrontations with Twentieth-Century Art, New York 1972, S. 55–92
Steinert 1955
Otto Steinert: subjektive fotografie 2. Ein Bildband moderner Fotografie, München 1955
Stella 2011
Dominique Stella: Georges Mathieu. Ou l'indomptable insolence d'être, in: Monica Maroni/Domenico Pertocoli (Hrsg.): Georges Mathieu. 1948–1969, Ausstellungskatalog Mailand/Brescia, o. O. 2011, S. 15–31
Stiles 2003
Kristine Stiles: Peinture, photographie, performance: le cas de Georges Mathieu, in: Daniel Abadie (Hrsg.): Georges Mathieu, Ausstellungskatalog Paris / Mailand, Mailand 2003, S. 75–81
Stiles/Selz 2012
Kristine Stiles/Peter Selz (Hrsg.): Theories and Documents of Contemporary Art: A Sourcebook of Artists' Writings, Berkeley 2012
Stone Hanley 2004
Mary Stone Hanley: The Name Game. Naming in Culture, Critical Theory, and the Arts, in: Journal of Thought, 39 (2004), S. 53–74
Storr 2000
Robert Storr: A Piece of the Action, in: Kirk Varnedoe/Pepe Karmel (Hrsg.): Jackson Pollock. New approaches, New York 2000, S. 33–69
Straus 1949/1960
Erwin Straus: Die aufrechte Haltung [1949], in: ders.: Psychologie der

Menschlichen Welt. Gesammelte Schriften, Berlin/Heidelberg 1960, S. 224–235
Sweet 2000
David L. Sweet: Parodic Nostalgia for Aesthetic Machismo. Frank O'Hara and Jackson Pollock, in: Journal of Modern Literature, 23 (2000), S. 375–391
Tapié 1952a
Michel Tapié: Un art autre, oú il s'agit de nouveaux dévidages du réel?, Paris 1952
Tapié 1952b
Michel Tapié: The Significant Message of Georges Mathieu, Ausstellungskatalog New York, New York 1952
Tapié 1955
Michel Tapié: Mathieu paints a picture, in: ARTnews, 53 (1955), S. 50–53, 74/75
Tapié 1956
Michel Tapié: Esthétique en devenir, Barcelona 1956
Tapié 1957
Michel Tapié: Otro arte. Exposicion internacional de pintura y escultura presentada por Sala Gaspar. Con la colaboracion de la Galeria Stadler de Paris y patrocinada por Club 49, Ausstellungskatalog Barcelona, Barcelona 1957
Tapié 1958
Michel Tapié: The International Art of a New Era. U.S.A., Japan, Europe, in: Gutai, 9 (1958), S. 1–3
Tapié 1959
Michel Tapié: Serpan in zwei Tempi. Dezember 1955, in: Blätter und Bilder. Zeitschrift für Dichtung, Musik und Malerei, 5 (1959), S. 34
Tapié 1960
Michel Tapié: Francesco Somaini. Umbro Apollonio, Neuchâtel-Suisse 1960
Tapié 1971a
Michel Tapié (Hrsg.): 17 artistes iraniens d'aujourd'hui présentés par Michel Tapié à la Galerie Cyrus, Paris, novembre 1971, Ausstellungskatalog Paris, Paris 1971
Tapié 1971b
Michel Tapié: Préface pour une esthétique essentielle. Biographie et bibliographie de Michel Tapié. Introduction à la connaissance esthétique, 1971

Tapié 1973
Michel Tapié: Novoa, Schwarzenacker 1973
Tapié 1991
Michel Tapié: Devenir d'un art autre, in: Manfred de la Motte (Hrsg.): Die Würde und der Mut. »L'art moral«, Berlin 1991, S. 231–233
Tapié/Dausset 1951
Michel Tapié/Nina Dausset (Hrsg.): Véhémences confrontées. Bryen, Capogrossi, de Kooning, Hartung, Mathieu, Pollock, Riopelle, Russell, Wols, Ausstellungsfaltblatt Paris, Paris 1951
Tapié/Haga 1961
Michel Tapié/Tôre Haga: Continuité et Avant-Garde Au Japon, Turin 1961
Tapie/Jackson 1954
Michel Tapié/Martha Jackson (Hrsg.): Karel Appel. First American Exhibition, Ausstellungskatalog New York, New York 1954
Tapié/Ossorio 1952
Alfonso Ossorio/Michel Tapié (Hrsg.): Jackson Pollock, Ausstellungskatalog Paris, Paris 1952
Tapié/Read 1957
Michel Tapié/Herbert Read (Hrsg.): Rome-New York Art Foundation, Rom 1957
Tapié/Watson 1953
Michel Tapié/Peter Watson (Hrsg.): Opposing Forces, Ausstellungsfaltblatt London, London 1953
Taubert 1717/1976
Gottfried Taubert: Rechtschaffener Tantzmeister oder gründliche Erklärung der französischen Tantz-Kunst [zweites Buch], Leipzig/München 1976 [Nachdruck der Ausgabe von 1717]
Thalhofe 2010
Helga Thalhofe: Anmut und Disziplin. Tanz in der bildenden Kunst, Köln 2010
Theweleit 1984
Klaus Theweleit: Männerphantasien. 2. Männerkörper – zur Psychoanalyse des weißen Terrors, Reinbek 1984
Tiampo 2007
Ming Tiampo: »Create what has never been done before!« Historicising Gutai discourses of originality, in: Third Text, 21 (2007), S. 689–706
Tiampo 2009
Ming Tiampo u. a. (Hrsg.): »Under each other's spell«: Gutai and New York, Ausstellungskatalog Springs, New York 2009

Tiampo 2011
Ming Tiampo: Gutai. Decentering modernism, Chicago/London 2011
Tiampo/Munroe 2013
Ming Tiampo/Alexandra Munroe (Hrsg.). *Gutai: Splendid Playground, Ausstellungskatalog* New York, New York 2013
Toillon 2014
Valérie I. Toillon: Corps et âme en mouvement. Expression et signification du mouvement dans la peinture de vases en Grèce ancienne (VIe-IVe s. av. J.-C.). Ivresse, possession divine et mort (zugl. Montréal/Université de Franche-Comté, Univ., Dissertation), Montréal 2014, http://hdl.handle.net/1866/11412 [21. 6. 2022]
Tomii 1994
Reiko Tomii: Infinity Nets. Aspects of Contemporary Japanese Painting, in: Alexandra Munroe (Hrsg.): Japanese Art After 1945. Scream Against the Sky, Ausstellungskatalog Yokohama/New York/ San Francisco, New York, 1994, S. 307–319
Tono 1982
Yoshiaki Tono: Jackson Pollock et le groupe Gutaï, in: Daniel Abadie (Hrsg.): Jackson Pollock, Ausstellungskatalog Paris, Paris 1982, S. 83–92
Trier 1962
Hann Trier: Peau de Chagrin, in: Günter Busch (Hrsg.): Idee und Vollendung, Ausstellungskatalog Recklinghausen, Recklinghausen 1962, S. 120
Trier 1963
Hann Trier: Wie ich ein Bild male, Berlin 1963
Trier 1990
Hann Trier: Kolumbien, in: Sabine Fehlemann (Hrsg.): Hann Trier. Monographie und Werkverzeichnis, Köln 1990, S. 69–85
Tugal 1959
Pierre Tugal: Jean-Georges Noverre. Der grosse Reformator des Balletts, Berlin 1959
Uelsberg 2015
Gabriele Uelsberg: Hann Trier. »Bilder … haben Zeit und ändern ihren Anblick«, in: Carmen Sylvia Weber/Beate Elsen-Schwedler (Hrsg.): Hann Trier. Werke in der Sammlung Würth aus sechs Jahrzehnten, Künzelsau 2015, S. 9–17
Uhlig 2010
Franziska Uhlig: Hand und Werkzeug. Painting by Chimpanzees im Insitute of Contemporary Arts, in: Mariacarla Gadebusch Bondio

(Hrsg.): Die Hand. Elemente einer Medizin- und Kulturgeschichte, Berlin 2010, S. 289–309
Ullmann 1991
Lisa Ullmann: Vorwort von Lisa Ullmann, in: Rudolf von Laban: Choreutik. Grundlagen der Raum-Harmonielehre des Tanzes, Wilhelmshaven 1991, S. 9/10
Valéry 2015
Paul Valéry: Philosophie de la danse, Paris 2015
Van Campen 1997
Crétien Van Campen: Early Abstract Art and Experimental Gestalt Psychology, in: Leonardo, 30 (1997), S. 133–136
Verspohl 1991
Franz-Joachim Verspohl: Post-war debates: Wols and the German reception of Sartre, in: Irit Rogoff (Hrsg.): The divided heritage. Themes and problems in German Modernism, Cambridge 1991, S. 50–74
Villemur/Pietrzak 2004
Frédérique Villemur/Brigitte Pietrzak: Paul Facchetti. Le studio. Art informel et abstraction lyrique, Arles 2004
Visscher-Lemaître 2010
Isabelle de Visscher-Lemaître: La peinture qui tombe, in: Bulletin de la Classe des Arts, XXI (2010), S. 141–168
Wagner 1995
Christoph Wagner: Hann Trier und die Musik, in: Michael Euler-Schmidt (Hrsg.): Hann Trier. Werkverzeichnis der Gemälde 1990–1995, Ausstellungskatalog Köln, Köln 1995, S. 64–77
Wagner 2010
Monika Wagner: Der kreative Akt als öffentliches Ereignis, in: dies./ Michael Diers (Hrsg.): Topos Atelier. Werkstatt und Wissensform, Berlin 2010, S. 45–58
Wankmüller 1955/56
Rike Wankmüller: Tachisten in den USA, in: Das Kunstwerk, 5 (1955/56), S. 23–26
Weber-Schäfer 2001
Harriet Weber-Schäfer: Die Kontroverse um Abstraktion und Figuration in der französischen Malerei nach 1945, Köln 2001
Weber 2010
Carolin Weber: Quadriga. Die Auflösung des klassischen Formprinzips, in: dies. (Hrsg.): Quadriga. Die Auflösung des klassischen Formprinzips. Karl Otto Götz, Otto Greis, Heinz Kreutz,

Bernard Schultze, Ausstellungskatalog München, München 2010, S. 9–33
Weber/Götz 2014
Carolin Weber/Karl Otto Götz: Also für mich war »Abstrakt ist schöner« ein Programm … Antworten von Karl Otto Götz auf Fragen von Carolin Weber, in: Carolin Weber (Hrsg.): Karl Otto Götz und die Quadriga. Eine Legende wird 100, Ausstellungskatalog München, München 2014, S. 7–29
Weibel 2019a
Peter Weibel: Foto-Fake. Die unnachahmliche Treue der Nachahmung? [1980], in: ders. (Hrsg.): Kunst und Medien. Die Transformationen des Bildes in der Ära der Apparate, Berlin 2019, S. 101–115
Weibel 2019b
Peter Weibel: Die Frage der Fotografie im Wiener Aktionismus als Frage nach Autor und Autonomie, Autor und Urheber der Fotografie, in: ders. (Hrsg.): Kunst und Medien. Die Transformationen des Bildes in der Ära der Apparate, Berlin 2019, S. 165–183
Weigel 2009
Viola Weigel: Blick in die Werkstatt des Post-Action-Painting. Blaise Drummond, Robert Sherratt, Matthew Davis, in: dies (Hrsg.): Malerei ohne Malerei. Aktuelle Positionen im Post-Action-Painting, Ausstellungskatalog Wilhelmshaven, Wilhelmshaven 2009, S. 4–13
Wessel 1960/1980
Wilhelm Wessel: Text im Faltblatt: Wilhelm Wessel [zur Ausstellung Claire Falkensteins in der Galerie Parnass, 10. 5.–26. 5. 1960], in: Will Baltzer/Alfons W. Biermann (Hrsg.): Treffpunkt Parnass Wuppertal 1949–1965, Ausstellungskatalog Wuppertal, Köln/Bonn 1980, S. 164–165
Whiteley 2007
Nigel Whiteley: Seeing what, how and why. The ARTnews series, 1953–58, in: Journal of Visual Art Practice, 6 (2007), S. 215–228
Wiesing 2000
Lambert Wiesing: Merleau-Pontys Phänomenologie des Bildes, in: Regula Giuliani (Hrsg.): Merleau-Ponty und die Kulturwissenschaften, München 2000, S. 265–282
Wiesing 2005
Lambert Wiesing: Artifizielle Präsens. Studien zur Philosophie des Bildes, Frankfurt/M. 2005

Wiesing 2008
Lambert Wiesing: Die Sichtbarkeit des Bildes. Geschichte und Perspektiven der formalen Ästhetik, Frankfurt/New York 2008
Winther-Tamaki 2012
Bert Winther-Tamaki: 洋画 / Yōga – The Western Painting, National Painting, and Global Painting of Japan, in: Working Words. New Approaches to Japanese Studies, UC Berkeley: Center for Japanese Studies, 20. 4. 2012, https://escholarship.org/uc/item/3mn8m1bs [7. 12. 2021]
Winther-Tamaki 2013
Bert Winther-Tamaki: Reestablishing the Art World During the Occupation, 1945–1952, in: Doryun Chong u. a. (Hrsg.): From Postwar to Postmodern. Art in Japan 1945–1989, New York 2013, S. 30–32
Wittman 2009
Barbara Wittman: Linkische und rechte Spiegelung. Das Kind, die Zeichnung und die Geometrie, in: Wolfram Pichler/Ralph Ubl (Hrsg.): Topologie. Falten, Knoten, Netze, Stülpungen in Kunst und Theorie, Wien 2009, S. 149–192
Woitas 2004
Monika Woitas: Im Zeichen des Tanzes. Zum ästhetischen Diskurs der darstellenden Künste zwischen 1760 und 1830, Herbolzheim 2004
Wolff 2012
Vera Wolff: »Not the real thing at all.« Zur kulturellen Übersetzung künstlerischer Techniken am Beispiel der japanischen Ölmalerei, in: Anika Keinz (Hrsg.): Kulturelle Übersetzungen, Berlin 2012, S. 67–96
Wolff 2014
Vera Wolff: Lackflüsse. Willi Baumeisters und Oskar Schlemmers japonistische Materialästhetik aus der Lackfabrik, 1937–1944, in: Kijan Malte Espahangizi/Barbara Orland (Hrsg.): Stoffe in Bewegung. Beiträge zu einer Wissensgeschichte der materiellen Welt, Zürich/Berlin 2014, 257–274
Wortelkamp 2002
Isa Wortelkamp: Flüchtige Schrift/Bleibende Erinnerung. Der Tanz als Aufforderung an die Aufzeichnung, in: Gabriele Klein/Sabine Karoß (Hrsg.): Tanz, Theorie, Text, Münster 2002, S. 597–609
Wortelkamp 2022a
Isa Wortelkamp: Aus dem Lot. Figuren der Balance in Bild und Bewegung, in: Julia Kloss-Weber u. a. (Hrsg.): Stabilitäten// Instabilitäten. Körper – Bewegung – Wissen, Berlin 2022, S. 89–99

Wortelkamp 2022b
Isa Wortelkamp: Transformationen. Der Serpentinentanz Loïe Fullers in Bewegung und als Bild, in: Frank Fehrenbach/Cornelia Zumbusch (Hrsg.): Form- und Bewegungskräfte in Kunst, Literatur und Wissenschaft, Berlin/Boston 2022, S. 215–229

Wötzel 1974
Gerd-Niels Wötzel (Hrsg.): »Ich bin Maler – und basta«. Rudi Baerwind. Ein Bildband, Mannheim 1974

Xuriguéra 2011
Gérard Xuriguéra: Georges Mathieu. Le destin des signes, in: Monica Maroni/Domenico Pertocoli (Hrsg.): Georges Mathieu. 1948–1969, Ausstellungskatalog Mailand/Brescia, o. O. 2011, S. 35–37

Yamamoto 1994
Atsuo Yamamoto (Hrsg.): Gutai I, II, III, Ausstellungskatalog Ashiya, Ashiya 1994

Yamamoto 2002
Atsuo Yamamoto: L'espace, le temps, la scène et la peinture/Space, Time, Stage, Painting, in: ders./Ming Tiampo/Florence de Mèredieu: Gutai. Moments de destructions, moments de beauté/Moments of destruction, moments of beauty, Paris 2002, S. 7–35

Yamamoto 2006
Atsuo Yamamoto: Zero – Gutai – Zero, in: Barbara Til/Elke Dichter (Hrsg.): ZERO. Internationale Künstler-Avantgarde der 50er/60er Jahre, Ausstellungskatalog Düsseldorf / Saint-Etienne, Ostfildern 2006, S. 86–99

Yamawaki 1993
Kazuo Yamawaki: Gutai – The First Assault, in: Shiraishi Masami (Hrsg.): Gutai 1955/56. A Restarting Point of Japanese Contemporary Art, Ausstellungskatalog Tokio, o. O. 1993, S. 50–53

Yoshida 2013
Ken Yoshida: Artist's Groups and Collectives in Postwar Japan, in: Doryun Chong u. a. (Hrsg.): From Postwar to Postmodern. Art in Japan 1945–1989, New York 2013, S. 39/40

Yoshihara 1956/2013
Jirō Yoshihara: Gutai Art Manifesto [1956], in: Doryun Chong u. a. (Hrsg.): From Postwar to Postmodern. Art in Japan 1945–1989, New York 2013, S. 89–91

Yun 2008
Heekyeong Yun: Tanz in der deutschen Kunst der Moderne.

Wandlungen des bewegten Körperbilds zwischen 1890 und 1950, Taunusstein 2008
Zalman 2015
Sandra Zalman: Janet Sobel. Primitive Modern and the Origins of Abstract Expressionism, in: Woman's Art Journal, 36 (2015), S. 20–29
Zuschlag 2010
Christoph Zuschlag: Zur Kunst des Informel, in: Hans-Jürgen Schwalm/Ellen Schwinzer/Dirk Steimann (Hrsg.): Informel. Zeichnung, Plastik, Malerei, Ausstellungskatalog Recklinghausen / Witten, Bönen 2010, S. 9–17
Zuschlag 2011
Christoph Zuschlag: Anmerkungen zur geschriebenen Kunst in Europa, in: Heinz Kroehl (Hrsg.): Bilder werden geschrieben. Gegenwartskunst aus drei Weltkulturen, Ausstellungskatalog Wiesbaden, Heidelberg/Berlin 2011, S. 208–227
Zuschlag 2014
Christoph Zuschlag: »Am Kreuzweg blitzartiger Impulse«. Zur Kunst von K. O. Götz, in: Zuschlag, Christoph u. a. (Hrsg.): Karl Otto Götz zum 100. Geburtstag. Arbeiten auf Papier aus sieben Jahrzehnten, Ausstellungskatalog Kaiserslautern, Heidelberg/Berlin 2014, S. 9–23
Zuschlag 2019
Christoph Zuschlag: Europa, Japan, USA. Facetten der abstrakten Malerei nach 1945, in: Reinhard & Sonja Ernst-Stiftung (Hrsg.): Faszination Farbe. Abstrakte Malerei. Die Sammlung Reinhard Ernst, München 2019, S. 10–27

Abbildungsnachweis

Abb. 1–3: © Bibliothèque nationale de France; Abb. 4: © The Estate of Yves Klein c/o ADAGP, Paris; Abb. 5: © Peau de Chagrin, 1958, 145 × 96, Öl auf Leinwand, Kunsthalle Recklinghausen, Foto: Ferdinand Ullrich; Abb. 6: © Kunststiftung Hann Trier, LVR-Landesmuseum Bonn; Abb. 7, 9: © 1991 Hans Namuth Estate, Courtesy Center for Creative Photography, University of Arizona; Abb. 8, 35–36: © Digital image, The Museum of Modern Art, New York / Scala, Florence; Abb. 10: © Courtesy Fondazione Ago – Comune di Modena, Collezione Galleria Civica; Abb. 11–12: Zitat. Quelle: Kirk Varnedoe (Hrsg.): Jackson Pollock, Ausst.kat. New York (MoMA), New York 1998, S. 111 u. S. 115; Abb. 13: © Current copyright status is undetermined; Abb. 14: © documenta archiv (Dauerleihgabe der Stadt Kassel)/Foto: Günther Becker © Ernst Wilhelm Nay/VG Bild-Kunst; Abb. 15: © Nakanoshima Museum of Art, Osaka/DNPartcom; Abb. 16–18: © The Estate of Kazuo Shiraga; Abb. 19: Zitat. Quelle: K. O. Götz. Erinnerungen und Werk, Bd. 1a, Düsseldorf 1983, S. 275, Abbildung 219; Abb. 21, 23: © bpk/SSK/Tom Gundelwein; Abb. 22: © Foto: Siegfried Kühl/Archiv der K. O. Götz und Rissa Stiftung; Abb. 24, 25, 29, 32: © Comité Georges Mathieu- georges-mathieu.fr; Abb, 26: photo R. Descharnes 053216 / © Descharnes & Descharnes sarl 2026, © Comité Georges Mathieu – georges-mathieu.fr; Abb. 27: © bpk/CNAC-MNAM/ Bertrand Prévost; © VG Bild-Kunst, Bonn 2026; Abb. 28: photo R. Descharnes 053335 / © Descharnes & Descharnes sarl 2026; Abb. 30: © brandstaetter images/Barbara Pflaum; Abb. 31: © John Sadovy/Hulton Archive via Getty Images; Abb. 33: © Photo: Tel Aviv museum of Art/ Margarita Perlin; Abb. 34: © Association Marcel Duchamp/VG Bild-Kunst, Bonn 2026; Abb. 37: Zitat. Quelle: Kurt Herberts (Hrsg.): Modulation und Patina. Ein Dokument aus dem Wuppertaler Arbeitskreis um Willi Baumeister, Oskar Schlemmer, Franz Krause 1937–1944, Stuttgart 1989, S. 177, Kat.-Nr. 33; Abb. 38: Zitat. Quelle: Kurt Herberts: Lackierkunst im technischen Zeitalter, Wuppertal-Barmen 1940, S. 85; Abb. 39: © Photo The Philadelphia Museum of Art/Art Resource/Scala, Florence;

Abb. 40: © Jackson Pollock, Composition with Pouring II, 1943, Oil on canvas, 25 1/8 × 22 1/8 in. (63.9 × 56.3 cm), Gift of Joseph H. Hirshhorn, 1966, Hirshhorn Museum and Sculpture Garden, Accession No. 66.4082; Abb. 41: © Toyama Prefectural Museum of Art and Design; Abb. 42: Zitat. Quelle: Marie-Luise Otten: Peter Brüning. Studien zu Entwicklung und Werk, Werkverzeichnis, Köln 1988, S. 235.

Dank

Mein erster Dank gilt Christian Spies und Christoph Zuschlag, die das Dissertationsprojekt an der Universität zu Köln, aus dem diese Schrift entstanden ist, von den Anfängen bis zur Annahme begleitet haben sowie den Teilnehmenden aller wissenschaftlichen Veranstaltungen und Austauschformate, auf denen ich Teile dieser Arbeit diskutieren konnte – insbesondere danke ich Anne-Kathrin Hinz und Alexander Leinemann, die zusammen mit Christoph Zuschlag die Forschungsstelle Informelle Kunst an der Universität Bonn für mich zu einer Anlaufstelle für intensiven fachlichen Austausch gemacht haben. Darüber hinaus halfen bei konkreten Fragen, der begleitenden Redaktion, der wissenschaftlichen Betreuung, den Auslandsrecherchen sowie der Realisierbarkeit auch in der Zeit, als sich viele Abläufe pandemisch bedingt kompliziert erwiesen: Kristina Köhler, Thierry Greub, Christoph Helmig, Annabel Ruckdeschel, Laurens Schlicht, Kimihiko Nakamura, Jan Regler, Dina Benharroum, Regine Kruse, Achim Richter, Carmen Moreau und Rebecca Welkens. Ihnen und euch allen danke ich für die vielen Unterstützungen!

Mein Dank gilt ebenfalls der Reinhard & Sonja Ernst-Stiftung für das dreijährige, von der Forschungsstelle Informelle Kunst am Kunsthistorischen Institut der Universität Bonn vergebene Promotionsstipendium sowie der Max-Weber-Stiftung für die Gerald D. Feldman-Reisebeihilfen. Dank widme ich der UB Anderson Gallery, Buffalo, und Nicholas Ostness und Jim Snider, den Archives of American Art der Smithsonian Institution, Washington D. C. und Marisa Bourgoin, dem Pollock-Krasner House and Study Center, East Hampton, und Helen Harrison, der Bibliothèque Kandinsky, Paris, dem Deutschen Forum für Kunstgeschichte, Paris, und Julia Drost, Sibylle Seelkopf und Jörg Ebeling sowie Thomas Kirchner, les Abattoirs, Musée – Frac Occitanie Toulouse und Guillaume Blanc, dem Kazuo Shiraga Memorial Room der Amagasaki Cultural Foundation und Sawako Fujimaki und Aya Senoo, dem Nakanoshima Musem of Art, Osaka, und Hitomi Matsuyama, dem Comité Georges Mathieu und Édouard Lombard sowie dem immer freundlichen, motivierenden und ausgleichendem Team der Deutschen Nationalbibliothek in Frankfurt am Main.